BEAUMARCHAIS

ET

SON TEMPS

I

LAGNY. — TYPOGRAPHIE DE VIALAT.

BEAUMARCHAIS

ET

SON TEMPS

ÉTUDES SUR LA SOCIÉTÉ EN FRANCE

AU XVIIIᵉ SIÈCLE

D'APRÈS DES DOCUMENTS INÉDITS

PAR

LOUIS DE LOMÉNIE

DEUXIÈME ÉDITION

TOME PREMIER

PARIS

MICHEL LÉVY FRÈRES, LIBRAIRES-ÉDITEURS

RUE VIVIENNE, 2 BIS

1858

— Droits de traduction et de reproduction réservés. —

A M. J.-J. AMPÈRE

DE L'ACADÉMIE FRANÇAISE
PROFESSEUR DE LITTÉRATURE FRANÇAISE MODERNE AU COLLÉGE DE FRANCE.

Cher maître et ami,

Permettez-moi de vous dédier celui de mes ouvrages qui m'a coûté le plus de travail. Peut-être devra-t-il à la valeur des documents qu'il renferme de ne pas tomber immédiatement dans l'oubli. S'il lui était donné de vivre quelque peu, il me serait bien doux qu'il pût faire vivre en même temps ce témoignage public de l'estime profonde, de la tendre et reconnaissante affection que vous a vouées votre suppléant au Collège de France.

Louis de Loménie.

Paris, ce 15 novembre 1855.

Nous devons la communication des documents inédits publiés dans cet ouvrage à MM. Delarue père et Alfred Delarue de Beaumarchais, gendre et petit-fils de l'auteur du *Mariage de Figaro,* qui ont eu la bonté de nous confier tous les papiers laissés par leur beau-père et aïeul. L'abondance de ces matériaux, sur l'état desquels nous nous expliquons plus loin dans l'Introduction, nous a conduit à donner à notre travail des dimensions assez étendues : si l'on veut bien réfléchir qu'il n'existe pas de *Mémoires de Beaumarchais;* que les deux volumes qui portent ce titre en librairie, sont des *factums judiciaires;* des plaidoyers écrits à l'occasion de procès, et n'ont rien de commun avec des mémoires sur la vie de l'auteur; si l'on veut bien considérer que Beaumarchais a été un des hommes les plus actifs et les plus répandus de son siècle, et qu'il a sa part d'influence dans les événements qui ont précédé la révolution, on ne s'étonnera pas de nous voir rédiger deux volumes sur des pièces inédites qui, si nous avions voulu adopter les méthodes d'amplification pratiquées de nos jours, nous auraient très-largement fourni le sujet de quatre volumes. Notre grande préoccupation a donc été de nous restreindre le plus possible et de choisir, parmi les nombreux documents que nous avions sous les yeux, ceux qui nous semblaient de nature à intéresser plus particulièrement le public.

Nous n'avons pas songé non plus à exagérer le rôle de Beaumarchais dans les affaires de son temps; quoiqu'il nous soit démontré que ce rôle a été plus considérable qu'on ne l'avait pensé jusqu'à présent, on reconnaîtra sans peine que nous n'avons pas voulu seulement raconter la vie de l'auteur du *Mariage de Figaro*, mais que nous nous sommes proposé aussi de peindre l'époque où il a vécu, et tout en présentant sous son véritable jour sa carrière orageuse et bizarre, d'y rattacher tous les faits, tous les incidents d'un ordre plus général qui nous ont paru propres à répandre quelques lumières nouvelles soit sur la politique, soit sur les idées, soit sur les mœurs au xviiie siècle. Nous avons entrepris une de ces biographies détaillées et approfondies à la manière anglaise, où les citations se mêlent au récit pour l'éclairer et le justifier, où les considérations historiques et littéraires s'associent avec des tableaux de la vie privée, et où l'auteur cherche à présenter un ensemble à la fois instructif, intéressant et rigoureusement exact:

Pour atteindre ce triple but de nos efforts, nous avions à résoudre plusieurs difficultés. La première consistait dans la proportion à établir entre les citations et le récit. Les biographes anglais abusent un peu des documents : ils ne se préoccupent pas toujours assez du mouvement de la narration, de la succession, de la liaison des diverses parties d'une œuvre, et leurs travaux offrent parfois de l'incohérence et de la pesanteur.

Le procédé inverse, qui est le plus usité en France, consiste, au contraire, pour un écrivain disposant d'une grande quantité de documents, à citer très-peu, à s'emparer de tous les matériaux qu'il possède et à les fondre dans un récit personnel où il parle toujours en son nom, et s'attache principalement à rendre son exposition intéressante. Ce procédé a ses avantages, mais il présente des inconvénients qui nous ont déterminé à ne l'adopter qu'en partie, quoiqu'il soit d'une exécution plus facile que le procédé mixte auquel nous nous sommes arrêté.

Cherchant dans les papiers de Beaumarchais des notions précises sur le caractère, l'esprit, les mœurs, la vie domestique et sociale de toute une époque; trouvant dans ces papiers des faits inconnus, et d'autant plus précieux à recueillir qu'ils étaient parfois assez invraisemblables quoique très-vrais, nous nous sommes dit que si nous cédions à la tentation de nous emparer de tous ces faits et de les revêtir toujours d'une forme qui nous appartînt en propre, outre que nous risquions de les altérer involontairement en leur enlevant la couleur du temps, nous nous exposions à publier un ouvrage ayant l'apparence de ces *Mémoires apocryphes* où quelques détails vrais se mêlent à toutes sortes d'inventions, et dont la lecture nous est insupportable. Car si nous estimons fort un bon roman quand il ne déguise pas sa qualité, rien ne nous répugne autant qu'un ouvrage prétendu historique qu'il faut lire avec défiance, en se demandant à chaque page où finit l'histoire et où commence le roman.

Jugeant les goûts du public d'après les nôtres, nous avons voulu avant tout lui offrir un travail dont l'exactitude ne pût jamais lui paraître suspecte. Pour obtenir ce résultat nous n'avons pas reculé devant la citation partielle ou complète d'un assez grand nombre de documents inédits, destinés à confirmer notre propre narration en lui imprimant le cachet de la vérité. Nous avons pensé qu'une biographie de l'auteur du *Mariage de Figaro*, encadrée dans un tableau général du xviiie siècle, ne pourrait que gagner si nous laissions parler souvent non-seulement le personnage principal, mais les personnages très-divers avec lesquels il a été en rapport.

D'un autre côté, comme nous redoutions beaucoup de fatiguer le lecteur par l'abus et l'incohérence des citations, nous avons mis tous nos soins à choisir, à couper, à lier tout ce que nous empruntions aux papiers de Beaumarchais, à faire rentrer tous ces emprunts dans le texte, à les ajuster de manière à ce que notre récit n'en fût pas écrasé, et que tout en suivant ce récit avec confiance, on pût le suivre avec intérêt. Ceux qui ont quelque habitude des travaux littéraires nous accorderont peut-être qu'il est plus malaisé pour un écrivain d'intercaler ainsi des documents dans sa rédaction, en variant sans cesse les soudures et les transitions, que de laisser courir sa plume en s'appropriant et en transformant plus ou moins tout ce qu'il emprunte. En un mot, nous avons tenté dans cet ouvrage de combiner deux procédés de composition, l'un qui sacrifie l'agrément à l'exactitude, et l'autre qui vise plutôt à l'agrément. Si la critique nous fait l'honneur de s'occuper de notre travail, nous espérons qu'elle voudra bien nous tenir compte de la difficulté de cette combinaison.

Un autre embarras naissait pour nous de l'avantage même que nous avions d'ajouter à nos recherches personnelles le précieux secours des papiers de Beaumarchais : ce secours nous a placé plus d'une fois entre la crainte de manquer au devoir de sincérité imposé à l'écrivain qui se respecte, et la crainte de ne pas répondre entièrement aux vœux d'une famille très-honorable, qui nous donnait une preuve de confiance dont nous nous sentions fort reconnaissant, mais que nous n'avions acceptée néanmoins qu'à la condition expresse de rester libre dans nos assertions et nos appréciations. Nous croyons pouvoir nous rendre ce témoignage, qu'en cherchant à concilier de notre mieux ces deux devoirs, nous avons pourtant toujours subordonné toute autre considération à la satisfaction de notre propre conscience, et que, quand il nous a paru qu'il fallait choisir, nous n'avons pas hésité. Si donc ce travail laisse beaucoup à désirer, il possède au moins, ce nous semble, un caractère que présentent rarement les travaux biographiques accomplis dans des conditions pareilles : c'est une biographie rédigée d'après des papiers de famille, et ce n'est pas un panégyrique. L'origine des documents n'a point enchaîné l'indépendance de l'écrivain. C'est un rapporteur qui parle, ce n'est pas un avocat. Ce rapporteur sera probablement accusé par plus d'un lecteur prévenu contre Beaumarchais, de n'avoir pas assez insisté sur le blâme, mais il sera probablement aussi jugé trop sévère ou trop impartial par les personnes à qui des liens de parenté et de reconnaissance inspirent une légitime sollicitude pour la mémoire de l'auteur du *Mariage de Figaro*. Cependant comme nous ne doutons pas que l'effet général de cette étude consciencieuse sur un homme fort calomnié ne soit en somme très-favorable à sa mémoire, nous aimons à croire que la famille de Beaumarchais reconnaîtra qu'en ne dissimulant point les côtés faibles du personnage célèbre dont nous racontions la vie, nous avons employé le seul moyen qui pouvait disposer le lecteur à apprécier les excellentes qualités de son cœur et les facultés si remarquables dont la nature l'avait doué.

Le premier essai que nous avons fait des dispositions du public en insérant ce travail dans la *Revue des deux Mondes* nous a confirmé dans l'opinion que nous venons d'émettre, et nous a encouragé à le réimprimer après avoir consacré beaucoup de temps à le retoucher pour le rendre plus digne de l'accueil bienveillant qu'il a déjà reçu : certaines parties ont été par nous à peu près complétement refondues et remaniées, notamment celle qui traite du point le plus important et le moins connu de la vie de Beaumarchais : nous voulons parler de son intervention dans les événements qui ont présidé à la naissance des États-Unis d'Amérique et de ses rapports avec cette nation nouvelle.

Les deux articles donnés par nous à la *Revue* sur ce sujet offraient quelques discordances, qui tenaient à ce que nous en avions déjà publié un, quand, à la suite de recherches opiniâtres faites aux *Archives des affaires étrangères,* nous arrivâmes enfin à découvrir toute la vérité sur un point aussi capital. Il en était résulté que le second article modifiait assez considérablement les données du premier. En réimprimant aujourd'hui notre travail dans son ensemble, nous nous sommes attaché à mettre d'accord les diverses parties de cette exposition et à présenter toute l'affaire sous un jour aussi clair que possible.

Qu'on nous permette encore un mot sur la manière dont nous avons utilisé nos documents. En général, nous nous sommes fait une loi de ne citer que des pièces inédites ; dans quelques circonstances seulement, et lorsqu'il nous a paru que telle ou telle page déjà publiée était indispensable à l'intérêt et à la vérité d'un tableau, nous avons cru devoir reproduire cette page. Les documents inédits qui, en nous offrant une certaine valeur, ne pouvaient entrer dans notre exposition sans la surcharger, ont été renvoyés aux pièces justificatives.

Toutes nos citations sont scrupuleusement exactes : nous nous sommes borné à y faire de temps en temps quelques coupures. Ces coupures n'ont jamais eu pour objet de modifier le sens d'un document, mais seulement d'abréger ce qui était trop long ou de supprimer des passages trop libres.—La ligne de conduite à suivre, quant à ce dernier point, n'était pas toujours facile à déterminer. —Si nous avions retranché absolument tout ce qui passait plus ou moins la mesure, nous nous serions trop écarté du but de ce travail, qui est de peindre à la fois un homme et un siècle. Qui ne comprend, en effet, que certaines formes de langage et certains épisodes ont leur importance comme éléments d'appréciation de l'esprit d'une époque ; d'autre part, si nous n'avions mis aucune réserve dans les citations de cette espèce, nous aurions couru le danger de donner à notre livre l'attrait du scandale. Or, un succès acheté à ce prix n'a jamais été l'objet de notre ambition.

Entre ces deux écueils, nous nous sommes efforcé de garder un juste milieu, et nous avons plus d'une fois, par respect pour les convenances, sacrifié des détails qu'un peintre de mœurs moins scrupuleux aurait peut-être conservés. Cependant, si des esprits rigides trouvaient que nous n'avons pas encore assez mutilé nos documents, nous les prions de prendre en considération les exigences de notre sujet. Nous les prions aussi de ne pas oublier que tel tableau frivole, mais caractéristique et vrai, produit souvent des impressions sérieuses ; qu'en faisant en quelque sorte toucher au doigt les faiblesses d'une époque, il provoque des comparaisons utiles et des réflexions salutaires.

En définitive, nous attendons de l'équité du lecteur qu'il voudra bien ne nous rendre responsable des idées, des sentiments, des goûts de Beaumarchais et de son temps, que dans les cas seulement où, par une approbation directe ou indirecte, nous allons nous-même au-devant de cette responsabilité.

L. de L.

BEAUMARCHAIS
ET SON TEMPS

I

INTRODUCTION

UNE MANSARDE DE LA RUE DU PAS-DE-LA-MULE.—ÉTAT DES PAPIERS LAISSÉS PAR BEAUMARCHAIS.

Conduit par un petit-fils de Beaumarchais, j'entrai un jour dans une maison de la rue du Pas-de-la-Mule, et nous montâmes dans une mansarde où personne n'avait pénétré depuis bien des années. En ouvrant, non sans difficulté, la porte de ce réduit, nous soulevâmes un tourbillon de poussière qui nous suffoqua. Je courus à la fenêtre pour avoir de l'air; mais, de même que la porte, la fenêtre avait si bien perdu l'habitude de s'ouvrir, qu'elle résista à tous mes efforts; le bois, gonflé et altéré par l'humidité, menaçait de s'en aller par morceaux sous ma main, lorsque je pris le parti plus sage de casser deux carreaux. Nous pûmes enfin respirer et jeter les yeux autour de nous. La petite chambre était encombrée de caisses et de cartons remplis de papiers. J'avais devant moi, dans cette cellule inhabitée et silencieuse, sous cette couche épaisse de poussière, tout ce qui restait de l'un des esprits les plus vifs, d'une des existences les plus bruyantes, les plus agitées, les plus étranges qui aient paru dans le siècle dernier; j'avais devant moi tous les papiers laissés, il y a cinquante-quatre ans, par l'auteur du *Mariage de Figaro*.

Lorsque la superbe maison bâtie par Beaumarchais sur le boulevard qui porte son nom fut vendue et démolie, les papiers du défunt furent transportés dans une maison voisine et enfermés dans le cabinet où je les ai trouvés. La présence d'une brosse et de quelques gants destinés à préserver les mains de la poussière, indiquait qu'on était venu autrefois de temps en temps visiter ce cabinet. Peu à peu les visites étaient devenues plus rares, la mort avait enlevé successivement la veuve et la fille de Beaumarchais ; son gendre et ses petits-fils, craignant que ces documents ne s'égarassent entre des mains négligentes ou hostiles, avaient pris le parti de les laisser dormir en paix ; et c'est ainsi que des matériaux précieux pour l'histoire du xviiie siècle, c'est ainsi que tous les souvenirs d'une carrière extraordinaire étaient restés enfouis depuis plus de trente ans dans une cellule abandonnée, dont l'aspect m'inspirait une mélancolie profonde. En troublant le sommeil de ce tas de papiers jaunis par le temps, écrits ou reçus autrefois, dans le feu de la colère ou de la joie, par un être duquel on peut dire ce que Mme de Staël a dit de Mirabeau, par un être *si animé, si forte-*

ment en possession de la vie, il me semblait que je procédais à une exhumation; il me semblait voir une de ces tombes du Père-Lachaise qui, fréquentées d'abord, finissent bientôt par se couvrir de ronces, pour nous rappeler sans cesse l'oubli qui nous suit sur cette terre où nous passons si vite.

Cependant une portion de ces papiers était classée avec soin : c'était celle qui a trait aux affaires si nombreuses et si variées de Beaumarchais comme plaideur, négociant, armateur, fournisseur, administrateur[1]. L'autre partie, offrant un intérêt biographique, littéraire ou historique, était beaucoup plus en désordre; on voyait que le classement avait été confié au caissier

---

[1] Devenu riche et jouissant de la réputation d'un homme universel, Beaumarchais voyait affluer chez lui tous les plans, tous les projets qui s'élaboraient dans chaque cervelle, et qui venaient solliciter son concours. On peut s'en faire une idée par la nomenclature suivante, qui n'embrasse que le contenu d'un *seul* carton.

État des différents projets soumis aux lumières de M. de Beaumarchais.

Projet d'emprunt pour M. le duc de Chartres. 1784.—Copie des lettres patentes qui autorisent M. le duc de Choiseul à emprunter 400,000 fr. 1783.—Projet d'un cours universel de législation criminelle.—Observation sur le moyen d'acquérir des terrains au Scioto.—Mémoire pour les propriétaires associés de l'enclos des Quinze-Vingts.—Notes sur l'existence civile des protestants en France.—Projet d'un emprunt également utile au roi et au public.—Prospectus d'un moulin à établir à Harfleur.—Projet de commerce de l'Inde par l'isthme de Suez.—Mémoires sur la conversion de la tourbe en charbon et avantages de cette découverte.—Mémoires tendant à donner au roi vingt vaisseaux de ligne et douze frégates pour servir à convoyer le commerce avec les colonies.—Mémoire sur la plantation de la rhubarbe.—Prospectus d'une opération de finance ou emprunt couvert en forme de loterie d'État.—Projet d'un bureau d'échange et d'une caisse d'accumulation.—Projet d'un pont à l'Arsenal.—Ce dernier

Gudin, commis zélé, mettant les *affaires* en première ligne. Ainsi, après avoir déterré dans ce chaos les manuscrits des trois drames et de l'opéra de Beaumarchais, nous avions vainement cherché un manuscrit du *Barbier de Séville* et du *Mariage de Figaro*, lorsqu'en faisant ouvrir par un serrurier un coffre dont la clef était perdue, nous découvrîmes les deux manuscrits au fond de ce coffre, sous une masse de papiers inutiles[1]. A côté se trouvait un mouvement de montre ou de pendule exécuté en cuivre sur un grand modèle et portant l'inscription suivante : *Caron filius œtatis* 21 *annorum regulatorem invenit et fecit* 1753. C'était la première invention par laquelle le jeune horloger Beaumarchais débuta dans la vie. La juxtaposition dans la même caisse de ces deux objets si différents, du *chef-d'œuvre* de l'horloger et des deux chefs-d'œuvre de l'auteur dramatique, avait quelque chose d'assez piquant ; c'était comme une

---

projet, aujourd'hui réalisé, est un de ceux qui occupèrent beaucoup la vieillesse de Beaumarchais.

[1] Ces deux manuscrits sont deux copies, mais remplies de corrections, d'additions et de changements qui sont tous de la main de Beaumarchais. Ce sont ces manuscrits qui paraissent avoir servi à la première représentation de chacune des deux pièces. Les changements sont nombreux, surtout dans *le Barbier de Séville*, dont les deux derniers actes, le quatrième et le cinquième, furent fondus en un seul, entre la première et la seconde représentation. On a ici ces deux actes tels qu'ils furent d'abord conçus par l'auteur. Divers autres brouillons relatifs à ces deux pièces, les brouillons d'*Eugénie*, des *Deux Amis*, de *la Mère coupable*, des *Mémoires contre Goëzman*, dont plusieurs parties sont refaites jusqu'à trois fois de la main de Beaumarchais, permettent enfin de mettre un terme à cette ridicule question, soulevée encore de nos jours : savoir si Beaumarchais est bien réellement l'auteur de ses ouvrages.

réminiscence de je ne sais plus quel monarque de l'Orient qui plaçait dans le même coffre ses habits de berger et son manteau royal. Au fond de cette caisse se trouvaient aussi quelques portraits de femmes. L'un d'eux, très-petite miniature représentant une belle dame de vingt à vingt-cinq ans, était enveloppé dans un papier portant ces mots d'une écriture fine et un peu griffonnée : « *Je vous rends mon portrait* » gracieux et fragiles débris, moins fragiles encore que nous, puisqu'ils nous survivent ! Qu'est devenue cette belle personne d'il y a quatre-vingt-dix ans ? (Je dis quatre-vingt-dix ans, parce que j'ai reconnu l'écriture qui remonte à 1764.) Qu'est devenue cette belle personne qui, pour sceller une réconciliation sans doute, écrivait : « Je vous rends mon portrait ? »

> Dictes-moi où, ne en quel pays
> Est Flora la belle Romaine,
> Archipiada ne Thaïs,
> Qui fut sa cousine germaine ?
> Écho parlant quand bruyt on maine
> Dessus rivière ou sus estan
> Qui beaulté eut trop plus qu'humaine ?
> Mais où sont les neiges d'*antan* [1].

Parmi les nombreux documents que renfermait ce cabinet, plusieurs paraissaient avoir été mis en ordre par Beaumarchais lui-même avec l'intention de s'en servir pour la rédaction des mémoires de sa vie, et on voyait en même temps qu'après avoir conçu ce projet, il y avait ensuite renoncé. Ainsi, sur un dossier volumineux

---

[1] D'*antan,* de l'an passé. Voir la ballade des *Dames du temps jadis,* par Villon.

contenant sa correspondance avec M. de Sartines[1] et le détail de ses voyages comme agent secret de Louis XV et de Louis XVI, on lit ces mots écrits de sa main : *Papiers originaux remis par M. de Sartines, matériaux pour les mémoires de ma vie;* plus bas est écrit de la même main : *inutiles aujourd'hui.* Cela signifie que Beaumarchais dans sa vieillesse, sous la première république, laissant à sa fille des affaires embarrassées et des procès avec le gouvernement existant, avait sans doute craint de lui nuire et peut-être aussi de nuire à sa propre mémoire en mettant au jour ses antécédents monarchiques et spécialement la partie de sa carrière où il fut directement au service de Louis XV, de Louis XVI et de leurs ministres.

Quoi qu'il en soit, l'examen de ces papiers fait vivement regretter que Beaumarchais n'ait pas donné suite au projet de raconter lui-même les singulières péripéties d'une existence mêlée à tous les événements de son temps. De tous les hommes fameux du xviiie siècle, il est peut-être celui sur lequel on a débité le plus de fables, tandis que les incidents de sa vie n'ont été connus du public que par quelques pages un peu vagues qu'il a semées çà et là dans des mémoires judiciaires dont la forme apologétique et les réticences obligées tiennent le lecteur en défiance et ne satisfont que très-incomplétement sa curiosité.

Tout ce qui a été écrit de plus exact depuis cinquante

[1] Lieutenant-général de police sous Louis XV et ministre de la marine sous Louis XVI.

ans sur la vie de l'auteur du *Mariage de Figaro* est puisé à la même source, c'est-à-dire emprunté au travail publié par La Harpe en 1800, et qui fait partie de son *Cours de Littérature* [1]. Le chapitre consacré dans cet ouvrage à Beaumarchais est assez développé. La Harpe, reconnaissant avec raison qu'en lui l'homme est supérieur à l'écrivain, donne un peu plus d'extension à la partie biographique de son sujet qu'il n'a coutume de le faire pour les autres auteurs; mais, soit qu'au lendemain de la mort de Beaumarchais ses papiers ne fussent pas encore inventoriés, soit que La Harpe n'ait pas cru devoir pénétrer trop avant dans une existence liée à celle d'une foule de personnes qui vivaient encore au moment où il écrivait, il est certain qu'il s'en est tenu à quelques informations générales recueillies auprès de la veuve du défunt, et que, sous le rapport biographique, son travail n'est qu'une ébauche où il n'y a presque pas une date, pas un détail bien précisé, et où les faits principaux sont à peine indiqués, sans compter quelques erreurs assez graves, religieusement reproduites par tous les biographes. Il n'est pas moins incontestable que ce chapitre du *Cours de Littérature* de La Harpe a été, pour la réputation si attaquée de Beaumarchais, une véritable bonne fortune. Appréciateur

---

[1] Il faut en excepter une étude intéressante publiée récemment par M. Sainte-Beuve. Le brillant auteur des *Causeries du lundi*, sachant que j'avais entre les mains les papiers de Beaumarchais, m'a fait l'honneur de me demander des renseignements, et je lui ai communiqué un certain nombre de détails nouveaux dont il a tiré un excellent parti.

sévère et parfois trop rigoureux de l'auteur dramatique, La Harpe rend aux qualités de l'homme, qu'il a connu, une justice qui ne saurait être suspecte de partialité; car le célèbre Aristarque, alors converti, était devenu très-hostile non-seulement aux écrits, mais aux écrivains du xviiie siècle : l'exception inattendue qu'il fait en faveur de Beaumarchais, les éloges qu'il accorde à son caractère, la chaleur avec laquelle il réfute le premier cet amas de calomnieuses noirceurs accumulées sur la tête d'un homme dont la vie ne fut qu'un combat, n'ont pas peu contribué à empêcher les écrivains sérieux qui sont venus après lui de juger l'auteur du *Mariage de Figaro* sur les imputations souvent atroces et sur les diatribes de ses nombreux adversaires.

Voici, du reste, un extrait d'une lettre inédite de La Harpe adressée à Mme de Beaumarchais six mois après la mort de son mari, le 1er décembre 1799, au moment où le critique s'occupait de rédiger son travail. Cette lettre prouve la spontanéité et la sincérité des sympathies exprimées par La Harpe, sympathies qui étonnèrent quelques personnes à l'époque où parut le onzième volume du *Cours de Littérature*.

1er décembre.

« .... Mon opinion, écrit La Harpe, sur l'excellent époux que vous regrettez, avait dès longtemps prévenu tout ce que vous inspire à cet égard un intérêt bien légitime et bien digne d'éloges. J'ai toujours été indigné des calomnies et des persécutions aussi odieuses qu'absurdes dont il a été si souvent l'objet. Soyez sûre, Madame, qu'à cet égard la justice sera complétement faite, et c'est même une des raisons qui m'ont fait penser tout de suite à faire entrer son article dans le chapitre de la *Comédie dans ce siècle,* quoiqu'il fût depuis longtemps entre les mains de l'imprimeur : l'article n'est pas fait ; il a fallu d'abord, suivant ma méthode, relire tous ses ouvrages, et j'ai peu de temps pour lire, parce que j'en dépense beaucoup à écrire. Ce morceau, d'ailleurs, doit être travaillé et réfléchi. J'en ai d'autres à terminer auparavant, et peut-être aurai-je le plaisir de vous revoir avant de le commencer ; il n'en vaudra que mieux à tous égards.

« Vous ne devez pas être moins tranquille, Madame, sur ce qui concerne son talent ; j'en ai toujours fait cas, et j'aime à rendre justice ; j'aurais mieux aimé, sans doute, la lui rendre de son vivant, et je l'estimais assez pour y joindre, sans craindre de le blesser, les observations de la critique désintéressée : il n'aurait eu place alors que dans l'aperçu rapide *sur la littérature actuelle* qui terminera mon ouvrage. Ses titres littéraires appartiennent aujourd'hui à la postérité, et quoiqu'elle soit encore bien voisine de lui, je tâcherai de la faire parler comme si elle en était déjà loin. Mon jugement ne sera pas suspect, j'étais plus de sa société que de ses amis, et je n'ai pas été dans le cas de recevoir de lui aucun des services qu'il rendait si volontiers aux gens de lettres, et que je n'ai pas ignorés.

« .... Agréez, etc. « Delaharpe (*sic*) [1]. »

Le travail de La Harpe est donc important comme témoignage loyal en faveur des bonnes qualités de Beaumarchais ; mais comme biographie, il ne donne qu'une idée tout à fait insuffisante des vicissitudes de son existence et des rapports qu'elle présente avec l'histoire de son temps. Un littérateur estimable, le frère du caissier Gudin dont je viens de parler, Gudin de

---

[1] En adoptant, pour le nom de La Harpe, l'orthographe la plus usitée, nous croyons devoir constater que, dans un assez grand nombre de lettres que nous avons de lui, il signe toujours *Delaharpe*.

la Brenellerie qui fut pendant trente ans un des amis les plus dévoués, les plus intimes de Beaumarchais, avait été frappé des lacunes de cette étude de La Harpe et avait résolu d'y suppléer [1]. Il avait rédigé dans ce but

[1] Paul-Philippe Gudin de la Brenellerie, devant figurer plus d'une fois dans cet ouvrage, en sa qualité de *fidus Achates* de Beaumarchais, mérite ici une mention particulière. Issu d'une famille genevoise, il naquit à Paris en 1738; il était, comme l'auteur du *Mariage de Figaro*, fils d'un horloger. Sa liaison avec lui commença en 1770 et se continua sans un nuage jusqu'à la mort de Beaumarchais. Gudin survécut treize ans à son ami; il est mort, le 26 février 1812, correspondant de l'Institut. Cet écrivain, souvent loué par Voltaire, avait plus de fécondité que de talent; il a publié un grand nombre d'ouvrages en prose et en vers; il a fait jouer ou imprimer plusieurs tragédies, dont une a été brûlée à Rome, en 1768, par décret de l'Inquisition. Toutes ces productions sont aujourd'hui également oubliées. Peu de personnes même se doutent qu'un des vers français qu'on cite le plus souvent à propos de Henri IV :

Seul roi de qui le pauvre ait gardé la mémoire,

est de Gudin. Ce vers, qui se trouve dans un morceau de poésie envoyé par lui à un concours académique, en 1779, fut signalé par l'Académie comme propre à servir d'inscription à la statue de Henri IV. (Voir la *Correspondance* de Grimm, mai 1779.) Écrivez donc de nombreux volumes, pour qu'il ne reste de vous qu'un seul vers heureux que tout le monde connaît, mais dont on ignore l'auteur. A défaut de génie, Gudin avait du moins un excellent cœur. Il partageait, à la vérité, tous les préjugés philosophiques du xviiie siècle; il avait aussi cette teinte de libertinage d'esprit qui était à la mode alors ; mais sa vie était modeste et beaucoup plus régulière qu'on ne le croirait à la lecture de quelques-unes de ses poésies légères. Son intelligence était d'ailleurs portée principalement vers les études sérieuses ; la plus grande partie de son existence a été consacrée à la composition d'une histoire de France en 35 volumes, sur laquelle il fondait les plus belles espérances de gloire, et qui n'a jamais pu trouver un éditeur. Le caractère de Gudin était timide, mais plein de délicatesse et de probité. On a suspecté quelquefois, bien à tort, le désintéressement de son affection et de son enthousiasme pour Beaumarchais. J'ai dans les mains un très-grand nombre de lettres de Gudin, qui prouvent la liberté, la fran-

une notice détaillée sur la vie de son ami. Cette notice forme un manuscrit de 419 pages, divisé en quatre parties, et intitulé : *Histoire de Pierre-Augustin Caron de Beaumarchais, pour servir à l'histoire littéraire, commerciale et politique de son temps :* elle devait être placée en tête de l'édition des œuvres de Beaumarchais, publiée par le même Gudin en 1809[1] ; mais après l'avoir lue, la veuve de l'auteur du *Mariage de Figaro,*

chise, la dignité de ses rapports avec son opulent ami ; je n'en citerai qu'un exemple qui me semble touchant. Lorsque, après la terreur, Beaumarchais rentra en France, Gudin, retiré dans une campagne, à cinquante lieues de Paris, brûlait du désir de venir embrasser l'homme qu'il aimait le plus au monde ; mais, bien qu'il possédât un petit patrimoine, la rigueur du temps l'ayant privé de son revenu ordinaire, il se trouvait sans argent pour faire le voyage. Beaumarchais, quoique très-appauvri lui-même, s'empresse de lui envoyer cet argent. Gudin part, et, après avoir satisfait le besoin de son cœur, reprend le chemin de sa retraite. Un mois plus tard, je le vois renvoyer scrupuleusement à Beaumarchais l'argent prêté. Ce dernier met quelque hésitation à l'accepter ; mais Gudin insiste, de l'air d'un homme accoutumé à ne pas permettre qu'on prenne sur lui aucun avantage de ce genre. Que dire, après cela, de l'idée *ingénieuse* d'un écrivain de nos jours qui, à ce qu'on m'assure, a découvert que Beaumarchais avait *exploité* la pauvreté de Gudin, en lui faisant rédiger la plupart des ouvrages publiés sous son nom? Indépendamment des nombreuses impossibilités que renferme cette idée, il suffit, pour la détruire, de lire Gudin, dont la prose ressemble à celle de Beaumarchais à peu près comme un bœuf ressemble à un cheval fringant.

[1] C'est cette édition, faite par Gudin, en 1809, en sept volumes in-8°, qui a servi de type à toutes les éditions successives de Beaumarchais ; elle est loin d'être complète : non-seulement Gudin a omis ou n'a point connu divers morceaux littéraires de Beaumarchais, mais des documents historiques très-intéressants ont été supprimés par lui, sous l'influence des circonstances politiques du moment, et, par le même motif, sur la masse de lettres laissées par Beaumarchais, il n'en a publié qu'un très-petit nombre, qui ne sont pas toujours les plus dignes d'intérêt.

personne distinguée sous tous les rapports, et dont il sera parlé plus amplement dans le cours de cet ouvrage, paraît s'être opposée à la publication de cette biographie pour des motifs que je trouve indiqués dans une note écrite de sa main. Mme de Beaumarchais remarque avec beaucoup de sens qu'au lieu de se contenter de raconter la vie de son ami, Gudin, vieux philosophe du XVIIIe siècle, qui n'a rien appris ni rien oublié, mêle à son récit une foule de déclamations anti-religieuses de son crû qui ont perdu toute saveur en 1809; qu'il s'expose ainsi, sans le vouloir, non-seulement à compromettre la mémoire de Beaumarchais, mais encore à troubler le repos de sa famille, que « les critiques, ajoute sa veuve, voudront peut-être rendre responsable des opinions de la *secte philosophique, secte si décriée aujourd'hui.* » Gudin, qui était un très-bon homme (philosophie à part) et qui était très-dévoué à Mme de Beaumarchais, fit à ces considérations le sacrifice de son œuvre; il se contenta d'en extraire un chapitre sur les drames et les comédies de son ami qu'il plaça à la fin du septième volume de l'édition de 1809, et son *Histoire de Beaumarchais* eut le sort de son *Histoire de France :* elle resta en manuscrit. Ce manuscrit n'est pas toujours très-exact, surtout pour la première partie de la vie de Beaumarchais, que Gudin ne connaissait point par lui-même, et pour laquelle il ne paraît pas avoir consulté les matériaux que j'ai sous les yeux; il contient aussi beaucoup de dissertations oiseuses et en dehors du sujet, des louanges outrées et continues qui rappellent un peu le pavé de l'ours ; cependant on y trouve plusieurs faits curieux et ignorés qui seront utiles au travail que j'entreprends.

Telles sont les circonstances qui m'ont déterminé à étudier à fond les documents inédits qui m'étaient confiés et à donner au résultat de cette étude plus d'extension que ne le comporterait une simple biographie. Il m'a semblé que l'occasion était favorable pour essayer de peindre Beaumarchais et son temps, et qu'ici l'histoire d'un homme pouvait ajouter quelque lumière à l'histoire de toute une époque ; car l'homme dont il s'agit, sorti des rangs inférieurs de la société, a traversé en quelque sorte toutes les conditions sociales. L'étonnante variété de ses aptitudes l'a mis en contact avec les personnes et les choses les plus diverses, et l'a poussé à jouer tour à tour et parfois simultanément les rôles les plus différents. Horloger, musicien, chansonnier, dramaturge, auteur comique, homme de plaisir, homme de cour, homme d'affaires, financier, manufacturier, éditeur, armateur, fournisseur, agent secret, négociateur, publiciste, tribun par occasion, homme de paix par goût, et cependant plaideur éternel, faisant comme *Figaro* tous les métiers, Beaumarchais a mis la main dans la plupart des événements, grands ou petits, qui ont précédé la révolution.

Presque au même instant on le voit, condamné au *blâme* (dégradation civique) par le parlement Maupeou, décider le renversement de la magistrature qui l'a condamné, faire jouer le *Barbier de Séville*, correspondre secrètement de Londres avec Louis XVI, et, non encore réhabilité de la sentence judiciaire qui pèse sur lui, dénué de crédit, ayant tous ses biens saisis, obtenir du roi lui-même *un million* avec lequel il commence et entraîne l'intervention de la France dans la querelle des Etats-Unis et de l'Angleterre. Un peu plus loin, toujours composant des chansons, des comédies, des opéras, et toujours avec deux ou trois procès sur le corps, Beaumarchais fait le commerce dans les quatre parties du monde : il a quarante vaisseaux à lui sur les mers ; il fait combattre *sa marine* avec les vaisseaux de l'État à la bataille de la Grenade, il fait décorer *ses* officiers, discute avec le roi les frais de la guerre, et traite de puissance à puissance avec le congrès des États-Unis.

Assez fort pour tout cela, assez fort pour introduire *Figaro* au théâtre malgré Louis XVI, et pour imprimer la première édition générale de Voltaire malgré le clergé et la magistrature, Beaumarchais n'a pas même assez de force pour se faire prendre au sérieux et se préserver, au milieu de sa plus grande splendeur, d'être arrêté un beau matin sans rime ni raison, et, à cinquante-trois ans, enfermé pendant quelques jours dans une maison de correction comme un jeune mauvais sujet; ce qui ne l'empêche pas de figurer à la même époque comme patron des gens de lettres auprès des ministres, d'avoir des rapports très-suivis comme financier, et même à titre d'agent et de conseiller important, avec MM. de Sartines, de Maurepas, de Vergennes, de Necker, de Calonne; d'être courtisé par une foule de grands seigneurs qui lui empruntent de l'argent et oublient souvent de le rendre, de protéger même des princes auprès de l'archevêque de Paris [1], et de contribuer puissamment, mais bien involontairement, on le verra, à la destruction de la monarchie.

Persécuté sous la république comme aristocrate, après avoir été emprisonné comme factieux sous la royauté, l'ex-agent de Louis XVI n'en devient pas moins, malgré lui, l'agent et le fournisseur du comité de salut public. Cette mission de fournisseur, qui devait le sauver, met sa vie en péril et porte le dernier coup à sa fortune. Né pauvre, enrichi et ruiné deux ou trois fois, il voit tous ses biens au pillage, et, après avoir possédé 150,000 francs de rente, proscrit, caché sous un faux nom dans un grenier de Hambourg, le vieux Beaumarchais en est réduit un instant à ce degré de misère, qu'il ménage, dit-il, une allumette pour la faire servir deux fois [2].

Rentré dans son pays à soixante-cinq ans, malade, sourd, mais toujours infatigable, Beaumarchais, en

[1] Il s'agit ici du prince de Nassau-Siegen, personnage fort romanesque, dont il sera question plus loin, qui avait épousé une Polonaise divorcée, et qui demandait la légitimation de son mariage à l'archevêque de Paris, par l'intercession de Beaumarchais.

[2] Voici en effet ce que je lis sur des feuilles détachées écrites par Beaumarchais, à Hambourg, en 1794 : « Dans mon malheur, je suis devenu économe au point d'éteindre une allumette et de la garder pour m'en servir deux fois. Je ne m'en suis aperçu que par réflexion, après y avoir été amené par la misère de ma situation. Ceci ne vaut sa remarque que parce que je suis tombé subitement de 150,000 livres de rente à l'état de manquer de tout. »

même temps qu'il se mêle avec une vivacité juvénile de toutes les affaires du moment, en même temps qu'il surveille la mise en scène de son dernier drame (*la Mère coupable*), ramasse courageusement les débris de sa fortune, et recommence, un pied dans la tombe, tout le travail de sa vie, se débat au milieu d'une légion de créanciers, poursuit une légion de débiteurs, et meurt en plaidant à la fois contre la république française et contre la république des États-Unis.

Cet aperçu d'une existence étrange que je me propose de raconter en détail suffira, je pense, pour faire apprécier d'avance l'intérêt multiple qui s'y attache. Ce n'est pas seulement parce qu'elle est romanesque et pleine de vicissitudes, c'est aussi et surtout parce qu'elle est remplie de contrastes et d'incohérences que la carrière de Beaumarchais vaut la peine d'être examinée de près, comme l'expression et le reflet de toute une période historique. Cette vie, sorte de macédoine disparate et hétérogène, n'est-elle pas en effet la plus fidèle image d'un ordre social qui se dissout et se décompose par le désaccord toujours croissant des idées et des institutions, des mœurs et des lois?

Le caractère de Beaumarchais a été très-décrié; diverses causes, dont les unes tiennent aux circonstances, les autres à l'homme même, ont concouru à lui susciter beaucoup d'ennemis; on s'occupera ici non pas de poétiser ce caractère, mais de le montrer tel qu'il est et sous tous ses aspects. S'il gagne à être présenté ainsi dans toute sa vérité auprès de ceux qui jugeant le personnage d'après ses adversaires, n'avaient vu en lui qu'un intrigant audacieux et habile; il perdra peut-être dans l'esprit de ceux qui, pour se dispenser de l'étude des détails et des nuances, prennent les hommes tout d'une pièce et croient avoir expliqué l'auteur du *Mariage de Figaro*, quand ils ont dit : *C'était, à sa manière, un grand révolutionnaire.* On verra dans quel sens et dans quelle mesure Beaumarchais était révolutionnaire, on le verra dépassé bien vite par la révolution, et souvent aussi ardent dans sa résistance aux excès du régime nouveau qu'il l'avait été dans sa lutte contre les abus de l'ancien régime.

S'il reste beaucoup à dire sur la vie et le caractère de Beaumarchais, son talent a déjà été l'objet d'appréciations nombreuses [1]. Cependant il est possible encore d'entrer un peu plus avant qu'on ne l'a fait dans les questions littéraires que ce nom soulève, soit sur le drame, soit sur la comédie. Aux critiques sévères de La Harpe et aux critiques plus sévères encore de Geoffroy, Beaumarchais oppose le meilleur des arguments, le

---

[1] Il suffit de citer ici, indépendamment du travail de La Harpe et du récent travail de M. Sainte-Beuve, dont on vient de parler, les articles très-hostiles et souvent très-injustes du célèbre critique de l'empire, l'abbé Geoffroy, qui ont trouvé place dans le recueil de ses feuilletons, publié sous le titre de *Cours de Littérature dramatique*, d'autres articles plus élégants et plus sensés de M. de Feletz, quelques pages pleines de mouvement et d'éclat, qui font partie du *Cours de Littérature française au dix-huitième siècle*, par M. Villemain, mais qui n'embrassent que l'examen des Mémoires de Beaumarchais contre Gœzman, et enfin une étude ingénieuse et animée de M. Saint-Marc Girardin, publiée dans ses *Essais de Littérature et de Morale*.

succès ; non pas le succès d'un jour, celui-là ne prouve rien, mais le succès vivace et durable, celui qui résiste aux changements des goûts, des modes, aux caprices de l'opinion, aux révolutions elles-mêmes qui semblaient l'avoir fait naître, et desquelles il semblait inséparable. Quoi qu'on puisse penser de la nature et des défauts de son talent, l'auteur du *Mariage de Figaro* est du très-petit nombre des écrivains du xviii° siècle qu'on rejoue et qu'on relit ; il y a donc lieu aussi à étudier avec soin les types qu'il a créés, les innovations qu'il a tentées au théâtre ou ailleurs, les formes mêmes de son style, en un mot tous les éléments dont se compose sa physionomie littéraire.

II

NAISSANCE DE BEAUMARCHAIS—SA FAMILLE.—UN INTÉRIEUR DE PETITE BOURGEOISIE AU XVIII° SIÈCLE.

Pierre-Augustin Caron, qui prit à vingt-cinq ans le nom de Beaumarchais, naquit le 24 janvier 1732, dans une boutique d'horloger située rue Saint-Denis, presque en face de la rue de la Féronnerie, tout près de cette maison du pilier des halles où l'on a cru longtemps à tort que Molière avait reçu le jour. L'erreur est aujourd'hui démontrée; mais si ce quartier Saint-Denis, qui ne passe pas pour un foyer de lumières et qui jouit un peu dans Paris de la réputation qu'avait en Grèce la Béotie, doit renoncer à l'honneur d'avoir vu naître Molière, il peut, jusqu'à un certain point, s'en consoler puisqu'il a le droit de revendiquer comme des nationaux, non-seulement Regnard, notre premier poëte comique après Molière, non-seulement l'auteur du *Mariage de Figaro*, mais encore M. Scribe, né aussi en pleine rue Saint-Denis, dans une boutique de marchand de soieries, et Béranger, venu au monde non loin de là, rue Montorgueil, dans une boutique de tailleur.

Quand on sait que Beaumarchais, à vingt-quatre ans, se trouvait encore, comme il dit dans une de ses lettres, *entre quatre vitrages,* qu'il a passé presque sans transition de sa vie d'horloger à la vie de cour, à une sorte d'intimité avec des princes et des princesses du sang royal, et que, dans une position si nouvelle pour lui, il a fait assez bonne figure pour se créer des amis et beaucoup d'ennemis; quand on sait cela, on éprouve le besoin de s'enquérir des influences de famille et d'éducation qui ont pu, jusqu'à un certain point, le préparer à ce rôle inattendu.

Sa famille était des plus modestes : aussi n'est-ce pas sans une sorte d'étonnement qu'en pénétrant dans cet intérieur de petite bourgeoisie, on y rencontre des habitudes, des manières, une culture d'esprit bien supérieures à ce qu'on attendait. Le progrès des classes moyennes au xviiie siècle ne m'a jamais paru plus frappant qu'en compulsant ces obscures archives de la famille d'un mince horloger de la rue Saint-Denis. On jugera tout à l'heure si, aujourd'hui, dans une sphère sociale exactement semblable, le niveau de culture intellectuelle et mondaine n'a pas plus tôt baissé que grandi. Cette infériorité de culture dans la petite bourgeoisie actuelle, très-compatible d'ailleurs avec un progrès général dans les masses, s'expliquerait peut-être, surtout pour Paris, par cette considération, qu'au xviiie siècle l'existence d'une aristocratie de cour très-raffinée, qui se mêlait de plus en plus aux classes bourgeoises sans cependant se confondre encore avec elles, entretenait chez toutes une sorte d'émulation de bonne tenue et de beau langage qui, de nos jours, a complétement disparu. Cette idée, je la trouve confirmée par Beaumarchais lui-même dans une lettre inédite qu'il écrit à son père, de Madrid, en 1765 : « Les bourgeoises de Madrid sont, dit-il, les plus sottes créatures de l'univers, bien différentes de chez nous, où le *bon air* et le *bel esprit* ont gagné tous les états. »

Dans sa propre maison, on trouverait en effet une preuve de ce penchant universel au xviiie siècle pour le *bon air* et le *bel esprit*. Faisons d'abord connaissance avec son père.

André-Charles Caron était originaire de l'ancienne province de Brie ; il naquit le 26 avril 1698, près de Meaux, à Lizy-sur-Ourcq, petit bourg qui est devenu aujourd'hui une petite ville du département de Seine-et-Marne. Il était fils de Daniel Caron, horloger à Lizy, et de Marie Fortain, tous deux protestants calvinistes. Sa famille était nombreuse et pauvre, à en juger par les documents qui constatent son état civil. On sait que, depuis la révocation de l'édit de Nantes, en 1685, toute existence légale était refusée aux protestants ; indépendamment des persécutions exercées contre ceux qui faisaient acte de religion, leurs mariages et leurs enfants étaient tenus pour illégitimes. Une des églises protestantes qui résistèrent le plus à ce régime d'oppression fut l'église réformée de Brie. Elle ne céda ni à l'éloquence de Bossuet ni aux dragonnades[1], et les protestants continuèrent à faire bénir leurs mariages *au désert,* c'est-à-dire dans un asile écarté, au fond des bois, par le ministère de quelque pasteur errant et fugitif. C'est ainsi sans doute que furent mariés à Lizy, en 1694, le grand-père et la grand'mère de Beaumarchais, et c'est peut-être de la main d'un de ces pasteurs fugitifs que, sur un petit cahier grossier recouvert en parchemin, que j'ai sous les yeux et qui ressemble à un livre de cuisine, fut écrite la nomenclature des enfants nés de Daniel Caron et de Marie Fortain.

Ces humbles archives d'une famille protestante commencent par cette pieuse formule : « Nostre ayde et commencement soit au nom de Dieu qui a fait toutes choses. Amen (1695).» Suit la liste de quatorze enfants, dont plusieurs moururent en bas âge et dont André-Charles Caron est le quatrième.

Beaumarchais, dans une requête au roi, se dit neveu du côté paternel d'un oncle mort capitaine de grenadiers avec la croix de Saint-Louis, cousin, du même côté, d'un des directeurs de la compagnie des Indes et d'un secrétaire du roi, ce qui semblerait indiquer que sa famille paternelle avait des liens de parenté avec des familles plus relevées qu'elle; toujours est-il que son père naquit dans un état pauvre et obscur.

---

[1] Voir l'*Histoire des Eglises du Désert chez les Protestants de France,* par Charles Coquerel, t. II, p. 513.

Très-jeune encore, André-Charles Caron s'engagea dans le régiment de dragons de Rochepierre, sous le nom de Caron d'Ailly; après un temps de service qui dut être assez court, il obtint, pour je ne sais quelle cause, un congé définitif le 5 février 1721. Il vint s'établir à Paris pour y étudier l'art de l'horlogerie, et, un mois après son arrivée, il abjura le calvinisme, ainsi qu'il résulte d'un certificat du cardinal de Noailles que j'ai entre les mains, et qui est précédé d'une déclaration ainsi conçue :

« Le 7 mars 1721, j'ai prononcé mon abjuration de l'hérésie de Calvin à Paris, dans l'église des Nouvelles-Catholiques.
« Signé : ANDRÉ-CHARLES CARON. »

Beaumarchais est donc né catholique, d'un père protestant rentré dans le sein du catholicisme; mais le souvenir de la religion de ses ancêtres a peut-être sa part d'influence dans ses instincts d'opposition; il aide à expliquer du moins le zèle qu'on le verra déployer dans toutes les questions qui intéressent les protestants.

Un an après son abjuration, André-Charles Caron adressa une requête au roi en conseil d'État, à l'effet d'être reçu maître horloger, bien qu'il n'eût pas le temps voulu d'apprentissage chez un maître. Dans cette requête, le suppliant fait valoir son abjuration à l'appui de sa demande, ce qui semble indiquer qu'à cette époque la qualité de catholique était exigée, même pour la profession d'horloger[1]. On en pourrait induire quelques doutes sur le désintéressement de l'abjuration du père de Beaumarchais; mais ces doutes s'évanouissent à la lecture de ses lettres intimes, où on le voit pratiquant avec zèle tous les devoirs de sa foi nouvelle, animé d'une ferveur sincère, employant parfois certaines formes austères de langage qu'il tenait peut-être de sa première croyance.

Quatre mois après avoir été reçu maître horloger, le 13 juillet 1722, André-Charles Caron épousa Marie-Louise Pichon, dont le père, sur l'acte de mariage, est qualifié *bourgeois de Paris*. C'était une excellente personne, mais d'un esprit assez ordinaire, à en juger par quelques-uns de nos documents. Quant à Charles Caron, sa correspondance le montre sous l'aspect d'un homme très-supérieur à son état : à la vérité, l'horlogerie est le premier des arts mécaniques par ses rapports avec les sciences exactes; mais l'horloger Caron s'était donné une instruction scientifique au-dessus de l'instruction ordinaire d'un horloger. Ainsi, en 1746, il était assez connu par son savoir en mécanique pour être consulté, par le gouverneur de Madrid, sur l'emploi de diverses machines destinées au dragage des ports et des rivières, il s'explique sur ce point avec la netteté et l'autorité d'un homme très-compétent. Malgré ses talents, peut-être même à cause de ses talents, le

---

[1] Je vois, en effet, dans les pièces justificatives de l'ouvrage de M. Coquerel, que le certificat de catholicisme avait fini par être exigé pour l'admission dans toutes les corporations d'artisans.

père de Beaumarchais ne put jamais arriver à la fortune; il éprouva des pertes dans son commerce d'horlogerie et de bijouterie, et, en fin de compte, dans les dernières années de sa vie, il n'avait pour subsister qu'une pension viagère que lui faisait son fils.

L'instruction littéraire du père de Beaumarchais n'est pas moins remarquable, relativement à son état, que son instruction scientifique, surtout si l'on considère que, sorti d'un petit bourg pour être dragon, puis horloger, il doit tout ce qu'il sait à lui-même. Son style est en général de bonne qualité, parfois élégant, avec cette teinte de piété fervente dont je parlais tout à l'heure, qui est assez curieuse pour le temps et qui fut toujours étrangère à Beaumarchais.

Voici, par exemple, une lettre qu'il écrit à son fils et dans laquelle on verra peut-être avec quelque surprise l'auteur futur du *Mariage de Figaro* comparé par son père à Grandisson. Cette lettre est datée d'une époque où Beaumarchais n'avait encore aucune célébrité littéraire; mais il avait déjà fait fortune et se montrait, ce qu'il fut toujours, un excellent fils.

Paris, le 18 décembre 1764.

« Tu me recommandes modestement de t'aimer un peu; cela n'est pas possible, mon cher ami : un fils comme toi n'est pas fait pour n'être qu'un peu aimé d'un père qui sent et pense comme moi. Les larmes de tendresse qui tombent de mes yeux sur ce papier en sont bien la preuve; les qualités de ton excellent cœur, la force et la grandeur de ton âme me pénètrent du plus tendre amour. Honneur de mes cheveux gris, mon fils, mon cher fils, par où ai-je mérité de mon Dieu les grâces dont il me comble dans mon cher fils? C'est, selon moi, la plus grande faveur qu'il puisse accorder à un père honnête et sensible qu'un fils comme toi. Mes grandes douleurs sont passées d'hier, puisque je peux t'écrire. J'ai été cinq jours et quatre nuits sans manger ni dormir, et sans cesser de crier; dans les intervalles où je souffrais moins, je lisais Grandisson, et en combien de choses n'ai-je pas trouvé un juste et noble rapport entre Grandisson et mon fils! Père de tes sœurs, ami et bienfaiteur de ton père, si l'Angleterre, me disais-je, a son Grandisson, la France a son Beaumarchais, avec cette différence que le Grandisson anglais n'est qu'une fiction d'un aimable écrivain, et que le Beaumarchais français existe réellement pour la consolation de mes jours. Si un fils s'honore en louant un père homme de bien, pourquoi ne me serait-il pas permis de me louer de mon cher fils en lui rendant justice? Oui, j'en fais ma gloire, et je ne cesserai jamais de le faire en toutes occasions.

« Adieu, mon cher ami ; je blesse ta modestie, tant mieux ; tu n'en es que plus aimable aux yeux et au cœur de ton bon père et ami. « CARON. »

Une autre lettre, antérieure de deux ans à celle que je viens de citer, montre encore sous un beau jour l'esprit distingué et les sentiments élevés de l'horloger Caron. Beaumarchais venait d'acheter une maison rue de Condé; il se proposait d'y réunir toute sa famille. Le père Caron renonçait au commerce, après y avoir subi des pertes considérables, pour lesquelles son fils lui avait avancé plus de 50,000 francs. Il sortait d'une maladie longue et douloureuse qui avait un peu aigri son caractère et qui faisait craindre que la vie commune ne fût difficile. C'est dans cette circonstance qu'il écrit à Beaumarchais, en date du 5 février 1763 :

« Je dois essayer, dit-il, de tranquilliser un fils si honnête et si respectueux en l'assurant qu'il n'a à attendre que de la douceur, de l'aménité et la plus tendre amitié de son père ; je dirais même la plus vive reconnaissance, si je ne craignais de blesser sa délicatesse. Il est vrai que la maladie dont je relève par degrés a été si cruelle, si longue et si peu méritée, qu'il n'est pas étonnant que mon caractère en ait un peu souffert. J'ai eu de l'humeur bien ou mal fondée, même des atteintes de désespoir dont mes principes à peine ont pu me garantir ; mais, mon cher ami, serait-ce une raison de conjecturer que, dans la jouissance d'une vie aussi douce que celle que votre amour filial me prépare, je voulusse troubler la tranquillité et la douceur de la vôtre, que j'ai tant de raisons de chérir? A un cœur qui n'est pas naturellement méchant, il faut des motifs pour le devenir, et où les prendre, à moins d'être fou, avec des enfants qui sont toute ma joie? Quel père sera plus heureux que le vôtre? Je bénis le ciel avec attendrissement de retrouver dans ma vieillesse un fils d'un si excellent naturel, et loin d'être abaissé de ma situation présente, mon âme s'élève et s'échauffe à la touchante idée de ne devoir, après Dieu, mon bien-être qu'à lui seul. Votre conduite me rappelle souvent ces beaux vers que le père du *Philosophe marié* dit à son frère en parlant de son digne fils [1]. »

La dernière lettre de l'horloger Caron à son fils, écrite par lui, à soixante-dix-sept ans, d'une main tremblante et quelques jours avant sa mort, respire la même élévation de sentiments, en même temps qu'elle est des plus honorables pour Beaumarchais.

[1] Ces vers du *Philosophe marié* de Destouches, que le père Caron rappelle ici sans les citer, se trouvent au troisième acte, scène XIII, dans la bouche de Lisimon disant de son fils :

> Je suis plus glorieux de vivre à ses dépens
> Que s'il vivait aux miens. Oui, ma vive tendresse
> Se complaît à le voir l'appui de ma vieillesse.

25 août 1775.

« Mon bon ami, écrit le vieillard mourant, mon cher fils, ce nom est précieux à mon cœur, je profite d'un intervalle de mes excessives douleurs, ou plutôt des rages qui me font tomber en convulsions, uniquement pour te remercier bien tendrement de ce que tu m'as envoyé hier. Il ne m'est absolument pas possible d'entrer dans aucun détail sur ce que tu souhaiterais de moi... Si tu retournes en Angleterre [1], je te prie de me rapporter un flacon de sel qu'on fait respirer à ceux qui, comme moi, tombent en défaillance. Hélas ! mon cher enfant, peut-être n'en aurai-je plus besoin à ton retour. Je prie le Seigneur tous les jours de ma vie de te bénir, de te récompenser et de te préserver de tout accident ; ce seront toujours les vœux de ton bon ami et affectionné père.

« CARON.

« Si cela se peut, laisse ton adresse de Londres à Miron [2], afin qu'en cas d'accident je te puisse envoyer ma dernière bénédiction. »

Le portrait du père de Beaumarchais ne serait pas complet, si je ne cherchais maintenant à donner une idée des autres nuances de son caractère, par lesquelles il se rapproche davantage de l'auteur du *Barbier* de *Séville*. On a déjà reconnu en lui beaucoup de dignité, de sensibilité et une nuance assez marquée de ferveur religieuse. Il y a aussi autre chose, il y a des goûts mondains, le goût des lettres, des arts, de la société ; il y a de la finesse, de la jovialité et même une pointe de gaillardise ingénue qui s'est transmise du père

---

[1] C'était après le procès Goëzman : Beaumarchais était allé en Angleterre avec une mission de Louis XV, dont il sera parlé plus loin.

[2] Un des beaux-frères de Beaumarchais.

au fils, avec plus de vivacité et beaucoup moins d'ingénuité. Ainsi le père Caron est fort au courant de tout ce qui se publie en littérature ; lui-même, son fils, ses filles, tout le monde chez lui fait des vers, bons ou mauvais; on y fait aussi beaucoup de musique, nous verrons même plus loin qu'il est obligé de réprimer autour de lui cette mélomanie générale : son fils, dès sa première jeunesse, montre du talent sur tous les instruments ; ses filles sont également bonnes musiciennes, et elles jouent agréablement la comédie. « Je ne sais, mon cher ami, écrit-il à Beaumarchais, à Madrid, en date du 8 janvier 1765, je ne sais si vous trouverez que cette brochure vaille le port, mais je vous l'envoie pour vous amuser; c'est ce qu'on a fait de *meilleur* et de plus *méchant* contre le Poinsinet, dont la petite pièce du *Cercle*, aux Français, a eu un succès prodigieux et lui a produit au moins mille écus tant de la comédie que du libraire qui la lui a achetée; aussi en est-il bien fier et très-brillant en habits[1]. » Dans cette même lettre, il est question d'un souper que doivent faire M. Caron et ses filles avec Préville, l'acteur de la Comédie-Française, le petit Poinsinet, et une dame Gruel, un peu éprise de Beaumarchais, que le malin vieillard appelle *M*^{me} *Pantagruel*, et qui, dit-il, « en aimant mon fils,

---

1 Tout le monde connaît le petit Poinsinet, auteur dramatique plus célèbre par ses excentricités et les mystifications dont il fut l'objet que par son talent. Sa petite pièce du *Cercle* est cependant un spirituel ouvrage. Une des sœurs de Beaumarchais la caractérise très-bien en disant : « C'est le plus joli petit rien et le plus agréable qu'on ait donné depuis longtemps. »

aime toute la famille et moi aussi par surcroît, tant elle a le cœur grand. »

On a pu remarquer que, dans sa correspondance avec son fils, le père Caron tantôt lui dit *vous*, tantôt le tutoie dans les moments d'effusion. — Les lettres inédites de Beaumarchais à son père se distinguent par un ton mélangé de tendresse filiale et de profond respect. Devenu homme de cour, au plus fort de son opulence et de ses relations aristocratiques, Beaumarchais n'écrit jamais à l'horloger Caron sans débuter par la formule : *Monsieur et très-cher père*, et sans finir par le : *J'ai l'honneur d'être, avec le plus respectueux attachement, monsieur et très-cher père, votre très-humble et très-obéissant serviteur et fils.* Cependant quelquefois le respectueux correspondant s'émancipe un peu et va jusqu'à toucher un mot de ses fredaines à son père ; il est alors assez plaisant de voir le vieil horloger relever la balle et joûter de gaillardise avec un homme aussi exercé que son fils dans ce genre d'escrime : un exemple suffira ici entre plusieurs.

Beaumarchais est à Madrid, occupé de cent choses à la fois, toujours mêlant le grave au doux, le plaisant au sévère ; poursuivant Clavijo, fréquentant les ministres, les ambassadeurs, les théâtres, étudiant la politique et la littérature, organisant diverses entreprises industrielles, courant le soir dans les salons, jouant de la harpe, composant, chantant des séguedilles et faisant la cour aux dames. Il s'occupe particulièrement d'une marquise de la C..., Française d'origine, établie sur un assez grand pied en Espagne et qui paraît aussi fort occupée de lui[1]; un jour qu'il écrit de Madrid à son père, le 12 août 1764, chez la dame elle-même, celle-ci exige qu'on parle d'elle. Beaumarchais obéit.

« Il y a ici, dit-il à son père, dans la chambre où j'écris, une fort grande et belle dame, très-amie de votre chère comtesse[2], qui se moque de vous et de moi à la journée. Elle me dit, par exemple, qu'elle vous remercie de la bonté que vous avez eue il y a trente-trois ans[3] pour elle, lorsque vous jetâtes les fondements de l'aimable liaison que j'ai entamée il y a deux mois avec elle. Je l'assure que je ne manquerai pas de vous l'écrire, et dans l'instant je le fais, car ce qui n'est qu'une plaisanterie de sa part a droit de me faire plaisir tout comme si elle le pensait réellement. »

Ici l'écriture change, et la marquise ajoute de sa blanche main : *Je le pense, je le sens, et je vous le jure, Monsieur*; puis Beaumarchais reprend :

« Ne manquez donc pas, par bienséance, dans votre première lettre, à remercier Son Excellence de son remercîment, et plus encore des honnêtetés dont elle me comble. Je vous avoue que, sans le charme d'une si attrayante société, ma besogne espagnole serait pleine d'amertume. »

Le père Caron répond de Paris sur le même ton badin à ce remercîment un peu singulier, dans une lettre en date du 1er septembre 1764 :

« Quoique vous m'ayez donné lieu de me féliciter mille fois de la peine que j'ai bien voulu prendre pour vous il y a trente-

---

[1] C'est la *dame au portrait*, dont nous avons déjà dit un mot plus haut.

[2] C'était la comtesse de Fuen-Clara, dont le père Caron avait été le fournisseur en horlogerie et en bijouterie.

[3] Le lecteur comprend sans peine que Beaumarchais fait ici allusion à son âge de trente-deux ans passés.

trois ans, il est bien certain que si alors j'eusse pu prévoir le bonheur qu'elle vous procure, de pouvoir amuser un peu la belle Excellence qui me fait l'honneur de m'en remercier, j'aurais ajouté une petite *direction d'intention*, qui peut-être vous aurait rendu plus aimable encore à ses beaux yeux. Faites-lui agréer les assurances de mon plus profond respect, avec les offres de mes services à Paris. Mes vœux seraient comblés si j'étais assez heureux pour lui être de quelque utilité ici. Puisqu'elle est amie de ma chère comtesse, je la supplie de vouloir bien lui présenter mon respectueux attachement. »

On conviendra que, pour un vieux horloger de la rue Saint-Denis, mis ainsi en demeure par une belle marquise, la réponse n'est pas trop mal tournée. La phrase sur la *direction d'intention* accuse la lecture des *Provinciales;* on apprend aussi par d'autres lettres de Beaumarchais que le père Caron se passionnait volontiers pour certains personnages de roman, notamment pour miss Howe du roman de *Clarisse Harlowe*, car son fils lui écrit : « Je suis un peu comme *votre bonne amie* miss Howe, qui, quand elle avait bien du chagrin, pleurait en riant, ou riait en pleurant. »

Ailleurs Beaumarchais, tout en s'occupant de marier ses sœurs, se met en tête de marier aussi son père, alors veuf de sa première femme : il voudrait le voir épouser une dame Henry, veuve elle-même d'un consul des marchands, personne âgée, mais aimable, à en juger par la correspondance, qui avait quelque fortune et qui était liée d'amitié avec la famille Caron depuis longues années. « Je ne suis point étonné, écrit-il de Madrid à son père, de votre attachement pour Mme Henry : c'est la gaieté la plus honnête et un des meilleurs cœurs que je connaisse. Je voudrais que vous eussiez été assez heureux pour lui inspirer un retour plus vif. Elle ferait votre bonheur, et vous lui feriez sûrement faire l'agréable essai d'une union fondée sur une tendresse réciproque et sur une estime de vingt-cinq ans. Si j'étais de vous, je sais bien comment je m'y prendrais, et, si j'étais d'elle, je sais bien aussi comment j'y répondrais; mais je ne suis ni l'un ni l'autre, et ce n'est pas à moi à dévider cette fusée : j'ai bien assez des miennes. » A cette provocation, le père Caron répond, en date du 19 septembre 1764 : « Nous avons soupé hier chez ma bonne et chère amie, qui a bien ri, en voyant l'article de votre lettre, de la manière dont elle se doute que vous vous y prendriez à ma place; aussi dit-elle qu'elle ne s'y fierait que de bonne sorte, et qu'elle ne vous embrasse de tout son cœur que parce que vous êtes à trois cents lieues d'elle. »

Cependant, son fils aidant, le père Caron parvint à conquérir Mme Henry, qui avait alors soixante ans, et qu'il épousa en secondes noces le 15 janvier 1766, ayant lui-même soixante-huit ans. Après deux ans de mariage, il perdit sa seconde femme, et je le vois se remariant pour la troisième fois, quelques mois avant sa mort, à soixante-dix-sept ans, le 18 avril 1775, mais, cette fois, contre le gré et même à l'insu de son fils, avec une vieille fille astucieuse qui le soignait et qui s'en fit épouser dans l'espérance de rançonner Beaumarchais. Profitant de la faiblesse du vieillard, elle s'était fait assigner par son contrat de mariage un douaire et une part d'enfant. Or, le père Caron ne laissait aucune fortune. La portion de bien qu'il avait eue de sa seconde femme avait servi à couvrir une partie des avances de son fils, qui lui fournissait de plus une pension viagère. Un règlement de compte garantissait Beaumarchais; mais la troisième femme du père Caron, spéculant sur la célébrité du fils et sur sa répugnance pour un procès de ce genre, au moment même où il sortait à peine du procès Goëzman, le menaça d'attaquer ce règlement de compte et de faire du bruit. Pour la première fois de sa vie, Beaumarchais capitula devant un adversaire et se débarrassa, moyennant 6,000 francs, de la personne en question, personne d'ailleurs très-fine, très-hardie et assez spirituelle, à en juger par ses lettres. Sur le dossier de cette affaire, je lis, écrits de la main de Beaumarchais, ces mots : *Infamie de la veuve de mon père pardonnée.* C'est à l'influence de cette rusée commère qu'il faut attribuer le seul moment de mésintelligence entre le père et le fils que je surprenne dans une correspondance intime qui embrasse les quinze dernières années de la vie du premier; encore faut-il ajouter que cette mésintelligence ne dura qu'un instant, car la lettre du père au lit de mort, que nous avons citée, prouve que la bonne harmonie entre son fils et lui était complétement rétablie, à l'époque de son décès qui eut lieu à la fin du mois d'août 1775.

Pour compléter ce tableau de famille, nous devons maintenant grouper autour du père Caron les sœurs de Beaumarchais. Il en eut cinq, dont trois vinrent au

monde avant lui. L'aînée, Marie-Josèphe Caron, mariée
à un architecte nommé Guilbert, alla se fixer à Madrid
avec son mari et une de ses sœurs. Elles y établirent un
magasin de modes. Le mari, qualifié architecte du roi
d'Espagne, devint fou et mourut; sa veuve retourna
en France, en 1772, sans fortune, avec deux enfants.
Beaumarchais lui fit jusqu'à sa mort une pension qu'il
continua aux enfants, dont le dernier cessa de vivre
en 1785. La seconde sœur de Beaumarchais, Marie-
Louise Caron, qu'on nomme Lisette dans la correspondance de famille, est la fiancée de Clavijo, l'héroïne
de l'épisode romanesque raconté dans les Mémoires
contre Goëzman, et dont Goëthe a fait un drame[1].
Les documents laissés par Beaumarchais offrent peu de
renseignements sur Lisette. Elle était, à ce qu'il paraît,
spirituelle et jolie. Après sa rupture avec Clavijo, il fut
question de la marier avec un ami de son frère; mais
ce mariage n'eut pas lieu; elle revint, je crois, en
France avec sa sœur aînée, et se retira, avec elle dans
le couvent des Dames-de-la-Croix, à Roye, en Picardie[2].

[1] Je place Louise Caron immédiatement après sa sœur aînée,
à cause de leur commun séjour en Espagne; cependant, quoique
je n'aie pas trouvé les actes de naissance des sœurs de Beaumarchais, je suis porté à penser que Louise Caron était par rang
d'âge la troisième, mais qu'elle était un peu plus âgée que son
frère, ce qui diminuerait un peu la poésie de son aventure avec
Clavijo et par suite la *scélératesse* de ce dernier; car il en résulte-
rait que l'héroïne de ce drame qui se dénoue en 1764 avait alors
au moins trente-trois ans.

[2] Je suppose qu'elle mourut dans ce couvent, cependant je
n'en suis pas sûr. Un des petits-fils de Beaumarchais croit se
rappeler avoir ouï dire qu'elle était morte en Amérique, sans
pouvoir préciser davantage cette information. A propos d'un

La troisième sœur de Beaumarchais, Madeleine-Françoise Caron, fut mariée en 1756, à un horloger célèbre nommé Lépine. De ce mariage naquirent un fils qui fut officier dans la guerre d'Amérique, sous le nom de Des Épiniers, qui mourut sans postérité, et une fille mariée à un autre horloger, M. Raguet, qui ajouta à son nom celui de son beau-père, et duquel est issu M. Raguet-Lépine, ancien pair de France sous le gouvernement de Juillet, mort récemment.

Les deux autres sœurs de Beaumarchais permettent plus de détails : elles ont vécu plus longtemps avec lui, et les documents qui nous restent d'elles nous aideront à peindre avec vérité cet intérieur bourgeois, mais agréable et lettré, au sein duquel fut élevé l'auteur du *Mariage de Figaro*.

La plus distinguée des cinq filles de l'horloger Caron est la quatrième, Marie-Julie Caron ; c'est celle dont le tour d'esprit avec quelques nuances différentes se rapproche le plus de l'esprit de son frère. Beaumarchais, dans une note, présente Julie comme plus jeune que lui de deux ans seulement ; je vois, d'après une de ses lettres à elle, qu'elle a dû naître en 1735 ou 36, par con-

drame récent, imité du *Clavijo* de Goethe, on a écrit que Lisette finit par un mariage. Les documents que j'ai sous les yeux démentent cette assertion. Ce qui paraît certain, c'est qu'elle n'existait déjà plus, en 1775, au moment du décès du père Caron, puisque, dans les actes judiciaires qu'occasionna ce décès, tous les membres de la famille sont mentionnés, et qu'il n'y est fait nulle mention de Marie-Louise Caron. Il reste toujours un peu étrange pour moi, que celle des sœurs de Beaumarchais dont le nom a reçu de lui la plus grande notoriété soit justement celle qui a laissé le moins de traces dans ses papiers.

séquent elle avait trois ou quatre ans de moins que lui ; elle mourut un an avant lui et ne se maria jamais ; sa vie tout entière fut consacrée aux intérêts de ce frère, qu'elle aimait tendrement et dont elle était tendrement aimée. Quand l'auteur du *Mariage de Figaro* prit le nom de Beaumarchais, qu'il appelle lui-même un *nom de guerre*, il le donna à la plus aimable de ses sœurs. C'est donc sous le nom de Julie Beaumarchais que Julie Caron, lorsque son frère devint célèbre, se fit aussi remarquer dans le monde, où elle brillait autant par la finesse de son esprit que par l'agrément de son caractère.

Julie n'était pas d'une beauté régulière ; elle avait le nez un peu long, et elle se moque elle-même de son nez très-joyeusement ; mais elle avait une jolie tournure, une physionomie piquante et des yeux charmants. Ses yeux ont inspiré beaucoup de poëtes inconnus ; voici comment l'un d'entre eux les chante sur l'air *De tous les capucins du monde :*

> Quels yeux vous a faits la nature,
> Julie ! On voit dans leur structure
> Le contraste le plus flatteur ;
> Car ils ont par double fortune
> De la blonde l'air de langueur
> Et le feu brillant de la brune.

Sans être aussi bonne musicienne que sa sœur cadette, Julie avait du talent sur la harpe ; elle jouait même du violoncelle ; elle savait l'italien et l'espagnol ; elle a composé les vers et la musique d'une quantité de chansons qu'elle improvisait à tout propos. Ses vers sont en général plus remarquables par la gaieté qui les anime que par leur valeur poétique. Cependant il est quelques pièces d'elle dans le genre sérieux qui ne sont pas dénuées de mérite ; mais c'est surtout dans ses lettres familières que l'esprit de Julie se déploie avec toute sa grâce et toute sa vivacité. Nous choisirons parmi ces lettres divers fragments qui nous montreront la sœur de Beaumarchais à différents âges. Voici d'abord son style de très-jeune fille :

« Il faut que tu saches, écrit-elle à une amie nommée Hélène, il faut que tu saches sur quel ton de folie j'en suis avec ton frère. Son air d'intérêt pour moi, dont je t'ai parlé il y a un mois, n'a fait que croître et embellir singulièrement depuis le départ de nos amies pour la campagne. Il venait presque tous les soirs souper avec nous, et de là promener jusqu'à minuit ou une heure ; là, ma chère Lhénon[1], il m'en contait d'une façon assez gothique à la vérité, mais qui n'était pas mal plaisante, et moi de riposter sur le même ton, avec l'air de folie que tu m'as toujours connu ; mais, au milieu de toutes ces plaisanteries, j'ai trouvé quelquefois des tournures assez heureuses pour le persuader sérieusement que je ne l'aimais pas, et je l'en crois convaincu, quoique je ne lui aie jamais dit tant de douceurs que je le fais à présent, au moyen d'une convention que nous avons faite de nous aimer deux jours de la semaine ; il a choisi le lundi et le samedi, moi j'ai pris le jeudi et le dimanche. Dame ! ces jours-là, nous nous disons des choses bien tendres, quoique nous soyons convenus qu'il y en aurait toujours un de farouche quand l'autre l'aimerait. »

A propos de ce même frère, Julie écrit encore à son amie :

« Ma dernière t'a rendu ton frère dans le meilleur état.

---

[1] Lhénon, diminutif d'Hélène.

Que veux-tu que je te donne encore ? puis-je te faire un présent plus honnête ? Il est dans un embonpoint qui te ferait désirer de le manger à la croque au sel, si tu ne savais comme moi qu'un avocat est peut-être de tous les mets le plus coriace et le plus indigeste. »

A mesure que Julie Beaumarchais s'éloigne de la première jeunesse, son style prend une allure plus dégagée et plus originale. Citons une lettre d'elle, écrite au courant de la plume, adressée à une amie plus jeune, qui feignait une exaltation de sensibilité mélancolique à laquelle Julie ne croyait pas, et dont elle se raille avec des tournures de phrase très-animées, souvent très-fines et très-élégantes.

« O mon amie ! quels sentiments vous me faites entrevoir ! quelle fantaisie lugubre ! quels accents ! quelle âme sublime que la vôtre ! quel mépris de la vie ! quel funeste abandon de toutes vos facultés ! Vous voulez tout fuir, tout quitter ! Non, non, jamais ! mon âme s'y refuse ! Puissances du ciel, secourez-la, ôtez-lui cette idée, la plus funeste des idées ; qu'elle vive encore pour l'amitié, pour la tendresse, pour l'amour, pour tout ce qu'elle inspire et partage si bien ; que son âme déjà plongée dans le néant se relève et s'anime ; que tout pour elle dans la nature se pare, se dégèle et se reproduise ; que sa beauté, ses grâces, ses attraits, ne diminuent jamais puisqu'ils ne peuvent augmenter ; que ses amants lui soient fidèles, que ses amis lui soient constants, et qu'elle n'aille point au monument, *et cætera, ponctum cum virgula*. Tu vois, ma chère amie, mon profond sentiment, l'énergie de mon âme : eh bien ! j'en cache la moitié ! Toutes mes idées sont *puce* en ce moment ; mais je ne veux pas te rembrunir. Voilà ma profession de foi : je crois à ta beauté, à ton esprit, à tous tes agréments, mais nullement à tes beaux sentiments. Tu aimes comme j'aime quand on s'est peu connu. Nous n'avons vu de nous que l'écorce de l'arbre ; la tienne est fraîche et bien unie, la mienne est sèche et raboteuse, ce n'est pas un grand mal ; mais tu me fais pouffer de rire par tes élégiaques pensées : moi qui suis dans le secret de ta gaieté, de ton insouciance morale, tu veux me faire pleurer? Étourdie que tu es ! tu ne te souviens donc plus que tu m'as tout confié? Tu m'as dit que les larmes nuisaient à la beauté, qu'elles la flétrissaient, la perdaient : voilà pourquoi je ne pleure plus; ainsi, toi, ne pleure pas davantage. Te voilà dans le monde ; écris-moi des nouvelles, théâtre, anecdotes, bons mots. J'ai besoin de me rajeunir ; mon tempérament est un sot, et mon imagination une folle ; dégourdir l'un et fixer l'autre est l'ouvrage de ton esprit; va toujours comme tu fais, et laisse ta mort de côté. Quelle diable d'idée de te présenter décharnée quand je te veux couleur de rose !

« Je ne crois pas un mot du triste état de ton amie. C'est un rhume, une misère, que tu as voulu me peindre en beau ; mais si par malheur c'était vrai, j'y prends une part très-sensible, et je te plains d'avoir à t'affliger pour l'intérêt de ta beauté! Dieu te garde de maléfice et de tous les ingrédients qui déparent une belle ! J'arrive du sermon, et, pour me dégeler, pour me réchauffer, je te cadence cette lettre ; elle est fort mal écrite, peut-être sotte, mais je m'en moque ; j'ai voulu m'amuser ; te plaire est la dernière affaire et celle qui m'importe le moins. Si j'ai réussi pour nous deux, c'est bénéfice pour toi seule, et je t'en fais mon compliment. »

D'autres lettres nous apprennent que Julie aimait à jouer la comédie et qu'elle y réussissait très-bien.

« De quel droit, écrit-elle à une autre amie, veux-tu donc que je travaille pour ta fête, quand tu as négligé de me souhaiter la mienne? Ma patronne n'est-elle pas la reine des patronnes, et moi ne valais-je pas bien plus qu'une Sophie? J'admire que tu menaces. Au reste, je n'ai pas le temps d'écouter tes propos, j'ai bien d'autres affaires.

« Nous jouons la comédie et nous faisons l'amour ; vois si l'on peut dormir avec toutes ces idées ! Nous avons joué mardi *Nanine* avec les *Folies amoureuses*. J'avais une assemblée de quarante-cinq personnes, et ta Julie a plu généralement dans tous ses rôles ; chacun l'a déclarée une des meilleures actrices. Ce que je dis ici n'est pas pour la vanter, car on sait comme elle est modeste ; mais c'est uniquement pour caresser ton faible et justifier ton choix que j'en parle si haut.

« Le lendemain de la Quasimodo, nous donnons le *Tartufe* et la *Servante maîtresse*. Le chevalier fera le rôle de Tartufe, et moi Dorine, la suivante. Nous préparons d'ailleurs une autre fête plus agréable, pour le retour de Beaumarchais. Je te dirai toutes ces choses. »

En fait de belles manières, Julie est exigeante. Elle écrit d'un château de la Touraine à sa sœur : « En général, le ton de cette maison n'est pas mauvais, mais ce n'est pas le vrai ; il y a quelque chose à reprendre. » L'esprit de Julie a cependant sa part des défauts de celui de son frère. Il n'est pas étranger à une certaine affectation, à une certaine subtilité un peu entortillée, de même qu'il pèche de temps en temps par une jovialité un peu crue. Chez elle, comme chez Beaumarchais, le côté faible, c'est le goût. Tantôt, pour reprocher à sa plus jeune sœur sa paresse à écrire, Julie s'exprime ainsi :

« Quel mauvais riche je te vois ! avec tant d'esprit pour donner, un si beau sentiment pour exprimer, une fécondité si heureuse et si noble, tu me fais demander à moi, pauvre Lazare ! Il faut que je gratte à la porte de ton cœur, que je m'empresse autour de ton esprit, que je réveille tous tes valets les *bons propos*, que je paie ta femme de chambre la *mémoire*, pour mettre sur pied ton suisse le *bon rapport*, et tes gens-

sucre les *bonnes idées*; va, je crois bien que tu seras damnée pour avoir tant d'esprit et si peu de bonté[1]. »

Tantôt, à côté d'une lettre pleine d'excellents et sévères conseils à cette même sœur plus jeune qui venait de se marier, j'en trouve une autre où Julie, se plaignant d'être éloignée de la nouvelle mariée par un voyage, apostrophe directement son beau-frère et le plaisante avec ce ton leste et un peu déluré qui rappelle Beaumarchais.

« Une petite *fichue* madame de deux jours revient sans cesse à ma pensée, m'émoustille le cœur, me harcèle la tête. « Eh! pourquoi ce tourment? me dira son mari. Pour être agréablement chez les autres, les amuser, s'y plaire, il faut se dégager des siens, faire un contrat de société nouvelle, abandonner le reste, envoyer tout au diable. » C'est vrai, Miron, tu parles d'or, tu m'as toujours paru de bon conseil, je ne saurais le désavouer; mais tu en parles à ton aise, vieux coq en pâte, car je te vois d'ici choyé, baisé, battu, content; que te manque-t-il, à toi, pour être heureux? que désires-tu? Le mot que j'ai laissé *dans le tuyau de ma plume* ne résonne point encore à ton oreille! et quoiqu'il soit partout, des faubourgs aux palais, chez les petits comme chez les plus grands, il est toujours pour toi dans le vague de l'air. Puisse la colonne, au reste, se dissiper partout ailleurs et ne jamais cou-

---

[1] Ailleurs Julie écrit: « J'aime toujours ma Lhénon par A, parce qu'elle est affable; je la désire par B, parce qu'elle est bonne; je l'envoie promener par C, parce qu'elle est capricieuse; je la reprends par D, parce qu'elle est douce; je la rends par F, parce qu'elle est folle, et ainsi du reste. » Elle aime aussi les arlequinades: « Pour finir comme Arlequin, écrit-elle à sa sœur, et dans ton genre, je te salue, belle fleur de pêcher, cher antimoine de mes inquiétudes, doux lénitif de mes pensées; je vais faire infuser dans la terrine de mon souvenir tous les gracieux talents dont la nature t'a richement pourvue. »

vrir ton noble chef, car, quoique tu sois appelé, cette aigrette superbe ne te siéra pas bien. Voilà ce que je pense. »

Cette gaillardise n'empêche pas Julie de se livrer parfois à des effusions de tendresse sentimentale et romanesque; elle a des moments d'enthousiasme à la Diderot, où elle adore Richardson. On se souvient du père Caron comparant Beaumarchais à Grandisson; voici la même idée exprimée par Julie, sur un petit cahier où elle écrivait ses pensées :

« Richardson, homme divin, comme je te lis avec amour ! Mon âme s'élève à tes pensées, et ta morale s'imprime jusqu'au fond de mon cœur. Je suis meilleure de moitié depuis que je connais Clarisse; je suis plus noble aussi depuis que j'ai lu Grandisson.

« Grandisson, quel modèle ! Comme ce livre me plaît, comme il m'intéresse ! Est-ce par les rapports que j'y vois, les circonstances qui s'y trouvent et qui reviennent à ce frère que j'aime ? Je ne sais; mais si les choses ont droit de nous toucher en proportion des convenances, quel livre peut faire plus d'impression sur moi ?

« En combinant la chaîne des événements et rapprochant chaque chose à son vrai point, tous mes esprits s'échauffent. Je vois dans Beaumarchais un autre Grandisson : c'est son génie, c'est sa bonté, c'est une âme noble et supérieure, également douce et honnête. Jamais un sentiment amer pour des ennemis sans nombre n'approcha de son cœur. Il est l'ami des hommes; Grandisson est la gloire de tout ce qui l'entoure, et Beaumarchais en est le bonheur.

« Vertueux Grandisson, modèle de ton sexe, cher, cher, aimable frère, amour de tous les deux, tu ne verras jamais ces expressions secrètes d'une sensibilité qui fait le charme de ma vie. Je l'entretiens ici pour moi, pour mon plaisir, pour soulager mon cœur d'une profusion de sentiments que je veux pénétrer. C'est le journal de mes pensées que je veux faire, et d'aujourd'hui je le commence. »

Les opinions de Julie en littérature indiquent cependant avant tout un esprit judicieux et droit. C'est ainsi qu'après avoir lu, en 1775, un assez mauvais roman qui fut un instant à la mode, *le Paysan perverti*, de Rétif de la Bretonne, elle écrit :

« Je te renvoie, ma jolie petite causeuse, ce paysan si tant vanté, si recherché, si dégradé, si mutilé, qu'il fait pitié. Il y a sans doute d'excellentes choses dans cet ouvrage, mais, le but moral paraissant être absolument manqué par l'invraisemblance des événements, le gigantesque des personnages et la boursouflure du style, je ne vois pas d'autre moralité à en tirer pour nous, qui l'avons déjà lu, que de ne pas l'acheter. Je te fais mes remercîments pourtant de me l'avoir prêté ; il m'a nourri tous ces jours gras ; je l'ai mangé ou plutôt dévoré, et je n'en suis pas moins étique. Voilà le propre des aliments sans consistance : ils ne portent avec eux ni suc ni vigueur ; mais ta bonne amitié, je crois, est bien d'une autre sorte. »

La sœur de Beaumarchais semble douée également d'une assez grande puissance d'analyse psychologique et physiologique, si j'en juge par cette esquisse d'un portrait de femme tracée par elle et que je trouve dans ses papiers :

« Un esprit fort au-dessus du commun, exercé par une imagination très-vive ; — une prodigieuse délicatesse d'organes qui cause des secousses involontaires au caractère et le raidit quelquefois ; — une mélancolie vague (le soleil dans les nuages) ; une âme battue par le doute ; le pour et le contre occupant le fond d'un tableau immobile aux yeux ; — de beaux sentiments sans objet qui les fixe ; — une extrême bonté, un cœur perdant de son énergie pour enfermer trop d'objets rangés tous sur le même plan ; — une rare beauté tant soit peu gâtée par des manières qui font rivaliser la coquetterie avec la nature ;—une fierté voilée, puisée dans la dignité de l'âme ; — une grande variété et une succession rapide dans les goûts ; — plus d'imagination que de sensibilité, moins occupée de captiver que d'intéresser par le premier mouvement ; — très-difficile à décider à l'état de fille ou au mariage, à cause de la liberté dans le premier état et de la contrainte des liens dans le second ; — gaie pour se distraire de soi-même, portée au sérieux par l'élévation naturelle de l'âme; — née pour les grands objets, les idées fortes, indifférente pour ses avantages, élevant quelquefois son âme de femme sur le modèle d'une âme romaine, la légèreté française sur le piédestal de la dignité suisse [1]. Par une rencontre malheureuse, ayant aperçu pour la première fois le monde du mauvais côté, et l'orgueil de l'âme empêchant de revenir du jugement prononcé, incapable peut-être d'en revenir, le fer s'étant rompu dans la plaie ; — ne voulant pas donner son cœur à l'amitié de crainte d'être forcée de le rappeler ; — un vague dans la beauté de l'âme comme dans celle du visage; une telle finesse dans les traits que les lignes de séparation échappent au pinceau, les couleurs fondant sur la palette ; — plus née pour procurer le bonheur que pour le sentir ; craignant de respirer la rose de peur d'y rencontrer l'épine ; — ne voulant tenir ses vertus que d'elle-même, frappant sur la main qui les donne ; — observant tout sous l'air de la distraction et de l'indifférence ; — montrant quelquefois tant soit peu d'humeur contre les principes consacrés ; l'esprit se heurtant contre les points de ralliement de la croyance, mais ramenée aussitôt par le sentiment de l'honnêteté. »

[1] Ce dernier passage me ferait penser que cette esquisse de Julie s'applique peut-être à la troisième femme de Beaumarchais, dont la famille était d'origine suisse, et dont la physionomie révélée par ses lettres, ressemble assez à certaines parties de ce portrait.

Enfin, après avoir éprouvé quelque déception de cœur, quoique en général ses lettres annoncent plutôt une grande vivacité d'imagination qu'un besoin d'amour bien impérieux, Julie se tourna de plus en plus vers les idées religieuses. L'année même où parut le *Mariage de Figaro*, en 1784, par un contraste assez piquant, la sœur de Beaumarchais publia, sous l'anonyme, à un petit nombre d'exemplaires, un volume petit in-12 intitulé *l'Existence réfléchie, ou Coup d'œil moral sur le prix de la vie*. C'était un extrait de pensées empruntées à Young, à plusieurs autres auteurs, et entremêlées de pensées venant de Julie elle-même. A la suite du manuscrit on trouve un recueil de prières et une paraphrase du *Miserere* composées également par la sœur de Beaumarchais, mais qui, je crois, ne figurent point dans le volume imprimé[1].

Un extrait de l'avertissement placé en tête de ce livre par Julie suffira pour donner une idée du ton et du but de l'ouvrage :

« J'aimais à lire, dit-elle, la belle poésie d'Young, j'admirais son sublime ouvrage; mais il fatiguait mon esprit par trop d'exaltation et d'enthousiasme. Je le voulais plus simple et plus à ma portée; j'en ai fait cet extrait, que j'ai mêlé de réflexions prises d'autres auteurs.

---

[1] La *Biographie Universelle* de Michaud (nouvelle édition), à l'article Caron (Julie), en consacrant quelques lignes à la sœur de Beaumarchais, met en doute si l'ouvrage en question est d'elle ou d'un écrivain nommé Demandre. — Ce volume est bien réellement de Julie; j'en ai le manuscrit tout entier écrit de sa main, avec le visa du censeur, et une lettre de Letourneur destinée à Julie; celle-ci parle souvent de son livre dans sa correspondance, elle en parle jusque dans son testament.

« Comme ce travail devait rester en manuscrit, je ne me suis point prescrit de règles en le faisant; partout où j'ai trouvé dans mes lectures une idée sage, élevée, une pensée noble et touchante, même un point de morale bien traité, je l'ai encadré dans cet ouvrage uniquement fait pour moi, pour consoler mon âme et fortifier mes principes par des méditations profondes.

« Cependant une amie connue par son esprit, sa vertu, ses lumières, et qui peut beaucoup sur mon cœur, a désiré le répandre et voudrait qu'il fût imprimé. Puisse-t-il faire à ceux qui le liront le bien qu'il m'a fait à moi-même !......

« Si cet extrait produit un peu de bien, s'il peut éveiller dans les âmes sensibles, mais quelquefois trop dissipées, le sentiment intime et consolant d'un Dieu qui préside à tout et qui nous aime, je n'aurai point à regretter d'avoir fait un travail ingrat, sans ressource pour l'amour-propre, et où je n'ai d'autre mérite que d'avoir réduit en un très-petit volume toute la moralité qu'on peut tirer des situations de la vie et présenté la seule manière noble et touchante d'en bien user pour le bonheur. A présent je peux dire comme Young :
« Lassée des longues erreurs du monde et de ses bruyantes
« folies, détrompée de mes vaines espérances, au bout de ma
« carrière, je me suis enfin retirée dans la solitude. J'ai banni
« de mon âme les vains désirs qui l'ont tourmentée, je me
« suis promis de ne plus quitter ma retraite, et attendant en
« paix l'heure de mon repos, je charme le soir de ma vie par
« des ouvrages utiles et sérieux. »

Singulier pendant au *Mariage de Figaro!* En devenant plus pieuse, Julie ne perdit point toutefois sa gaieté native. Sous la terreur, tandis que Beaumarchais, proscrit, se réfugiait à Hambourg, tandis que sa femme et sa fille, après avoir subi la prison, quittaient la magnifique maison du boulevard qui les désignait aux colères de la populace, Julie, qui avait également fait trois mois de prison, restait seule, absolument seule dans cette vaste et somptueuse demeure, mise sous le séquestre et chaque jour visitée par des magistrats en carmagnole et en bonnet rouge. Elle supportait tous ces dangers, tous ces ennuis, sans parler de privations pénibles pour sa vieillesse, avec une grande force d'âme et une rare sérénité.

« .... Mon *isolation* est extrême, écrit-elle à son frère à Hambourg, en 1795, dans cette grande maison où je suis seule absolument depuis un an, après trois mois et demi de prison. Ma solitude est telle que j'ai voulu vingt fois envoyer au café Gibet[1] chercher un honnête homme pour causer avec moi, car les pensées, dit Young, renfermées trop longtemps dans l'âme, s'altèrent et se corrompent ; c'est en se communiquant qu'elles se fécondent et se prêtent mutuellement le mouvement et la vie.... J'admire, ajoute-t-elle en parlant de Beaumarchais, combien tu es encore fort de choses, quand toutes les idées baissent ou se détruisent chez les autres. Homme étonnant! je me prosterne et te salue ; conserve bien longtemps ce précieux avantage, sois sobre en tes plaisirs, en tes repas ; ne donne jamais trop de temps au sommeil, car tout cela émousse et engourdit, et ton génie bien ménagé doit briller encore quelques lustres. »

Plus loin Julie Beaumarchais nous montre en quelques mots que son moral à elle est aussi bien conservé que celui de son frère :

« Soixante ans sur tête, écrit-elle, six années de révolution et deux d'étranges peines ont bien houspillé ma beauté et mes forces physiques. A côté de ce délabrement, je n'ai jamais senti mon jugement plus sain, ma raison si concise et si pleine ; tout ce qui s'est passé et qui se passe encore donne

---

[1] C'était un café situé sur la place de la Bastille.

à ma réflexion un aliment habituel et profond qui m'exerce beaucoup. »

C'est en effet dans les lettres de sa vieillesse que le style de Julie acquiert souvent sa plus grande énergie, sa plus grande vivacité d'expression. Ainsi, parlant d'un homme qu'on a trouvé mort dans sa maison, elle s'écrie : « Ah ! pauvre humanité ! que vous êtes laide en ce moment ! ce langage sourd et terrible de la poussière morte à la poussière vivante, personne de nous ne le comprend. » Ailleurs, pour exprimer l'admiration que lui inspire la force morale de sa belle sœur, Mme de Beaumarchais, supérieure encore à la sienne, elle dira : « On n'en fait plus de ton espèce, ma fille ; conserve-toi, garde ton beau courage pour supporter les misères d'un temps qui passera fort bien, je t'en assure, et puisque moi, frêle arbrisseau, j'ai pu le vaincre, que sera-ce de toi, orgueilleux cèdre, ou plutôt bonne souche à trente mille racines ! » — Une autre lettre adressée à la même, nous offre ce passage qui me semble plein d'une élégante facilité de coloris. « Je ne puis arrêter sur ma reconnaissance, puisque tu n'arrêtes point sur tes procédés ; nous sommes comme les paons de Junon faisant la roue l'une devant l'autre, pour nous civiliser à qui mieux mieux. » Quelques lignes de Julie à sa jeune nièce, la fille de Beaumarchais, qui était sur le point de se marier, mais qui hésitait encore, résument très-bien les qualités de cet aimable caractère.

« Tu vas donc dans deux jours, représenter une demoiselle qui décide son sort et choisit son époux. Que Dieu mette en ton cœur son esprit et sa sagesse. Tu me parais superbe d'avoir à prononcer sur la destinée d'un mortel. Il est à crapaud, mademoiselle, il attend en tremblant son arrêt de vie ou de mort. Tu tiens le fil, sandis ! Voudras-tu le cordonner ou le casser ? Réfléchis bien ; moi je t'ai dit vingt fois tout ce que j'en pensais. Je te répète qu'en fait d'hymen il vaut mieux estimer qu'aimer, quoique le dernier ne gâte pas l'autre ; mais on sait qu'il arrive à petits pas tout exprès pour récompenser une jeune Rosine qui ne sait qu'estimer. »

Séparée pendant quatre ans de son frère proscrit, Julie put enfin le revoir en 1796 : « Ta vieillesse et la mienne, lui écrit-elle, vont donc enfin se réunir, mon pauvre ami, pour jouir de la jeunesse, du bonheur et de l'établissement de notre chère fille. » Elle ne jouit pas longtemps de ce bonheur. Après quarante jours de souffrance, elle mourut en mai 1798, à soixante-deux ans, toujours semblable à elle-même, car voici le document un peu étrange que je trouve dans les papiers de Beaumarchais, écrit tout entier de la main de ce dernier.

« Couplet *fait* et *chanté* par ma pauvre sœur Julie très-peu d'heures avant sa mort, sur l'air.... (suit la notation d'un air de contredanse) :

>   Je me donnerais pour deux sous
>   Sans marchander ma personne ;
>   Je me donnerais pour deux sous,
>   Me cèderais même au dessous.
>   Si l'on m'en donnait six blancs.
>   J'en ferais mes remerciements,
>   Car je me donne pour deux sous
>   Sans marchander, etc., etc...

Et le vieux Beaumarchais ajoute, sous forme de réflexion, avec une ingénuité assez amusante, ceci :

« C'est bien le *chant du cygne* et la meilleure preuve d'une grande force et d'une belle tranquillité d'âme. — Ce 9 mai 1798. »

Ce qui n'est pas moins curieux, c'est qu'au moment où Julie mourante chante ainsi son *chant du cygne*, chacun des assistants, Beaumarchais en tête, se croit tenu de lui répondre par un impromptu sur la même idée et sur le même air.

Réponse à Julie, par son frère, sur le même air.

Tu te mets à trop bas prix,
Nous t'estimons davantage,
Tu te mets à trop bas prix,
Nous en sommes tous surpris.
 Dût-on en être fâché,
Repoussant le marchandage,
 Dût-on en être fâché,
Nous couvrirons le marché.
 Vois, ma chère,
 Notre enchère :
Nous t'offrons dix mille écus,
Cette offre est encor légère,
Nous t'offrons dix mille écus
Et cent mille par-dessus.

Un ami de la famille, nommé Daudet, dont il sera question au procès Kornmann, et qui n'est autre que le petit-fils de Mlle Lecouvreur, intervient à son tour dans cette enchère en couplets. Le sien est le plus spirituel. Il propose une *tonne de ducats et de diamants* et il fonde sa mise à prix sur la rareté d'une vertu aussi bien et aussi longtemps conservée que la vertu de Julie, mais cette idée est rendue en termes un peu trop effrontés pour permettre une reproduction textuelle.

La sœur de Beaumarchais mourut donc presque littéralement en chantant; nous devons ajouter pour ceux qui seraient choqués de cette sorte de jovialité douce et résignée en présence de la mort, que Julie était alors bien réellement chrétienne, qu'elle remplissait tous ses devoirs religieux, que son testament, écrit à la même époque, annonce une piété grave et sincère [1]. Après avoir distribué à tous ses amis le peu qu'elle possédait, en se recommandant à leurs prières, Julie termine par ce passage touchant adressé à Beaumarchais : « Quant à toi, mon excellent frère, toi de qui je tiens tout et à qui je ne puis rien rendre que des grâces immortelles pour tout le bien que tu m'as fait, s'il est vrai, comme je n'en doute pas, qu'on survive au tombeau par la plus noble partie de son être, mon âme reconnaissante et attachée ne cessera de t'aimer dans l'infinie durée des siècles. »

Quelques détails sur la cinquième fille de l'horloger Caron achèveront le tableau de ce groupe de figures animées et rieuses qui entourèrent l'enfance et la jeunesse de Beaumarchais. Jeanne-Marguerite Caron paraît avoir reçu une éducation assez brillante. Elle était très-

---

[1] Léguant à sa nièce son propre ouvrage et un autre intitulé *l'Ame élevée à Dieu*, Julie écrit: « Je la prie de les conserver pour de sérieux moments, si la miséricorde de Dieu et mes ardentes prières les lui donnent. » Plus loin, elle dit d'une de ses amies à qui elle laisse un souvenir : « C'est mon ange tutélaire qui m'obtiendra miséricorde par ses prières et sa haute vertu. » Julie n'est donc pas responsable de l'impromptu impertinent de Daudet; son couplet, à elle, est simplement et honnêtement gai.

bonne musicienne, elle jouait très-bien de la harpe, avait une voix charmante, et de plus elle était jolie. Elle aimait à composer des vers, comme sa sœur Julie, et, sans être aussi remarquable qu'elle par l'intelligence, elle avait l'esprit vif et gai qui distingue toute cette famille. Dans son enfance et son adolescence, on la nommait *Tonton*, diminutif de Jeanne et Jeannette. Quand son frère, devenu homme de cour, eut partagé avec Julie le nom gracieux de Beaumarchais, il trouva pour elle un nom encore plus aristocratique : il l'appela Mlle de Boisgarnier [1], et c'est sous ce nom que Mlle Tonton se produisit avec succès dans quelques salons. « Rien de plus beau, écrit le père Caron à son fils à la date du 22 janvier 1765, rien de plus beau que la fête de Beaufort, un concert d'instruments admirable. *Boisgarnier et Pauline* [2] *y ont brillé à l'ordinaire.* On y a dansé, après le concert et le souper, jusqu'à deux heures; il n'y manquait que mon ami Beaumarchais. »

Dans sa correspondance de jeune fille, Mlle de Boisgarnier nous apparaît sous la forme d'une petite personne très-élégante, un peu coquette, un peu indolente, passablement moqueuse et néanmoins fort attrayante. Citons seulement un échantillon de son genre d'esprit. A dix-huit ou dix-neuf ans elle a accompagné son père

[1] Ce nom n'est pas de l'invention de Beaumarchais : je vois dans ses papiers de famille qu'il était porté par un frère du père Caron, qualifié Caron de Boisgarnier, lieutenant au régiment de Blaisois.

[2] Pauline est une jeune et belle créole que nous retrouverons dans la vie de Beaumarchais.

aux eaux de Pougues. En traversant la ville de Nevers, elle a été au spectacle, et elle raconte ainsi ses impressions de voyage à sa sœur Julie :

« Bonjour, petite sœur ; je suis, ma foi, lasse comme un chien : nous sommes restés trois jours à Nevers, et nous arrivons mouillés, crottés, éreintés, essoufflés, que c'est une vraie pitié.... Encore si j'avais vu de belles choses! mais je n'ai aperçu, dans l'examen que j'ai fait de Nevers, qu'une vilaine ville très-mal bâtie, indignement pavée, une mauvaise comédie, et la stupidité personnifiée [1]. Une bagatelle met en rumeur les habitants. Figurez-vous que mon petit chapeau a fixé l'attention générale [2]. Sans doute ils n'en ont jamais vu de pareil : en vérité, j'en suis bien en colère ; j'ai été remarquée et suivie comme une bête rare, sans pouvoir définir la sensation que je produisais; moi qui rougis d'un rien, je n'ai pas trouvé plaisant d'être assaillie de mille regards curieux. Au spectacle, j'ai occupé toute la salle jusqu'à l'instant de sortir ; lasse enfin de cela, j'ai tout d'un coup pris mon parti, et, comme cette coiffure me sied bien, j'ai joui de l'avantage qu'elle me donnait sur madame la Baillive, madame l'Élue et autres, qui honoraient de leur présence le pitoyable spectacle qu'elles sont, par parenthèse, trop heureuses d'avoir. J'avoue que les tréteaux de nos boulevards n'ont jamais rien produit d'aussi mauvais. Le pauvre Monsigny serait mort sur la place si, comme moi hier, il avait entendu déchirer, écorcher sa musique. »

Suit la description du spectacle : « Une comédie jouée
« à faire horreur par des demoiselles à voix enrouée,
« long bras, gros corsages, et des messieurs faits tout
« d'une pièce, en habits teints et retournés. » Un opéra-comique dont l'exécution est analysée par Mlle de Bois-

---

[1] Tout cela a dû changer un peu, à Nevers, depuis un siècle.
[2] C'était probablement un chapeau à la Paméla.

garnier, avec la même indulgence, — et enfin un ballet.

« Ah ! quel ballet ! s'écrie la petite Parisienne. Les pas des danseurs eussent étouffé le bruit du sabbat ; la demoiselle danseuse, avec un pied d'une aune, allait se donnant des airs penchés et vous arrondissait deux bras que la nature, chez elle ingrate, n'a jamais faits pour cela. Son corps, modelé pour porter des fardeaux, n'avait pas le temps de s'ennuyer en l'air : rien ne secondait en elle l'extrême désir qu'elle avait de briller. Son cher danseur, à courte taille et grosses jambes, n'était pas plus engageant. Tout cela, d'honneur ! m'a fort déplu, et je promets bien de n'y pas retourner. »

D'honneur ! Il nous semble que tout ce récit de M{{lle}} Tonton respire la petite bourgeoise de qualité, très-fière d'avoir pour frère un secrétaire du roi, lieutenant-général des chasses, au sujet duquel elle dit un peu plus loin : « Comment se gouverne la petite société ? Le *frère charmant* en fait-il toujours les délices ? »

M{{lle}} Tonton tient sous ses lois un martyr, un souffre-douleur, un amoureux longtemps malheureux, mais qui, après plusieurs années de tourments, finit cependant par toucher ce petit cœur un peu dédaigneux ; — c'était le fils d'un secrétaire du roi, nommé Denis Janot, qui, en achetant une de ces charges qui conféraient la noblesse, avait transformé son nom un peu roturier en celui de Janot de Miron, puis de Miron tout court. Beaumarchais, qui avait, à son tour, acheté la charge du père, était très-lié avec le fils. Ce dernier, qualifié avocat en parlement, fut ensuite nommé intendant des Dames de Saint-Cyr. Il vivait dans l'intimité de la famille Caron et était fort épris de M{{lle}} de Boisgarnier, qui, sans le repousser absolument, le trouvant, à ce qu'il paraît, un peu dépourvu d'élégance, ne témoignait pas beaucoup d'empressement à l'accepter pour époux. Beaumarchais, tout en respectant les hésitations de sa sœur, se montrait assez bien disposé pour Miron.

Cependant, un jour qu'il avait paru songer pour Mlle de Boisgarnier à un autre mariage, Miron se fâche, et lui écrit à Madrid, où il était alors, une lettre des plus blessantes. Beaumarchais, irrité, riposte sur le même ton. Mlle de Boisgarnier prend parti pour son frère contre son adorateur. Le pauvre Miron se voit sur le point d'être évincé, lorsque Beaumarchais, chez qui la colère n'avait jamais que la durée d'un moment, réfléchissant aux bonnes qualités de son ami, se charge de plaider sa cause auprès de sa sœur dans la lettre suivante adressée à son père ; lettre qui le peint au mieux lui-même avec son bon sens, sa bonhomie, sa gaieté malicieuse et un peu crue, en même temps qu'elle nous aide à faire plus ample connaissance avec sa sœur Boisgarnier et son ami Miron :

«Madrid, ce 14 janvier 1765.

« Monsieur et très-cher père,

« J'ai reçu votre dernière, en date du 31 décembre, et celle de Boisgarnier, ou plutôt celle de Boisgarnier est du courrier précédent ; sa réponse m'a fait beaucoup de plaisir. Je vois qu'elle est drôle de corps avec beaucoup d'esprit et une âme droite ; mais si j'étais pour la moindre chose dans le froid qui règne entre son protégé et elle, et si ce qui s'est passé entre le docteur et moi fait le motif des points où ils ne sont pas d'accord, je dis d'avance que je fais remise entière de mon ressentiment, et qu'elle fera très-bien de ne le tenir, quant à elle, que pour son propre compte ; car, quelque opinion que cet ami ait de moi, quelque comparaison qu'il en fasse avec ses propres qualités, je n'aurai pas de bruit avec lui. La seule chose capable de m'émouvoir est qu'il dise du mal de mon cœur, je lui passe de penser peu de bien de mon esprit ; le premier sera toujours à son service, et le second prêt à l'étriller, quand il le méritera. Lorsque je lui dis son fait, c'est toujours sans amertume, je ne veux point l'offenser. Chacun n'a-t-il pas sa bosse ?

> Loin, loin, Momus ! La mordante satire
> N'entre jamais dans les plans que je fais.
> Quand la gaieté vient m'inspirer d'écrire
> Ou d'ébaucher en trois coups des portraits..

« Ainsi, loin que j'apprenne avec plaisir que nos amis se conviennent peu, j'en ressens une espèce de chagrin, car le Miron ne manque d'aucune des qualités solides qui doivent faire le bonheur d'une honnête femme ; et si ma Boisgarnier était moins touchée de cela que rebutée par le défaut de quelques frivoles agréments, qui même ne lui manquent pas, à tout considérer, je dirais que Boisgarnier est une enfant qui n'a pas encore acquis l'expérience qui fait préférer le bonheur au plaisir ; et, pour dire au vrai ce que je pense, je crois qu'il a raison de se préférer à moi en bien des choses sur lesquelles je ne me sens ni sa vertu ni sa constance, et ces choses-là sont d'un grand prix quand il s'agit d'une union pour la vie. Ainsi j'invite ma Boisgarnier à n'envisager notre ami que sur ce qu'il a d'infiniment estimable, et bientôt l'affaire se civilisera. J'ai été furieux contre lui pendant vingt-quatre heures ; cependant, état à part, il n'y a pas un homme que je lui préférasse pour être mon associé ou mon beau-frère. J'entends bien ce que Boisgarnier peut dire. Oui, il joue de la vielle, c'est vrai ; ses talons sont trop hauts d'un demi-pouce, il frise le ton quand il chante, il mange des pommes crues le soir, il prend des lavements aussi crus le matin, il est froid et didactique quand il jase, il a une certaine gauche de méthode à tout, qui, à la vérité, peut faire donner du pied au c.. à un amant par une coquette du Palais-Royal; mais les bonnes gens de la rue de Condé se gouvernent par d'autres principes : une perruque, un gilet, des galoches ne doivent faire chasser personne, quand le cœur est excellent et l'esprit de mise. Adieu, Boisgarnier, voilà un long article pour toi. »

En lisant cet éloge un peu meurtrier des qualités morales du pauvre Miron au détriment de ses qualités brillantes, on a besoin de se souvenir que Beaumarchais déclare plus haut que les frivoles agréments ne lui manquent même pas, et en effet ils ne lui manquent pas. Le Miron, à en juger par ses lettres, s'il est un peu pédant, n'est nullement sot. Le goût de la poésie et des beaux-arts qui règne dans la famille Caron ne lui est point étranger. Voici une épître de lui assez bien tournée pour un avocat en parlement, et qui contient un assez joli portrait de Mlle de Boisgarnier. Expliquons d'abord les motifs de l'épître. On se rappelle que M. de Miron a reçu de ses pères le nom de *Janot*, et que Mlle de Boisgarnier s'appelle Janette ou Tonton. Elle a pris en haine ce nom vulgaire et ne veut plus être fêtée le jour de la Saint-Jean. C'est dans cette circonstance que l'amoureux avocat Janot de Miron plaide pour son saint et parle en ces termes :

BOUQUET A JANETTE.

Eh quoi! tu veux, chère Tonton,
Faire une injure à ton patron!
Serait-ce caprice, inconstance,
Ou ne crois-tu pouvoir avec décence

Porter encor ce joli petit nom
    Qu'on te donna dans ton enfance?
Quand tu dis oui, je ne dis jamais non....
Cherchons donc....

Et après avoir passé en revue tous les noms poétiques, l'avocat Miron conclut ainsi :

. . . .
Je sais que tu tiendrais pour le nom de Corinne,
    Et j'adopterais bien ton choix,
    Pour célébrer cette grâce enfantine,
Ces charmes ingénus de la gentille mine,
    Spirituelle autant que fine,
    Ces traits saillants et naïfs à la fois
        De ton humeur vive et badine,
Ces sons harmonieux d'une harpe divine,
Qui semble être sensible aux accents de la voix,
    Et tour à tour sous les doigts,
    Nous ravit et nous lutine....
    Mais pourquoi te débaptiser ?
    C'est un peu tard s'en aviser ;
Et puis, au bon saint Jean faire quitter la place,
    Ce serait, surtout en ce jour,
    Lui jouer un fort vilain tour.....
    J'ai quelques droits pour te demander grâce :
Mes pères m'ont transmis le nom d'un farfadet,
    Une espèce de sobriquet
Sorti de l'antichambre ou plutôt du village ;
    Enfin, pour tout dire en un mot,
    Le vrai nom d'un petit marmot.
    Eh bien ! je crois, en homme sage,
    Devoir braver le persiflage
    Et me contenter de mon lot.
    Je serais volontiers Pierrot
    Si tu voulais être Pierrette,
    Et toujours je serai Janot
    Si tu veux être ma Janette.

La constance de Janot fut enfin récompensée par Janette. Mlle de Boisgarnier, convenablement dotée par son frère, épousa, en 1767, M. de Miron, que l'influence de Beaumarchais fit plus tard nommer secrétaire des commandements du prince de Conti.

Mme de Miron était le centre d'une société agréable, elle recevait des artistes et des littérateurs. Le manuscrit de Gudin nous apprend que l'abbé Delille notamment lisait chez elle ses vers inédits. Elle remplissait son rôle avec esprit dans des parades composées par Beaumarchais, dont il nous reste un spécimen assez plaisant, sous le titre de *Jean-Bête à la Foire*[1]. Ces parades se jouaient au château d'Étioles, chez M. Lenormant d'Étioles, le mari de Mme de Pompadour. On y voyait figurer, avec la sœur de Beaumarchais, la comtesse de Turpin, Préville, Dugazon et Feuilly de la Comédie-Française. Mme de Miron fut enlevée jeune encore à sa famille et à ses amis; elle mourut en 1773[2].

[1] Cette parade inédite de Beaumarchais peut rivaliser avec les meilleures de Collé; elle a toute la verve grotesque du genre, toute la spirituelle effronterie d'équivoques et de quolibets qui le caractérise. Le goût général au xviiie siècle pour cette sorte d'ouvrages est un signe du temps. On a de la peine aujourd'hui à se représenter des femmes du monde, et souvent du très-grand monde, aimant à débiter sur des théâtres de société des gaudrioles en langage poissard. — Peut-être aussi sommes-nous devenus plus réservés.... en paroles seulement.

[2] De son mariage Mme de Miron ne laissa qu'une fille, personne distinguée, qui tenait de sa mère un goût passionné pour les arts, les vers, et surtout les chansons. On la nommait dans la famille la *Muse d'Orléans,* parce qu'elle était établie à Orléans, où elle fut mariée et dotée par son oncle Beaumarchais.

III

ENFANCE DE BEAUMARCHAIS.—SON ÉDUCATION.—BEAUMARCHAIS CHÉRUBIN.—BEAUMARCHAIS HORLOGER.—PREMIER PROCÈS.

On connaît maintenant la famille, obscure mais intéressante, d'où sortit l'auteur du *Mariage de Figaro*. On a pu apprécier les traits saillants de cette race de petite bourgeoisie, cultivée, raffinée, aimant les arts, la littérature, les belles manières, le bel esprit, recherchant le contact de l'aristocratie, tendant à s'élever de plus en plus, et déjà toute préparée au régime de l'égalité. Ce régime, il faut bien l'avouer, malgré les avantages qu'il offre, quand on le considère à d'autres points de vue, semble avoir eu jusqu'ici pour résultat d'abaisser les classes supérieures de la société sans grandir dans la même proportion, sous le rapport des sentiments et de l'intelligence, la classe à laquelle appartenait l'horloger Caron. Aussi je crois ne m'être pas trompé en disant qu'on retrouverait difficilement aujourd'hui quelque chose d'analogue dans une sphère sociale aussi modeste.

Seul garçon dans une famille qui comptait cinq filles, le jeune Caron fut naturellement l'enfant gâté de la maison; son enfance n'eut rien de cette tristesse rêveuse que présente quelquefois le caractère des hommes doués du génie comique ; elle fut gaie, folâtre, espiègle, elle fut la parfaite image de son talent et de son esprit. Dans la préface du drame de *Cromwell*, pour prouver la nécessité d'allier le comique au tragique, M. Victor Hugo insiste sur ce fait, que ce contraste se rencontre chez les auteurs eux-mêmes. « Ces Démocrites, dit-il, « sont aussi des Héraclites : *Beaumarchais était morose,* « Molière était sombre, Shakspeare mélancolique. » J'en suis fâché pour l'axiome de l'illustre poëte : s'il est applicable à Molière et peut-être à Shakspeare, il ne saurait en aucune façon s'appliquer à Beaumarchais. Que dans le cours de l'existence la plus orageuse l'auteur du *Mariage de Figaro*, surtout à l'époque de sa vieillesse, ait eu des moments de mélancolie, cela est incontestable; mais il est encore plus certain que de tous les hommes qui ont tenu une plume, celui-ci est en quelque sorte le dernier auquel puisse s'adapter l'épithète de *morose;* ce qui le distingue au contraire essentiellement, c'est la faculté, qu'il possédait à un degré prodigieux, de conserver, au milieu des circonstances les plus décourageantes, les plus douloureuses, une sérénité extraordinaire, un fonds de gaieté intarissable et imperturbable. On sait le mot de Voltaire sur Beaumarchais, obligé de se défendre d'avoir empoisonné ses trois femmes, bien qu'il n'eût été encore marié que deux fois : « Ce Beaumarchais n'est point un empoisonneur, il est « trop *drôle.* » Le mot eût été plus rigoureusement juste si Voltaire eût dit : il est trop *gai*, et il parle plus exactement ailleurs quand il ajoute : « Je persiste à croire « qu'un homme si *gai* ne peut être de la famille de Lo- « custe. » Ce qui caractérise en effet l'auteur du *Mariage du Figaro,* ce qui empêche de le ranger soit dans la famille de Locuste, soit dans la catégorie des comiques moroses, ce n'est pas tant la *drôlerie*, qui peut être artificielle et plus ou moins forcée, que la gaieté, la gaieté franche et vive, pas toujours irréprochable sous le rapport du goût, mais toujours empreinte de cette verve sincère qui tient au naturel plus encore qu'à l'esprit. Beaumarchais donc, n'en déplaise à M. Victor Hugo, naquit et vécut foncièrement gai.

C'est ainsi qu'il se montre à nous dans une correspondance intime qui embrasse plus de cinquante ans ; il va cependant nous apprendre tout à l'heure qu'à treize ans il a eu l'intention de se tuer par chagrin d'amour ; mais on reconnaîtra facilement au ton même de son chagrin, que son projet de suicide à treize ans n'est pas plus sérieux que ce prétendu suicide par lequel on a dit quelquefois qu'il avait terminé ses jours. Le caractère joyeux et espiègle de Beaumarchais enfant est surtout constaté dans les papiers de sa sœur Julie, qui consacre plus d'une page en prose et en vers à raconter les fredaines de son jeune frère. Je ne m'arrêterai qu'à un seul de ces souvenirs de Julie, rédigé en très-mauvais vers, mais qui paraît le plus ancien, le plus rapproché du temps que l'auteur veut décrire et par conséquent le plus fidèle. La composition de cette petite pièce remonte à une époque où Beaumarchais n'était encore qu'un jeune apprenti horloger, puisqu'il y est appelé *Caron*. Julie débute ainsi, à l'instar de l'*Énéide* ou de la *Henriade* :

> Je chante ces temps d'innocence
> Et ces plaisirs de notre enfance
> Si vifs et toujours partagés
> Avec nos amis Bellangé.

Il est évident que la rime n'est pas riche, et que le talent poétique de Julie laisse encore beaucoup à désirer; suit une peinture des escapades du jeune Caron, que sa sœur nous montre *fait comme un diable*, dirigeant une bande de petits vauriens des deux sexes, toujours prêts soit à dévaliser l'office, malgré la résistance de Margot la cuisinière, soit à troubler, le soir, au retour de la promenade, le sommeil des pacifiques habitants de la rue Saint-Denis. Ce poëme puéril contient un détail qui vaut peut-être la peine d'être reproduit, car ce détail nous prouve que, prédestiné aux procès, appelé à faire sortir d'une série de procès sa fortune et sa célébrité, Beaumarchais, comme s'il pressentait l'avenir, affectionnait particulièrement dans ses jeux d'enfant le genre d'occupation qui devait remplir sa vie. Ce n'est pas, toutefois, en qualité de plaideur que le futur adversaire de Goëzman figure dans le tableau de sa sœur Julie, c'est en qualité de juge :

> Là, dans un fauteuil peu commode,
> Caron, en forme de pagode,
> Représentait un magistrat
> Par la perruque et le rabat.
> Chacun plaidait à perdre tête
> Devant ce juge malhonnête
> Que rien ne pouvait émouvoir,
> Que le plaisir de faire pleuvoir
> Sur tous ses clients une grêle
> De coups de poing, de coups de pelle,
> Et l'audience ne finissait
> Qu'après s'être arraché perruques et bonnet.

On le voit, d'après ces mauvais vers, Beaumarchais enfant aimait à faire le Bridoison; seulement c'est un Bridoison un peu plus vif que celui du *Mariage de Figaro ;* sa *fa-açon de penser* est beaucoup plus accentuée. Il ne faudrait pas croire pourtant que son enfance se passât tout entière en folles équipées. Le père Caron, dont nous avons déjà signalé les sentiments religieux, dirigeait sa famille très-chrétiennement, et travaillait de son mieux, mais en vain, à tourner de ce côté l'esprit de son fils. « Mon père, écrit Beaumarchais dans une note inédite, nous menait tous impitoyablement à la grand'messe, et, quand j'y arrivais après l'épître, douze sous m'étaient retranchés sur mes quatre livres de menus plaisirs par mois, après l'évangile vingt-quatre sous, après l'élévation les quatre livres : de sorte que j'avais fort souvent un déficit de six ou huit livres dans mes finances. »

Quel genre d'instruction reçut le jeune Caron ? où fut-il élevé ? quelle fut sa vie d'écolier ? Le manuscrit de Gudin, dont j'ai parlé, fournit à ce sujet le renseignement suivant : « Je ne sais, dit Gudin, par quelle circonstance le père de Beaumarchais ne le fit étudier ni à l'Université ni chez les jésuites ; ces demi-moines, excellents instituteurs, auraient deviné son génie et lui auraient donné sa véritable direction. Il fut envoyé à l'École d'Alfort : il y acquit plus de connaissances qu'on ne cherchait à lui en inculquer ; mais ses instituteurs ne soupçonnèrent pas son talent : il l'ignora longtemps lui-même, et se crut destiné à n'être qu'un homme épris de tout ce qui est beau, soit dans la nature, soit dans les arts. Son père le rappela bientôt, résolu de l'élever dans sa profession et de lui laisser un établissement tout formé. » Cette mention par Gudin de l'*Ecole d'Alfort*, sans autre désignation, m'avait d'abord remis en mémoire divers passages du *Barbier de Séville* et du *Mariage de Figaro*, où le héros est représenté comme un ancien artiste vétérinaire, et je me demandais si par hasard le jeune Caron aurait d'abord été destiné par son père « à attrister, comme dit Figaro, des bêtes malades avant de faire un métier contraire ; » mais, l'école vétérinaire d'Alfort n'ayant été fondée qu'en 1767, c'est-à-dire à une époque où Beaumarchais avait trente-cinq ans, cette supposition tombe d'elle-même. Il faut donc conclure du renseignement donné par Gudin qu'il existait, vers 1742, à Alfort, quelque établissement d'éducation étranger à la fois à l'Université et à la compagnie de Jésus, où le père de Beaumarchais aurait placé son fils. Cependant plusieurs lettres de ce dernier laissent quelques doutes sur ce point ; dans l'une, il parle de ses promenades à travers Paris les jours de sortie, ce qui semblerait indiquer qu'il était pensionnaire dans un collége de Paris, à moins qu'on ne le fît venir d'Alfort; dans une autre lettre adressée à Mirabeau en 1790, et que nous citerons en son lieu, Beaumarchais raconte qu'à l'âge de douze ans, prêt à faire sa première communion, on le conduisait au couvent des Minimes qui existait alors au bois de Vincennes, et qu'il s'y était pris d'une belle passion pour un vieux moine qui le sermonait en assaisonnant ses sermons d'un excellent goûter. « J'y courais, ajoute-t-il, tous les jours de congé. » Ceci n'est peut-être pas bien en rapport avec l'assertion de Gudin. Néanmoins on peut encore admettre que l'écolier venait d'Alfort les jours de congé et passait par Vincennes en se rendant rue Saint-Denis. Ce qui est positif, c'est que Beaumarchais resta peu de temps au collége ; il en sortit à treize ans. Je trouve dans ses papiers une pièce curieuse qui sert à constater ce fait, et qui, de plus, nous permet de juger en connaissance de cause de l'état intellectuel et moral du jeune Caron à l'âge de treize ans, précisément à l'âge de Chérubin.

Un philologue ingénieux, mais parfois un peu aventureux, M. Génin, affirme que cette création de Chérubin a été empruntée par Beaumarchais à l'un des plus jolis romans de la fin du moyen âge, *le petit Jehan de*

Saintré[1]. Il va jusqu'à dire que le page du comte Almaviva *n'est qu'une copie* du petit Jehan. Je ne pense pas que Beaumarchais ait jamais lu *le petit Jehan de Saintré* dans le vieux texte d'Antoine de la Sale, qui se lisait fort peu au xviiie siècle ; s'il a connu ce roman, il ne l'a connu que par l'extrait arrangé qu'en a fait Tressan et qui a été publié pour la première fois en 1780 dans la *Bibliothèque des romans*. Il est possible, en effet, que la lecture du résumé de Tressan ait donné à l'auteur du *Mariage de Figaro* l'idée de mettre en scène un page amoureux d'une grande dame; mais sauf cette analogie très-générale, je ne vois guère de rapports entre le timide *damoisel* du xve siècle, à qui la *Dame des belles cousines* a tant de peine à arracher son secret, qui a tant besoin d'être encouragé, bien qu'il ait déjà *trois mois plus que seize ans,* et le pétulant vaurien du xviiie siècle qui, avec ses treize ans, en conte à Suzanne, à Fanchette, même à la vieille Marceline, parce que, dit-il, *elle est femme,* et qui en conterait très-aisément à sa marraine pour peu qu'elle cessât d'être *imposante*[2]. La physionomie de Chérubin sous un costume moyen âge est tout à fait moderne ; elle porte au plus haut degré l'empreinte de l'époque où elle a paru. Pour créer ce personnage d'adolescent précoce, spirituel et

---

[1] *Des variations du langage français depuis le XIIe siècle*, par F. Génin, p. 369.

[2] Quoique, par suite de l'*extrême* complaisance de la *Dame des belles cousines,* le petit Jehan devienne plus coupable que Chérubin, il commence par être beaucoup plus innocent. Je cherche aussi en vain cette similitude de scènes que M. Génin dit exister entre le roman de la Sale et le *Mariage de Figaro* ; les scènes ne se ressemblent pas plus que les caractères.

passablement effronté, Beaumarchais n'a pas eu besoin de remonter jusqu'au xve siècle : il lui a suffi de consulter ses propres souvenirs et de se peindre lui-même à treize ans, car il a été au complet l'original du page de la *Folle Journée,* au moins sous le rapport moral.

La première production sortie de la plume du vrai Chérubin est une lettre mélangée de prose et de vers écrite par Beaumarchais, à treize ans, à ses deux sœurs en Espagne. Cette pièce inédite est doublement intéressante en ce qu'elle est commentée par l'auteur à soixante-six ans. Une note générale de Beaumarchais-Géronte explique d'abord la lettre de Beaumarchais-Chérubin.

« Premier, mauvais et littéraire écrit, par un polisson de treize ans sortant du collége, à ses deux sœurs qui venaient de passer en Espagne. Suivant l'usage des colléges, on m'avait plus occupé de vers latins que des règles de la versification française. Il a toujours fallu refaire son éducation en sortant des mains des pédants. Ceci fut copié par ma pauvre sœur Julie, qui avait entre onze et douze ans, et dans les papiers de laquelle je le retrouve après plus de cinquante ans.

« Prairial an vi (mai 1798). »

Cette note de Beaumarchais a pour but de faire excuser ce qu'il y a d'incorrect dans les vers français qu'on va lire. Je doute que l'écolier ait jamais été beaucoup plus fort en vers latins, bien que plus tard, dans ses ouvrages, il se montre parfois assez prodigue de citations latines. Toujours est-il que, pour apprécier l'étonnante précocité d'esprit, d'instincts et de sentiments qui perce dans cette lettre, le lecteur ne doit pas oublier que c'est un enfant de treize ans qui parle, et un enfant dont l'instruction classique a été un peu brusquée :

> Dame Guilbert [1] et compagnie,
> J'ai reçu la lettre polie
> Qui par vous me fut adressée,
> Et je me sens l'âme pressée
> D'une telle reconnaissance,
> Qu'en Espagne tout comme en France
> Je vous aime de tout mon cœur
> Et tiens à un très-grand honneur
> D'être votre ami, votre frère ;
> Songez à moi, à la prière.

« Votre lettre m'a fait un plaisir infini et m'a tiré d'une mélancolie sombre qui m'obsédait depuis quelque temps, me rendait la vie à charge, et me fait vous dire avec vérité

> Que souvent il me prend envie
> D'aller au bout de l'univers,
> Éloigné des hommes pervers,
> Passer le reste de ma vie !

« Mais les nouvelles que j'ai reçues de vous commencent à jeter un peu de clair dans ma misanthropie ; en m'égayant l'esprit, le style aisé et amusant de Lisette [2] change mon humeur noire insensiblement en douce langueur ; de sorte que, sans perdre l'idée de ma retraite, il me semble qu'un compagnon de sexe différent ne laisserait pas de répandre des charmes dans ma vie privée.

> A ce projet l'esprit se monte,
> Le cœur y trouve aussi son compte,
> Et, dans ses châteaux en Espagne,
> Voudrait avoir gente compagne
> Qui joignît à mille agréments
> De l'esprit et des traits charmants ;
> Beau corsage à couleur d'ivoire,
> De ces yeux sûrs de leur victoire,

---

[1] On se souvient que la sa sœur aînée de Beaumarchais s'appelait Mme Guilbert.

[2] La seconde sœur de Beaumarchais, la fiancée de Clavijo.

> Tels qu'on en voit en toi, Guilbert.
> Je lui voudrais cet air ouvert,
> Cette taille fine et bien faite
> Qu'on remarque dans la Lisette ;
> Je lui voudrais de plus la fraîcheur de *Fanchon* [1],
> Car, comme bien savez, quand on prend du galon....

« Cependant, de crainte que vous ne me reprochiez d'avoir le goût trop charnel et de négliger pour des beautés passagères les agréments solides, j'ajouterai que

> Je voudrais qu'avec tant de grâce
> Elle eût l'esprit de la *Bécasse* [2].
> Un certain goût pour la paresse
> Qu'on reproche à *Tonton* [3] sans cesse
> A mon Iris siérait assez,
> Dans mon réduit où, jamais occupés,
> Nous passerions le jour à ne rien faire,
> La nuit à nous aimer, voilà notre ordinaire.

« Mais quelle folie à moi de vous entretenir de mes rêveries ! Je ne sais si c'est à cause qu'elles font fortune chez vous que l'idée m'en est venue, et encore de rêveries qui regardent le sexe ! moi qui devrais détester tout ce qui porte cotillon ou cornette, pour tous les maux que l'espèce m'a faits [4] ! Mais patience, me voici hors de leurs pattes ; le meilleur est de n'y jamais rentrer. »

Le reste de l'épître n'est pas d'un goût très-délicat, il y a même des passages qu'il serait difficile de citer et qui justifient assez bien la qualification de *polis-*

---

[1] C'est la troisième sœur de Beaumarchais.

[2] C'est Julie, la quatrième sœur et la plus spirituelle, nommée la *Bécasse* par antiphrase.

[3] La cinquième sœur de Beaumarchais, depuis Mme de Miron.

[4] Au sujet de ce passage, écrit à treize ans, le vieux Beaumarchais ajoute en note : « J'avais eu une folle amie, qui se moquant de ma vive jeunesse, venait de se marier. J'avais voulu me tuer. » Le ton de sa lettre nous rassure beaucoup sur cet accès de désespoir amoureux.

son que Beaumarchais se donne ici à lui-même, comme il la donne à Chérubin dans la préface du *Mariage de Figaro*. Ce qu'on vient de lire suffira, je pense, pour établir la parenté entre le page du comte Almaviva et le fils de l'horloger Caron. L'enfant en était là à treize ans, lorsque son père interrompit ses études pour le consacrer tout entier à l'horlogerie. Sous sa direction, il apprit à faire des montres, *à mesurer le temps*, comme il disait plus tard. Nous verrons en effet que cette mesure exacte du temps et des circonstances fut toujours son principal élément de force et de succès.

En attendant, on se doute bien que le Chérubin de la rue St-Denis dut avoir une adolescence un peu fougueuse, et que l'apprenti horloger ne fut pas constamment le modèle des apprentis. A un penchant effréné pour la musique, qui lui faisait négliger sa profession, il joignait d'autres goûts moins innocents, et le père Caron eut quelque peine à mater ce caractère impétueux et dissipé. Dans un des nombreux pamphlets qui, à l'époque de son opulence et de sa célébrité, bourdonnaient sans cesse autour de Beaumarchais, on le peint, à dix-huit ans, chassé de la maison paternelle, se livrant au métier d'escamoteur, de joueur de gobelets. C'est là une malice inventée après coup. Il n'y a de vrai dans cette histoire que le fait du bannissement; mais c'était un bannissement simulé. Le père Caron, ne pouvant venir à bout de son fils, se décida un jour à user des grands moyens : il feignit de le chasser du logis, sans cependant l'abandonner à lui-même, car le jeune Caron fut recueilli par des parents et des amis qui entraient dans les vues du père. Il écrivit alors les lettres les plus suppliantes. Le père tint bon pendant quelque temps. Enfin, quand il jugea la leçon suffisante, il se laissa vaincre par les prières de la mère, des sœurs, des cousins, des amis de l'exilé, et le traité de paix entre lui et son jeune fils se conclut aux conditions suivantes, qui donneront une idée de la force que conservaient encore au xviiiᵉ siècle l'autorité paternelle et la dignité professionnelle dans les classes les plus humbles, en même temps qu'elles permettront d'apprécier au juste et sans exagération les méfaits du jeune apprenti. Voici la lettre par laquelle le père annonce à son fils qu'il lui permet de revenir au logis :

« J'ai lu et relu votre dernière lettre. M. Cottin[1] m'a aussi fait voir celle que vous lui avez écrite. Je les ai trouvées sages et raisonnables; les sentiments que vous y peignez seraient infiniment de mon goût, s'il était à mon pouvoir de les croire durables ; parce que je leur suppose un degré de sincérité actuelle dont je me contenterais. Mais votre grand malheur consiste à avoir perdu entièrement ma confiance : cependant l'amitié, l'estime que j'ai pour les trois respectables amis que vous avez employés, la reconnaissance que je leur dois de tant de bontés pour vous, arrachent mon consentement malgré moi, et malgré que je sois persuadé qu'il y a quatre contre un à parier que vous ne remplirez pas vos promesses. Et de là, vous le sentez, quel tort irrémédiable pour votre réputation si vous me forcez encore à vous chasser !

« Comprenez donc bien les conditions que je mets à votre rentrée : je veux une soumission pleine et entière à mes

---

[1] C'était un banquier, ami et parent de la famille Caron.

volontés, je veux de votre part un respect marqué, de paroles, d'actions et de contenance ; souvenez-vous bien que, si vous n'employez pas autant d'art à me plaire que vous en avez mis à gagner mes amis, vous ne tenez rien, absolument rien; vous avez seulement travaillé contre vous. Non-seulement je veux être obéi, respecté, mais je veux encore être prévenu en tout ce que vous imaginerez pouvoir me plaire.

« A l'égard de votre mère, qui s'est vingt fois mise à la brèche depuis quinze jours pour me forcer à vous reprendre, je remets à une conversation particulière à vous faire bien comprendre tout ce que vous lui devez d'amour et de prévenance. Voici maintenant les conditions de votre rentrée :

« 1° Vous ne ferez, ne vendrez, ne ferez rien faire ni vendre, directement ou indirectement, qui ne soit pour mon compte, et vous ne succomberez plus à la tentation de vous approprier chez moi rien, absolument rien au delà de ce que je vous donne ; vous ne recevrez aucune montre de rhabillage ou autres ouvrages, sous quelque prétexte et pour quelque ami que ce soit, sans m'en avertir; vous n'y toucherez jamais sans ma permission expresse, vous ne vendrez pas même une vieille clef de montre sans m'en rendre compte.

« 2° Vous vous leverez dans l'été à six heures, et dans l'hiver à sept; vous travaillerez jusqu'au souper sans répugnance à tout ce que je vous donnerai à faire ; j'entends que vous n'employiez les talents que Dieu vous a donnés qu'à devenir célèbre dans votre profession. Souvenez-vous qu'il est honteux et déshonorant pour vous d'y ramper, et que, si vous ne devenez pas le premier, vous ne méritez aucune considération ; l'amour d'une si belle profession doit vous pénétrer le cœur et occuper uniquement votre esprit.

« 3° Vous ne souperez plus en ville, ni ne sortirez plus les soirs : les soupers et les sorties vous sont trop dangereux; mais je consens que vous alliez dîner chez vos amis les dimanches et festes, à condition que je saurai toujours chez qui vous irez, et que vous serez toujours rentré absolument avant neuf heures. Dès à présent, je vous exhorte même à ne me jamais demander de permission contraire à cet article, et je ne vous conseillerais pas de la prendre de vous-même.

« 4° Vous abandonnerez totalement votre malheureuse musique, et surtout la fréquentation des jeunes gens, je n'en souffrirai aucun. L'un et l'autre vous ont perdu. Cependant, par égard à votre faiblesse, je vous permets la viole et la flûte, mais à la condition expresse que vous n'en userez jamais que les après-soupers des jours ouvrables, et nullement dans la journée, et que ce sera sans interrompre le repos des voisins ni le mien[1].

« 5° Je vous éviterai le plus qu'il me sera possible les sorties, mais, le cas arrivant où j'y serais obligé pour mes affaires, souvenez-vous bien surtout que je ne recevrai plus de mauvaises excuses sur les retards : vous savez d'avance combien cet article me révolte.

« 6° Je vous donnerai ma table et 18 livres par mois qui serviront à votre entretien et pour acquitter petit à petit vos dettes. Il serait trop dangereux à votre caractère et très-indécent à moi que je vous fisse payer pension, et que je comptasse avec vous des prix d'ouvrages. Si vous vous livrez, comme vous le devez, au plus grand bien de mes affaires, et que, par vos talents, vous en procuriez quelques-unes, je vous donnerai le quart du bénéfice de tout ce qui viendra par votre canal; vous connaissez ma façon de penser, vous avez l'expérience que je ne me laisse pas vaincre en générosité ; méritez donc que je vous fasse plus de bien que je ne vous en promets; mais souvenez-vous que je ne donnerai rien aux paroles, je ne connais plus que les actions.

« Si mes conditions vous conviennent, si vous vous sentez

---

[1] Quel excellent homme que le père Caron ! Est-il un habitant de Paris, assez malheureux pour loger sous le même toit que plusieurs pianos, qui ait jamais rencontré un père de famille mettant en première ligne, dans ses sollicitudes, le repos des voisins ! Le père Caron, du reste, ne se doutait pas que cette mélomanie de son fils, qui lui semblait si fatale, devait être plus profitable à ce dernier que l'horlogerie.

assez fort pour les exécuter de bonne foi, acceptez-les, et signez-en votre acceptation au bas de cette lettre que vous me renverrez; et, dans ce cas, assurez M. Paignon de toute mon estime et ma reconnaissance : dites-lui que j'aurai l'honneur de lui aller demander demain à dîner, et disposez-vous à revenir avec moi reprendre une place que j'étais bien éloigné de croire que vous occuperiez si tôt et peut-être jamais. »

Conformément aux ordres paternels, le jeune Caron écrit sur le même papier la déclaration suivante :

« Monsieur très-honoré cher père,

« Je signe toutes vos conditions dans la ferme volonté de les exécuter avec le secours du Seigneur ; mais que tout cela me rappelle douloureusement un temps où toutes ces cérémonies et ces lois étaient nécessaires pour m'engager à faire mon devoir[1] ! Il est juste que je souffre l'humiliation que j'ai vraiment méritée, et si tout cela, joint à ma bonne conduite d'ailleurs, me peut procurer et mériter entièrement le retour de vos bonnes grâces et de votre amitié, je serai trop heureux En foy de quoi je signe tout ce qui est contenu dans cette lettre.

« A. Caron fils. »

Ce coup d'autorité produisit son effet : le fils Caron se piqua d'honneur, se livra sans réserve à l'étude de l'horlogerie, et pour prouver à son père qu'il était capable de devenir le premier dans son art, à vingt ans il avait déjà découvert le secret d'un nouvel *échappement*

---

[1] Chérubin, à dix-huit ans, implorant le *secours du Seigneur* pour amadouer l'austérité paternelle, est une assez bonne scène de comédie, d'autant que le jeune drôle laisse percer, dans la phrase qui suit, son dépit d'être traité, selon lui, en enfant; mais, à tout prendre, il y a, ce me semble, dans cette lettre, un ton de respect sincère qui n'est pas trop commun aujourd'hui.

pour les montres [1]. Un horloger alors célèbre, nommé Lepaute, à qui il avait confié son invention, entreprit de se l'approprier et la fit annoncer comme sienne dans un numéro du *Mercure* de septembre 1753. Il se flattait d'avoir bon marché d'un jeune homme obscur; mais ce jeune homme était un de ces caractères vigoureux et tenaces qui se résignent difficilement à lâcher prise. Nous avons sous les yeux les principales pièces de ce procès peu connu par lequel Beaumarchais débuta dans la vie, et qui fut l'origine de sa fortune et de sa célébrité. Aussitôt que l'annonce de Lepaute eut paru, le jeune Caron adressa au *Mercure* la lettre suivante, qui fut insérée dans le numéro de décembre 1753, auquel je l'emprunte. C'est la première communication de Beaumarchais avec le public, et elle n'a jamais été reproduite.

« J'ai lu, Monsieur, avec le dernier étonnement, dans votre numéro de septembre 1753, que le sieur Lepaute, horloger au Luxembourg, y annonce comme de son invention un nouvel échappement de montres et de pendules qu'il dit avoir eu l'honneur de présenter au Roi et à l'Académie.

« Il m'importe trop, pour l'intérêt de la vérité et celui de ma réputation, de revendiquer l'invention de cette mécanique, pour garder le silence sur une telle infidélité.

« Il est vrai que, le 23 juillet dernier, dans la joie de ma découverte, j'eus la faiblesse de confier cet échappement au sieur Lepaute, pour en faire usage dans une pendule que

[1] Peut-être n'est-il pas inutile de dire ici qu'on nomme *échappement*, en termes d'horlogerie, le mécanisme qui sert à régulariser le mouvement d'une montre ; ce mécanisme en est la pièce la plus délicate et la plus importante.

M de Julienne lui avait commandée et dont il m'assura que l'intérieur ne pourrait être examiné de personne, parce qu'il y adaptait le remontoir à vent qu'il avait imaginé, et que lui seul aurait la clef de cette pendule.

« Mais pouvais-je me persuader que le sieur Lepaute se mît jamais en devoir de s'approprier cet échappement, qu'on voit que je lui confiais sous le sceau du secret?

« Je ne veux point surprendre le public, et mon intention n'est pas de le ranger de mon parti sur mon simple exposé; mais je le supplie instamment de ne pas accorder plus de créance au sieur Lepaute, jusqu'à ce que l'Académie ait prononcé entre nous deux, en décidant lequel est l'auteur du nouvel échappement. Le sieur Lepaute semble vouloir éluder tout éclaircissement en déclarant que son échappement, que je n'ai pas vu, ne ressemble en rien au mien; mais, sur l'annonce qu'il en fait, je juge qu'il y est en tout conforme pour le principe, et si les commissaires que l'Académie nommera pour nous entendre contradictoirement y trouvent des différences, elles ne viendront que de quelques vices de construction qui aideront à déceler le plagiaire.

« Je ne mets au jour aucune de mes preuves; il faut que nos commissaires les reçoivent dans leur première force; ainsi, quoi que dise ou écrive contre moi le sieur Lepaute, je garderai un profond silence jusqu'à ce que l'Académie soit éclaircie et qu'elle ait prononcé.

« Le public judicieux voudra bien attendre ce moment; j'espère cette grâce de son équité et de la protection qu'il donne aux arts. J'ose me flatter, Monsieur, que vous voudrez bien insérer cette lettre dans votre prochain journal.

« CARON fils, horloger, rue Saint-Denis,
près Sainte-Catherine.

« A Paris, le 15 novembre 1753. »

Lepaute riposta par une lettre dans laquelle, après avoir étalé avec complaisance le tableau de ses talents, de ses hautes relations, de ses nombreuses commandes, il cherchait à écraser l'obscurité du jeune Caron sous le poids d'un certificat de trois jésuites et du chevalier de la Morlière. Nouvelle lettre de Beaumarchais en janvier 1754, pour en appeler derechef à des juges plus compétents, à l'Académie des Sciences. Le débat ayant fait du bruit, le comte de Saint-Florentin, ministre de la maison du roi, avait en effet chargé l'Académie des Sciences de décider entre ces deux horlogers. La requête de Beaumarchais à l'Académie, dont j'ai la minute, contient ce fragment assez curieux par le ton solennel et respectueux avec lequel le jeune horloger, en digne élève de son père, parle de sa profession :

« Instruit, dit-il, dès l'âge de treize ans, par mon père, dans l'art de l'horlogerie, et animé, par son exemple et ses conseils, à m'occuper sérieusement de la perfection de cet art, on ne sera point surpris que, dès l'âge de dix-neuf ans seulement, je me sois occupé à m'y distinguer et à tâcher de mériter l'estime publique. Les échappements furent les premiers objets de mes réflexions. Retrancher tous leurs défauts, les simplifier et les perfectionner, fut l'aiguillon qui excita mon émulation. Mon entreprise était sans doute téméraire ; tant de grands hommes, que l'application de toute ma vie ne me rendra peut-être jamais capable d'égaler, y ont travaillé sans être parvenus au point de perfection tant désiré, que je ne devais point me flatter d'y réussir; mais la jeunesse est présomptueuse, et ne serai-je pas excusable, Messieurs, si votre jugement couronne mon ouvrage ? Mais quelle douleur si le sieur Lepaute réussissait à m'enlever la gloire d'une découverte que vous auriez couronnée !.... Je ne parle pas des injures que le sieur Lepaute écrit et répand contre mon père et moi, elles annoncent ordinairement une cause désespérée, et je sais qu'elles couvrent toujours de confusion leur auteur. Il me suffira pour le présent que votre jugement, Messieurs, m'assure la gloire que mon adversaire veut me ravir, et que j'espère de votre équité et de vos lumières.

« CARON fils.

« A Paris, le 13 novembre 1753. »

L'Académie des Sciences nomma deux commissaires pour instruire ce procès, et, à la suite de leur rapport, qui est fort long et dont je fais grâce au lecteur, elle donna complétement gain de cause au jeune Caron par le jugement qui suit :

Extrait des registres de l'Académie Royale des Sciences, du 23 février 1754.

« MM. Camus et de Montigny, qui avaient été nommés commissaires dans la contestation mue entre les sieurs Caron et Lepaute au sujet d'un échappement dont ils se prétendaient tous deux inventeurs, et dont la décision a été renvoyée à l'Académie par M. le comte de Saint-Florentin, en ayant fait leur rapport, l'Académie a jugé, le 16 février, que le sieur Caron doit être regardé comme le véritable auteur du nouvel échappement de montres, et que le sieur Lepaute n'a fait qu'imiter cette invention ; que l'échappement de pendule présenté à l'Académie le 4 août par le sieur Lepaute est une suite naturelle de l'échappement de montres du sieur Caron ; que, dans l'application aux pendules, cet échappement est inférieur à celui de Graham, mais qu'il est, dans les montres, le plus parfait qu'on y ait encore adapté, quoiqu'il soit en même temps le plus difficile à exécuter.

« L'Académie a confirmé ce jugement dans ses assemblées des 20 et 23 février ; en foi de quoi j'ai délivré au sieur Caron le présent certificat, avec la copie du rapport, conformément à la délibération du 2 mars.

« A Paris, ce 4 mars 1754.

« Signé : GRAND-JEAN DE FOUCHY,
« Secrétaire perpétuel de l'Académie royale des Sciences. »

Tel fut le premier procès que Beaumarchais gagna, comme il devait, plus tard, gagner presque tous les autres. Celui-ci, ayant procuré tout d'abord au jeune artiste une certaine notoriété, il a soin de la cultiver, et, un an après, dans le but apparent de rendre justice à un autre horloger nommé Romilly, il adresse au *Mercure* une sorte de *réclame* ingénieuse, à son profit.

« Paris, le 16 juin 1755. »

« Monsieur, je suis un jeune artiste qui n'ai l'honneur d'être connu du public que par l'invention d'un nouvel échappement à repos pour les montres, que l'Académie a honoré de son approbation, et dont les journaux ont fait mention l'année passée. Ce succès me fixe à l'état d'horloger, et je borne toute mon ambition à acquérir la science de mon art. Je n'ai jamais porté un œil d'envie sur les productions de mes confrères : cette lettre le prouve ; mais j'ai le malheur de souffrir fort impatiemment qu'on veuille m'enlever le peu de terrain que l'étude et le travail m'ont fait défricher. C'est cette chaleur de sang, dont je crains bien que l'âge ne me corrige pas, qui m'a fait défendre avec tant d'ardeur les justes prétentions que j'avais sur l'invention de mon échappement, lorsqu'elle me fut contestée il y a environ dix-huit mois. . . . .

« Je profite de cette occasion pour répondre à quelques objections qu'on m'a faites sur mon échappement dans divers écrits rendus publics. En se servant de cet échappement, a-t-on dit, on ne peut pas faire de montres plates ni même de petites montres, ce qui, supposé vrai, rendrait le meilleur échappement connu très-incommode. »

Suivent quelques détails techniques après lesquels Beaumarchais termine ainsi :

« Par ce moyen, je fais des montres aussi plates qu'on le juge à propos, plus plates qu'on en ait encore fait, sans que cette commodité diminue en rien leur bonté. La première de ces montres simplifiées est entre les mains du roi; Sa Majesté la porte depuis un an et en est très-contente. Si des faits répondent à la première objection, des faits répondent également à la seconde. J'ai eu l'honneur de présenter à Mme de Pompadour, ces jours passés, une montre dans une bague, de cette nouvelle construction simplifiée, la plus petite qui ait encore été faite : elle n'a que quatre lignes et demie de diamètre et une ligne moins un tiers de hauteur entre les platines. Pour rendre cette bague plus commode, j'ai imaginé en place de clef un cercle autour du cadran, portant un petit crochet saillant; en tirant ce crochet avec l'ongle environ les deux tiers du tour du cadran, la bague est remontée, et elle va trente heures. Avant que de la porter à Mme de Pompadour, j'ai vu cette bague suivre exactement, pendant cinq jours, ma pendule à secondes : ainsi, en se servant de mon échappement et de ma construction, on peut faire d'excellentes montres, aussi plates et aussi petites qu'on le jugera à propos.

« J'ai l'honneur, etc.

« Caron fils, horloger du roi. »

Cette lettre et la signature prouvent que le jeune Caron a déjà fait un petit bout de chemin ; au lieu de signer horloger tout court, il signe maintenant horloger du roi. Il a ses entrées au château de Versailles, non pas comme musicien, ainsi qu'on l'a écrit souvent, mais d'abord comme horloger, comme fournisseur du roi, des princes et des princesses. Pour compléter l'exposé de sa situation à cette époque, citons encore un passage d'une lettre écrite par lui à un de ses cousins, horloger à Londres, en date du 31 juillet 1754.

« J'ai enfin livré la montre au roi, de qui j'ai eu le bonheur d'être reconnu d'abord [1], et qui s'est souvenu de mon nom. Sa Majesté m'a ordonné de la monter et de l'expliquer à tous les seigneurs qui étaient au lever, et jamais Sa Majesté n'a reçu aucun artiste avec tant de bonté ; elle a voulu entrer dans le plus grand détail de ma machine. C'est là que j'ai eu lieu de vous rendre beaucoup d'actions de grâces du présent de votre loupe, que tout le monde a trouvée admirable. Le roi s'en est servi surtout pour examiner la montre de bague de Mme de Pompadour, qui n'a que quatre lignes de diamètre, et qu'on a fort admirée, quoiqu'elle ne fût pas encore achevée. Le roi m'a demandé une répétition dans le même genre, que je lui fais actuellement. Tous les seigneurs suivent l'exemple du roi, et chacun voudrait être servi le premier. J'ai fait aussi pour Mme Victoire une petite pendule curieuse dans le goût de mes montres, dont le roi a voulu lui faire présent : elle a deux cadrans, et, de quelque côté qu'on se tourne, on voit l'heure qu'il est.... Souvenez-vous, mon cher cousin, que c'est un jeune homme que vous avez pris sous votre protection, et c'est par vos bontés qu'il ose espérer l'honneur d'être agrégé à la Société de Londres. Quelles obligations ne vous aurai-je pas de vouloir bien vous y employer avec vos amis ! »

Ici finit la première période de la vie de Beaumarchais : ce n'est encore qu'un jeune horloger ; mais ce jeune horloger sait à la fois se distinguer dans son art, se faire valoir et se défendre. Son coup d'essai est une découverte, et son début dans la polémique un triomphe sur un adversaire en apparence beaucoup plus redoutable que lui. La destinée de Beaumarchais va changer, mais ses qualités ne changeront pas. L'amour

---

[1] Ce passage indique que Beaumarchais avait déjà vu le roi Louis XV, je ne sais à quelle occasion, sans doute en qualité d'horloger, et peut-être à la suite de sa victoire sur Lepaute devant l'Académie des Sciences.

d'une femme va lui ouvrir tout à coup une carrière nouvelle, pour laquelle il ne semblait point fait ; il y portera ce mélange de perspicacité, d'énergie, de souplesse et d'opiniâtreté qui le caractérise, et dans une sphère plus vaste, plus élevée, nous retrouverons le lutteur habile dont nous venons de raconter les premiers travaux et le premier combat.

IV

ENTRÉE DE BEAUMARCHAIS A LA COUR.—SON PREMIER MARIAGE.—
SA SITUATION AUPRÈS DE MESDAMES DE FRANCE.

Jusqu'à vingt-quatre ans, le jeune Caron bornait donc toute son ambition à vendre beaucoup de montres au roi, aux princes et aux seigneurs de la cour. Comment naquit en lui l'espoir de franchir la distance qui le séparait de l'aristocratie et de devenir à son tour noble de race, ou mieux de *souche,* comme il disait plus tard? C'est ici qu'il convient de placer un petit portrait inédit qui me semble tracé d'après nature par l'ami Gudin. « Dès que Beaumarchais parut à Versailles, les femmes furent frappées de sa haute stature, de sa taille svelte et bien prise, de la régularité de ses traits, de son teint vif et animé, de son regard assuré, de cet air dominant qui semblait l'élever au-dessus de tout ce qui l'environnait, et enfin de cette ardeur involontaire qui s'allumait en lui à leur aspect. »

Il est facile de juger, d'après ce portrait, que la modestie ne fut jamais le caractère principal de la physionomie de Beaumarchais, et que, s'il dut plaire aux dames de ce temps-là surtout, qui aimaient assez le genre de beauté que nous dépeint Gudin, en revanche il dut avoir moins de succès auprès des hommes et conquérir de bonne heure cette renommée de fatuité qui fut, on peut le dire, la source de toutes les haines amassées contre lui ; haines féroces, dont son repos et sa réputation eurent tant à souffrir et qui le faisaient s'écrier, dans ses mémoires contre Goëzman : « Mais si j'étais un fat, s'ensuit-il que j'étais un ogre ? »

Toutefois, en 1755, le jeune Caron, simple horloger, n'était pas dans une situation à pouvoir faire ombrage aux courtisans qui lui commandaient des montres. Il commença donc par avoir les profits de sa bonne mine sans en éprouver d'abord les inconvénients. Une femme qui l'avait remarqué à Versailles vint le voir à Paris dans sa boutique rue Saint-Denis, sous prétexte de lui apporter une montre à réparer. Ce n'était pas précisément une grande dame, c'était la femme d'un *contrôleur de la bouche*, ou pour parler plus noblement et plus exactement, d'un *contrôleur clerc d'office de la maison du roi*, qui, par parenthèse, portait les mêmes prénoms que Beaumarchais, car il s'appelait Pierre-Augustin Francquet. Cette charge de contrôleur clerc d'office était une de ces mille fonctions de cour que nos rois créaient jadis quand ils avaient besoin d'argent, et qui, une fois vendues au premier titulaire, se transmettaient ensuite par lui à ses héritiers ou à d'autres acheteurs avec l'agrément du prince, comme aujourd'hui les charges d'avoué ou de notaire. C'est au sujet de ce trafic que Montesquieu dit dans ses *Lettres persanes :* « Le roi de France n'a point de mines d'or comme le roi d'Espagne, son voisin; mais il a plus de richesses que lui, parce qu'il les tire de la vanité de ses sujets, plus inépuisable que les mines. On lui a vu entreprendre ou soutenir de grandes guerres, n'ayant d'autres fonds que des titres d'honneur à vendre, et, par un prodige de l'orgueil humain, ses troupes se trouvaient payées, ses places munies, ses flottes équipées. » Ceux qui voudraient se faire une idée de l'innombrable variété de ces charges de cour n'ont qu'à consulter un des almanachs qui se publiaient avant la révolution sous le titre d'*Almanach de Versailles :* ils y trouveront des fonctions burlesques comme celles de *cravatier ordinaire du roi* ou de *capitaine des levrettes de la chambre*, qui probablement avaient coûté beaucoup plus d'argent qu'elles ne donnaient de travail aux titulaires[1].

Le contrôleur clerc d'office dont la femme avait remarqué le jeune Caron était très-vieux et infirme. Sa

---

[1] Il y a dans l'*État de la France*, pour 1749 (t. 1, p. 273), un chapitre entier intitulé *levrettes et levriers de la chambre*. Le *capitaine* de cet équipage est M. Zacharie de Vassan, et Michel de Vassan, son fils, en survivance; il a 2,466 livres de gages. On compte trois valets et gardes des levrettes de la chambre. Il y a de plus les *petits chiens de la chambre du roi*, qui sont à la charge du sieur Antoine, qui a pour nourriture, sur les menus-plaisirs du roi, 1,446 livres de gages et 200 livres pour un justaucorps de livrée. Le pâtissier du roi délivre, par jour, sept biscuits pour les petits chiens de Sa Majesté.

femme n'était plus de la première jeunesse. Il résulte d'une note de Beaumarchais qu'elle avait six ans de plus que lui, par conséquent trente ans en 1755 ; mais elle était encore fort belle, et lorsqu'elle vint en rougissant présenter sa montre à l'aimable horloger, celui-ci n'eut pas besoin qu'on l'invitât à la reporter lui-même.

« Le jeune artiste, dit galamment Gudin, brigua l'honneur de reporter la montre aussitôt qu'il en aurait réparé le désordre. Cet événement, qui semblait commun, disposa de sa vie et lui donna un nouvel être. » Au bout de quelques mois, M. Francquet reconnut que sa vieillesse et ses infirmités l'empêchaient de remplir convenablement sa charge de contrôleur, et qu'il ne pouvait mieux faire que de la céder au jeune Caron, moyennant une rente viagère garantie par le père de ce dernier.

En présence de la carrière nouvelle qui s'ouvrait devant lui, le jeune horloger renonça à sa profession et fut investi de la charge de contrôleur clerc d'office par brevet du roi, en date du 9 novembre 1755[1]. Cette première fonction de cour remplie par Beaumarchais différait de plusieurs autres en ce qu'elle n'était pas abso-

---

[1] Voici un extrait de ce brevet dans lequel Beaumarchais porte encore le nom de Caron tout court : « De par le roy.— Grand-maître de France, premier maître et maîtres ordinaires de notre hôtel, maîtres et contrôleurs bouchaux de notre maison et chambre aux deniers, salut. Sur le bon et louable rapport qui nous a été fait de la personne du sieur Pierre-Augustin Caron et de son zèle et affection à notre service, à ces causes, nous l'avons cejourd'hui retenu et par ces présentes signées de notre main retenons en la charge de l'un des contrôleurs clercs d'office de notre maison, vacante par la démission de Pierre-Augustin Francquet, dernier possesseur d'icelle, pour par lui

lument une sinécure. Sous la direction du contrôleur ordinaire de la bouche se trouvaient seize contrôleurs clercs d'office qui servaient par quartier, quatre par trimestre. Leurs attributions sont ainsi définies dans l'*État de la France pour* 1749 : « Les *contrôleurs clercs d'office* font les écrous ordinaires et cahiers extraordinaires de la dépense de la maison du roi, et ont voix et séance au bureau. Ils ont 600 livres de gages, dont ils ne touchent que 450, et des livrées en nature, environ 1,500 livres.... Les contrôleurs sont du corps du bureau dans les repas et festins extraordinaires où le bâton n'est pas porté; ils servent la table du roi l'épée au côté, et mettent eux-mêmes les plats sur la table. Par subordination aux maîtres d'hôtel et aux autres officiers supérieurs, ils ont commandement sur les sept offices de la maison, dont les officiers doivent leur obéir pour ce qui regarde leur charge. Ils ont leur *bouche à cour* à la table des maîtres d'hôtel ou à celle de l'ancien grand-maître. Un de ceux qui servent chez le roi peut aussi venir manger à la table des aumôniers. » Enfin, dans le règlement de 1681, fait par Louis XIV pour sa maison, et maintenu par ses successeurs, article 21, il est dit : « La viande de Sa Majesté sera portée en cet ordre : deux des gardes marcheront les premiers, ensuite l'huissier de salle, le

---

l'avoir et exercer, en jouir et user aux honneurs, autorités, prérogatives, priviléges, franchises, libertés, gages, droits, etc.

« Donné à Versailles, sous le scel de notre secret, le 9 novembre 1755. Louis.

« Et plus bas, par le Roi,

« Signé, Phélippeaux. »

maître d'hôtel avec son bâton, le gentilhomme servant pannetier, le contrôleur général, le *contrôleur clerc d'office*, et ceux qui porteront la viande, l'écuyer de cuisine, le garde-vaisselle, etc. » On voit d'ici le futur auteur du *Mariage de Figaro* à son poste de bataille et dans l'exercice de ses fonctions, précédant, l'épée au côté, la *viande de Sa Majesté*, avant de la poser lui-même sur la table.

Deux mois après son entrée à la cour, le 3 janvier 1756, le vieillard qui lui avait vendu sa charge mourut d'une attaque d'apoplexie, et, onze mois plus tard, le 22 novembre 1756, le jeune Caron épousa la veuve Francquet, née Marie-Madeleine Aubertin. Alors seulement, au commencement de 1757, il ajouta pour la première fois à son nom ce nom de Beaumarchais qu'il devait rendre si fameux. Le manuscrit de Gudin nous apprend que ce joli nom fut emprunté à un *très-petit fief* appartenant à la femme du jeune Caron. Je ne sais pas au juste où était situé ce *petit fief*, j'ignore si c'était un *fief servant* ou un *fief de haubert*, ou simplement un fief de fantaisie; toujours est-il que cette circonstance fournit plus tard au juge Goëzman la seule plaisanterie un peu agréable que contiennent ses mémoires contre Beaumarchais, quand il dit : « Le sieur Caron emprunta d'une de ses femmes le nom de Beaumarchais, qu'il a prêté à une de ses sœurs. »

Quoique devenu sieur de Beaumarchais, le jeune contrôleur de la maison du roi n'était point encore passé gentilhomme ; sa petite charge ne coûtait pas assez cher pour conférer la noblesse. Ce n'est que cinq ans après, en 1761, quand il eut acheté, moyennant 85,000 francs, la charge très-noble et très-inutile de secrétaire du roi, qu'il acquit le droit de porter légalement le nom de son fief et de faire, en 1773, au conseiller Goëzman, gentilhomme de la veille, qui lui reprochait sa roture, cette mémorable réponse : « Je me réserve de consulter pour savoir si je ne dois pas m'offenser de vous voir ainsi fouiller dans les archives de ma famille et me rappeler à mon antique origine, qu'on avait presque oubliée. Savez-vous bien que je prouve déjà près de vingt ans de noblesse[1], que cette noblesse est bien à moi, en bon parchemin scellé du grand sceau de cire jaune ; qu'elle n'est pas, comme celle de beaucoup de gens, incertaine et sur parole, et que personne n'oserait me la disputer, car *j'en ai la quittance!* » Ce *j'en ai la quittance*, qui peint parfaitement Beaumarchais, nous en dit plus dans sa comique insolence que bien des livres sur l'avilissement du principe aristocratique en France aux approches de la révolution.

L'état d'aisance que Beaumarchais devait à son premier mariage dura peu ; moins d'un an après ce mariage, il perdit sa femme, qui mourut le 29 septembre 1757, rapidement enlevée par une fièvre typhoïde. Cette coïncidence de la mort d'un vieillard infirme, bientôt suivie de la mort d'une femme de trente et un ans, atteinte d'une affection de poitrine

---

[1] Beaumarchais surfait ici l'antiquité de sa noblesse ; en 1773 elle ne datait en réalité que de douze ans.

déjà ancienne et mariée à un jeune homme de vingt-cinq ans dont elle était fort éprise; cette coïncidence n'avait en elle-même, physiologiquement parlant, rien d'extraordinaire : aussi ne fut-elle d'abord remarquée de personne. Ce ne fut que plus tard, quand la destinée de Beaumarchais devint assez brillante pour exciter l'envie, que l'on fit circuler contre lui ces atroces rumeurs d'empoisonnement si communes au XVIIIe siècle [1]; et lorsque, par une fatalité déplorable, après avoir perdu encore sa seconde femme, il se trouva engagé dans une lutte contre des adversaires qui ne respectaient rien, ces calomnies abominables prirent une telle consistance, qu'il eut la douleur d'être obligé de s'en défendre publiquement, d'en appeler au témoignage des quatre médecins qui avaient soigné la première de ses femmes, des cinq médecins qui avaient soigné la seconde, et d'établir que la mort de l'une et de l'autre, loin de l'enrichir, l'avait ruiné. Les documents inédits que j'ai sous les yeux confirment pleinement cette assertion. Ainsi, pour ne parler ici que de son premier mariage, l'auteur des mémoires contre Goëzman, s'exprime en ces termes : « Faute d'avoir fait *insinuer* mon contrat de mariage, la mort de ma première femme me laissa nu dans la rigueur du terme, accablé de dettes, avec des prétentions dont je n'ai voulu suivre aucune, pour éviter de plaider contre ses parents,

---

[1] De très-grands personnages du temps, entr'autres le duc de Choiseul, après la mort du dauphin, fils de Louis XV, ont été l'objet d'imputations aussi noires et aussi injustes.

de qui jusqu'alors je n'avais eu qu'à me louer. » Le fait de l'insinuation tardive du contrat de mariage est constaté à la suite de ce contrat. Ce fait prouve que le jeune Beaumarchais se préparait si peu à la mort de sa femme, qu'il n'avait pas même pris la peine de sauvegarder ses intérêts. D'autres pièces constatent également la remise par lui des biens de sa femme en partie aux parents de son premier mari, en partie à ses parents à elle, lesquels, pendant les seize ans qui suivent sa mort, vivent en très-bons termes avec l'époux de leur sœur.

Cet accord ne fut rompu qu'en 1773, à une époque où Beaumarchais, accablé d'ennemis et engagé dans d'autres procès ruineux, semblait inviter tous les malveillants à la curée de sa fortune : c'est alors que l'un des parents de sa première femme poussa les autres à se réunir contre lui et à se dire ses créanciers tandis qu'ils étaient au contraire ses débiteurs dans la liquidation du passif et de l'actif de sa communauté avec la veuve Francquet, dont ils avaient touché la succession. Après une suite de procès qui dura plusieurs années, un jugement définitif les condamna comme débiteurs; ils écrivirent alors à Beaumarchais des lettres suppliantes, et, bien qu'ils eussent contribué peut-être à noircir sa réputation, ce dernier, fidèle à son caractère oublieux et facile, leur fit remise de sa créance. Voilà l'exacte vérité sur ce point. Du reste, il suffira, pour défendre l'auteur du *Mariage de Figaro* des calomnies infâmes que nous retrouverons dans le cours de ce récit, de le montrer dans l'intimité de sa vie privée;

on reconnaîtra sans peine qu'un tel homme *ne peut pas être,* comme dit Voltaire, un empoisonneur, et il ne restera plus qu'à s'étonner que des attaques aussi perfides et aussi cruelles n'aient pas même eu pour résultat d'altérer la bonté et la gaieté de son naturel.

Ainsi, en entrant dans le monde, Beaumarchais recevait de la destinée ce mélange de faveurs et de disgrâces qui devait remplir toute sa carrière et tenir constamment en éveil son caractère et son esprit. La mort de sa première femme le rejetait dans la pauvreté; mais il avait un pied à la cour par sa petite charge, qu'il avait conservée, et bientôt se présenta pour lui l'occasion de regagner au delà de ce qu'il avait perdu.

On n'a pas oublié que, dès sa jeunesse, il aimait la musique de passion ; il chantait avec goût et jouait avec talent de la flûte et de la harpe. Ce dernier instrument, alors peu connu en France [1], commençait à obtenir une grande vogue. Beaumarchais s'attacha à l'étude de la harpe ; il introduisit même un perfectionnement dans les pédales de cet instrument, comme il avait perfectionné le mécanisme des montres. Sa réputation de harpiste, conquise dans quelques salons de la ville et de la cour, parvint bientôt aux oreilles de Mesdames de France, filles de Louis XV. Ces quatre sœurs, dont la vie

---

[1] Dans les lettres de Diderot à Mlle Voland, à la date de 1760, on lit : « J'avais été invité la semaine passée par le comte Oginski à l'entendre jouer de la harpe.... *Je ne connaissais point cet instrument;* c'est un des premiers que les hommes ont dû inventer.... La harpe me plaît.... cependant elle est moins pathétique que la mandore. »

retirée, les habitudes pieuses, formaient un contraste heureux avec le ton de la cour dans les dernières années du règne de leur père[1], cherchaient à se distraire de la monotonie de leur existence en se livrant aux études les plus variées. Nous lisons dans les Mémoires de Mme Campan que l'étude des langues, les mathématiques, et même le tour et l'horlogerie, occupaient successivement leurs loisirs ; elles aimaient surtout la musique : Mme Adélaïde, par exemple, jouait de tous les instruments, depuis le cor jusqu'à la guimbarde. On se rappelle que Beaumarchais avait déjà eu occasion, en sa qualité d'horloger, de faire pour Mme Victoire une pendule d'un genre nouveau. En apprenant que ce jeune horloger, devenu contrôleur de la maison du roi, se faisait remarquer par son talent sur la harpe, Mesdames désirèrent l'entendre. Il sut se rendre agréable et utile ; elles déclarèrent qu'elles voulaient prendre des leçons de lui, et bientôt il devint l'organisateur et le principal virtuose d'un concert de famille que les princesses donnaient chaque semaine, auquel assistaient d'ordinaire le roi, le dauphin, la reine Marie Leczinska, qui vivait encore à cette époque, et où n'était admis qu'un très-petit nombre de personnes.

Il va sans dire que, dans ce cercle auguste, où non-seulement la dignité du rang suprême, mais encore la vertu la plus pure, étaient représentées par la reine

---

[1] On connaît les sobriquets de mauvais goût dont Louis XV s'amusait à décorer ses filles dans l'intimité : il appelait Mme Victoire *Coche*, Mme Adélaïde *Loque*, Mme Sophie *Graille*, et Mme Louise *Chiffe*.

et Mesdames, le jeune artiste laissait de côté ces airs évaporés et avantageux dont le portrait de Gudin nous le montre suffisamment pourvu. S'il était un peu fat, il était encore plus spirituel : se plier aux circonstances, s'adapter au caractère de ceux à qui il voulait plaire, fut toujours un de ses talents. Sorti de sa boutique pour entrer tout à coup dans une sphère aussi élevée, il avait besoin de veiller sur lui-même ; car sa position était difficile, étrange, et assez enviable pour faire naître ces jalousies sauvages qui ne se rencontrent guère que dans les cours ou dans les coulisses, deux sortes de théâtres qui ont le privilége d'exciter au plus haut degré les mauvaises passions du cœur humain. Il n'était ni maître de musique, ni domestique, ni grand seigneur, et il donnait sans appointements des leçons à des princesses; il composait ou achetait pour elles la musique qu'elles jouaient; il était admis à faire preuve non-seulement de talent, mais d'esprit, dans des réunions intimes de la famille royale, où l'on ne cherchait qu'à se distraire des ennuis de l'étiquette, et où un jeune roturier aimable pouvait éclipser l'homme le plus qualifié. Un jour, Louis XV, pressé de l'entendre jouer de la harpe et ne voulant déranger personne, lui avait passé son propre fauteuil et l'avait forcé de s'y asseoir malgré ses refus. Un autre jour, le dauphin, dont Beaumarchais connaissait l'austérité[1] et auquel il savait

---

[1] Il s'agit ici du fils de Louis XV, prince pieux, honnête homme, grave, studieux, qui ne ressemblait en rien à son père, et qui mourut à trente-six ans, en 1765.

très-habilement tenir un langage que les princes d'alors entendaient peu, avait dit de lui : « C'est le seul homme qui me parle avec vérité. » Il n'en fallait pas davantage pour soulever toutes les vanités en souffrance contre un musicien ainsi posé, qu'on avait vu peu d'années auparavant venir à la cour vendre des montres. Ajoutons que le jeune Beaumarchais, respectueux, souple, insinuant envers ceux de qui il pouvait attendre quelque bienveillance, n'était jamais en reste avec ses ennemis déclarés ; qu'il savait répondre par une fine moquerie à des dédains qui n'étaient pas toujours accompagnés de finesse ; qu'orné de toutes les séductions de la jeunesse, de la figure, de l'intelligence et des talents, il rencontrait à Versailles même des dames que le préjugé aristocratique n'aveuglait point ; qu'on se souvienne enfin que la modestie n'était pas son fort, et l'on comprendra comment se forma de bonne heure contre lui ce que La Harpe appelle très-bien un foyer de haines secrètes et furieuses qui ne visaient à rien moins qu'à le perdre entièrement. Ce furent d'abord des tracasseries, des embûches, des impertinences, qui mettaient à l'épreuve sa présence d'esprit et son énergie. On connaît l'histoire de la montre. Un courtisan qui s'était vanté de déconcerter le protégé de Mesdames de France l'aborde au milieu d'un groupe nombreux, au moment où il sortait en habit de gala de l'appartement des princesses et lui dit en lui présentant une fort belle montre : « Monsieur, vous qui vous connaissez en horlogerie, veuillez, je vous prie, examiner ma montre, qui est dérangée. — Monsieur, répond tranquillement Beaumarchais, depuis que j'ai cessé de m'occuper de cet art, je suis devenu très-maladroit. — Ah! Monsieur, ne me refusez pas cette faveur.—Soit ; mais je vous avertis que je suis maladroit. » Alors, prenant la montre, il l'ouvre, l'élève en l'air, et, feignant de l'examiner, il la jette par terre; puis, faisant à son interlocuteur une profonde révérence, il lui dit : « Je vous avais prévenu, Monsieur, de mon extrême maladresse. » — Et il le quitte en le laissant ramasser les débris de sa montre.

Un autre jour, Beaumarchais apprend que l'on a dit aux princesses qu'il vivait au plus mal avec son père, et qu'elles sont fort indisposées contre lui. Au lieu de réfuter directement cette calomnie, il court à Paris, et, sous prétexte de montrer à son père le château de Versailles, il l'emmène avec lui, le conduit partout, et a soin de le faire trouver plusieurs fois sur le passage de Mesdames; le soir, il se présente chez elles, laissant son compagnon dans l'antichambre. Il est reçu très-froidement; cependant une des princesses lui demande par curiosité avec qui il s'est promené toute la journée. « Avec mon père, » répond le jeune homme. Étonnement des princesses. L'explication se produit naturellement. Beaumarchais sollicite pour son père l'honneur d'être admis devant Mesdames, et c'est le vieux horloger qui se charge lui-même de faire l'éloge de son fils. On sait qu'il était capable de s'en acquitter parfaitement.

On a raconté que Beaumarchais aurait encouru la disgrâce de Mesdames par un propos qui serait non pas d'un fat, mais d'un sot. Ayant vu un portrait en pied de Madame Adélaïde jouant de la harpe, il aurait dit devant la princesse : « Il ne manque à ce tableau qu'une chose essentielle, le portrait du maître. » Ce conte absurde a précisément pour origine un de ces mauvais procédés auxquels le jeune artiste était chaque jour exposé. On avait envoyé à Mesdames un éventail sur lequel elles étaient représentées donnant leur petit concert de chaque semaine, avec toutes les personnes qui y prenaient part; seulement on avait oublié avec intention l'homme qui, sous le rapport musical, y tenait la première place, c'est-à-dire Beaumarchais. Les princesses, en lui montrant l'éventail qu'il regardait en souriant, signalèrent elles-mêmes cette omission malveillante, en déclarant qu'elles ne voulaient pas d'une peinture où l'on avait dédaigné de faire figurer leur maître.

La jalousie qu'excitait le protégé de Mesdames ne s'en tint pas aux petites noirceurs, elle alla bientôt jusqu'à l'outrage. Gravement insulté et provoqué par un homme de cour que le manuscrit de Gudin et la correspondance inédite désignent seulement sous le nom de chevalier des C....., Beaumarchais dut accepter la provocation.

« Ils montèrent à cheval, dit Gudin, se rendirent sous les murs du parc de Meudon et se battirent. Beaumarchais eut le triste avantage de plonger son épée dans le sein de son adversaire; mais, lorsqu'en la retirant, il vit le sang sortir à gros bouillons et son ennemi tomber sur la terre, il fut saisi de douleur et ne songea qu'à le secourir.

« Il prit son propre mouchoir et l'attacha comme il put sur la plaie pour arrêter le sang et prévenir l'évanouissement. Sauvez-vous, lui disait celui qu'il cherchait à rappeler à la vie ; sauvez-vous, monsieur de Beaumarchais. Vous êtes perdu si l'on vous voit, si l'on apprend que vous m'avez ôté la vie. —Il vous faut du secours, et je vais vous en chercher. Il remonte à cheval, court au village de Meudon, demande un chirurgien, lui indique le lieu où est le blessé, le conduit vers le chemin, s'éloigne au grand galop et revient à Paris examiner ce qu'il doit faire [1].

« Son premier soin fut de s'informer si le chevalier des C..... vivait encore. On l'avait transporté à Paris, mais on désespérait de sa vie. Il sut que le malade refusait de nommer celui qui l'avait blessé si grièvement. « J'ai ce que je mérite, disait-« il ; j'ai provoqué, pour complaire à des gens que je n'es-« time point, un honnête homme qui ne m'avait fait aucune « offense. »

« Ses parents et ses amis n'en purent tirer aucune autre réponse pendant huit jours qu'il vécut encore. Il emporta au tombeau le secret de celui qui le privait du jour et lui laissa le regret éternel d'avoir ôté la vie à un homme digne d'estime, à un homme assez généreux pour avoir craint de le compromettre par le plus léger indice.

« —Ah! jeune homme, me dit-il un jour que je plaisantais devant lui de je ne sais quel duel dont on parlait alors, vous ignorez quel désespoir on éprouve quand on voit la garde de son épée sur le sein de son ennemi! Et il me conta cette aventure qui l'affligeait encore, quoiqu'elle se fût passée depuis plusieurs années. Il n'en parlait qu'avec chagrin, et je ne l'aurais vraisemblablement jamais apprise, s'il n'eût pas cru nécessaire de me faire sentir combien il peut être dangereux de plaisanter sur des événements aussi funestes, et que la légèreté multiplie beaucoup plus que la bravoure.

[1] Cette relation de Gudin semble indiquer que les deux adversaires se seraient battus sans témoins. Je la reproduis telle qu'il l'a écrite.

« Avant que le chevalier fût mort, lorsqu'il était encore incertain s'il ne laisserait pas échapper le secret qu'il voulait garder et si sa famille n'en demanderait pas vengeance, Beaumarchais réclama la protection de Mesdames, qu'il instruisit de toutes les circonstances de ce malheureux événement. Elles en prévinrent le roi; sa bonté paternelle lui fit répondre : Faites en sorte, mes enfants, qu'on ne m'en parle pas. Ces augustes princesses prirent toutes les précautions que la générosité du mort rendit inutiles. »

Le récit un peu orné de Gudin m'a fait éprouver le besoin d'une vérification, et j'ai trouvé le fait et la date de ce duel indiqués de la main de Beaumarchais dans sa correspondance de cette époque, à propos d'un autre incident qui le suivit de près, et qui donnera mieux que je ne pourrais le faire une idée de l'arrogance de certains gentilshommes à l'égard de ce roturier considéré comme un intrus. Beaumarchais se trouvait, en 1763, à un bal à Versailles, où l'on jouait ; un homme de qualité, nommé M. de Sablières, lui emprunta, sans le connaître, trente-cinq louis. Au bout de trois semaines, Beaumarchais, n'entendant plus parler de ces trente-cinq louis, écrit au gentilhomme en question, lequel répond qu'il enverra les trente-cinq louis le lendemain ou le surlendemain. Trois autres semaines se passent ; Beaumarchais écrit une seconde fois : pas de réponse. Il s'impatiente et adresse à M. de Sablières la troisième lettre, qui suit :

« Après que vous avez manqué à la parole écrite que j'ai reçue de vous, Monsieur, j'aurais tort de m'étonner de ce que vous vous dispensez de répondre à ma dernière lettre : l'un est une suite naturelle de l'autre. Cet oubli de vous-même ne m'autorise pas sans doute à vous faire des reproches. Vous ne me devez aucune politesse ni aucun égard. N'ayant pas l'honneur d'être de vos amis, quel droit aurais-je d'en attendre de celui qui manque à des devoirs plus essentiels ? Cette lettre n'est donc faite que pour vous rappeler encore une fois une dette de trente-cinq louis que vous avez contractée envers moi chez un ami commun, sans autre titre exigé que l'honneur du débiteur, et ce qui était dû de part et d'autre à la maison qui nous rassemblait. Une autre considération qui n'est pas de moindre poids, c'est que l'argent que vous me devez ne vous a pas été enlevé par moi sur la chance d'une carte ; mais je vous l'ai prêté de ma poche, et me suis peut-être privé par là d'un avantage qu'il m'était permis d'espérer, si j'eusse voulu jouer au lieu de vous obliger.

« Si je ne suis pas assez heureux pour que cette lettre fasse sur vous l'effet qu'elle produirait sur moi à votre place, ne trouvez pas mauvais que je mette entre nous deux un tiers respectable, qui est le juge naturel de ces sortes de cas.

« J'attendrai votre réponse jusqu'après-demain. Je suis bien aise que vous jugiez, par la modération de ma conduite, de la parfaite considération avec laquelle j'ai l'honneur d'être,

« Monsieur, votre, etc.

« DE BEAUMARCHAIS. »

« 29 mars 1763. »

Voici maintenant la réponse de M. de Sablières, l'homme de qualité écrivant au fils de l'horloger Caron. Je reproduis sa lettre textuellement, avec les fautes d'orthographe et de grammaire qui la décorent :

« Je scois que je suis assés malheureux que de vous devoirs trente-cinq louis, j'ignore que cela puisse me desonorés quand on a la bonne volontés de les rendre, ma fasson de penssés, Monsieur, est connu, et lorsque je ne serés plus votre débiteur je me fairés connoitre à vous par des terme qui seront diférent des votre. Samedy matin, je vous demenderés un rendevous pour m'acquiter des trente-cinq louis et vous remercier des choses honnettes que vous avés la bontés de vous servir dans votre letre ; je fairés en sorte dy repondre le mieux qu'il me sera possible, et je me flatte que dicy à ce tems vous voudrés bien avoir une idée moins desavantageuse. Soyés convincu que cest deux fois vints quatre heure vont me paroitre bien longue ; quand au respectable tiers que vous me menassés, je le respecte, mais je fais on ne peut pas moins de cas des menasse, et je scois encore moins de gré de la modération. Samedy vous aurés vos trente-cinq louis je vous en donne ma parolle, j'ignore si à mon tours je serés assez heureux pour repondre de ma modération. En attendans de metre aquittes de tout ce que je vous dois, je suis, Monsieur, comme vous le désireres, votre très humble et, etc.

« Sablières. »

Cette missive annonçant des intentions peu pacifiques, Beaumarchais, qui venait de tuer un homme en duel à une époque où les lois contre le duel étaient encore très-rigoureuses, répond par une nouvelle lettre, dans laquelle il commence par se défendre de toute pensée blessante en ce qui touche l'honneur de ce pétulant M. de Sablières, et qu'il termine ainsi :

« Ma lettre une fois expliquée, j'ai l'honneur de vous prévenir que j'attendrai chez moi, samedi toute la matinée, l'effet de votre troisième promesse. Vous ignorez, dites-vous, si vous serez assez heureux pour répondre de votre modération. Sur l'emportement de votre style, on peut déjà juger que vous n'en êtes pas trop le maître par écrit ; mais je vous réponds que je n'aggraverai pas un mal dont je ne suis pas l'auteur, en sortant de la mienne, si je puis l'éviter. D'après ces assurances, si votre projet est de passer en présence les bornes d'une explication honnête et de pousser les choses à outrance,

ce que je ne veux pourtant pas présumer de votre première
chaleur, vous me trouverez, Monsieur, aussi ferme à repousser l'insulte que je tâche d'être en garde contre les mouvements qui la font naître. Je ne crains donc pas de vous assurer de nouveau que j'ai l'honneur d'être, avec toute la considération possible, Monsieur,

« Votre très-humble, etc.

« DE BEAUMARCHAIS. »

P. S. Je garde une copie de cette lettre, ainsi que de la première, afin que la pureté de mes intentions serve à me justifier en cas de malheur ; mais j'espère vous convaincre samedi que, loin de chercher des affaires, personne ne doit faire aujourd'hui d'aussi grands efforts que moi pour les éviter.

« Je ne puis m'expliquer par écrit. »

31 mars 1763.

Sur la copie de cette même lettre se trouvent écrites, de la main de Beaumarchais, les lignes suivantes, qui expliquent le *post-scriptum*, et qui ont trait au duel avec le chevalier des C....., dont nous venons de parler.

« Ceci m'arriva huit ou dix jours après ma malheureuse affaire avec le chevalier des C***, qui paya son imprudence de sa vie, laquelle affaire m'aurait perdu sans la bonté de Mesdames, qui parlèrent au roi. M. de Sablières se fit expliquer l'apostille de ma lettre par Laumur, chez qui je lui avais prêté ces trente-cinq louis, et ce qu'il y a de plaisant, c'est que cela le dégoûta de m'apporter lui-même mon argent. »

Ces détails suffiront pour faire comprendre combien était difficile à cette époque la situation d'un jeune parvenu, assez bien favorisé par la nature et la destinée pour inspirer beaucoup de jalousie et trop récemment sorti de sa boutique pour se faire accepter sur un pied d'égalité. On ne s'étonnera pas que le caractère de Beaumarchais se soit formé et trempé de bonne heure au milieu de tant d'obstacles.

Cependant la faveur dont il jouissait auprès de Mesdames, et qui avait commencé en 1759, avait été longtemps plus enviable en apparence qu'utile pour lui en réalité. N'ayant d'autres ressources que les minces émoluments de sa petite charge de contrôleur, non-seulement il était obligé de mettre gratuitement son temps à la disposition des princesses, sans parler de frais de représentation assez onéreux pour lui, mais parfois même il se trouvait dans la nécessité de procéder en grand seigneur, et de faire, pour des achats d'instruments coûteux, des avances qu'on ne se pressait guère de lui rendre. Très-désireux de s'enrichir, il était trop habile pour compromettre son crédit en recevant des récompenses pécuniaires qui l'auraient mis au rang d'un mercenaire : il voulait, en attendant une occasion favorable de tirer parti de sa position, se réserver le droit d'écrire ce qu'il écrivait plus tard : « J'ai passé quatre ans à mériter la bienveillance de Mesdames par les soins les plus assidus et les *plus désintéressés* sur divers objets de leur amusement. »

Or, Mesdames, comme toutes les femmes et surtout les princesses, avaient des fantaisies assez variées qu'il fallait satisfaire immédiatement. On peut lire dans la correspondance de Mᵐᵉ Du Deffant la très-amusante histoire d'une boîte de confitures de coings d'Orléans si impatiemment exigée par Mᵐᵉ Victoire, que le roi, son père, fait courir après le premier ministre M. de Choiseul, lequel fait courir après l'évêque d'Orléans, qu'on éveille à trois heures du matin pour lui remettre, à son grand effroi, une missive de Louis XV ainsi conçue :

« Monsieur l'évêque d'Orléans, mes filles ont envie d'avoir du *cotignac;* elles veulent de très-petites boîtes : envoyez-en. Si vous n'en avez pas, je vous prie...

Dans cet endroit de la lettre il y avait une chaise à porteur dessinée, et au-dessous de la chaise :

d'envoyer sur-le-champ dans votre ville épiscopale en chercher, et que ce soit de très-petites boîtes; sur ce, monsieur l'évêque d'Orléans, Dieu vous ait en sa sainte garde.

« Louis. »

Plus bas, on lisait en *post-scriptum :*

« La chaise à porteur ne signifie rien; elle était dessinée par mes filles sur cette feuille que j'ai trouvée sous ma main.»

On fait partir sur-le-champ un courrier pour Orléans. Le cotignac, dit Mme Du Deffant, arrive le lendemain; on ne s'en souciait plus.

Il advenait souvent à Beaumarchais de recevoir des missives qui rappellent un peu l'histoire du *cotignac,* avec cette différence que le jeune et pauvre maître de musique n'avait pas, comme l'évêque d'Orléans, de courrier à sa disposition. Voici, par exemple, une lettre que lui adresse la première femme de chambre de Mme Victoire :

« Mme Victoire a pris goût, Monsieur, de jouer aujourd'hui du tambourin, et me charge de vous écrire dans l'instant de lui en faire avoir un le plus tôt qu'il vous sera possible. Je souhaite, Monsieur, que votre rhume soit dissipé et que vous puissiez promptement faire la commission de Madame. J'ai l'honneur d'être très-parfaitement, Monsieur, votre très-humble servante.

« De Boucheman Coustillier. »

Il fallait acheter sur-le-champ un tambourin digne d'être offert à une princesse; le lendemain, c'était une harpe; le surlendemain, une flûte,—et ainsi de suite. Quand le jeune Beaumarchais avait épuisé sa bourse, très-maigre alors, en payant les fournisseurs, et qu'il était un peu fatigué d'attendre, il envoyait humblement son mémoire à Mme d'Hoppen, l'intendante de Mesdames, en l'accompagnant des réflexions suivantes :

« Je vous prie, Madame, de vouloir bien faire attention que je suis engagé pour le paiement des 844 livres restantes, n'ayant pu les avancer, parce que j'ai donné tout l'argent que j'avais, et je vous prie de ne pas oublier que je suis, en conséquence, absolument sans le sol.—Outre les 1,852 livres
Mme Victoire me redoit, d'un reste. . .   15
plus, d'un livre de maroquin à ses armes
  et doré.   36
et pour le copiste de musique dudit livre.   36
                                          ─────────
       « Total général. . .   1,939 liv. 10 s.

« Ce qui fait en somme 80 louis et 19 liv. 10 s.

« Je ne compte point toutes les voitures qu'il m'en a coûté pour courir chez les différents ouvriers, qui demeurent presque tous dans les faubourgs, non plus que les messages que cela a occasionnés, parce que je ne l'ai point écrit et que je ne suis point dans l'usage de le compter à Mesdames. N'oubliez pas aussi, je vous prie, que Mme Sophie [1] me doit cinq

---

[1] La troisième des filles de Louis XV.

louis : dans un temps de misère, on ramasse les plus petites parties. Vous connaissez mon respect et mon attachement pour vous, je n'en dirai pas un mot de plus. »

C'est donc avec une impatience très-explicable que Beaumarchais attendait l'occasion d'utiliser son crédit auprès de Mesdames au profit de sa fortune. La littérature étant, à ses yeux, un métier ingrat, il ne voulait s'y adonner qu'autant qu'elle pourrait devenir pour lui un pur délassement. Cependant il écrivait déjà beaucoup. Du jour où il entre à la cour, on voit qu'il éprouve le besoin de compléter une instruction insuffisante. Il y a dans ses papiers de cette époque une masse de brouillons rédigés de sa main, sur lesquels il jette sans ordre ses propres idées, mêlées à des citations empruntées à une foule d'auteurs sur toutes sortes de sujets; je remarque dans ces citations une certaine prédilection pour les écrivains du xvie siècle, pour Montaigne, et surtout pour Rabelais, dont le style indiscipliné, abondant, hardi, fécond en épithètes, déteint parfois en effet sur la prose du *Barbier de Séville* et du *Mariage de Figaro*, et s'y combine de temps en temps avec des formes un peu maniérées qui rappellent Marivaux. Bien qu'il n'ait jamais eu un talent poétique très-saillant et qu'il ait souvent mêlé à des vers heureux des vers assez plats, Beaumarchais se livrait dès lors à sa passion pour les couplets et s'essayait même dans des poésies de plus longue haleine; il a écrit, à cette époque de sa jeunesse, une pièce inédite d'environ trois cents vers sur deux rimes redoublées qui, sans s'élever au-dessus du médiocre, semble composée avec assez de facilité ; c'est une satire contre l'optimisme. Voici le début :

> Partout on cherche, on étudie,
> La cause des malheurs divers
> Qui désolent cet univers,
> Des humains la triste patrie.
> Nul n'est d'accord, chacun varie.
> J'entends les partisans diserts
> Du système de bonhomie
> Vanter l'immuable harmonie
> Qu'ils remarquent dans l'univers,
> D'après les calculs de génie
> Et des Leibnitz et des Keppler,
> Que tous ces fous dans leur manie
> Ont nommés célestes concerts :
> Moi, je n'oppose à leur folie
> Qu'une foule d'arguments clairs,
> Et je dis : Sagesse infinie,
> L'axe qui sous la terre plie
> Semble exprès posé de travers
> Par une puissance ennemie.
> De là naît l'horreur des hivers,
> Où toute la terre engourdie,
> Sans fleurs, sans fruits, sans arbres verts,
> N'offre la moitié de la vie
> Que des champs de frimas couverts.
> Sur ce seul exposé, je nie
> Que tout soit bien dans l'univers.... [1]

Ces premiers essais de Beaumarchais n'annoncent pas un talent bien original. Sa vocation pour la poésie et les lettres ne paraît pas encore très-prononcée. La nécessité de se pousser, de faire son chemin, d'avoir

---

[1] Cette pièce inédite étant le premier travail littéraire de Beaumarchais et pouvant, à ce titre, offrir un certain intérêt, on la trouvera presque tout entière aux pièces justificatives, n° 1.

des revenus, et un carrosse, lui semble plus urgente que celle de cultiver les muses. Sous ce rapport, il pense comme son patron Voltaire, qui dit quelque part : « J'avais vu tant de gens de lettres pauvres et méprisés, que j'en avais conclu dès longtemps que je ne devais pas en augmenter le nombre; il faut être en France enclume ou marteau. J'étais né enclume.... » On sait comment Voltaire devint marteau : un riche fournisseur, Paris Du Verney, lui procura un intérêt considérable dans les vivres de l'armée pendant la guerre de 1741. Les produits de cette première opération, placés dans le commerce et bien dirigés, finirent par donner au patriarche de Ferney 130,000 livres de rente. Il était écrit que le même homme qui avait enrichi Voltaire commencerait la fortune de Beaumarchais.

V

BEAUMARCHAIS ET PARIS DU VERNEY.
LA GRANDE-MAITRISE DES EAUX ET FORÊTS.
BEAUMARCHAIS LIEUTENANT-GÉNÉRAL DES CHASSES.

Paris Du Verney était le troisième des quatre frères Paris, financiers célèbres au XVIIIe siècle, qui, de la condition la plus humble (ils étaient fils d'un aubergiste de Moras en Dauphiné), s'étaient élevés à une fortune éclatante. Du Verney le plus distingué des quatre frères [1] prit, pendant plus de cinquante ans, une part active à toutes les grandes affaires d'administration et de finances. Voltaire, qui avait d'excellentes raisons pour l'admirer, le cite parfois dans ses ouvrages comme un génie supérieur. C'était un homme habile et influent, qui avait su se maintenir en crédit sous Mme de

---

[1] Le plus riche était le quatrième, Paris Montmartel, banquier de la cour, qui laissa une immense fortune, dissipée par son fils, l'extravagant marquis de Brunoy.

Prie comme sous Mme de Pompadour. « On sait que les Paris, écrit Mme de Tencin au duc de Richelieu en 1743, ne sont pas gens indifférents; ils ont beaucoup d'amis, tous les souterrains possibles et beaucoup d'argent à y répandre; voyez après cela s'ils peuvent faire du bien et du mal. »

Mme du Hausset, dans ses mémoires intéressants sur Mme de Pompadour, parle en ces termes du crédit de Du Verney : « M. Du Verney était l'homme de confiance de Madame pour ce qui concernait la guerre, à laquelle on dit qu'il s'entendait fort bien, quoique n'étant pas militaire. Le vieux maréchal de Noailles l'appelait avec mépris le *général des farines,* et le maréchal de Saxe dit un jour à Madame que Du Verney en savait plus que ce vieux général. Du Verney vint un jour chez Madame où se trouvaient le roi, le ministre de la guerre et deux maréchaux, et il donna un plan de campagne qui fut généralement applaudi. Ce fut lui qui fit nommer M. de Richelieu pour commander l'armée à la place du maréchal d'Estrées. »

Si Du Verney fut, en effet, l'auteur de ce choix, ce n'est pas le cas de l'en féliciter, car Richelieu ne se signala guère que par ses rapines dans le Hanovre, et rendit désastreuse la fin de cette campagne, brillamment commencée par la victoire d'Hastenbeck, due au maréchal d'Estrées ; mais l'influence de Du Verney sur Mme de Pompadour eut quelquefois de meilleur résultats. Désireux d'attacher son nom à une création utile, il obtint de la maîtresse du roi qu'elle prendrait sous sa protection l'idée d'une école militaire destinée à former de jeunes officiers. Le plan de Du Verney souleva beaucoup de clameurs. Mme de Pompadour y mit de l'obstination, et grâce à elle, l'école militaire fut fondée par un édit de janvier 1751; de sorte que nos jeunes sous-lieutenants, qui peut-être ne s'en doutent guère, doivent l'école qui a précédé et engendré l'École militaire actuelle à l'association d'une belle dame et d'un vieux financier.

Nommé directeur de cette école sous le titre d'intendant, Du Verney s'occupa d'abord de faire bâtir le vaste édifice qui existe actuellement au Champ-de-Mars. Tandis que cet édifice se construisait, les désastres de la guerre de Sept ans avaient notablement diminué l'influence de Mme de Pompadour; l'École militaire, considérée comme son ouvrage, était, à ce titre, vue d'assez mauvais œil par la famille royale et par les ministres eux-mêmes. Au bout de neuf ans, en 1760, le bâtiment n'était pas encore terminé; on y avait déjà réuni un certain nombre de jeunes gens, mais l'institution languissait faute d'appui. Cet état de choses faisait le désespoir du vieux Du Verney, qui mettait toute sa gloire dans cette création, et dont le caractère actif, inquiet, impérieux, est assez bien peint dans ce quatrain publié après sa mort :

> Ci gît ce citoyen utile et respectable,
> Dont le souverain bien était de dominer;
> Que Dieu lui donne enfin le repos désirable
> Qu'il ne voulut jamais ni prendre ni donner!

Du Verney était donc sans cesse à la cour, travaillant pour son école militaire, sollicitant en vain depuis plusieurs années une visite officielle du roi, qui devait être comme une sorte de consécration de cet établissement. Froidement reçu par le dauphin, la reine et les princesses, en sa qualité d'ami de Mme de Pompadour, il ne pouvait obtenir de la nonchalance de Louis XV la visite tant désirée, lorsqu'en désespoir de cause il eut l'idée de recourir au jeune harpiste qu'il voyait assidu auprès de Mesdames de France et dirigeant leur concert de chaque semaine, c'est-à-dire à Beaumarchais. Celui-ci comprit tout de suite le parti qu'il pourrait tirer d'un service éclatant rendu à un vieux financier habile, opulent, ayant encore la main dans une foule d'affaires et capable à la fois de l'enrichir et de le diriger; mais comment un musicien sans importance pouvait-il espérer d'obtenir du roi un acte qu'il avait déjà refusé à des sollicitations bien plus influentes que les siennes? Beaumarchais s'y prit en homme qui a la vocation du théâtre et qui connaît le cœur humain.

On a vu que, tout en donnant son temps et ses soins à Mesdames de France, il ne leur avait jamais rien demandé. Il pensa que, s'il était assez heureux pour obtenir des princesses qu'elles fissent d'abord elles-mêmes une visite à l'École militaire, la curiosité du roi, excitée par leur récit, le déterminerait peut-être à une démarche qu'on attendait vainement de sa justice. Il fit donc valoir auprès de Mesdames non-seulement la question d'équité, mais l'immense intérêt qu'il avait lui-même à obtenir cette faveur pour un homme qui pouvait lui être très-utile. Les princesses consentirent à visiter l'École militaire, et Beaumarchais fut admis à l'honneur de les accompagner. Le directeur les reçut avec une grande pompe; elles ne lui cachèrent point l'intérêt particulier qu'elles portaient à leur jeune protégé, et quelques jours après, Louis XV, stimulé par ses filles, vint à son tour combler les vœux du vieux Du Verney [1].

A dater de ce moment, le financier, reconnaissant et charmé de trouver en Beaumarchais un intermédiaire utile pour ses rapports avec la cour, résolut de faire la fortune de ce jeune homme; il commença par lui donner dans quelques-unes de ses opérations un intérêt de 60,000 livres, dont il lui payait la rente à 10 pour 100; puis il l'associa à diverses entreprises. « Il m'initia, dit Beaumarchais, dans les affaires de finances où tout le monde sait qu'il était consommé; je travaillai à ma fortune sous sa direction, je fis, par ses avis, plusieurs entreprises; dans quelques-unes, il m'aida de ses fonds ou de son crédit, dans toutes de ses conseils. » C'est, en effet, sous l'influence de ce maître habile que le jeune fils de l'horloger Caron prit ce goût

---

[1] La Harpe et Gudin présentent ce service rendu par Beaumarchais à Du Verney comme la conséquence d'une liaison antérieure; c'est une erreur: la liaison naquit du service même. C'est ce qui est constaté par ce passage d'une lettre inédite de Beaumarchais : « En 1760, M. Du Verney, au désespoir d'avoir vainement tout employé, depuis neuf ans, pour engager la famille royale à honorer de sa présence l'École militaire, regardée comme l'ouvrage de Mme de Pompadour, *souhaita de me connaître*; il m'offrit son cœur, ses secours et son crédit, si j'avais celui de faire réussir ce que tout le monde avait en vain essayé depuis neuf ans. »

des spéculations qui ne l'a plus quitté, qui n'a pas peu contribué à tourmenter sa vie, et qui, mêlé chez lui à un goût non moins ardent pour les plaisirs de l'esprit et de l'imagination, donne à sa physionomie un caractère tout particulier.

Bientôt, pour faire son chemin plus vite, il éprouva le besoin de devenir noble, en achetant ce que l'on nommait alors une *savonnette à vilain*, c'est-à-dire un brevet de secrétaire du roi. Ici un inconvénient se présentait : le père Caron continuait son commerce d'horlogerie, et cela pouvait suffire pour compromettre le succès des démarches du postulant. Une lettre de Beaumarchais à son père prouve que, dès ce temps-là, il ne se faisait point illusion sur la valeur morale de ce genre d'anoblissement.

« S'il m'était libre, écrit-il à son père, de choisir les étrennes que je désirerais recevoir de vous, je souhaiterais par-dessus tout que vous voulussiez bien vous souvenir d'une promesse tant différée de changer l'énonciation de votre plafond. Une *affaire* que je vais terminer n'éprouvera peut-être que cette seule difficulté, que vous faites le commerce, puisque vous en instruisez le public par une inscription sans réplique. Je ne puis penser que votre dessein soit de me refuser une faveur qui vous est de tout point égale, et qui met une grande différence dans mon sort, par la manière imbécile dont on envisage les choses dans ce pays. Ne pouvant changer le préjugé, il faut bien que je m'y soumette, puisque je n'ai pas d'autre voie ouverte à l'avancement que je désire pour notre bonheur commun et celui de toute ma famille. J'ai l'honneur d'être avec un très-profond respect, monsieur et très-honoré père,

« Votre très-humble, etc. « DE BEAUMARCHAIS. »

« Versailles, ce 2 janvier 1761. »

Le père Caron se décida à renoncer complétement à l'horlogerie pour ne pas entraver la carrière de son fils, et le brevet de secrétaire du roi fut obtenu par Beaumarchais en date du 9 décembre 1761. Cette situation nouvelle ne contribua pas peu à augmenter le nombre de ses ennemis, et les jalousies qu'excitait sa rapide fortune éclatèrent bientôt dans une circonstance qui fut la grande tribulation de cette première époque de sa vie.

Une charge de grand-maître des eaux et forêts devint vacante par la mort du titulaire. Les grandes-maîtrises des eaux et forêts étaient divisées en dix-huit départements pour toute la France. Cette charge était considérable, lucrative, et coûtait 500,000 livres. Du Verney, qui s'attachait de plus en plus à son jeune ami, lui prêta la somme nécessaire pour l'acheter, en lui promettant de lui fournir les moyens de le rembourser par des opérations sur les vivres de l'armée, la *bouteille à l'encre* de l'ancien régime. L'argent était déposé chez un notaire : restait à obtenir l'agrément du roi; si Beaumarchais l'eût obtenu, la direction de sa vie eût été probablement changée ; déjà Mesdames de France avaient promesse du contrôleur-général que l'agrément serait donné. Leur protégé se tenait pour assuré du succès, mais il avait compté sans ses ennemis.

En apprenant que cet ex-horloger allait devenir leur collègue, quelques grands-maîtres des eaux et forêts s'insurgent et ameutent les autres; une pétition collective est adressée au contrôleur-général, et ces messieurs menacent de donner leur démission. Voici d'abord une note présentée au nom de Beaumarchais par Mesdames de France au roi, et qui nous met au courant de cette affaire :

AU ROI.

« Beaumarchais, petit-fils d'un ingénieur, — neveu du côté paternel d'un capitaine de grenadiers mort chevalier de Saint-Louis, — depuis sept ans contrôleur de la maison du roi, demande l'agrément d'une charge de grand-maître des eaux et forêts, qu'il a achetée 500,000 francs sur la promesse de M. le contrôleur-général, faite à Mesdames, de lui donner cet agrément, lorsque lui ou son père se serait fait recevoir secrétaire du roi. Il s'est fait recevoir; il est prêt de faire recevoir son père en sa place, si on l'exige. On ne trouve à lui faire aucun reproche personnel; mais on lui objecte le commerce de l'horlogerie exercé par son père, lequel l'a quitté absolument depuis six ans [1]; on dit de plus qu'il n'a pu être reçu maître d'hôtel du roi. A cela Beaumarchais répond que plusieurs grands-maîtres actuels et plusieurs anciens ont une extraction moins relevée que la sienne; il se présente secrétaire du roi, par conséquent noble; s'il n'a pas été admis maître d'hôtel du roi, c'est qu'il y a un règlement nouveau qui exige la noblesse dans les aspirants, et il n'était pas encore secrétaire du roi.

« L'opposition de quelques grands-maîtres, qui parlent comme au nom du corps (ses ennemis ou ses envieux), doit céder à la promesse donnée par M. le contrôleur-général, à la protection de Mesdames, et à la considération qu'un refus déshonore et ruine un honnête homme. »

M. de la Chataigneraie, écuyer de la reine, écrit de

[1] Ceci, étant écrit en 1762, est contredit par la lettre précédente de janvier 1761. Il n'y avait qu'un an que le père Caron avait tout à fait renoncé au commerce; mais un pétitionnaire n'est pas tenu d'être minutieusement exact.

son côté à Paris Du Verney, au nom de Mesdames, pour le pousser à agir à son tour auprès du contrôleur-général en faveur de Beaumarchais. La réponse de Du Verney, directement adressée à Mesdames de France sous forme de bulletin, donnera une idée de la vivacité de la lutte et de l'intérêt que le jeune candidat inspirait alors aux princesses :

Bulletin du vendredi 8 janvier 1762, pour Mesdames de France.

« Du Verney n'a pu voir M. Bertin [1], qui est allé à Versailles aujourd'hui sans donner réponse à l'invitation qui lui avait été faite de le voir, mais il a vu M. de Beaumont [2] et lui a dit les choses les plus fortes sur l'injustice horrible qu'on veut faire à M. de Beaumarchais. Il l'a convaincu qu'on ne pouvait se dispenser de recevoir le jeune homme. M. de Beaumont lui a dit qu'il avait laissé M. Bertin dans l'intention d'en parler au roi, n'étant décidé ni pour ni contre le jeune homme. Du Verney pense que, si M. Bertin prévient le roi contre l'acceptation, il sera difficile de parer ce coup ; il croit que Mesdames doivent voir le ministre avant le travail et lui demander de deux choses l'une : ou qu'il expose l'affaire au roi avantageusement, de manière qu'il se fasse ordonner par le roi de passer outre, nonobstant l'injuste objection des grands-maîtres, ou bien qu'il n'en parle pas encore à ce travail pour que Du Verney ait le temps d'avoir avec lui, à son retour, la même conversation qu'il a eue avec M. de Beaumont. Cependant, si Mesdames ont donné le mémoire au roi et l'ont prévenu qu'elles prenaient intérêt à la réussite, et que tous les honnêtes gens espèrent que le malheureux jeune homme ne sera pas la victime de l'envie et de la calomnie,

---

[1] C'est le contrôleur-général des finances.
[2] M. Moreau de Beaumont, intendant des finances, ayant sous sa juridiction les eaux et forêts.

Du Verney pense que le contrôleur-général n'a pas de raison de détruire M. de Beaumarchais et en a mille pour le servir, puisque Mesdames l'honorent de leur protection. Du Verney supplie Mesdames de vouloir bien lui faire dire ce qui aura été fait, afin qu'il agisse en conséquence. »

Le portrait que Du Verney trace plus loin du jeune Beaumarchais est encore un de ceux qui jurent passablement avec l'idée qu'on se fait en général de l'auteur du *Mariage de Figaro*. « Depuis que je le connais, écrit-il au ministre, et qu'il est de ma petite société, tout m'a convaincu que c'est un garçon droit, dont l'âme honnête, le cœur excellent et l'esprit cultivé méritent l'amour et l'estime de tous les honnêtes gens; éprouvé par le malheur, instruit par les contradictions, il ne devra son avancement, s'il y parvient, qu'à ses bonnes qualités. »

Enfin Beaumarchais à son tour, après avoir épuisé les suppliques, se défend contre la persécution des grands-maîtres avec des traits d'un assez bon comique. Fatigué de s'évertuer à prouver qu'il est noble, il s'attache à démontrer que ses adversaires ne le sont pas.

« Mon goût, écrit-il au ministre, mon état, ni mes principes ne me permettent de jouer le rôle odieux de délateur, encore moins de chercher à avilir les gens dont je veux être le confrère, mais je crois pouvoir, sans blesser la délicatesse, repousser sur mon adversaire l'arme dont il prétend m'accabler.

« Les grands-maîtres n'ont jamais permis que leurs mémoires ne fussent communiqués, ce qui n'est pas de bonne guerre et montre la crainte de m'y voir répondre efficacement; mais on dit qu'ils m'objectent que mon père a été artiste, et que, quelque célèbre qu'on puisse être dans un art, cet état est incompatible avec les honneurs attachés à la grande-maîtrise.

« Ma réponse est de passer en revue la famille et l'état précédent de plusieurs des grands-maîtres, sur lesquels on m'a fourni des mémoires très-fidèles.

« 1° M. d'Arbonnes, grand-maître d'Orléans et un de mes plus chauds antagonistes, s'appelle *Hervé*, et est fils d'Hervé, *perruquier*. Je puis citer dix personnes vivantes à qui cet Hervé a vendu et mis des perruques sur la tête; ces messieurs répondent qu'Hervé était marchand de cheveux. Quelle distinction! elle est ridicule dans le droit et fausse dans le fait, parce qu'on ne peut vendre des cheveux à Paris sans être reçu perruquier, ou l'on n'est qu'un vendeur furtif; mais il était perruquier. Cependant Hervé d'Arbonnes a été reçu grand-maître *sans opposition*, quoiqu'il eût peut-être suivi dans sa jeunesse les errements de son père pour le même état.

« 2° M. de Marizy, reçu grand-maître de Bourgogne depuis cinq ou six ans, s'appelle Legrand, et est fils de Legrand, *apprêteur, cardeur de laine* au faubourg Saint-Marceau, qui leva ensuite une petite boutique de couvertures près la foire Saint-Laurent, et y a gagné quelques biens. Son fils a épousé la fille de Lafontaine-Sellier, a pris le nom de Marizy et a été reçu grand-maître *sans opposition*.

3° M. Tellès, grand-maître de Châlons, est fils d'un juif nommé *Tellès Dacosta*, d'abord bijoutier-brocanteur, et que MM. Paris ont ensuite porté à la fortune; il a été reçu *sans opposition*, et ensuite exclu, dit-on, des assemblées, parce qu'il a été taxé de reprendre l'état de son père, ce que j'ignore.

4° M. Duvaucel, grand-maître de Paris, est fils d'un Duvaucel, fils d'un boutonnier, ensuite garçon chez son frère établi dans la petite rue aux Fers, puis associé à son commerce, et enfin maître de la boutique. M. Duvaucel n'a rencontré *nul obstacle à sa réception.* »

Beaumarchais, on le voit, avait à lutter contre des aristocrates dont la généalogie n'était pas plus pompeuse que la sienne, mais qui, par cela même, ne s'en montraient que plus acharnés contre un candidat auquel ils ne pouvaient pardonner sa jeunesse, son avancement rapide, son esprit et ses succès de salons. Malgré ses efforts, malgré la protection de Mesdames et l'appui de Paris Du Verney, il ne parvint pas à vaincre l'opposition déclarée des grands-maîtres; le ministre se rangea de leur côté, et l'agrément du roi ne fut point accordé. Ce pénible échec, à l'entrée d'une carrière administrative qui pouvait être brillante, resta sur le cœur de Beaumarchais; les obstacles qui naissaient de son humble origine se reproduisant sans cesse sur ses pas, il n'y a point lieu de s'étonner de la couleur démocratique et frondeuse que prit son talent jusqu'à la révolution. Cependant la véritable aristocratie lui fut moins hostile que ce patriciat de contrebande qui envahissait déjà tout dans les derniers temps de l'ancien régime. Ce qui prouve en effet que des antipathies personnelles furent l'unique motif de l'opposition des grands-maîtres et que nulle cause grave ne rendait Beaumarchais indigne de figurer parmi eux, c'est que, quelques mois après, il put acheter, obtenir et exercer sans opposition une charge beaucoup moins lucrative, à la vérité, mais plus aristocratique que la précédente ; une charge qui l'investissait de fonctions judiciaires et qui lui donnait la préséance sur des personnages d'une naissance bien plus relevée que la sienne. Pour se consoler et se venger de n'avoir pu être admis dans la.confrérie des grands-maîtres des eaux et forêts, il acheta la charge de *lieutenant-général des chasses aux bailliage et capitainerie de la varenne du Louvre ;* sa nomination fut présentée à l'agrément du roi par le duc de La Vallière[1], capitaine-général des chasses, dont Beaumarchais devenait ainsi le premier officier, ayant sous lui le comte de Rochechouart et le comte de Marcouville, simples lieutenants des chasses. Or, il est évident que s'il y eût eu à cette époque quelque chose de sérieux à alléguer contre l'honneur de Beaumarchais, jamais les trois personnages que je viens de nommer ne l'eussent accepté sans opposition, l'un comme son représentant, les deux autres comme leur supérieur, dans des fonctions de judicature. Telle était en effet la nature des fonctions semi-féodales qu'occupa Beaumarchais pendant vingt-deux ans et qu'il remplissait avec une exactitude scrupuleuse.

Il convient à ce propos d'expliquer brièvement en quoi consistait cette charge de magistrat, dans l'exercice de laquelle on a quelque peine à se représenter sans rire l'auteur du *Mariage de Figaro*. On appelait *capitaineries* des circonscriptions territoriales où le droit de chasse était exclusivement réservé au roi. Celle dite de la *varenne du Louvre* embrassait un rayon de douze ou quinze lieues autour de Paris. Pour maintenir ce droit exclusif du roi et décider de tous les faits qui pouvaient y apporter atteinte, il y avait un tribunal

---

[1] Petit-neveu de la célèbre duchesse de ce nom.

spécial, le tribunal de la varenne du Louvre, dit « tribunal conservateur *des plaisirs du roi,* » qui assignait devant lui et condamnait, sur la plainte des officiers et des agents-voyers de la capitainerie, tout particulier ayant contrevenu aux ordonnances destinées à garantir le monopole royal. Ces ordonnances étaient nombreuses et très-vexatoires pour les propriétaires, qui ne pouvaient ni tuer du gibier, ni construire une cloison nouvelle, ni faire un changement quelconque sur leur propre terrain, sans en avoir obtenu l'autorisation. Aussi la suppression des capitaineries en 1789 fut-elle une des mesures les plus populaires votées par la constituante. Ce tribunal tenait ses audiences au Louvre et était présidé par le duc de La Vallière, capitaine-général, ou, à son défaut, c'est-à-dire presque toujours, par le lieutenant-général Beaumarchais, qui venait chaque semaine s'asseoir en robe longue sur les fleurs de lis et juger gravement, disait-il, non les *pâles humains,* mais les *pâles lapins.* Le fait est qu'il condamnait bel et bien à l'amende ou à la prison les *pâles humains,* seulement c'était à propos de lapins.

Voici un extrait d'une des nombreuses sentences que Beaumarchais rendait chaque semaine, et qui s'affichaient dans toute la circonscription de la capitainerie. On aimera peut-être à pouvoir considérer sous l'aspect peu connu d'un Bridoison sérieux le personnage multiple que nous étudions :

« De par le roy et monseigneur le duc de La Vallière, pair et grand-fauconnier de France, etc., ou son lieutenant-général;

SENTENCE

« Qui condamne le nommé Ragondet, fermier, en cent livres d'amende pour ne s'être point conformé à l'article 24 de l'ordonnance du roi de 1669, et à jeter en bas l'hangar et les murs de clôture mentionnés au rapport du 24 du présent mois de juillet. »

Suit le dispositif du jugement qui se termine ainsi :

« Fait et donné par *messire* Pierre-Augustin Caron de Beaumarchais, écuyer, conseiller du roi, lieutenant-général aux bailliage et capitainerie de la varenne du Louvre et grande-vénerie de France, y tenant le siége en la chambre d'audience d'icelle, sise au château du Louvre, le jeudi 31 juillet 1766. Collationné : Debret. Signé : Devitry, greffier en chef. »

En 1773, après avoir exercé dix ans ces superbes fonctions, *messire* Caron de Beaumarchais ayant été envoyé par lettre de cachet au For-l'Évêque, on s'avisa de porter atteinte à ses droits de lieutenant-général. Du fond de sa prison, il les revendique aussitôt dans une lettre au duc de La Vallière, où il apparaît fier et imposant comme un baron du moyen-âge.

« Monsieur le duc,

« Pierre-Augustin Caron de Beaumarchais, lieutenant-général au siége de votre capitainerie, a l'honneur de vous représenter que, sa détention par un ordre du roi ne détruisant point son état civil, il a été fort surpris d'apprendre qu'au mépris du règlement de la capitainerie du 17 mai 1754, qui porte que *tout officier qui n'apportera point d'excuse valable pour ne pas se trouver à la réception d'un nouvel officier, sera privé de son droit de bougies* [1], le greffier de la capitai-

---

[1] On appelait *droit de bougies* au tribunal de la varenne du Louvre des jetons de présence, c'est-à-dire une indemnité pécuniaire accordée à chaque membre présent.

nerie a non-seulement fait un état de répartition de bougies où le nom et le droit de bougies du suppliant étaient supprimés par la plus coupable infraction audit règlement, — puisqu'il n'y a pas une excuse plus valable de manquer au tribunal un jour de réception que d'avoir le malheur d'être arrêté par ordre du roi,—mais encore a transporté à un autre officier le droit de répartir et signer l'ordre d'envoi desdites bougies, qui de tout temps a appartenu au lieutenant-général de votre siége.

« L'exactitude et le zèle avec lesquels le suppliant a toujours rempli les fonctions de sa charge jusqu'à ce jour, lui font espérer, monsieur le duc, que vous voudrez bien le maintenir dans tous les droits de ladite charge contre toute espèce d'entreprise ou d'innovation. Lorsque M. de Schomberg fut à la Bastille, le roi trouva bon qu'il y fît le travail des Suisses qu'il avait l'honneur de commander. La même chose est arrivée à M. le duc du Maine [1]. Le suppliant est peut-être le moins digne des officiers de votre capitainerie, mais il a l'honneur d'en être le lieutenant-général, et vous ne désapprouverez certainement pas, monsieur le duc, qu'il empêche que la première charge de cette capitainerie ne s'amoindrisse entre ses mains, et qu'aucun officier ne s'immisce dans ses fonctions à son préjudice.

« Caron de Beaumarchais. »

Beaumarchais avait pu à la rigueur supporter la prison du For-l'Évêque ; c'était pour lui, gentilhomme de fraîche date, ce qu'était la Bastille pour un Schomberg ; mais lorsqu'en 1785, par un abus d'autorité des plus scandaleux, il se vit emprisonné pendant cinq jours dans une maison de correction, sa fierté de lieutenant-général des chasses en fut révoltée, et il envoya noble-

---

[1] On voit que messire Caron de Beaumarchais ne va pas chercher ses précédents en roture. Il lui faut des Schomberg ou des princes du sang.

ment sa démission par la lettre suivante au duc de Coigny, qui avait succédé au duc de La Vallière :

« Paris, ce 22 mars 1785.

« Monsieur le duc,

« L'affront que j'ai reçu, sans que je l'aie mérité, d'une main trop profondément respectée pour que je puisse faire autre chose que gémir en attendant que les preuves les plus éclatantes de mon innocence soient mises sous les yeux du roi ; l'affront que j'ai reçu, dis-je, Monsieur le duc, m'ayant rayé de la société des hommes, je me suis imposé chez moi une prison perpétuelle, et, comme M. le duc de Coigny ne doit être effleuré en rien de ce qui se rapporte à lui par un événement aussi étrange, j'ai l'honneur de vous prier d'accepter ma démission de la place de votre lieutenant-général. Ce changement dans mon sort n'altérera en rien le respectueux dévouement avec lequel je suis,

« Monsieur le duc, votre, etc.

« Caron de Beaumarchais. »

Cinq ans après cette dernière lettre, il n'existait plus ni capitainerie, ni tribunal de la varenne du Louvre, et messire l'*ex*-lieutenant-général était devenu simplement le citoyen Beaumarchais. Un de ses anciens justiciables, lui gardant rancune de quelque arrêt conservateur des plaisirs du roi, s'avisa de lui faire écrire à ce sujet par un avocat une lettre d'injures et de menaces, à laquelle l'auteur du *Mariage de Figaro* répond en homme qui a dépouillé sa robe de juge. C'est du Beaumarchais plus naturel :

« Ce 4 septembre 1790.

« J'ai reçu la lettre *tout aimable* d'un monsieur qui signe *Germain* ou *Saint Germain* et qui se dit avocat d'un sieur Merle, ce dont je félicite son client. Quand j'étais lieutenant-général du tribunal conservateur des plaisirs du roi, j'étais condamné à écouter tout ce qui plaisait aux plaideurs attaqués ou attaquants, et je me conduisais suivant mon équité, mes lumières et le texte des ordonnances que j'adoucissais de mon mieux ; mais, aujourd'hui qu'il n'y a plus, *Dieu merci*, de chasse à conserver ni de tribunal pour cette conservation, je n'ai plus l'ennui de recevoir des requêtes et d'y répondre. Je prie donc M. l'avocat Germain ou Saint-Germain de diriger ses louables leçons sur des objets dont ma *jeunesse* puisse encore profiter. Je ne suis plus le juge du *fin merle*[1] qui l'a choisi pour avocat.

« Caron-Beaumarchais. »

C'est en 1790 que Beaumarchais parle si lestement de ses anciennes fonctions de lieutenant-général des chasses. A l'époque où nous sommes, c'est-à-dire en 1763, il ne se doutait guère que la révolution emporterait la charge féodale dont il avait été un moment si fier. Il se partageait entre les devoirs de cette charge, les fonctions de contrôleur de la maison du roi et celles de secrétaire du roi, sans préjudice de trois ou quatre entreprises industrielles, sans oublier non plus les plaisirs qu'il n'oublia jamais, ni les affections de famille qui tinrent toujours une grande place dans sa vie. Il avait acheté rue de Condé une jolie maison dans laquelle il avait installé son père, ses deux plus jeunes sœurs non mariées, et où il venait passer toutes ses heures de liberté, lorsqu'une lettre de ses sœurs de Madrid le détermina à partir pour l'Espagne.

[1] Beaumarchais n'a jamais pu résister à la tentation d'un calembour.

VI

BEAUMARCHAIS ET CLAVIJO.— UN AN DE SÉJOUR A MADRID.

L'aventure de Beaumarchais avec Clavijo, en 1764, est assez généralement connue par le dramatique récit qu'il en a publié lui-même dix ans plus tard, en février 1774, dans son quatrième mémoire contre Goëzman. Il suffira donc de contrôler les détails principaux de ce récit, à l'aide de la correspondance intime que j'ai sous les yeux.

On se souvient que deux des sœurs de Beaumarchais, —dont l'une mariée avec un architecte,—étaient allées s'établir à Madrid. Un littérateur espagnol, nommé Joseph Clavijo, était devenu amoureux de la cadette des deux sœurs; il y avait entre eux une promesse de mariage qui devait s'effectuer aussitôt que le jeune homme, dénué de fortune, aurait obtenu un emploi qu'il sollicitait. L'emploi obtenu et les bans publiés,

Clavijo avait tout à coup refusé de tenir sa parole, en portant ainsi une grave atteinte au repos et à la réputation de la sœur de Beaumarchais. C'est dans ces circonstances que ce dernier arrive à Madrid, ou, par un mélange d'énergie, de sang-froid et d'habileté, il arrache à Clavijo une déclaration peu honorable pour lui et destinée à garantir l'honneur de Mlle Caron. Bientôt l'Espagnol, effrayé de se voir en butte à l'inimitié d'un adversaire aussi résolu, sollicite une réconciliation avec sa fiancée. Le frère s'y prête, la réconciliation s'opère ; mais, au moment où Beaumarchais croit que le mariage va s'accomplir, il apprend que Clavijo travaille sourdement contre lui, et qu'en l'accusant d'un guet-apens, il a obtenu du gouvernement l'ordre de l'arrêter et de l'expulser de Madrid. Beaumarchais, irrité, court chez les ministres, parvient jusqu'au roi, se justifie, et se venge de ce déloyal ennemi en le faisant destituer de sa place de garde des archives et chasser de la cour.

Tel est, réduit à sa plus simple expression, cet épisode que Beaumarchais a su revêtir des formes les plus animées. En lisant son mémoire, écrit dix ans après l'événement, on est naturellement tenté de vérifier jusqu'à quel point il est exact. Dans une courte notice sur Clavijo[1], Beaumarchais est accusé d'avoir calomnié l'infidèle fiancé de sa sœur et tracé de lui un *portrait hideux*. Il se pourrait bien que, pour se rendre intéressant, Beaumarchais eût un peu chargé son adversaire ; mais outre qu'il y a beaucoup d'exagération à

---

[1] Publiée par la *Biographie universelle*.

dire qu'il en fait un *portrait hideux*[1], il est certain que les principales circonstances du récit publié en 1774 sont en parfait accord avec la correspondance intime de 1764. Ainsi l'authenticité de cette première déclaration de Clavijo par laquelle il se reconnaît *coupable d'avoir manqué sans prétexte et sans excuse à une promesse d'honneur*, l'authenticité de cette déclaration, que sa conduite postérieure rend d'autant plus grave contre lui, est pleinement confirmée par les documents de famille. Cet aveu de Clavijo donne lieu, en effet, à la lettre suivante, écrite par le père Caron à son fils à Madrid, dans laquelle, sous le vieux horloger, on retrouve l'ancien dragon.

« Paris, 5 juin 1764.

« Que je ressens délicieusement, mon cher Beaumarchais, le bonheur d'être le père d'un fils dont les actions couronnent si glorieusement la fin de ma carrière ! Je vois d'un premier coup d'œil tout le bien que doit produire pour l'honneur de ma chère Lisette l'action généreuse que vous venez de faire en sa faveur. Oh ! mon ami, le beau présent de noce[2] pour elle que la déclaration de *Clavico* ! Si on doit juger de la cause par l'effet, il faut qu'il ait eu grand' peur :

---

[1] Ce Joseph Clavijo, devenu plus tard un écrivain distingué, a eu le désagrément de vivre longtemps sous le coup de la réputation un peu noire que lui fit Beaumarchais, dix ans après une aventure qu'il avait probablement oubliée : il s'est vu de son vivant immolé en plein théâtre par Goethe comme un scélérat de mélodrame ; mais la scélératesse en amour ne nuit pas toujours à un homme, et celle de Clavijo ne l'a point empêché de réussir à Madrid, où il a rédigé le *Mercure historique et politique*, traduit Buffon en espagnol, et où il est mort en 1806, vice-directeur du cabinet d'histoire naturelle.

[2] Il était question, à ce moment, pour la sœur, d'un autre mariage.

assurément, je ne voudrais pas pour l'empire de Mahom joint à celui de Trébisonde avoir fait et signé un pareil écrit : il vous couvre de gloire et lui de honte. Je reçois par même courrier deux lettres de ma charmante comtesse (la comtesse de Fuen-Clara), à moi et à Julie, si belles, si touchantes, si remplies d'expressions tendres pour moi et honorables pour vous, que vous n'aurez pas moins de plaisir que moi quand vous les lirez. Vous l'avez enchantée; elle ne tarit pas sur le plaisir de vous connaître, sur l'envie de vous être utile et sur sa joie de *voir comme tous les Espagnols approuvent et louent votre action avec le Clavico* [1], elle n'en serait pas plus pénétrée quand vous lui appartiendriez. Je vous en prie, ne la négligez pas. Adieu, mon cher Beaumarchais, mon honneur, ma gloire, ma couronne, la joie de mon cœur; reçois mille embrassements du plus tendre de tous les pères et du meilleur de tes amis.

« CARON. »

Cette lettre prouve que Beaumarchais ne ment point dans ses mémoires contre Goëzman quand il se représente disant à Clavijo : « Je ne viens pas ici faire le personnage d'un frère de comédie qui veut que sa sœur se marie. » Il s'agissait en effet pour lui non pas d'imposer sa sœur à Clavijo le pistolet sur la gorge, mais de sauvegarder la réputation de celle-ci pour la marier ensuite à un Français nommé Durand, établi à Madrid. C'est ce qui résulte du passage suivant d'une lettre de Beaumarchais en date du 15 août 1764, où se trouvent également confirmées d'autres assertions du mémoire publié en 1774.

[1] On voit que,—si Beaumarchais s'est peint en beau, dix ans après, dans son mémoire,—le témoignage de la comtesse de Fuen-Clara, personne considérable et âgée, met hors de doute que sa conduite lui avait fait des partisans en Espagne.

« J'ai trouvé ma sœur d'Espagne presque mariée avec Durand, car, dans le discrédit où la pauvre tête de fille croyait être tombée, le premier honnête homme qui s'en chargeait était un dieu pour elle. Mon arrivée ayant un peu rectifié ses idées et me trouvant, tant par mes propres vues que par les conseils de mon ambassadeur, dans le cas de préférer Clavijo, que j'avais droit de croire bien revenu de ses égarements par tout ce qu'il faisait pour m'en persuader, il a fallu d'abord user de moyens doux pour rompre un lien que l'espérance et l'habitude avaient cimenté de l'une et de l'autre part. »

Ces détails s'accordent très-bien avec la partie du mémoire de 1774 où Beaumarchais se présente comme séduit lui-même par Clavijo, devenant son ami et son avocat auprès de sa sœur. Dans d'autres lettres, il raconte les sourdes menées, la duplicité de l'Epagnol et la vengeance qu'il en tire, mêlée cependant d'hésitation. « Le fat de Clavijo, écrit-il, levait l'oreille sur ce que son emploi n'était pas donné et qu'il en touchait secrètement les appointements. Il l'a trop dit, cela m'est revenu ; ma pitié s'est changée en indignation. Son emploi est donné, et il n'a plus qu'à se faire capucin ou à quitter le pays : le voilà tout à fait écrasé; mais ma pitié est encore revenue, hélas ! sans fruit pour lui. »

Un journal de toute cette affaire avait été rédigé au moment même par Beaumarchais; ce journal, qui a servi de base à la relation publiée par lui dix ans plus tard, n'est pas resté dans ses papiers, mais son existence est constatée maintes fois dans la correspondance, et notamment dans ce billet écrit au père Caron en 1764 par un abbé à qui le journal en question avait été communiqué :

« J'ai lu et relu, Monsieur, la relation qu'on vous envoie de Madrid. Je suis au comble de la joie de tout ce qu'elle contient ; monsieur votre fils est un vrai héros. Je vois en lui l'homme le plus spirituel, le frère le plus tendre ; l'honneur, la fermeté, tout brille dans son procédé vis-à-vis Clavico. Je verrai avec joie la suite d'une relation qui m'intéresse tant. Je vous suis bien obligé de votre attention ; elle ne m'est due que par les sentiments d'estime et d'amitié que j'ai pour vous et pour toute votre respectable et aimable famille, et avec lesquels j'ai l'honneur d'être, Monsieur, etc.

« L'abbé DE MALESPINE. »
« 3 juin 1764. »

Ce n'est donc pas un roman, ainsi qu'on l'a dit quelquefois, mais une histoire vraie qui inspira à l'auteur des mémoires contre Goëzman les meilleures pages qui soient sorties de sa plume, et ce fut un grand bonheur pour lui d'être provoqué, par une lettre anonyme où l'on dénaturait et calomniait sa conduite à Madrid, à faire cette confidence au public.

Voilà pour l'incident Clavijo ; mais cet incident ne dura qu'un mois. Commencé à la fin de mai 1764, il n'en était plus question à la fin de juin, et Beaumarchais séjourna près d'un an à Madrid : il n'en partit qu'à la fin de mars 1765. Qu'y faisait-il ? Sa correspondance va nous l'apprendre, en nous montrant le personnage au naturel dans toute la vivacité et la variété de ses allures.

Il était venu de Paris pour venger sa sœur, mais il n'était pas homme à voyager si loin pour un seul objet ; il venait aussi pour faire des affaires, beaucoup d'affaires. Sous ce rapport, l'Espagne était, en 1764, un pays neuf et attrayant pour les spéculateurs à imagination, comme l'était essentiellement Beaumarchais. Il arrivait donc la tête pleine de projets, la poche munie de 200,000 francs en billets au porteur de Du Verney, que ce dernier lui confiait avec défense, à la vérité, d'en user sans une autorisation expresse, mais qui étaient destinés à le poser grandement auprès du ministère espagnol; il apportait aussi force lettres de recommandation de la cour pour l'ambassadeur de France; et, à peine arrivé, on le voit lancé en plein dans ce tourbillon d'entreprises industrielles, de plaisirs, de fêtes, de galanterie, de musique et de chansons, qui est son élément. Il est dans la fleur de l'âge, il a trente-deux ans; tout son esprit, toute son imagination, toute sa gaieté, tout son entrain, toutes ses facultés, en un mot, sont à leur plus haut point de force et de développement. On a ici le Figaro et l'Almaviva du *Barbier de Séville* fondus ensemble avec une teinte de Grandisson et des nuances qui rappellent les plus célèbres spéculateurs de nos jours.

« Je suis mes affaires (écrit-il à son père) avec l'opiniâtreté que vous me connaissez; mais tout ce qu'on entreprend entre Français et Espagnol est dur à la réussite : ce sera un beau détail que celui que j'aurai à vous faire lorsque je reviendrai me chauffer à votre feu.

« Je travaille, j'écris, je confère, je rédige, je représente, je combats : voilà ma vie. M. le marquis de Grimaldi, le plus galant homme qui ait jamais été à la tête d'un ministère, est ma belle passion; ses procédés sont si francs, si nobles, que j'en suis enchanté. Renfermez ce que je vous mande dans un cercle fort étroit, et que cela ne passe pas les murs de votre petit réduit. Il me paraît qu'on est assez content ici du jour que j'ai répandu sur quelques questions épineuses, et j'ose vous promettre au moins que, si je ne réussis pas à tout, j'emporterai de ce pays l'estime de tous ceux à qui j'ai affaire. Conservez bien votre santé, et croyez que mon plus grand bonheur sera de vous faire jouir de tout le bien qui m'arrivera. »

Ailleurs Beaumarchais écrit :

« Je suis dans le plus beau de l'âge. Je n'aurai jamais plus de vigueur dans le génie : c'est à moi de travailler, à vous de vous reposer. Je parviendrai peut-être à vous libérer de vos engagements : j'y attache la bénédiction de mes travaux. Je ne vous dis pas tout ici; mais comptez que je ne m'endors pas sur le projet que j'ai toujours eu dans la tête, de vous mettre au pair, par état, de tout ce que vous voyez autour de vous. Vivez seulement, mon cher père, ayez soin de vous : le moment viendra où vous jouirez de votre vieillesse, à la manière des honnêtes gens, libre de dettes et content de vos enfants. Je suis occupé à faire nommer votre gendre ingénieur du roi avec appointements. Il est devenu fort sage et travaille comme un cheval; je le talonne avec l'aiguillon de l'honneur, mais il va bien sans éperons.... Si vous receviez des nouvelles de moi par quelque habitant de Madrid, on vous dirait : Votre fils s'amuse comme un roi ici; il passe toutes ses soirées chez l'ambassadrice de Russie, chez milady Rochford; il dîne quatre fois par semaine chez le commandant du génie, et court à six mules les alentours de Madrid; puis il va au *sitio real* voir M. de Grimaldi et autres ministres. Il mange tous les jours chez l'ambassadeur de France, de sorte que ses voyages sont charmants et lui coûtent fort peu. Tout cela est vrai quant à l'agrément; mais il ne faut pas que vos amis en concluent que je néglige mes affaires, parce que personne ne les a jamais faites que moi. C'est dans la bonne compagnie, pour laquelle je suis né, que je trouve mes moyens.... et quand vous verrez les ouvrages sortis de ma plume, vous conviendrez que ce n'est pas marcher, mais courir à son objet. »

Quels sont donc les ouvrages qui sortent de la plume de Beaumarchais à Madrid ? — C'est d'abord un grand mémoire sur la concession du commerce exclusif de la Louisiane à une compagnie française organisée à l'instar de la compagnie des Indes, concession pour laquelle Beaumarchais assiége le ministère espagnol. — C'est ensuite un plan en vertu duquel il demande à être chargé de fournir de nègres toutes les colonies espagnoles. L'idée est assez singulière, venant de l'auteur du petit poëme contre l'optimisme, dont j'ai parlé, et où je trouve la tirade suivante, écrite un an à peine avant le voyage à Madrid :

« Si tout est bien, que signifie
Que, par un despote asservie,
Ma liberté me soit ravie?
Mille vœux au ciel sont offerts,
En tous lieux l'humanité crie :
Un homme est esclave en Syrie,
On le mutile en Italie :
Son sort est digne des enfers
Aux Antilles, en Barbarie.
Si votre âme en est attendrie,
Montrez-moi, raisonneurs très-chers,
Sur quelle loi préétablie
Mon existence est avilie,
Lorsque, par les documents clairs
D'une saine philosophie
Que le sentiment fortifie,
Je sais que l'auteur de ma vie
M'a créé libre, et que je sers.

Suis-je un méchant, suis-je un impie,
Lorsqu'avec douleur je m'écrie :
Tout est fort mal dans l'univers[1] ? »

C'est ainsi que chez lui la spéculation n'est pas toujours d'accord avec la philosophie.

Le troisième projet que le brillant voyageur rédige à Madrid entre un concert et un dîner, c'est un mémoire pour la *colonisation de la Sierra-Morena;* puis viennent divers travaux sur les moyens de faire fleurir en Espagne l'agriculture, l'industrie et le commerce, et enfin un plan nouveau pour la fourniture des vivres de toutes les troupes d'Espagne. Ce dernier plan étant celui de tous qui a été le plus voisin de l'exécution, laissons-le en discourir à sa manière dans une lettre inédite à son père, qui est très-longue, et à laquelle j'emprunte beaucoup de citations, parce que, dans ses deux parties si différentes, la lettre est un vivant portrait de cet industriel doublé de philosophe et d'artiste qui s'appelle Beaumarchais.

---

[1] Deux ans après, en 1766, Beaumarchais, qui avait déjà oublié son projet de se faire fournisseur de nègres, écrivant au chef des bureaux de la marine en faveur d'un mulâtre, commence sa lettre ainsi : « Un pauvre garçon nommé Ambroise Lucas, dont tout le crime est d'avoir le teint presque aussi basané que la plupart des hommes libres de l'Andalousie et de porter des cheveux bruns naturellement frisés, de grands yeux noirs et des dents fort belles, ce qui est pourtant bien pardonnable, a été mis en prison à la réquisition d'un homme un peu plus blanc que lui, qu'on appelle M. Chaillou, qui avait à peu près les mêmes droits sur le basané que les marchands ismaélites acquirent sur le jeune Joseph, lorsqu'ils l'eurent payé à ceux qui n'avaient nul droit de le vendre ; mais notre religion a des principes sublimes qui s'arrangent admirablement avec la politique des colonies. »

« Madrid, 28 janvier 1765.

« Monsieur et très-cher père,

« J'ai reçu votre lettre du 15 janvier, par laquelle vous dites des merveilles sur votre étonnement de la réception que vos amis ont faite à votre confidence[1]; mais ce que vous appelez *coups de surprise* m'eût paru, à moi, une chose toute naturelle. Pour être bien avec soi, il faut n'avoir rien à se reprocher dans la conduite des choses qu'on entreprend; pour être bien avec les autres, il faut réussir. Le succès seul fixe l'opinion des hommes sur le travail de ceux qui spéculent; voilà pourquoi, si j'eusse pu arrêter la parole sur vos lèvres, je me serais opposé de mon mieux à ce que vous fissiez part de mes secrets à quelqu'un. Mes mesures ont beau être les plus sages que je puisse prendre; j'aurai eu beau mettre tout le jeu, toute l'adresse imaginable pour faire filer une aussi grande affaire jusqu'à son heureux dénoûment : si quelque événement imprévu brise ma barque, même dans le port, je n'ai plus rien à espérer que le sourire amer de ceux qui m'auraient porté aux nues si j'avais fixé la fortune. Au reste, mon cher père, vous me connaissez; ce qu'il y a de plus étendu, de plus élevé n'est point étranger à ma tête : elle conçoit et embrasse avec beaucoup de facilité ce qui ferait reculer une douzaine d'esprits ordinaires ou indolents. Je vous mandais l'autre jour que je venais de signer des préliminaires; aujourd'hui je suis beaucoup plus avancé. L'hydre à sept têtes n'était qu'une fadaise auprès de celle à cent têtes que j'ai entrepris de vaincre; mais enfin je suis parvenu à me rendre maître absolu de l'entreprise *entière des subsistances de toutes les troupes des royaumes d'Espagne, Mayorque*; et des *presidios de la côte d'Afrique*, ainsi que de celles de tout ce qui vit aux dépens du roi. Notre ami a raison de dire que c'est la plus grande affaire qu'il y ait ici, elle monte à plus de 20 millions par an. Ma compagnie est faite, ma régie est montée; j'ai déjà quatre cargaisons de grains en route, tant de la Nouvelle-Angleterre

---

[1] Le père, déjà instruit de l'affaire, et à qui son fils recommandait le secret, en avait parlé avec précaution à des amis qui avaient paru douter du succès.

que du midi, et, si je coupe le dernier nœud, je prendrai le service au 1ᵉʳ mars. Les gens qui sont aujourd'hui en possession de cette affaire n'y entendaient rien, et, dans l'année passée, ils ont horriblement perdu : 1° parce que les grains ont été hors de prix en Espagne et qu'ils n'avaient pas une seule correspondance chez l'étranger; 2° parce qu'ils avaient entrepris l'affaire à un titre trop modique. Je les ai mis hors de cour par divers arrangements très-difficiles à combiner; enfin, par mon moyen, l'esprit de conciliation et la paix ont succédé à une aigreur aussi ruineuse entre les associés que leur mauvaise conduite. Ils sont dehors, et la queue que je suis à écorcher maintenant est de faire accepter mes conditions particulières au ministre qui m'invite à entrer en danse, mais qui trouve les violons un peu cher. Je ne puis rien changer à mes justes prétentions. L'affaire était à 14 maravédis la ration de pain et 14 réaux la fanègue d'orge, et il restait trois ans à courir pour que le bail finît. Moi, j'entre au milieu d'un marché que je fais rompre du consentement de tous les intéressés. Je demande 16 maravédis et 16 réaux pour le temps de dix ans, à commencer du 1ᵉʳ septembre prochain. Je demande l'extraction franche de 2 millions de piastres fortes par chaque an, pour faciliter mon commerce avec l'étranger, et comme je prends le service au 1ᵉʳ mars, avant la récolte, je demande 18 maravédis et 18 réaux jusqu'au 1ᵉʳ septembre, ce qui fait deux maravédis et 2 réaux d'augmentation sur le prix fondé de 16 et 16 pour m'indemniser des premiers frais. A ces conditions, je me charge de rembourser au roi environ 4 millions de réaux qu'il a avancés à l'affaire avant cette année, pourvu toutefois que Sa Majesté consente à rejeter ce remboursement sur les dernières années de mon bail. Un des articles les plus certains de mon marché est le paiement assuré, tous les 30 du mois, de 1,800,000 réaux, que je recevrai à la trésorerie royale. Les deux associés qui me cèdent leur affaire, doivent 5 millions de réaux à différents particuliers, les billets sont échus; ils ne peuvent payer. J'ai tout arrangé de manière que, le jour de la signature du traité, je leur remettrai les 5 millions en leurs propres effets, et celui qui en est le porteur a pris de tels tempéraments avec moi en particulier, que ces 5 millions ne me seront imputés qu'à la fin de mon bail, et que, le jour de la signature du contrat, il doit envoyer à ma caisse 3 millions pour commencer à travailler. Pour cela, je lui donne un tiers dans les bénéfices.

. . . .

On a idée de joindre à cela la fourniture de pain blanc de toutes les villes d'Espagne, ce qui double l'étendue de mon entreprise; mais je veux commencer à donner une grande opinion de ma façon de travailler, afin que la confiance amène les avantages très-difficiles à obtenir en commençant. Je prévois qu'il y a des parties à joindre à celles-ci qui rendront l'affaire sans bornes; mais je dirai, comme les honnêtes Espagnols, *poco à poco*; mettons-nous en selle avant de galoper et surtout affermissons-nous bien sur les étriers. Il est neuf heures du soir, je sors pour aller jaser affaires; si je rentre avant onze heures, je vous dirai encore un mot.

« Je rentre, rien n'est changé. Je viens de signer ce fameux compromis qui fait mon titre pour traiter en nom propre avec M. le marquis d'Esquilace, ministre de la guerre et des finances. Tout le monde à Madrid parle de mon affaire, on m'en fait compliment comme d'une chose faite; moi, qui sais bien qu'elle n'est pas finie, je me tais jusqu'à nouvel ordre.

« Bonsoir, mon cher père; croyez-moi, ne soyez étonné de rien, ni de ma réussite, ni du contraire, s'il arrive. Il y a en tout dix raisons pour le bien et cent pour le mal; à l'égard de mon âge, il est celui où la vigueur du corps et celle de l'esprit mettent l'homme à sa plus haute portée. J'ai bientôt trente-trois ans. J'étais entre quatre vitrages à vingt-quatre. Je veux absolument que les vingt années qui s'écoulent jusqu'à l'âge de quarante-cinq ans me ramènent, après de longs travaux, à la douce tranquillité que je ne crois vraiment agréable qu'en la regardant comme la récompense des peines de la jeunesse.

« Cependant je ris ; mon intarissable belle humeur ne me quitte pas un seul instant. J'ai fait ici des soupers charmants ; je pourrais vous envoyer des vers faits par votre serviteur sur des séguedilles espagnoles, qui sont des vaudevilles très-jolis, mais dont les paroles ordinairement ne valent pas le diable. On dit ici, comme en Italie : les paroles ne sont rien, la musique est tout. J'entre en fureur sur une pareille déraison. Je choisis l'air le plus goûté, air charmant, tendre, délicat ; j'y établis des paroles analogues au chant. On écoute, on revient à mon opinion, on m'accable pour composer. Mais un moment, messieurs, que la gaieté du soir ne gâte pas le travail du matin. Ainsi toujours le même, j'écris et je pense affaires tout le long du jour, et le soir je me livre aux agréments d'une société aussi illustre que bien choisie. Mais, puisque j'ai parlé plaisirs, et qu'il est onze heures du soir, ma lettre sera partagée comme mon temps : la première partie au sérieux, la fin à l'amusement. Recevez donc la dernière séguedille échappée à ma saillie. C'est une de celles qui ont fait le plus de fortune ici ; vous la trouverez ci-jointe. Elle est entre les mains de tout ce qui parle français à Madrid.

« En vérité, je ris sur l'oreiller, quand je pense comme les choses de ce monde s'engrènent, comme les chemins de la fortune sont en grand nombre et tous bizarres, et comme surtout l'âme supérieure aux événements peut toujours jouir d'elle-même au milieu de ces tourbillons d'affaires, de plaisirs, d'intérêts différents, de chagrins, d'espérances qui se choquent, se heurtent et viennent se briser contre elle. Mais ce n'est pas de la morale que je vous ai promis, c'est une chansonnette fort tendre ; l'air, que je vous enverrai peut-être un autre jour, est plaintif et délicat. J'ai établi pour paroles une bergère au rendez-vous la première et se plaignant du coquin qui se fait attendre. Les voici :

SÉGUEDILLE.

Les serments
Des amants
Sont légers comme les vents.

Leur air enchanteur,
Leur douceur,
Sont des piéges trompeurs
Cachés sous des fleurs.
Hier, Lindor,
Dans un charmant transport,
Me jurait encor
Que ses soupirs,
Que ses désirs
S'enflammeraient par les plaisirs;
Et cependant
En cet instant
Vainement
J'attends l'inconstant.
Aye! aye! aye! je frissonne!
Aye! aye! aye! mon cœur m'abandonne!
Ingrat, reviens.
Mon innocence était mon bien;
Tu me l'ôtas,
Je n'ai plus rien.
Devais-je, hélas!
Tout hasarder,
Tout perdre, pour te conserver?
Mais quelqu'un vers moi prend l'essor....
Le cœur me bat.... C'est mon Lindor!
Soupçons jaloux, éloignez-vous!
Craignez de troubler un moment si doux!

« Ma chère Boisgarnier, si tu tenais l'air de cette jolie séguedille et l'accompagnement de guitare que j'ai fait (dans un pays où tout le monde en joue et ne peut accompagner ma séguedille comme moi, qui, par égard pour le pays, broche de temps en temps quelque chose pour leur instrument favori), tu chantonnerais, tu ânonnerais, peut-être à la fin tu y viendrais. Va, je te promets l'air et l'accompagnement, si j'ai un moment d'ici au premier courrier. Mais que dirais-tu de moi si je te le portais moi-même? Effectivement, je suis bien près de mon départ; un mot du ministre peut me mettre en route d'ici à douze jours.

« Bonsoir, mon cher père ; il est onze heures et demie, je vais boire du sirop de capillaire, car depuis trois jours j'ai un rhume de cerveau affreux ; mais je m'enveloppe dans mon manteau espagnol, avec un bon grand chapeau détroussé sur mon chef, ce qu'on appelle être en *capa y sombrero*, et quand l'homme, jetant le manteau sur l'épaule, se cache une partie du visage, on appelle cela être *embossado* ; c'est ce que j'ajoute à mes précautions, et, dans mon carrosse bien fermé, je vais à mes affaires. Je vous souhaite une bonne santé. En relisant cette lettre que je vous envoie toute mal torchée qu'elle est, j'ai été obligé d'y faire vingt ratures pour lui donner une espèce de suite ; ceci est pour vous corriger de lire mes lettres aux autres ou d'en tirer des copies. »

C'est en effet d'une plume rapide comme la pensée que Beaumarchais écrit cette longue lettre, où on le voit passant d'un sujet à l'autre avec la plus étrange flexibilité de goûts et d'aptitudes. Ici des calculs, là des méditations philosophiques, ailleurs du sentiment, plus loin du badinage, partout de la sincérité et de l'entrain : tel est ce Protée. Voici une autre lettre inédite de lui, où il se peint dans le salon de l'ambassadeur de Russie à Madrid, autour d'une table de jeu, et dont la verve et le mouvement me déterminent à la donner tout entière. Elle est adressée à sa sœur Julie. C'est encore Beaumarchais vu sous un autre aspect.

« Madrid, ce 11 février 1765.

« Tu peux te rappeler, ma chère Julie, que je t'ai promis un de ces courriers passés le détail d'une tracasserie de l'ambassadeur de Russie à mon égard, dont je me suis tiré comme je le devais. Le voici : il te donnera une idée de ma vie à Madrid, j'entends celle de mes soirées, car les jours entiers sont aux affaires.

« Depuis long-temps le comte de Buturlin, fils du grand-maréchal de Russie et l'ambassadeur en question, me recevait chez lui avec cette prédilection qui faisait dire que lui et la très-jolie ambassadrice étaient amoureux de moi. Le soir, il y avait ou jeu ou musique et souper, dont je paraissais l'âme. La société s'était accrue de tous les ambassadeurs qui, avant ceci, vivaient avec assez peu de liaison. Ils faisaient, depuis le retour de la cour en cette ville, des soupers charmants, disaient-ils, parce que j'en étais. J'avais un soir gagné au brelan, quoique petit jeu, aux 10 écus de cave, 500 livres au comte et 1,500 à la comtesse; depuis ce jour, on ne jouait plus au brelan, et l'on me proposait le pharaon, que pour rien au monde je ne voulais jouer. Je n'étais pas payé de mes 2,000 livres; je ne disais mot. Tout le monde le savait; on trouvait que j'agissais en ambassadeur, et le comte en maigre particulier. Enfin un soir, piqué de ce que le comte venait de gagner une centaine de louis et qu'il ne me parlait pas de ce qu'il me devait, je dis tout haut : *Si le comte veut me prêter de l'or, je vais faire une folie et vous tailler au pharaon*; il ne put s'en défendre, et me passa les 100 louis qu'il venait de gagner, et je tins la banque : en une heure, ma pauvre banque fut enlevée. Le duc de San-Blas me gagna 50 louis, l'ambassadeur d'Angleterre 15, celui de Russie 20, etc. Me voilà à peu près comme si je n'avais rien gagné. Je me lève en riant et je dis : « Mon cher comte,
« nous sommes quittes.—Oui, dit-il; mais vous ne direz
« plus que vous ne voulez pas jouer au pharaon, et nous
« espérons que vous ne fausserez pas compagnie à l'avenir.
« —A la bonne heure pour ponter quelques louis, mais non
« pour tailler aux banques de 100 louis.—Celle-là, dit-il,
« ne vous coûte guère.—C'est tout ce qu'on pourrait me
« dire, répondis-je, si j'avais eu affaire à un mauvais débi-
« teur. » Là-dessus la comtesse rompt les propos. Mme de la C....[1] se lève, et me dit de lui donner le bras. Je pars....

[1] C'est la dame dont on a lu le *remerciement* un peu léger adressé au père Caron.

bouderie pendant deux jours : j'allais néanmoins à l'hôtel de Russie comme à l'ordinaire, et, pour n'avoir point l'air d'avoir joué un argent désespéré, je perdais chaque soir en pontant 10 ou 12 louis, ou j'en gagnais quelques-uns. Un soir que j'avais gagné 20 louis sur une banque de 200, je me lève et, avant de m'en aller, je mets tout mon gain sur deux cartes qui gagnent toutes deux. Je pousse, tout réussit; je fais sauter la banque que tenait le marquis de Carrasola. Le chevalier de Guzman met 100 quadruples sur la table et dit : Messieurs, ne vous en allez pas, je parie que M. de Beaumarchais va me faire sauter encore cette nouvelle banque.— Je me crois obligé, ayant 200 louis de gain, de répondre à l'agacerie; je joue, tout le monde cesse, parce qu'il n'y avait personne qui jouât si gros jeu. Moi, ayant mis 50 louis de côté et voulant rendre le reste pour ne plus jamais jouer, je mettais 10 louis sur chaque carte ; la carte gagnant, je doublais. Bref, en deux heures, j'eus les 100 quadruples. Je me levai, et fus me coucher avec 500 louis, dont je perdis le lendemain 150. Mme de C.... me dit que j'avais joué très-noblement d'avoir rendu une telle somme sur mon gain, et que je pouvais garder le reste. Je me retirais, lorsque l'ambassadeur de Russie, me parlant personnellement, me dit : « Est-ce que vous ne voulez plus, Monsieur, essayer vos forces contre moi ?—Monsieur, lui dis-je, j'ai beaucoup perdu ce soir.—Mais, reprit-il vivement, vous avez bien plus gagné hier.—Monsieur le comte, lui dis-je, vous savez si je suis attaché à l'argent du jeu ; j'ai joué malgré moi, j'ai gagné en dépit du bon sens, et vous ne me pressez ainsi que parce que vous savez bien que je joue sans règle et très-désavantageusement.—Parbleu, dit-il, on ne peut pas mieux jouer que de gagner, et de cet argent il y en a beaucoup à moi.—Eh bien ! monsieur le comte, combien perdez-vous ?—Cent cinquante louis, dit-il.—Je perdrai donc, lui répondis-je, 300 louis ce soir, car, avec les 150 que je viens de rendre à la banque, j'en mets 150 autres contre vous si vous voulez tailler, afin que tous les avantages vous restent ; mais je veux jouer 25 louis tous les coups. » Il prend des cartes, ne demandant pas mieux : la fortune me continue, je lui gagne 200 louis; alors je me lève et je dis : « C'est folie à moi de jouer plus longtemps; je vous ruinerais, Monsieur; un autre jour je serai en malheur, et vous vous racquitterez.—Comment, Monsieur, vous partez? Pardieu! gagnez-moi 500 louis ou racquittez-moi.—Non, monsieur le comte, un autre jour; il est quatre heures, on peut s'aller coucher.—Mais, Monsieur, vous fûtes plus poli hier avec le chevalier de Guzman. —Aussi, répondis-je, a-t-il perdu 500 louis. Je n'en puis plus de sommeil. Voulez-vous vos 200 louis d'un coup de trente et quarante?—Non, dit-il, au pharaon.—Messieurs, je vous souhaite le bonsoir. » La comtesse sa femme, un peu fâchée de la perte de son mari, s'échappe à dire que j'étais plus heureux que poli. Je la regardai fixement et lui dis : « Madame l'ambassadrice, vous oubliez que vous me fîtes, il y a huit jours, un compliment tout contraire. » Elle rougit, je n'ajoutai rien, et je partis. Il était vrai que huit jours avant, soupant chez mylord Rochford, elle m'avait prié, à mains jointes, de lui prêter 30 louis pour payer sa perte, et que je l'avais fait sur-le-champ, quoique je perdisse et que je me rappelasse l'histoire du brelan.

« Voilà donc M le comte mon débiteur de 200 louis, la comtesse de 30, sans compter mes 350 louis de gain. Je jure mon gros juron de ne plus jouer; je vais pendant plusieurs jours voir la banque sans me mêler des affaires des grands. L'ambassadeur me fait une mine de chien, ne me dit mot; sa femme est embarrassée. On ne parle point de payer, pas une politesse sur le retard. J'en porte mes plaintes à Mme de la C..., qui, le même soir, prend à part le médecin de l'ambassadeur dans un coin du salon, et là, lui fait une sortie terrible sur son maître, lui déclare que, s'il ne change pas de conduite à mon égard, elle lui rompra en visière devant toute l'Espagne, qu'il est un mal élevé et un sot; bref, toutes les herbes de la Saint-Jean.

« Comme ma conduite était constamment la même à

l'égard du mari et de la femme, tout le monde était pour moi. Le lendemain, le docteur apporte 200 louis chez Mme de la C., où je dînais ; elle, fort offensée, fait dire à l'ambassadeur qu'elle le verra le soir pour lui donner la leçon qu'il mérite ; qu'il aurait dû m'apporter mon argent chez moi et me demander excuse de ses bouderies et de ses retards. A bon compte, je prends les 200 louis, dont le docteur me demande quittance. Je lui ris au nez et j'écris à l'ambassadeur une lettre polie, mais très-propre à le faire rougir de lui-même. Deux heures après, la comtesse vient chez Mme de la C... Je n'y étais plus. — Grande explication. — Je ne mets plus le pied à l'hôtel de Russie pendant huit jours. Enfin la comtesse m'envoie le médecin pour me prier de l'aller voir et me faire reproche de mon absence. Je réponds que, malgré l'extrême privation que je ressentais de ne plus jouir de sa société, je ne croyais pas devoir me présenter dans une maison où j'avais si fort à me plaindre du maître.

« On va chez Mme de la C..., on négocie, on dit que le comte est honteux, confus. Je tiens bon sur l'étiquette, et enfin M. l'ambassadeur envoie chez moi le prince de Mezersky de sa part me prier de lui faire l'honneur d'aller le soir au concert et souper chez lui. L'après-midi, le comte passe à ma porte et me fait demander si je veux voir la pièce nouvelle dans sa loge, qu'il m'attend pour m'y mener. Je crus qu'il valait mieux qu'on nous vît faire l'entrevue chez lui, et je répondis que j'écrivais, mais que j'aurais l'honneur de me rendre à l'invitation du soir. J'arrive un peu tard exprès, afin que le concert fût commencé et que tout le monde fût assemblé. Je suis surpris de me voir, moi qu'on regardait avant comme de la maison et qu'on n'annonçait plus, précédé de deux pages qui ouvrent tous les battants, et je perce jusqu'au concert en cérémonie. La comtesse était au clavecin ; elle s'avance et me dit, en me présentant le comte, que des amis ne devaient pas se fâcher pour des malentendus, et qu'ils espéraient l'un et l'autre que je leur ferais l'honneur de rester des leurs, et tout de suite elle ajouta, pour sceller la

réconciliation : « Monsieur de Beaumarchais, j'ai dessein de
« jouer le rôle d'Annette ; j'espère que vous accepterez celui
« de Lubin[1] ; l'envoyé de Suède fera le seigneur, le prince
« Mezersky le bailli, et nous sommes déjà à la répétition. »
Quelque chose que je fisse, je ne pus éviter d'accepter cette
offre obligeante, et, sur-le-champ, passant au clavecin, tout
l'orchestre part, et je chante les ariettes de Lubin. Chacun
dit ce qu'il sait de son rôle, ensuite grande musique, grand
souper. La bonne humeur renaît. Parole d'honneur, de part
et d'autre, qu'on ne me parlera jamais de jouer, et que nous
nous amuserons à des plaisirs plus vifs, mais qui ne tireront
pas autant à conséquence. La comtesse, enchantée, me fait
remettre par un page, au dessert, un billet contenant quatre
vers à ma louange, de mauvaise versification, mais assez flatteurs, qu'elle avait faits le jour même. Les voici :

> O toi à qui la nature a donné pour partage
> Le talent de charmer avec l'esprit du sage,
> Si Orphée, comme toi, eût eu des sons si flatteurs,
> Pluton sans condition aurait fait son bonheur [2].

« Peste ! ce ne sont pas là des honneurs communs. J'ai
répondu. La liaison est plus belle que jamais : le bal, le concert, plus de jeu, et j'ai de reste 14,500 livres. J'ai fait
depuis des paroles françaises sur une nouvelle séguedille espagnole. Il y en a deux cents exemplaires ; on se l'arrache ; elle
est gaillarde et dans le genre *Est-il endormi !* Je te la garde
pour un autre jour, avec la musique de celle que j'ai envoyée
à mon père. Bonsoir. J'ai rempli mon engagement tant bien
que mal. Tu en sais autant que moi sur ma tracasserie.
J'écrirai mercredi à ma Pauline et à sa tante. Malgré les préparatifs d'Annette, j'ai bien peur que le diable n'emporte
Lubin avant qu'on joue la pièce : je puis partir dans dix
jours. »

---

[1] Dans *le Devin du Village*.
[2] Ne pas oublier que cette grande dame était russe.

La fatuité étant un peu le péché mignon de Beaumarchais, qui se compare ailleurs à Alcibiade, on est tenté de se demander s'il n'exagère pas sa familiarité avec ces ambassadeurs ; mais le dossier d'Espagne contient des lettres de l'ambassadeur d'Angleterre, lord Rochford, qui prouvent qu'en effet le jeune et brillant Français était alors bien réellement le favori du corps diplomatique de Madrid. Sa gaieté d'enfant de Paris met en mouvement tout ce monde un peu guindé. Lord Rochford raffole de lui, va au Prado avec lui, fait des soupers avec lui, chante des duos avec lui et devient étonnamment jovial pour un diplomate anglais[1].

C'est sans doute la scène de jeu que nous venons de reproduire qui servit de base aux calomnies répandues plus tard, lors du procès Goëzman, dans la lettre anonyme publiée par Beaumarchais lui-même où on le signalait comme un joueur peu loyal. Non-seulement il jouait loyalement, mais je vois dans toutes ses lettres qu'il n'aimait pas le jeu et ne s'y livrait qu'à son corps défendant. A l'époque où il tenait à Paris un grand état de maison, quoiqu'on jouât chez lui, il ne jouait jamais. Au milieu de ce mouvement d'affaires industrielles et de plaisirs aristocratiques, l'auteur futur du *Barbier de Séville* nous apparaît toujours occupé de son humble famille, tantôt déployant une rare habileté pour forcer, sans compromettre ses allures patriciennes, deux ou trois grandes dames de Madrid à payer des factures

---

[1] Voir aux pièces justificatives, n° 2, un des billets de lord Rochford à Beaumarchais.

arriérées du père Caron pour montres et bijoux, tantôt avec une fraternelle bonhomie prenant une part active à tous les petits incidents de la vie de ses sœurs de Paris, ou bien quittant les salons de la cour pour la modeste demeure de ses sœurs de Madrid.

« J'ai vu Drouillet[1] à mon arrivée, écrit-il à son père ; lui et sa femme m'ont rendu visite, mais je ne suis point entré dans leur société, quoique Drouillet soit un homme estimable et rond comme feu Pichon, et qu'il tienne une fort bonne maison à Madrid. La raison de mon éloignement est le ton et les airs ridicules de sa femme, qui, pour quelques écus de plus que vos filles, les traitait de *mesdemoiselles* devant moi, ce dont j'ai eu l'honneur de la relever. Elle désirait fort de m'attirer chez elle par toutes les prévenances et invitations possibles, ne parlant point de mes sœurs, ce qui m'a fait répondre à toutes ses politesses que j'avais trop peu de séjour à faire à Madrid pour ne pas donner tout mon temps à ma famille. C'est partout de même, et le ridicule est de tous les pays. Il y a ici ce qu'on appelle grande et petite France ; mes sœurs, trop bien élevées pour être de la petite, ne sont pas jugées assez riches pour être de la grande ; ainsi les visites de la Drouillet étaient pour moi seul : sur quoi monsieur votre fils a pris la liberté de la remettre à sa place, et elle dit que je suis *malin*[2]. Vous savez, mon cher père, ce qui en est, et s'il y a de la malice à voir les choses sans brouillard et à dire ce qu'on pense. »

Le fils aîné de Mme Guilbert était en pension à Paris ; l'enfant vient à mourir. Beaumarchais, chargé par son père de préparer sa sœur et son beau-frère à cette triste nouvelle, répond par la lettre suivante, qui est

---

[1] Banquier français établi à Madrid.
[2] Ce mot se retrouvera dans la bouche de Mme Goëzman.

bien, ce me semble, d'un homme naturellement bon et d'une bonté délicate :

« J'ai reçu votre gros et triste paquet, dont je n'ai pas encore fait usage entièrement ; je garde à ces pauvres gens cette pénitence pour leur carême. Il leur reste un fils qui est un fort joli enfant, spirituel au possible, et qui dévore tout ce qu'on lui apprend. Les seuls préparatifs que j'aie faits à la triste nouvelle que je dois leur annoncer ont été de beaucoup caresser le petit *Eugenio* depuis votre lettre, ce à quoi ils me paraissaient fort sensibles. Je lui ai donné un louis pour son carnaval, et je lui fais faire un très-bel habit de houzard. Je leur ai parlé de son frère pour leur faire apercevoir la différence de dispositions aux sciences et talents de celui-ci à l'autre, et, de discours en discours, je les ai amenés au point de m'avouer leur embarras pour placer cet aîné autrement que dans les gardes du roi, dans le temps qu'on destine l'autre au génie. Je les crois disposés maintenant de telle sorte que, dès l'entrée du carême, je leur apprendrai la nouvelle sans autre ménagement [1]. »

Il paraît qu'il était déjà à cette époque en correspondance avec Voltaire, je ne sais à quelle occasion. « J'ai reçu, écrit-il de Madrid à son père, la lettre de M. de Voltaire ; il me complimente en riant sur mes trente-deux dents, ma philosophie gaillarde et mon

[1] Citons encore ce fragment d'une lettre intime de Beaumarchais à son père, dans laquelle il révèle des goûts paisibles et modérés qu'on n'est pas habitué à lui attribuer : « Il me semble que je me ménagerais ici des échappées délicieuses de temps en temps, si je pensais que je vais passer un mois ou deux dans ma maison, occupée par des ménages aussi heureux que chers à mon cœur ; et enfin, quelle retraite au bout de mes affaires que d'aller ensevelir le reste de ma vie au milieu de mes parents amis, tous enchantés les uns des autres et connaissant tous le prix de l'aisance sans faste, et de ce qu'on appelle l'heureuse médiocrité !..... »

âge [1]. Sa lettre est très-bonne, mais la mienne exigeait tellement cette réponse que je crois que je l'eusse faite moi-même. Il désire quelques détails sur le pays où je suis; mais je lui répondrais volontiers, comme M. de Caro le fit hier à Mme la marquise d'Arissa chez M. de Grimaldi. Elle lui demandait ce qu'il pensait de l'Espagne. — Madame, répondit-il, attendez que j'en sois dehors pour avoir ma réponse; je suis trop sincère et trop poli pour la faire chez un ministre du roi..... » Quelquefois de mauvaises nouvelles lui arrivent de France; il éprouve des pertes, ses plans de Madrid ne réussissent pas, et il écrit :

« Je me raidis par le travail contre l'infortune. Sitôt que je quitte la rame, les malheurs, les pertes m'accablent de toutes parts. La gaieté de mon caractère, et, j'ose le dire en rendant grâce à la Providence, la force de mon âme, jointes à l'habitude des revers, tout cela m'empêche de succomber... Quand je me suis emporté une once de chair aux lèvres avec mes dents sur le passé, je travaille sérieusement sur le présent et je ne puis m'empêcher de sourire sur l'avenir. J'ai déjà perdu trois ou quatre fois plus que je n'ai vaillant au monde; d'indignes ennemis ont barré mon chemin; le pauvre Pichon me ruine à Saint-Domingue : me voilà néanmoins secouant ma tête carrée et recommençant gaiement l'ouvrage des Danaïdes. »

On n'en finirait pas, si on voulait étudier toutes les nuances du caractère et de l'esprit de Beaumarchais dans cette correspondance de sa jeunesse. J'y ai cher-

---

[1] Je n'ai pas trouvé cette lettre de 1764 dans la correspondance de Voltaire éditée plus tard par Beaumarchais; il est probable que ce dernier l'avait perdue.

ché avec curiosité des traces de son opinion sur le théâtre espagnol. Ce n'est pas sans étonnement qu'on le voit s'en tenir sur ce point à quelques aperçus assez insignifiants. Son attention s'est portée sur les mœurs plutôt que sur le théâtre. Tout ce qu'il en dit se borne à peu près à ce passage d'une lettre au duc de La Vallière en date du 24 décembre 1764, dans laquelle Beaumarchais, après de longs détails sur l'administration, la politique et les mœurs de l'Espagne, s'exprime ainsi :

« Les spectacles espagnols sont de deux siècles au moins plus jeunes que les nôtres, et pour la décence, et pour le jeu ; ils peuvent très-bien figurer avec ceux de Hardy et de ses contemporains ; la musique, en revanche, peut marcher immédiatement après la belle italienne et avant la nôtre. La chaleur, la gaieté des intermèdes, tout en musique, dont ils coupent les actes ennuyeux de leurs drames insipides, dédommagent très-souvent de l'ennui qu'on a essuyé en les entendant. Ils les appellent *tonadillas* ou *saynètes*. La danse est absolument inconnue ici ; je parle de la figurée, car je ne puis honorer de ce nom les mouvements grotesques et souvent indécents des danses grenadines et moresques qui font les délices du peuple[1]. »

Cette citation semblerait prouver que Beaumarchais ne fait pas beaucoup de cas du théâtre espagnol. Le moment n'est pas encore venu d'examiner ce qu'il en a tiré. Il est manifeste qu'il a notablement défiguré les types qu'il lui empruntait ; mais d'un autre côté

---

[1] On trouvera aux pièces justificatives n° 3 cette longue lettre inédite de Beaumarchais au duc de La Vallière ; elle offre des renseignements assez intéressants sur l'Espagne, en 1764.

on peut reconnaître, même par cette lettre, que le
mouvement général de la comédie espagnole, et surtout
la gaieté des *intermèdes,* des *saynètes,* ont produit sur
lui une assez vive impression. Quand il quitta l'Espagne
après un an de séjour, il avait échoué dans ses spéculations industrielles; mais il en revenait plus riche qu'il
ne le croyait lui-même, car il apportait dans sa tête les
premiers linéaments de ces figures si accentuées et si
originales de Figaro, de Rosine, d'Almaviva, de Bartholo, de Basile, qui devaient faire un jour la gloire de
son nom.

VII

BEAUMARCHAIS AU RETOUR D'ESPAGNE. — UN ÉPISODE
DE SA VIE INTIME. — SES AMOURS AVEC PAULINE.

Avant de suivre Beaumarchais dans la carrière littéraire, qu'il abordera enfin tout à l'heure, un peu tardivement, à trente-cinq ans, il faut nous arrêter un instant sur un épisode d'amour, où il figure, non plus pour le compte d'autrui, comme dans l'épisode Clavijo, mais pour son propre compte, et qui, commencé quelques années auparavant, se dénoue précisément à l'époque où nous sommes arrivés.

Dans la lettre de Beaumarchais à sa sœur Julie que nous venons de citer, on a pu lire cette phrase : « J'écrirai mercredi à *ma Pauline* et à sa tante.» Dans d'autres lettres écrites quelques mois plus tard, il parle de vendre toutes ses charges en France et d'aller s'établir à Saint-Domingue «avec *Pauline.*» Enfin, dans le plus faible, mais peut-être le plus correctement écrit de ses trois drames dans *les Deux Amis,* il a peint avec assez de bonheur une figure de jeune personne aimable et distinguée, à laquelle il a donné le nom de Pauline, et quelques scènes d'intérieur qui semblent touchées d'après nature.

Il a donc existé une Pauline qui a exercé sur son cœur une certaine influence ; je dis une *certaine influence,* car je dois avouer à regret que, dans ce que j'ai lu de Beaumarchais en fait de lettres d'amour à diverses époques, je n'ai pas trouvé la preuve qu'il ait jamais été bien profondément amoureux. A la vérité, ce bonheur ou ce malheur n'est pas commun, et ce n'est pas sans raison que La Rochefoucauld a dit : « Il en est du véritable amour comme de l'apparition des esprits, tout le monde en parle, mais peu de gens en ont vu ; l'amour prête son nom à un nombre infini de commerces qu'on lui attribue et où il n'a non plus de part que le doge à ce qui se fait à Venise. » Beaumarchais a eu beaucoup de ces commerces dont parle La Rochefoucauld; mais, si les femmes ont été souvent la distraction de sa vie, elles n'en ont jamais été ni l'occupation, ni l'inspiration, ni le tourment. « Je me délasse, a-t-il écrit quelque part, je me délasse des affaires avec les belles-lettres, la belle musique, et *quelquefois* les belles femmes. » *Quelquefois* est mis là par modestie. Sur ce point comme sur beaucoup d'autres, Beaumarchais est un enfant de son siècle; il offre de très-bonnes qualités de cœur, mais en amour il est léger, plus sensuel que sentimental, assez païen d'ordinaire, et même, comme païen, il est plutôt effleuré qu'envahi par la passion. Il ne faut donc lui demander ni les transports jaloux d'un Othello, ni les tortures comprimées de ce pauvre Molière, ni les extases de Rousseau à Eaubonne auprès de Mme d'Houdetot, ni cette soif ardente de l'immuable et de l'infini dans l'amour qui a inspiré *le Lac* à l'auteur des *Méditations*. Du reste, il s'agit ici d'un petit roman régulier, qui devait se terminer par un mariage; c'est peut-être ce qui refroidit la verve de Beaumarchais, et, en retenant un peu sa plume naturellement égrillarde, le rend aussi parfois un peu guindé ou vulgaire quand il faut se mettre au ton d'une jeune fille dans l'expression d'un sentiment naïf et sérieux. Aussi les lettres de Pauline sont-elles plus intéressantes que les siennes. Cependant il joue dans ce roman vrai un rôle assez curieux et assez rare chez lui, en ce sens qu'il finit par s'y poser en victime, qu'il est réellement victime sous un certain rapport, et qu'il ne tient qu'à nous de croire qu'il est furieux. Il serait ici l'antithèse de Clavijo; c'est Pauline qui serait Clavijo, ou plutôt il y a un Clavijo qui lui enlève Pauline. Tâchons de tirer au clair cette affaire à l'aide d'un dossier assez volumineux, sur lequel Beaumarchais a écrit de sa main : « *Affaire* de Mlle Le B....., depuis Mme de S......» Les noms sont écrits en toutes lettres, mais, quoique l'aventure date de près d'un siècle, il m'a paru plus convenable de m'en tenir aux initiales, mon but, en entrant dans ce détail de la vie intime de l'auteur du *Mariage de Figaro*, étant uniquement d'étudier, d'analyser à fond le caractère et l'esprit d'un homme qui représente assez bien le caractère et l'esprit de son temps.

Et d'abord remercions le ciel qu'il y ait eu réellement une *affaire*, c'est-à-dire une créance au bout de cet épisode d'amour ; sans cela, il aurait eu le sort de plusieurs épisodes de même nature que l'aîné des Gudin, le digne caissier qui a classé les papiers de Beaumarchais après sa mort, a traités avec un souverain mépris, et dont j'ai essayé parfois très-laborieusement et en vain de rajuster les lambeaux. Ici le caissier Gudin m'a un peu facilité ma tâche. Du moment où il y avait une créance, le dossier devenait sacré, et c'est à l'abri de ce caractère auguste de titres justificatifs que quelques billets très-tendres d'une fort aimable jeune fille ont pu traverser quatre-vingt-douze ans, inventoriés, numérotés, côtés et paraphés. Si la créance est aujourd'hui périmée, les lettres restent, et c'est un plaisir qui a son prix que de saisir au vif, sur un papier mort, les palpitations d'un cœur qui depuis longtemps ne bat plus, mais qui eut aussi ses heures de jeunesse et d'amour.

Pauline Le B. était une jeune créole, née à l'île Saint-Domingue, qui, on le sait, appartenait alors à la France. Elle était orpheline et avait été élevée à Paris sous la direction d'une tante ; elle possédait au Cap une habitation considérable, estimée 2 millions, mais très-chargée de dettes, très-négligée, très-délabrée, très-grugée par les gens d'affaires, comme l'est souvent une propriété de mineur et surtout une propriété coloniale; de sorte qu'avec les apparences ou les espérances d'une grande fortune, Pauline était en réalité assez pauvre; mais elle était fort jolie : dans toutes les lettres où il est question d'elle, on la nomme la *belle* ou la *charmante* Pauline. Dans une de ces lettres, on parle de son air *tendre, enfantin, délicat*, et de sa *voix enchanteresse*; on a vu, par une lettre déjà citée du père Caron, qu'elle était très-bonne musicienne. C'était donc bien la Pauline des *Deux Amis*, dont Mélac dit : « figure charmante, organe flexible et touchant, de l'âme surtout ! »

La tante de Mlle Le B. avait quelques relations de parenté avec la famille Caron. La liaison entre les deux familles paraît déjà intime en 1760. Beaumarchais, veuf d'un premier mariage, était, à cette époque, âgé de vingt-huit ans; il était, on le sait, très-séduisant de sa personne, et aux avantages qu'il avait reçus de la nature s'ajoutait déjà le relief de sa position à la cour; bientôt après il acheta ses deux charges de secrétaire du roi et de lieutenant-général des chasses; il fit des spéculations heureuses avec Du Verney, installa, comme je l'ai dit, sa famille dans la maison de la rue de Condé, et tout le temps que lui laissait son service à Versailles, il venait le passer dans cette maison, adoré de ses sœurs et s'occupant beaucoup de leur amie Pauline, qui avait alors dix-huit ou dix-neuf ans. La première scène des *Deux Amis*, qui représente Pauline assise au clavecin, jouant une sonate, tandis que Mélac, debout derrière elle, l'accompagne avec son violon; le petit bavardage amoureux qui suit la sonate, tout cela a bien l'air d'être une réminiscence. Beaumarchais ne s'attachait pas seulement à plaire à Pauline, il lui rendait des services essentiels; il travaillait à éclaircir, à régler l'état fâcheux et embrouillé de sa fortune, il obtenait pour elle la recommandation de Mesdames de France auprès de l'intendant de Saint-Domingue, M. de Clugny ; il se montrait enfin amant très-aimable et ami très-dévoué. On concevra sans peine que la jeune et belle créole se prit d'un sentiment très-vif pour un tuteur aussi agréable. Le tuteur, de son côté, semblait fort touché des agréments de sa pupille; néanmoins, comme l'amour ne lui fit jamais perdre absolument la tête, avant de se décider à demander Pauline en mariage, il avait envoyé à Saint-Domingue un parent à lui, avec une somme de 10,000 francs et une cargaison assez considérable de divers objets applicables aux besoins de l'habitation. Ce parent était spécialement chargé de vérifier au juste le *passif* et l'*actif* de la fortune de Mlle Le B..., et de voir le parti qu'on pourrait tirer de sa propriété. C'est après son départ, en 1763, que s'ouvre, entre Beaumarchais et Pauline, la correspondance dont on va lire quelques extraits. Pour que la première lettre soit bien comprise, il faut ajouter que Pauline, élevée par une tante qui était veuve, avait à Paris un oncle, veuf aussi, lequel, par conséquent, n'était pas le mari de sa tante ; que cet oncle était assez riche et n'avait point d'enfants. Laissons maintenant la parole à Beaumarchais amoureux, mais non moins prudent qu'amoureux, et dépensant beaucoup de périphrases pour allier la prudence et l'amour.

« Vous m'avez trouvé l'air triste, ma chère et aimable Pauline, et je n'étais qu'occupé; j'avais mille choses à vous dire, et elles me paraissent si sérieuses, si importantes, qu'en y rêvant j'ai cru plus raisonnable de vous les écrire, afin qu'étant fixées sur le papier, vous puissiez mieux en saisir le véritable esprit. Si des paroles bientôt oubliées ne vous laissaient que l'ensemble de mes discours dans la tête, vous pourriez leur donner un autre sens, et il importe beaucoup que des choses où tient le bonheur de ma vie ne soient pas légèrement expliquées. Vous n'avez pas pu douter, ma chère Pauline, qu'un attachement sincère et durable ne fût la véritable cause de tout ce que j'ai fait pour vous; quoique j'aie eu la discrétion de ne pas établir ouvertement une recherche de mariage, avant que d'être en état de vous faire une situation, toute ma conduite a dû vous prouver que j'avais des intentions sur vous et qu'elles étaient honnêtes. Aujourd'hui que voilà mes promesses effectuées et mes fonds engagés pour le rétablissement de vos affaires, je cherche à recueillir le plus doux fruit de mes soins; j'en dis même hier quelque chose à votre oncle, qui me parut disposé favorablement pour moi. Je dois même vous avouer que je me suis flatté devant lui que votre consentement ne me serait pas refusé, lorsque j'expliquerais clairement mes intentions. Pardon, ma chère Pauline, c'est sans présomption que je me suis porté à lui faire cet aveu. J'ai cru trouver dans votre constante amitié le sûr garant de ce que j'avançais. M'en désavouerez-vous ? Une seule chose m'arrête, mon aimable Pauline; avec de l'arrangement et une honnête économie, je trouve bien dans l'état actuel de mes affaires de quoi vous créer une destinée agréable, et c'est le seul vœu de mon cœur; mais si, par un malheur affreux, tout l'argent que j'envoie à Saint-Domingue allait s'engloutir dans le délabrement d'une affaire que nous ne connaissons encore que sur le témoignage d'autrui, ces fonds retranchés de ma fortune ne me permettraient plus de soutenir l'état que je vous aurais donné; et quel serait mon chagrin alors ! j'encourrais la censure publique, et ma Pauline verrait déchoir son état. Cette inquiétude est donc la seule raison qui me force de retarder la demande de votre main, après laquelle je soupire tout bas depuis longtemps. Je ne sais ni quelles sont vos reprises sur les biens de votre cher oncle, tant pour la dot de votre feue tante que pour des dettes dont j'ai entendu parler indirectement. Il serait malhonnête à moi d'entamer aucune explication à ce sujet, ni avec vous ni avec lui. Mon caractère y répugne, et puis sa nièce, pour laquelle il me paraît avoir beaucoup de tendresse, pouvant espérer des bienfaits de lui à l'occasion de son établissement, il me paraît mal séant de commencer des comptes de rigueur qui ne doivent jamais avoir lieu entre d'honnêtes parents. Je ne dirai donc pas un mot de plus à ce sujet.

« Cependant, ma chère Pauline, pour passer des jours heureux, il faut être sans inquiétude sur le bien-être à venir, et je ne vous aurais pas plus tôt dans mes bras, que je tremblerais qu'un malheur ne nous fît perdre les fonds envoyés en Amérique, car je n'ai pas mis moins de 80,000 francs à part pour cet objet. Voilà, ma chère Pauline, la cause d'un silence qui peut vous paraître bizarre après ce que j'ai fait. Il y a deux partis convenables, si vous acceptez ma recherche : le premier, de patienter jusqu'à ce que l'entier succès de mes soins et de mes avances me permette de vous offrir un état invariable ; le second, que vous engagiez votre tante, si mes vues lui sont agréables, à sonder les dispositions de votre oncle à votre égard. Loin de désirer pourtant qu'il diminuât son bien-être pour augmenter le vôtre, je suis tout prêt à faire des sacrifices sur le mien pour rendre sa vieillesse plus aisée, si l'état actuel de ses affaires le tient à l'étroit. Vous me connaissez assez pour compter sur de pareilles avances. Mais si sa tendresse pour vous le portait à vous avantager, mon intention n'est jamais de vous faire succéder aux possessions qu'il vous abandonnera que dans le cas où, par sa mort, il ne pourrait plus en jouir lui-même, et puisque, au décès, ce qu'on donne va bientôt cesser d'être à nous de façon ou d'autre, je ne crois pas qu'il soit malhonnête de solliciter de pareils bienfaits auprès d'un oncle qui doit vous servir de père en vous mariant, et qui doit attendre de vos attentions et de vos soins une vieillesse agréable. Avec des assurances de ce côté, nous pouvons conclure notre heureux mariage, ma chère Pauline, et regarder l'argent envoyé comme une pierre d'attente jetée sur l'avenir pour le rendre meilleur, s'il est possible, mais dont les futurs bienfaits de votre oncle seront le dédommagement en cas de perte. Réfléchissez mûrement à tout ce que je vous écris. Donnez-moi votre avis en réponse. Ma tendresse pour vous aura toujours le pas sur tout, même sur ma prudence. Mon sort est entre vos mains ; le vôtre est dans celles de votre oncle. »

Débarrassée de tout artifice oratoire, cette lettre à périphrases signifie : Je vous aime beaucoup, mais je ne puis vous épouser qu'autant que je saurai à quoi m'en tenir sur la valeur de votre habitation, ou que votre oncle s'obligera à vous laisser sa fortune. Que ceux qui seraient portés à se récrier sur cet excès de prudence n'oublient pas pourtant que Beaumarchais, trop prudent, sans doute, en amour, venait d'agir, comme ami, assez imprudemment, puisqu'il aventurait une assez forte somme en argent et en marchandises sur l'habitation de Saint-Domingue. Il n'en est pas moins vrai qu'une jeune fille indifférente aurait été médiocrement flattée de ce mélange de tendresse et de calcul ; mais, quand on aime, on n'y regarde pas de si près, et la preuve que le cœur de Pauline était d'abord plus engagé que celui de Beaumarchais, c'est sa réponse. On la trouvera, je pense, plus intéressante que l'épître un peu entortillée qu'on vient de lire. Elle respire, à mon avis, l'aimable abandon d'un jeune cœur ingénu et vraiment épris. La voici :

« Votre lettre, Monsieur mon bon ami, m'a jetée dans un trouble extrême ; je ne me suis pas trouvée assez forte pour y répondre toute seule ; je n'ai pas cru non plus devoir la communiquer à ma tante : sa tendresse pour moi, la chose dont je fais le plus de cas en elle, ne m'eût été d'aucun secours. Vous allez sans doute être fort étonné du parti intrépide que j'ai pris ; l'instant était favorable, votre lettre était pressante : mon embarras m'a inspiré mieux que n'eût peut-être fait le plus prudent conseil. Je suis partie et j'ai été me jeter dans les bras de mon oncle lui-même. Le premier pas une fois franchi, je lui ai ouvert mon cœur sans réserve. J'ai imploré ses lumières et sa tendresse ; enfin j'ai osé lui remettre votre lettre sans votre aveu, mon bon ami : tout ceci est un coup de ma tête, mais que je suis contente d'avoir surmonté ma timidité et ma folle rougeur pour lui faire lire dans mon âme ! Il m'a semblé que ma confiance en lui augmentait sa bienveillance pour moi. En vérité, mon bon ami, j'ai très-bien fait de l'aller voir de mon chef. J'ai acquis, en raisonnant avec lui, la certitude de son attachement, et ce qui me flatte encore plus, c'est que je l'ai trouvé plein d'estime pour vous, et vous rendant toute la justice que vos amis s'empressent à vous rendre. Je l'en aime mille fois davantage. A l'égard des réponses aux articles intéressants de votre lettre, il veut en conférer avec vous-même. Je me tirerais trop mal de ce détail pour oser l'entreprendre. Il désire vous voir à cet effet.

« Vous m'avez écrit que votre sort est entre mes mains, et que le mien est dans celles de mon oncle ; je vous remets à mon tour mes intérêts ; si vous m'aimez, comme je le crois, faites passer un peu de cette aimable chaleur dans l'âme de mon oncle : il se plaint de s'être lié d'avance. Mon bon ami, c'est dans cette conversation qu'il faut que votre cœur et votre esprit travaillent en même temps ; rien ne vous résiste quand vous le voulez bien. Donnez-moi cette preuve de votre tendresse ; je regarderai les effets et la réussite comme la marque la plus convaincante de l'empressement que vous avez pour ce que vous appelez si joliment votre bonheur, et que votre folle de Pauline n'a pas lu sans un battement de cœur effroyable. Adieu, mon bon ami ; j'espère que votre première visite, en revenant de Versailles, sera celle de mon oncle. Songez à tout le respect que vous lui devez, s'il allait devenir le vôtre ! Je finis, car je me sens extravaguer de tout mon pouvoir. Bonsoir, méchant. »

L'oncle ayant apparemment refusé de se lier par une obligation formelle, le mariage entre Pauline et Beaumarchais n'en fut pas moins arrêté ; seulement il fut convenu qu'il serait ajourné jusqu'à l'arrangement des affaires de Saint-Domingue. En attendant, on continua de se voir et de s'aimer, et le cœur de la jeune créole s'engagea de plus en plus. Le dossier que j'ai sous les yeux ne contient que quelques-unes de ses lettres ; les autres lui furent renvoyées, sur sa demande, après la rupture ; mais, comme il arrive quelquefois en pareille circonstance, Beaumarchais eut soin de garder les plus accentuées ; peut-être Pauline, de son côté, en agit-elle de même, car il y a aussi dans les lettres de son fiancé quelques lacunes qui jettent un peu d'ombre sur les divers incidents de ce petit roman domestique.

En général, les lettres de Beaumarchais qui restent au dossier manquent d'élan et de poésie. Il semble qu'une si charmante personne était faite pour inspirer mieux. Cependant quelques-unes de ses lettres assez bizarres ne sont pas sans intérêt pour l'explication de ce type original et complexe qui a nom Figaro. On a dit parfois que le côté analyseur, raisonneur, discuteur de ce personnage, d'ailleurs si actif et si remuant, était purement artificiel ; que ce n'était qu'un placage destiné à fournir à l'auteur un moyen d'exploiter l'allusion aux choses du jour et la satire sociale. Or, il est déjà facile de reconnaître, par les lettres de Madrid que nous avons citées, combien Beaumarchais est naturellement lui-même un homme d'action et d'analyse, un abbé de Gondi et un Montaigne, — combien il se plaît à interrompre de temps en temps ses récits pour philosopher à tort et à travers sur lui-même ou sur autrui. Ce trait de physionomie paraît encore plus saillant ici. Figaro est certainement assez étrange, lorsqu'au fameux monologue du cinquième acte de la *Folle Journée*, il choisit le moment où la jalousie le dévore pour disserter *de omni re scibili* ; mais peut-être n'est-il pas beaucoup plus étrange que Beaumarchais, à trente ans, écrivant à une jeune fille dont il est aimé, et qu'il aime des dissertations comme celle-ci par exemple :

« Je vous remercie, ma très-chère Pauline, des louanges que vous donnez à ma première lettre[1], mais elle a plus de succès que vous ne lui en croyez sûrement. Elle pique votre amour-propre ; l'envie de faire des reproches amène la nécessité d'écrire, et de là une lettre à mon adresse. C'est tout ce que je désirais ; j'en suis comblé : vous m'avez écrit la première, car la lettre dont vous vous plaignez n'en est pas une. La seconde est hors de notre plan, puisque les affaires la commandaient. Il suit de tout cela que vous m'avez écrit la

[1] Ce n'est pas la lettre que nous venons de reproduire, mais une lettre de badinage que Beaumarchais avait écrite précédemment pour dire qu'il n'écrirait pas le premier.

première, mon amour-propre est content, et qui dit amour-propre dit aussi amour, car ce dernier n'est qu'une extension de l'autre vers un objet qu'on croit digne de soi. On s'aime dans sa maîtresse, dans le choix judicieux qui justifie notre bon goût; on s'aime dans la tendresse qu'on lui prodigue et qui intéresse son cœur pour nous…. Tout le bonheur ou le malheur de ma vie n'a qu'une véritable manière d'être envisagé : c'est relativement à nous ; sans cet amour de nous-mêmes, aucune passion n'a l'entrée de notre âme. Il est d'institution divine, et l'amour d'une créature charmante n'est si délicieux que parce qu'il est une émanation intime de l'amour-propre. Pardon, ma bien-aimée Pauline, si je vous tranche un peu du métaphysicien ; cela m'est échappé et ne peut être absolument obscur pour une âme aussi éclairée que sensible et honnête. Je quitte donc, que dis-je? j'abjure le ton badin, puisque vous attendez des expressions plus sérieuses pour vous livrer à votre aimable tendresse…. »

On croit ici que Beaumarchais va faire du sentiment, pas du tout : c'est encore une dissertation, mais sur un autre point.

« Écoute, ma belle enfant, la loi de la plume doit être l'impulsion du sentiment; celui qui réfléchit pour écrire à sa maîtresse est un fourbe qui la trompe. Eh! qu'importe qu'une lettre soit bien coupée, que les périodes en soient bien arrondies : l'amour n'y garde pas tant de mesure ; il commence une phrase qu'il croit bonne, il l'interrompt pour en commencer une autre qui lui paraît meilleure ; une troisième plus chaude laisse les précédentes imparfaites : le désordre suit ; pour avoir trop à dire, on dit mal. Ah! cette aimable confusion est un doux aliment pour l'âme qui en lit l'empreinte sur le papier. Ce mal épidémique, malgré l'éloignement des lieux et des temps, se gagne à la lecture; on partage volontiers le charme d'un désordre dont on sait qu'on est le premier sujet. Ma maîtresse dit : Quand mon amant écrit ou parle affaires, il a le sens commun, ses idées sont liées, ses conclusions naissent de ses prémisses, tout marche vers une fin commune ; mais dès qu'il abandonne sa plume à son pauvre cœur, il commence paisiblement, il s'échauffe, il s'égare, il dédaigne de chercher sa route ; tout entier à son objet, qu'importe ce qu'il lui dit, pourvu qu'il prouve qu'il aime ? — Eh bien ! tu as raison, ma chère petite, j'use de la liberté du tutoiement que ton exemple me donne[1]. Je te dis que je t'aime, je te le répète : le crois-tu ? Si tu en doutes, le malheur est pour toi. L'assentiment de mon amour fait mon bonheur, l'opinion que tu en as ne tient que le second rang. J'aime mieux te pardonner une injustice que de la mériter. — 1° L'amour qu'on sent, 2° celui qu'on inspire, — voilà les vraies gradations de l'âme. Que te dirai-je ? j'ai le cœur plein de ta dernière pensée. Il lui faudra plus d'une demi-heure de silence et de repos pour qu'il rattrape le calme que le beau feu qui l'élève lui a fait perdre en t'écrivant ; mais, loin de m'en plaindre, j'adore ma situation.

« Ah ! bon Dieu ! je voulais tourner, je n'ai plus de papier ; il n'y a pas cinq minutes que j'écris.... Marchand[1], il me faut à l'avenir du papier à la Tellière pour mon courrier de Paris. »

En faisant la part du penchant de Beaumarchais pour la dissertation, peut-être est-il permis également de mettre en doute l'ardeur d'un amour qui pérore ainsi. A mesure qu'il essaie de prouver, ce qui est vrai, qu'un certain désordre d'idées est le caractère de la passion, l'auteur de la lettre ne paraît pas joindre l'exemple au précepte ; on dirait qu'il se bat les flancs pour avoir l'air désordonné, et l'on ne s'aperçoit guère de ce beau

---

[1] On voit que c'est Pauline qui s'est lancée la première dans le *tutoiement*. Cela se pratiquait quelquefois ainsi au xviiie siècle, d'après *la Nouvelle Héloïse*, où Julie prend également l'initiative du ton familier.

[2] C'est le domestique de Beaumarchais.

feu qui *lui a fait perdre son calme*, d'autant que son écriture elle-même est parfaitement tranquille et posée. Beaumarchais plaît davantage, quand il se contente d'être simple, gai et bon enfant, comme dans ce billet :

« Bonjour, ma tante ; je vous embrasse, mon aimable Pauline ; votre serviteur, ma charmante Perrette[1]. Mes petits enfants, aimez-vous les uns les autres : c'est le précepte de l'apôtre mot pour mot. Que le mal que l'une de vous souhaiterait à l'autre lui retombe sur la tête : c'est la malédiction du prophète. Cette partie de mon discours n'est pas faite pour des âmes tendres, sensibles comme les vôtres, je le sais, et je ne pense pas sans une satisfaction extrême que la nature, en vous formant si aimables, vous a donné la portion de sensibilité, d'équité, de modération qui convient à toutes pour faire votre bonheur de vivre ensemble et le mien d'être au milieu d'une si charmante société. L'une m'aimera (dis-je quelquefois) comme son fils, celle-ci comme son frère, celle-là comme son ami, et ma Pauline, unissant tous ces sentiments dans son bon petit cœur, m'inondera d'un déluge d'affection auquel je répondrai suivant le pouvoir donné par la Providence à votre serviteur zélé, à votre ami sincère, à votre futur.... Peste ! quel mot grave j'allais prononcer ! Il eût passé les bornes du profond respect avec lequel j'ai l'honneur d'être, Mademoiselle, etc., etc. »

Cependant cette préface de mariage, en se prolongeant, n'était pas sans péril pour Pauline ; les entrevues se multipliaient, la surveillance de la tante était peu sévère ; Beaumarchais, qui de loin, c'est-à-dire dans ses lettres, ne semble pas très-dangereux, l'était de

---

[1] Cette charmante Perrette, qui vivait je ne sais à quel titre dans la maison de la tante, donna bientôt des inquiétudes à Pauline, et devint plus tard la cause ou le prétexte de sa rupture avec Beaumarchais.

près bien davantage ; l'homme de la dissertation faisait alors place à l'autre : il avait sincèrement l'intention d'épouser, et par conséquent de respecter Pauline ; plus amoureux, le respect eût été pour lui plus facile, mais il était plus aimé qu'amoureux. Dans *les Deux Amis*, Mélac est un jeune homme très-*sensible*, mais non moins vertueux, qui, lorsque son père lui reproche une trop grande familiarité avec Pauline, rougit et proteste que le jour n'est pas plus pur que le fond de son cœur. Beaumarchais était un Mélac passablement dégourdi par la vie de cour et beaucoup moins inoffensif que le jeune premier de son drame. Il y eut donc dans cette liaison quelques moments un peu vifs où Pauline eut besoin d'appeler à son aide toute la provision de vertu que le XVIIIe siècle fournissait aux jeunes filles amoureuses et mal gardées ; or nous savons que cette provision était assez mince. Il faut espérer néanmoins qu'elle a suffi pour préserver Pauline. Ce qui se passait ne nous est révélé que par quelques lettres d'elle qui sont un peu bien expressives : « Adieu amour ! s'écrie la jeune créole en terminant une de ses lettres, adieu mon âme ! adieu tout ! Quand tu reviendras, ce sera pour moi le soleil d'un beau jour. Adieu. » Mais, quoique les missives de Pauline soient des plus tendres, elles annoncent pourtant de sa part une volonté assez ferme de résister au danger de sa situation, et ce qui aide à croire qu'elle y a réussi, c'est qu'après tout c'est elle qui a fini, on va le voir, par refuser d'épouser Beaumarchais[1].

---

[1] Dans la première publication de ce travail j'avais cru devoir

Si le fiancé de Pauline n'est pas assez respectueux, est-il du moins fidèle? Tout en inquiétant sa vertu, lui permet-il de se croire aimée uniquement? Ma qualité de rapporteur véridique m'oblige à déclarer que Beaumarchais paraît suspect sous le rapport de la fidélité. Je trouve dans les lettres de sa sœur Julie à cette époque un passage qui témoigne contre lui, et qui est en même temps un petit tableau d'intérieur où sa sœur nous peint avec sa verve ordinaire trois couples d'amants qui, au commencement de 1764, égayaient la maison de la rue de Condé et la vieillesse du père Caron en se préparant au mariage. Tous les personnages de ce tableau, moins un, sur lequel on s'expliquera tout à l'heure, sont déjà connus du lecteur ; il les retrouvera peut-être avec plaisir groupés sous le crayon leste et amusant de Julie : « Notre maison, écrit-elle à son amie Hélène, est une petaudière d'amants qui vivent d'amour et d'espérance ; moi j'en ris mieux qu'une autre, parce que je suis moins amoureuse ; mais je con-

---

reproduire *in extenso* une des lettres les plus accentuées de Pauline ; j'y trouvais un mélange d'ingénuité et de hardiesse qui, chez une jeune fille bien élevée du reste, me semblait intéressant à observer, comme indication de ce que je nommerais volontiers la *température morale* du XVIIIe siècle. Mais des personnes, dont l'approbation m'est précieuse, m'ont objecté que cette lettre, quoique dictée par un sentiment louable, portait tout entière sur une situation en elle-même très-scabreuse et qu'elle m'exposait à un inconvénient que doit chercher à éviter tout écrivain, celui de ne pouvoir être lu par tout le monde. Ce genre d'écueil est très difficile à tourner dans un ouvrage exact et un peu approfondi sur Beaumarchais et son temps. Cependant, il vaut mieux pécher par réticence que par défaut de réserve, et c'est ce qui m'a déterminé à supprimer ici cette lettre de Pauline.

çois qu'à l'œil philosophique, c'est un tableau que tout ceci, aussi utile qu'intéressant. Beaumarchais est un drôle de corps qui, par sa légèreté, mine Pauline et la désole. Boisgarnier et Miron raisonnent à perdre haleine le sentiment, et s'échauffent avec ordre jusqu'à l'instant d'un beau désordre; le chevalier et moi, c'est pis que tout cela : il est amoureux comme un ange, ardent comme un archange, et brûlant comme un séraphin; moi, je suis gaie comme pinson, belle comme Cupidon et malicieuse comme un démon. L'amour ne me fait point *lon-lan-la* comme aux autres, et pourtant, malgré ma folie, je ne pourrai me sauver d'en tâter, voilà le diable ! »

Julie, en effet, malgré ses airs dégagés, en tient pour le chevalier un peu plus qu'elle ne l'avoue. Ce nouveau personnage, qui va jouer son rôle dans l'épisode que nous racontons, se nommait le chevalier de S...; il était, je crois, né à Saint-Domingue; il est qualifié de substitut du procureur-général du roi au conseil souverain du Cap. Quoique compatriote de Pauline, il ne la connaissait pas lorsqu'il se lia avec Beaumarchais, qui l'introduisit dans sa famille, et le vit avec plaisir rendre des soins assidus à sa sœur Julie. Il était, à ce qu'il paraît, assez pauvre; mais il avait un nom, une situation, et c'était un très-beau parti pour Julie, qui n'avait d'autre fortune que celle qu'elle pouvait attendre de la générosité de son frère.

Les choses en étaient là lorsque Beaumarchais partit pour l'Espagne, toujours engagé avec Pauline, qui continue à lui écrire des lettres fort tendres en se plaignant parfois de sa négligence à répondre, tandis que Julie, imprudemment, s'amuse à tourmenter la jeune créole en lui parlant des équipées de son serviteur à Madrid. « Quand donc reviens-tu? s'écrie Pauline dans une de ses lettres, indigne voyage! qu'il me déplaît, bon Dieu! » Et Julie, toujours bonne, quoique un peu moqueuse et qui aime beaucoup Pauline, gourmande à sa manière la paresse de son frère, à qui elle écrit : « Dis-lui donc quelque chose à cette enfant! »

Quoique le fiancé de Pauline ne nous paraisse pas assez amoureux, nous devons reconnaître qu'il s'occupe d'elle et de ses intérêts, avec tout le zèle d'un ami. Les nouvelles qu'il reçoit de Saint-Domingue par le parent qu'il y a envoyé sont fâcheuses; l'habitation est dans un état déplorable et endettée au delà de sa valeur; ce parent lui-même vient à mourir, et tout l'argent que Beaumarchais lui a confié, ainsi que les marchandises destinées à l'habitation, sont engloutis, comme il le redoutait d'abord, dans le délabrement de cette propriété. Malgré cet incident Beaumarchais, à son retour d'Espagne, semble toujours résolu à épouser Pauline. Il pense à laisser mettre par les créanciers l'habitation en vente et à la racheter sous main : on lui assure que, bien administrée, elle peut rapporter un revenu considérable; mais bientôt entre sa fiancée et lui s'élèvent des orages occasionnés d'abord par ses légèretés. Au milieu de ces orages, il entend dire que le chevalier de S..., qui s'était présenté comme aspirant à la main de sa sœur Julie, a des vues sur Pauline. Le chevalier s'en défend très-vivement dans une lettre à Beaumarchais qui se termine ainsi :

« Il me semble, Monsieur, qu'une histoire contrefaite doit trouver moins de crédit à vos yeux qu'à d'autres, et parce que vous les avez meilleurs, et parce que vous avez été toute votre vie en butte à de pareils contes. Au reste, je vous supplie de croire que je ne vous écris pas pour obtenir grâce, mais parce que je me dois et à Mlle Le B... de faire connaître la vérité sur un point qui la compromet, et parce qu'il me serait dur et très-dur de perdre votre estime. »

Pauline, interrogée de son côté, répond à Beaumarchais par ce billet fort sec qui indique déjà un changement considérable dans ses sentiments :

« Comme j'ignorais avant votre lettre le projet de M. le chevalier, et que je n'entends rien à tout ceci, vous me permettrez de m'en instruire avant de vous répondre. A l'égard du reproche que vous me faites au sujet de Julie, je ne crois pas le mériter : si je n'ai pas envoyé savoir de ses nouvelles aussi souvent que je l'aurais dû, c'est qu'on m'a assuré qu'elle se portait beaucoup mieux et qu'on l'avait vue à sa fenêtre, ce qui m'a fait penser que cela était vrai. Si ma tante n'était pas malade de son érésipèle, ce qui m'empêche de sortir, j'irais sûrement la voir : je l'embrasse de tout mon cœur. »

Les deux accusés étaient peut-être innocents encore à ce moment, si j'en juge par la lettre d'un cousin de Pauline, ami de Beaumarchais, très-maltraité par lui à ce propos, et qui lui répond : « Quand d'un esprit plus tranquille, vous m'aurez rendu justice, je vous parlerai à cœur ouvert, et je vous prouverai que vous, qui condamnez si aisément les autres, êtes plus coupable que ceux que vous croyez dissimulés, traîtres ou perfides. Rien de si pur que le cœur de la chère Pauline, de plus grand que celui du chevalier et de plus sincère que le mien, et vous nous regardez tous trois comme des monstres ! » La même lettre indique que Beaumarchais irrité ne voulait plus alors épouser Pauline, car elle contient le passage suivant : « Vous me recommandez le secret sur votre lettre; soyez tranquille, il sera gardé, mais je trouve singulier que vous preniez le parti de ne pas vous unir à Mlle Le B... et que vous exigiez que je ne le dise pas. »

Que se passe-t-il entre la date de cette lettre (et, par parenthèse, c'est presque la seule qui soit datée, ce qui a rendu le débrouillement de cette affaire assez difficile), que se passe-t-il entre la date de cette dernière lettre, 8 novembre 1765, et la date du 11 février 1766, qui paraît être celle de la rupture définitive entre Pauline et Beaumarchais? Il y a ici une petite lacune dans les documents; mais ce qui a été conservé permet de voir clair dans ce qui manque. Il est évident que ce qui n'était d'abord qu'un bruit, peut-être sans fondement, devient insensiblement une vérité. Soit que Pauline ait cessé d'aimer sous l'influence des *légèretés* de Beaumarchais (et on verra plus loin que c'est la raison ou le prétexte qu'elle lui oppose), soit que le long retard et les hésitations que ce dernier a mis à se décider au mariage aient froissé son amour-propre ou l'aient inquiétée sur l'avenir, soit enfin tout simplement qu'elle ait pris du goût pour le chevalier de S...,—il est certain qu'elle incline de plus en plus vers lui. Le chevalier, de son côté, qui, un an auparavant, écrivant à Beaumarchais, disait de Julie : *C'est l'objet unique de mes plus tendres vœux*; le chevalier, soit qu'il ait été dégagé par Julie, ou qu'il se dégage lui-même, se rapproche de Pauline, et paraît sur le point de supplanter Beaumarchais. C'est alors que ce dernier, le même jour, écrit coup sur coup à Pauline deux lettres que je donne presque tout entières, non pas comme des modèles de style, car elles n'ont point de valeur littéraire, mais parce qu'elles me paraissent des matériaux assez utiles pour l'étude de l'homme en général et de Beaumarchais en particulier.

Dans les romans, chaque impulsion du cœur humain est peinte d'ordinaire isolément, avec des couleurs vives, tranchées, sans mélange. Dans la réalité, les choses se passent rarement ainsi ; quand une impulsion n'est pas assez puissante (et c'est le cas le plus général) pour étouffer toutes les autres, le cœur humain présente parfois le spectacle d'une mêlée confuse où des sentiments très-divers et souvent contraires agissent et parlent en même temps. C'est ainsi que dans les lettres qu'on va lire on peut discerner à la fois un reste d'amour réveillé, excité par la jalousie et comprimé dans son expression par la vanité; des scrupules de délicatesse et d'honneur, la crainte du *qu'en dira-t-on*, le besoin de prouver qu'on n'a aucun reproche à se faire, la détermination d'épouser et cependant peut-être une certaine peur d'être pris au mot; car bien que ces lettres contiennent une offre très-formelle de mariage, elles renferment des passages d'un ton assez sec et même assez mortifiant pour que la fierté de Pauline y réponde par un refus. D'un autre côté, surtout dans la seconde lettre, il est visible que Beaumarchais craint ce refus, et que, soit par amour-propre, soit par amour [1], il désire en triompher.

« Vous avez renoncé à moi, écrit-il à Pauline, et quel temps avez-vous choisi pour le faire? Celui que j'avais destiné devant vos amis et les miens pour être l'époque de notre union. J'ai vu la perfidie qui abusait de la faiblesse et faisait tourner contre moi jusqu'à mes offres. Je vous ai vue, vous qui avez si souvent gémi des injustices que les hommes m'ont faites, je vous ai vue vous joindre à eux pour me créer des torts auxquels je n'ai jamais pensé. Si je n'avais pas eu dessein de vous épouser, aurais-je mis aussi peu de forme dans les services que je vous ai rendus? Aurais-je assemblé mes amis deux mois avant vos refus pour leur apprendre ma dernière résolution, dont je leur avais demandé le secret à cause de ménagements que je ne pouvais pas dire, mais qui m'en faisaient une loi? Tout a été tourné contre moi. La conduite d'un ami double et perfide[2], en me donnant une cruelle leçon, m'a appris qu'il n'était pas de femme si honnête et si tendre qu'on ne pût séduire et faire changer. Aussi le mépris de tous ceux qui l'ont vu agir est-il sa digne récompense. Revenons à vous. Ce n'est pas sans regrets que j'ai tourné mes réflexions sur vous depuis que la première chaleur de mon ressentiment est passée, et, lorsque j'ai insisté pour que vous m'écrivissiez formellement que vous rejetiez mes offres de mariage, il se mêlait à mon dépit une curiosité obscure de savoir si vous franchiriez ce dernier pas avec moi. Aujourd'hui il faut absolument que j'en aie le cœur net. J'ai reçu des propositions

---

[1] On a vu plus haut que, dans sa théorie, ces deux éléments sont inséparables.

[2] On comprend que ceci est à l'adresse du chevalier de S....

très-avantageuses de mariage; sur le point de m'y livrer, je me suis senti arrêté tout à coup : je ne sais quel scrupule d'honneur, quel retour vers le passé m'a fait hésiter. Je devrais bien me croire libre et dégagé envers vous après tout ce qui s'est passé; cependant je ne suis point tranquille : vos lettres ne me disent pas assez formellement ce qu'il m'importe de savoir. Répondez-moi juste, je vous prie. Avez-vous tellement renoncé à moi, que je sois libre de contracter avec une autre femme? Consultez votre cœur sur ce point pendant que ma délicatesse vous interroge. Si vous avez totalement coupé le nœud qui devait nous unir, ne craignez pas de me le mander sur-le-champ. Afin que votre amour-propre soit tout à fait à l'aise sur la demande que je vous fais, j'ajoute à ceci que je remets, en vous écrivant, toutes choses en l'état où elles étaient avant tous ces orages. Ma demande ne serait pas juste si, cherchant à vous tendre un piége, je ne vous donnais pas la liberté du choix dans votre réponse. Que votre cœur la fasse tout seul. Si vous ne me rendez pas ma liberté, écrivez-moi que vous êtes la même Pauline douce et tendre pour la vie que j'ai connue autrefois, que vous vous croirez heureuse de m'appartenir : sur-le-champ je romps avec tout ce qui n'est pas vous. Je ne vous demande que le secret pendant trois jours pour toute la terre sans exception; je me charge du reste, et, dans ce cas, gardez cette lettre dont on m'apportera la réponse. Si vous avez le cœur pris pour un autre ou un éloignement invincible pour moi, sachez-moi au moins gré de ma démarche honnête. Remettez au porteur votre déclaration qui me rend libre, alors je croirai dans le fond de mon cœur avoir rempli tous mes devoirs, et je serai content de moi. Adieu. Je suis, jusqu'à ce que j'aie reçu votre réponse au titre qu'il vous plaira choisir, Mademoiselle, votre très-humble, etc.

« DE BEAUMARCHAIS. »

Cette première lettre n'était pas très-engageante; elle avait été remise à Pauline et retirée avant qu'elle eût le temps d'y faire réponse. Beaumarchais la lui renvoie le même jour, en y joignant la seconde que voici :

« Vendredi soir.

« Je vous ai fait demander une réponse par écrit. Vous avez envoyé après ma sœur pour lui demander la lettre à laquelle vous promettiez réponse. Elle a cru devoir vous la retirer et me la remettre. Je vous la renvoie, en vous priant de la lire avec attention et d'y répondre formellement. Je désirerais bien que personne ne fût entre vous et moi, afin que je pusse compter sur la vérité de vos déclarations. Je vous renvoie le paquet de vos lettres. Si vous les gardez, vous joindrez les miennes à votre réponse. La lecture de vos lettres m'a attendri, je ne veux plus éprouver cette peine ; mais, avant que de me répondre, examinez bien ce qui vous est le plus avantageux, tant pour votre fortune que pour votre bonheur. Mon intention est que, oubliant tout, nous passions des jours heureux et tranquilles. Que la crainte de vivre avec des gens de ma famille qui ne vous plairaient point n'arrête pas votre sensibilité, si une autre passion ne l'a pas éteinte. Mon intérieur est arrangé pour que soit vous, soit une autre, ma femme soit maîtresse paisible et heureuse chez moi. Votre oncle m'a ri au nez quand je lui ai reproché qu'il m'était opposé. Il m'a dit que son opinion était que je ne devais pas craindre d'être rejeté, ou que la tête avait tourné à sa nièce. Il est vrai qu'à l'instant de renoncer à vous pour jamais, j'ai senti une émotion qui m'a appris que je tenais plus à vous que je ne le croyais. Ce que je vous mande donc est de la meilleure foi du monde. Ne vous flattez pas de me jamais donner le chagrin de vous voir la femme d'un certain homme. Il faudrait qu'il fût bien osé pour lever les yeux devant le public, s'il projetait d'accomplir sa double perfidie. Pardon si je m'échauffe ! Jamais cette pensée ne m'est venue, que tout mon sang n'ait bouilli dans mes veines[1].

[1] Toujours le chevalier de S.... Voilà du moins quelque chose

« Mais, quelle que soit votre résolution, je ne dois pas l'attendre, car j'ai suspendu toutes mes affaires pour me livrer encore une fois à vous. Votre oncle m'a représenté combien ce mariage était peu avantageux pour moi, mais je suis bien loin de m'occuper de ces considérations. Je veux vous devoir encore une fois à vous-même, ou que tout soit dit pour la vie. Je compte sur votre discrétion pour tout autre que votre tante. Vous concevez que j'aurais de furieux griefs contre vous, s'il me revenait que vous avez abusé de ce secret [1]. Personne au monde ne se doute que je vous ai écrit. J'avoue qu'il me serait doux, pendant que tous les ennemis sommeillent, que la paix se conclût entre nous. Relisez vos lettres, et vous concevrez si j'ai dû retrouver au fond de mon cœur tous les sentiments qu'elles y avaient fait naître. »

La réponse de Pauline est beaucoup plus laconique et beaucoup plus nette que les deux lettres qu'on vient de lire. Chez elle, il n'y a aucun conflit de sentiments : elle n'aime plus Beaumarchais et elle aime ailleurs ; c'est très-simple et très-clair.

« Je ne puis que vous répéter, Monsieur, ce que j'ai dit à mademoiselle votre sœur, que mon parti est pris pour ne plus revenir ; ainsi je vous remercie bien de vos offres, et je désire de tout mon cœur que vous vous mariiez avec une personne qui fasse votre bonheur ; je l'apprendrai avec grand plaisir, comme tout ce qui vous arrivera d'heureux ; j'en ai assuré mademoiselle votre sœur. Ma tante et moi devons vous dire aussi combien nous sommes fâchées que vous nous manquiez d'égards en traitant fort mal, à notre occasion, un homme

---

d'un peu expressif, mais c'est toute la dose d'Othello que j'ai trouvée dans les lettres de Beaumarchais. Du reste, tout le passage semble indiquer ici le désir sincère d'épouser.

[1] Quel besoin de mystère ! Est-ce une inquiétude de vanité ou quelque autre cause qui produit cette préoccupation ? C'est ce que le dossier n'éclaircit pas.

que nous regardons comme notre ami ; je sais mieux que personne combien vous avez tort de dire qu'il est perfide [1]. J'ai dit encore ce matin à mademoiselle votre sœur qu'une demoiselle qui avait demeuré chez ma tante était la cause de tout ce qui arrive aujourd'hui, et que, depuis ce temps, il n'y avait que le public qui me retenait [2] ; vous avez encore plusieurs lettres à moi, dont deux écrites dans ce temps-là, une autre écrite à Fontainebleau, et quelques autres que je vous prie de me renvoyer. Je prierai un de nos amis de Saint-Domingue, comme je vous l'ai déjà mandé, de passer chez vous pour achever tout ce qui reste à terminer entre nous. Je suis très-parfaitement, Monsieur, votre très-humble et très-obéissante servante.

« Le B... »

Pauline, qui signait autrefois : *je suis pour la vie ta fidèle Pauline*, signe poliment de son nom de famille, et cette correspondance se termine, comme une foule de correspondances du même genre, par le « j'ai l'honneur d'être, » ou « je suis très-parfaitement, » qui succède aux protestations d'amour éternel.

Enfin, pour clore l'épisode, voici venir le cousin de Pauline dont j'ai déjà parlé, celui qui au moins date scrupuleusement ses lettres, ce qui le rend estimable aux yeux de la postérité. Il s'est réconcilié avec Beaumarchais, et, tout en stipulant pour sa cousine, il se tait

[1] Cette apologie d'un rival heureux dans laquelle Pauline, en vraie fille d'Ève qu'elle est, fait intervenir sa tante et parle au pluriel, a dû être pour Beaumarchais un morceau d'une digestion difficile.

[2] Ici Pauline n'est peut-être pas très-sincère en se retranchant derrière Mlle Perrette ; elle allègue une vieille infidélité depuis longtemps amnistiée par elle-même : aussi réclame-t-elle ses lettres de ce temps-là ; mais, comme ce sont les plus intéressantes, Beaumarchais a eu soin d'oublier de les rendre.

maintenant sur l'innocence du chevalier, qui commence sans doute à lui paraître moins évidente.

« Tout est dit, mon cher Beaumarchais, et sans espoir de retour ; j'ai fait part de vos dispositions à Mme G..... (c'est la tante) et à Mlle Le B...; elles ne demandent pas mieux que de mettre un procédé honnête dans la rupture : il s'agit maintenant de travailler à régler le compte à faire entre Mlle Le B... et vous, et de prendre des arrangements avec vous pour vous remplir des sommes qui vous resteront dues ; ces dames vous prient aussi de me remettre généralement tous les papiers que vous aviez qui concernent les affaires de Mlle Le B... Vous ne sauriez croire combien je suis fâché de n'avoir pu réunir deux cœurs qui, depuis si longtemps, m'avaient paru être faits l'un pour l'autre ; mais *l'homme propose, et Dieu dispose*. Je me flatte que, de part et d'autre, la justice que je crois mériter me sera rendue. Je vous ai laissé lire dans mon cœur, et vous avez dû voir que je ne connais ni le déguisement ni l'artifice. Adieu, mon ami, j'irai vous voir le plus tôt que je pourrai ; en attendant, donnez-moi de vos nouvelles. Je vous embrasse et suis toujours votre sincère ami.

« P..... »

« Ce mardi gras au soir, 11 février 1766. »

Accordons à ce digne cousin, dont les sentences sont plus consolantes que neuves, la justice qu'il réclame, et reconnaissons qu'il est étranger à la perfidie du chevalier. Toujours est-il que, quelques mois après cette lettre, tandis que Julie voyait son adorateur épouser Pauline, Beaumarchais avait le désagrément de voir sa fiancée devenir Mme de S... et lui donner sans hésitation *ce chagrin*, dont la seule pensée faisait, nous a-t-il dit, *bouillir son sang dans ses veines*

Si nous écrivions un roman, il s'arrêterait là, ou bien

il se terminerait par la mort de Beaumarchais se tuant de désespoir ou par la mort du chevalier immolé à la fureur de son rival ; mais, comme nous écrivons une histoire, nous sommes obligé, avant tout, d'être exact et de constater qu'au lieu de finir par un suicide ou un duel, l'aventure finit plus prosaïquement par un *règlement de comptes* où l'auteur futur du *Mariage de Figaro* fait une figure assez plaisante dans sa double colère d'amant trahi et de créancier justement inquiet. J'ai assez appuyé sur ce qu'il y avait d'un peu froid et calculé dans son amour pour être tenu de rappeler que, s'il avait mis trop de prudence dans ses sentiments, il avait été, dans ses procédés, généreux jusqu'à l'imprudence. Non-seulement il avait avancé, sans trop compter, de l'argent à la tante et à la nièce, mais il avait, on s'en souvient, risqué une assez forte somme sur l'habitation délabrée de Saint-Domingue ; cette somme se trouvait perdue, et c'était bien le moins que celui qui lui avait enlevé Pauline se donnât la peine de régler, sinon de payer ses dettes. Une fois sacrifié comme amant, Beaumarchais apparaît à l'état de créancier strict et de calculateur exercé ; il groupe les capitaux avec les intérêts, et présente un mémoire d'une scrupuleuse rectitude. Le chevalier, qui n'a pas le temps de s'occuper de ces vils détails, et qui est allé passer la lune de miel avec Pauline je ne sais où, expédie à Beaumarchais son frère aîné, l'abbé de S..., abbé respectable, mais un peu vif, un peu narquois, qui non-seulement chicane son interlocuteur sur son mémoire, mais se permet parfois d'agacer une plaie saignante et d'opposer l'amant au créancier. De là des discussions orageuses dont la lettre suivante de Beaumarchais à l'abbé suffira pour donner une idée.

« Monsieur l'abbé,

« Je vous prie de remarquer que je n'ai point manqué d'honnêteté envers vous et que je ne dois que du mépris à celui que vous représentez, comme j'ai eu l'honneur de vous le dire vingt fois, et comme j'aurais fort désiré le lui dire à lui-même, s'il eût été aussi exact à se montrer qu'habile à succéder. La preuve que Mlle Le B... a bien voulu de moi, de mon affection, de mes conseils, de mon argent, c'est que, sans votre frère, qui a troublé l'union qui existait depuis six ans, elle ferait encore usage de toutes mes facultés, que je lui ai prodiguées tant qu'elles lui ont été agréables et utiles. Il est vrai qu'elle achète fort cher mes services, puisqu'elle doit à notre affection pour votre frère le bonheur de l'avoir épousé, ce qu'il n'aurait pas fait s'il fût resté sans nous connaître dans le lieu où il végétait alors. Je n'entends pas le secret de la phrase de l'*apologie*; ainsi je suis dispensé d'y répondre, et si je regrette qu'il soit absent, c'est que j'aurais sûrement le plaisir en toute occasion de lui témoigner moi-même ce qu'il ne peut plus savoir que par procureur. Je ne discontinuerai pas de me préparer, par des bienfaits, à des noirceurs et des injustices. Je me suis toujours bien trouvé de faire le bien dans l'attente du mal, et votre conseil n'ajoute rien à mes dispositions là-dessus.

« Comme vous convenez que vous sortez de votre caractère avec moi, il me conviendrait peu de vous en faire reproche. Il me suffit que vous vous accusiez vous-même pour que je n'en garde aucun ressentiment.

« Je ne sais pourquoi vous avez souligné le mot de *votre sœur*, en me rappelant que je dis que c'est ainsi que j'ai aimé Mlle Le B... Cette ironie tombe-t-elle sur elle, sur moi ou sur votre frère? Comme il vous plaira, au reste. Quoique le sort de Mlle Le B... ne me regarde plus, il ne me convient pas de me servir, en parlant d'elle, d'autres termes que ceux que j'ai employés. Ce n'est pas d'elle que je me plains[1]; elle est, comme vous dites, *jeune et sans expérience*, et, quoiqu'elle ait très-peu de bien, M. votre frère a bien usé de son expérience en l'épousant, et a fait une très-bonne affaire.

« Considérez encore un coup, monsieur l'abbé, que tout ce qui s'adresse à lui vous est étranger. Il serait trop humiliant pour un homme de votre état qu'on le soupçonnât d'avoir été pour quelque chose dans les procédés de votre frère à mon égard; laissez-lui en le blâme, et ne relevez point des choses qui ne méritent pas d'avoir un défenseur aussi honnête que vous.

J'ai l'honneur d'être, etc.

« BEAUMARCHAIS. »

Pour couper court à ces débats irritants, Beaumarchais fit une assez forte réduction sur sa créance, qui fut réglée à la somme de 24,441 livres 4 sous 4 deniers.

Maintenant, j'en demande bien pardon à l'ombre de la charmante Pauline, mais il paraît certain que cette créance, acceptée et reconnue par elle, n'a jamais été payée. Non-seulement je la vois, dans d'autres papiers d'une date postérieure, placée au nombre des créances presque désespérées; mais la touchante sollicitude du caissier Gudin, après la mort de son maître, pour le moindre des billets amoureux de Pauline, suffit à démontrer que cette créance doit être rangée parmi les *reconnaissances* non suivies d'effet, dont un assez grand nombre de femmes aimables, de poëtes et de grands seigneurs ont laissé la trace dans les papiers de

---

[1] Voilà encore un de ces sentiments délicats et bons qu'on rencontre souvent chez Beaumarchais et qu'on doit noter.

Beaumarchais. A la vérité, Pauline devint veuve un an après son mariage, et ce malheur dut nuire à l'arrangement de ses affaires. Le dernier souvenir que je trouve d'elle dans le dossier est une lettre adressée à son cousin à la date de 1769, où elle dit, à propos de Beaumarchais : « Qu'il dorme donc en repos, il sera payé ! » C'est un peu léger à l'égard d'un homme qu'on a aimé un instant *pour la vie*. Pauline aurait-elle pensé, par hasard, que son amour valait bien, après tout, 24,444 livres 4 sous 4 deniers ? Il n'y aurait point à contester là-dessus ; mais, comme cette hypothèse pourrait donner à certains billets *expressifs* une gravité qu'il n'y faut pas chercher, je m'empresse de la repousser comme un jugement téméraire, et je conclus que si la jeune et belle créole a laissé sa dette en souffrance, c'est que son habitation de Saint-Domingue aura été expropriée par d'autres créanciers, ou saccagée par les noirs, ou engloutie par un tremblement de terre.

Tel est l'exposé exact du petit drame vrai sous l'influence duquel Beaumarchais s'exerçait à écrire des drames fictifs; car nous sommes en 1767, année où il fait son apparition au théâtre et dans la vie littéraire par le drame d'*Eugénie*.

VIII

DU DRAME EN FRANCE AU XVIII° SIÈCLE.
LES PREMIERS DRAMES DE BEAUMARCHAIS.
SON SECOND MARIAGE.

Le genre dramatique sérieux n'étant pas précisément la vocation de Beaumarchais, on est d'abord porté à se demander comment il se fait qu'il ait débuté par deux drames avant de se livrer à son véritable instinct, la comédie. En tenant compte de certaines nuances de sensibilité à la Grandisson qu'on a déjà reconnues dans ses lettres, et qui, assombries par la mésaventure intime que nous venons de raconter, ont pu contribuer à l'erreur de ses débuts, je crois que cette erreur doit surtout s'expliquer par un penchant très-prononcé chez lui pour toute chose ayant l'avantage ou l'aspect de la nouveauté. Il était de ces hommes que la nouveauté attire invinciblement, comme il en est d'autres qu'elle épouvante par elle-même. En le suivant de près dans sa vie, on le voit s'enthousiasmer avec la plus grande facilité pour tous les genres d'inventions, industrielles, mécaniques, scientifiques, depuis les spécifiques des charlatans jusqu'aux aérostats, dont la direction préoccupe beaucoup sa vieillesse. Le goût de l'innovation en tout est un des traits les plus saillants de sa physionomie. Or, le drame, qui a perdu aujourd'hui le charme de la nouveauté, apparaissait alors en France sous sa première forme. Ce genre mixte entre la tragédie et la comédie, introduit par La Chaussée et Diderot, très-loué par les uns, très-attaqué par les autres, n'offrait point de précédents dans notre littérature, et par cela même captivait naturellement un esprit tourné aux découvertes. Ajoutons que, dans l'exécution, ce genre présentait plus de facilité que les deux autres, et l'on comprendra qu'avant de songer à laisser une trace dans la comédie, en rajeunissant ses formes et en étendant ses attributions, Beaumarchais, sans trop s'inquiéter de sa véritable aptitude, se soit précipité avec son entrain ordinaire vers le drame *domestique* et *bourgeois*, qui lui semblait un monde inconnu dont Diderot était le Christophe Colomb et dont il espérait devenir le Vespuce.

S'il est vrai, comme l'a dit M. de Bonald, que la littérature est l'expression de la société, et cela est vrai surtout de la littérature dramatique [1], il n'y a point lieu de

[1] « Le genre dramatique, dit M. Ampère, est particulièrement propre à faire connaître l'état moral et social d'un temps ou d'un peuple; il échappe, mieux que tout autre, aux caprices de l'individualité. Quand on compose une pièce de vers, on peut, jusqu'à un certain point, se soustraire à l'action de son siècle et

s'étonner que le brillant théâtre du xviie siècle n'ait pu suffire au siècle suivant. Par la distinction tranchée des genres, des tons et des personnages tragiques ou comiques, par le choix des sujets par la contexture de l'action, ce théâtre était la fidèle image d'une société élégante et réglée, où l'aristocratie de cour donnait partout l'impulsion en fait de goût. A mesure que les mœurs aristocratiques s'altèrent, que les rangs commencent à se rapprocher, que les intelligences tendent jusqu'à un certain point à se niveler, ce changement se traduit au théâtre par la recherche de sujets nouveaux et de combinaisons nouvelles. Tandis que Voltaire et après lui Ducis s'efforcent de modifier plus ou moins l'ancienne tragédie, sans la détruire, d'autres dissidents plus audacieux, La Chaussée, Diderot, Sedaine, Beaumarchais, Sébastien Mercier travaillent à fonder sous le nom de *comédie larmoyante*, de *tragédie domestique*, de *comédie sérieuse* ou de *drame bourgeois*, un genre nouveau qui se présente d'abord avec des proportions assez mesquines, qui a grandi depuis sous des influences diverses, et qui est devenu ce que nous

peindre d'après sa fantaisie un monde imaginaire et quelquefois exceptionnel ; mais ce que beaucoup d'hommes réunis doivent voir ensemble est nécessairement accommodé à leur manière de sentir, l'auteur dramatique et le public sont en présence, en contact; le second agit sur le premier, comme l'auditoire agit sur l'orateur. » C'est la même idée qui a fait dire à M. de Tocqueville, dans son bel ouvrage de *la Démocratie en Amérique* : « Lorsque la révolution qui a changé l'état social et politique d'un peuple commence à se faire jour dans sa littérature, c'est en général par le théâtre qu'elle se produit d'abord et c'est par là qu'elle demeure toujours visible. »

appelons aujourd'hui le *drame*, c'est-à-dire, en prenant le mot dans son acception la plus générale, une forme de composition en vers ou en prose affranchie des règles sévères de l'ancienne législation dramatique.

Cette école des dramaturges du xviiie siècle a enfanté de nombreux ouvrages, et déjà presque tous sont mort; il n'en est guère resté que trois au théâtre : *Le Philosophe sans le savoir*, de Sedaine, et deux des trois drames de Beaumarchais : *Eugénie*, qui se joue encore parfois, quoique très-rarement, et *la Mère coupable*, qui se soutient. Cependant si cette école a été stérile en productions durables; elle n'en a pas moins son importance dans l'histoire du théâtre par les résultats qu'ont produits ses théories et surtout ses critiques. Le mouvement qui s'est manifesté dans la littérature dramatique en France, de 1820 à 1830, sous le nom de romantisme, n'est ni aussi nouveau, ni aussi complétement anglais ou allemand qu'on l'a dit quelquefois; il a un précurseur au xviiie siècle, et, quand on l'étudie sous sa première forme, soit dans les doctrines de Diderot, soit dans l'*Essai sur l'art dramatique* de Sébastien Mercier, publié en 1773, soit dans la polémique suscitée par la première traduction générale de Shakspeare en 1776, on reconnaît, à travers de notables différences comme théorie, que tout ce qui a été écrit sous la restauration de plus extravagant ou de plus sensé contre l'ancienne tragédie avait déjà été dit et redit au xviiie siècle. On reconnaît même que si ce premier mouvement d'innovation, absorbé de 1789 à 1815 par les agitations politiques et les événements militaires de cette période, a reparu ensuite élargi et fortifié sous l'influence d'une étude plus approfondie des théâtres étrangers, il avait lui-même, à son début, exercé sa part d'action sur l'étranger. C'est ainsi qu'on voit Lessing, que les Allemands considèrent comme l'Arminius qui délivra leur théâtre de l'invasion de la tragédie française, se passionner pour les théories et les critiques de Diderot, dont il a traduit plus d'une page dans sa *Dramaturgie*; c'est ainsi qu'on voit Goëthe faire grand cas des déclamations anti-classiques de Mercier; c'est ainsi enfin qu'on voit la plupart des ouvrages de l'école de Diderot traduits et joués avec succès en Angleterre et en Allemagne. Néanmoins il ne faut pas non plus exagérer, comme l'ont fait quelques écrivains, la valeur de ce romantisme dramatique du xviiie siècle. Médiocre dans ses œuvres, il est chétif dans ses doctrines. Au lieu de se prononcer pour un système de liberté réglée par la raison, qui n'exclut rien et qui cherche à tirer parti de toutes les beautés de l'ancien système, les novateurs dramatiques du xviiie siècle inventent une théorie étroite, pauvre et jalouse, aussi exclusive que la précédente et n'offrant rien de son élévation et de sa grandeur : ce sont des bourgeois qui, froissés d'avoir été jusqu'ici bannis du genre sérieux et considérés uniquement comme un *gibier* de comédie, veulent avoir une tragédie à eux, dans laquelle ils joueront seuls et à leur manière les grands rôles, même en s'appelant M. le marquis ou M. le commandeur, et de laquelle ils expulseront à leur tour tout ce qui n'est pas eux. Tel est le sens intime et général de toutes les théories et de tous les drames qui se produisent au xviii° siècle [1].

Pour ne parler ici qu'en passant des théories de l'homme que Beaumarchais proclame son maître, la poétique de Diderot se réduit à introduire, — à côté de la tragédie, une composition qu'il nomme tragédie *domestique ou bourgeoise*, destinée à peindre des infortunes de bourgeois, — et, à côté de la *comédie gaie*, une *comédie sérieuse*, qui me paraît, sauf quelques nuances très-peu nettes, rentrer absolument dans la tragédie domestique. De plus, sans le dire aussi expressément que Beaumarchais, Diderot semble incliner en général pour l'emploi de la prose de préférence aux vers, et enfin, sur les deux questions essentielles de l'art dramatique,

---

[1] Un seul ouvrage, qui d'ailleurs n'était point destiné au théâtre, se détache de cette masse de drames domestiques et se présente dès 1747 comme l'embryon de ce que nous appelons aujourd'hui le drame historique : c'est le *François II* du président Hénault, inspiré par la lecture d'une mauvaise traduction du drame de *Henri VI* de Shakspeare. Cet ouvrage, qui dépassait les idées du moment, ne fut point apprécié. Grimm, si enthousiaste pour les drames de Diderot, parle avec dédain de *François II*, qu'il nomme à tort une *tragédie historique*. Un seul critique du temps, qu'il ne faut pas juger d'après les invectives de Voltaire, et qui ne manquait ni de sagacité ni de bon sens, Fréron, signale le drame historique en prose du président Hénault comme « une pièce de théâtre d'une espèce singulière, qui ne rentre point, dit-il, dans l'idée des tragédies en prose de La Motte qui, sans offrir le langage propre de Melpomène et en s'affranchissant de la règle des unités, ne laisse pas d'avoir un intérêt général et une action déterminée.» Fréron ajoute que cet ouvrage lui paraît propre à créer un nouveau genre ; ce qui était parfaitement vrai.

la question des unités et celle du mélange des tons, ce prétendu novateur se prononce très-formellement pour les unités et s'explique très-vaguement sur l'alliance du style familier et du style noble, c'est-à-dire qu'en enlevant au drame sérieux tout l'idéal, toute l'élévation, toute l'ampleur de la grande tragédie, Diderot lui laisse, à peu de choses près, toutes les entraves dont les inconvénients ont donné quelque importance à ses critiques.

A l'appui de ses théories, Diderot, on le sait, écrivit deux drames, le *Fils naturel* et le *Père de famille*. Malgré quelques saillies heureuses, un certain pathos ardent, qui s'élève quelquefois jusqu'à l'éloquence, et un caractère assez *réussi*, celui du commandeur dans le *Père de famille*, il est peu d'ouvrages de théâtre qui soient plus confus, plus faibles d'intrigue, plus lourds, plus fatigants par l'emphase continue du style, par l'abus de l'interjection, de l'apostrophe et de la tirade, que ces deux drames, devenus presque illisibles[1]. En

---

[1] On est un peu stupéfait aujourd'hui quand on entend un homme d'esprit tel que Grimm annoncer au monde le *Fils naturel* comme un ouvrage sublime destiné à produire une grande révolution. « Les ouvrages de génie ont, dit-il, une marque caractéristique à laquelle il est difficile de les méconnaître; ils portent dans l'esprit et dans le cœur une chaleur inconnue, des commotions vives, des sentiments non éprouvés. Bientôt la fermentation se communique de proche; tout un peuple en est saisi, et les impresssions qui lui en restent sont quelquefois éternelles. C'est par ce moyen qu'un seul homme qui paraît au milieu des ténèbres, les dissipe souvent par son seul génie, éclaire et échauffe tout son siècle, et porte sa nation à un degré de lumière et de perfection auquel elle n'aurait jamais atteint sans lui, ou qu'elle n'aurait du moins pu atteindre qu'après des

sortant d'une *conversation* avec Diderot, Voltaire disait de lui : « Cet homme n'est pas fait pour le dialogue. » La justesse du mot de Voltaire perce à chaque page de ses drames : ce ne sont jamais les personnages, ce n'est ni Sophie, ni Constance, ni Dorval, ni Germeuil, ni Saint-Albin qui ont la parole, c'est le philosophe Diderot qui disserte sur l'amour, sur le célibat, sur les couvents, sur la vertu, sur l'égalité des conditions, — et cet écrivain, si spirituel parfois dans ses *Salons* ou dans ses lettres à Mlle Voland, qui, dans ses théories dramatiques, montre souvent un sentiment heureux de la simplicité du génie grec ; qui, après Fénelon, fait ressortir assez bien ce qu'il y a parfois de trop tendu dans le langage des héros de Corneille ; ce critique enfin, si prompt à apercevoir la paille dans le dialogue des grands tragiques du xviie siècle, ne voit pas la poutre qui est dans le sien. Le jeune et vertueux Dorval, *causant*, par exemple, avec la jeune et vertueuse Constance, qu'il hésite à épouser, de crainte d'avoir des enfants qui deviendront les suppôts ou les victimes du *fanatisme*, lui tient un beau discours qui commence ainsi : « Constance, je ne suis point étranger à cette pente si générale et si douce qui entraîne tous les êtres et qui les porte à éterniser leur espèce, etc. » Dans un autre

siècles de travaux et de recherches. Aussi, jamais ouvrage de génie, n'a paru sans causer quelque révolution. M. Diderot vient de donner un ouvrage qui a produit dans le public tous les effets dont je viens de parler. » Ainsi parlait Grimm en 1757 (Correspondance littéraire). Qui a lu de nos jours, à moins d'être professeur ou critique, et comme tel obligé de tout lire, qui a lu *le Fils naturel ?*

ouvrage du même auteur, dans une composition dialoguée, intitulée l'*Humanité* ou le *Tableau de l'indigence*, une pauvre femme dit à son mari : « Nous n'avons plus de bois pour réparer le peu de chaleur naturelle que nous laisse le ciel irrité. » Diderot appelait cela *rétablir le naturel dans le dialogue.*

Après Diderot et avant Beaumarchais, un esprit doué de qualités qu'on trouve rarement unies, surtout au xviiie siècle, un esprit délicat, pénétrant, judicieux et naïf, d'une ingénuité aimable et souvent profonde, Sedaine, sans écrire aucune théorie, avait tiré du genre préconisé, mais assez mal défini par l'auteur du *Fils naturel,* tout ce que ce genre était capable de produire, et il avait fait jouer en 1765, avec un très-grand succès, *le Philosophe sans le savoir,* le seul ouvrage vraiment remarquable qu'ait produit l'école de Diderot. Aussi ce dernier disait-il avec candeur en parlant de Sedaine : « Cet homme me coupe l'herbe sous le pied. » En effet, le drame simple, gracieux, attachant, de Sedaine, tuait les drames sentencieux, ampoulés et confus de Diderot.

C'est à ce moment que Beaumarchais entre dans la carrière, en 1767, à trente-cinq ans, après avoir expérimenté la vie sous toutes ses faces, et persuadé à tort que son talent le destinait au genre sérieux, dont il expose à son tour la théorie dans la préface du drame d'*Eugénie*. Cette théorie est en général empruntée à celle de Diderot, pour qui l'auteur d'*Eugénie* professe l'admiration la plus vive; elle est présentée dans un style moins chaleureux et plus incorrect que le style de Diderot, mais avec plus de précision, de netteté et de méthode. On en saisit mieux les points principaux. Sans adopter la classification trop subtile des quatre genres dramatiques inventée par son maître, Beaumarchais plaide pour l'introduction du drame sérieux, « qui tient le milieu, dit-il, entre la tragédie *héroïque* et la comédie *plaisante*. » Le premier, je crois, des dramaturges du temps, il intitule sa pièce *drame*[1]. Le drame, suivant lui, doit être écrit en prose ; il doit être consacré à peindre des situations tirées de la vie ordinaire : « le dialogue doit être simple et se rapprocher autant que possible de la nature ; sa véritable éloquence est celle des situations, et le seul coloris qui lui soit permis est le langage vif, pressé, coupé, tumultueux et vrai des passions. » Diderot maintenait les trois unités : son disciple n'en dit rien, il ne parle pas davantage du mélange des tons, et c'est ce drame ainsi conçu qu'il présente comme supérieur à la tragédie et à la comédie.

Que cette sorte de composition ait sa valeur au-dessous de la tragédie, du véritable drame et de la comédie, cela se peut admettre ; la popularité que ce genre domestique a acquise depuis, prouve qu'il est entré dans nos mœurs et dans nos goûts ; mais ce qui représente bien l'esprit du temps, c'est l'importance exagérée que l'auteur d'*Eugénie* attache à une conception dramatique aussi maigre, qui lui semble appelée à éclipser toutes les autres. Il est assez *plaisant* d'abord de

---

[1] Les deux drames de Diderot et celui de Sedaine étaient encore intitulés *comédies*.

voir Beaumarchais toujours tout entier à la préoccupation du moment, et ne se doutant pas encore de sa véritable vocation, s'évertuer à prouver que *le genre plaisant*, c'est-à-dire la comédie, offre beaucoup moins d'intérêt que le genre sérieux; que la moralité du *genre plaisant est ou peu profonde ou nulle, et même inverse de ce qu'elle devrait être;* en un mot, que la comédie est de sa nature essentiellement immorale, ce qui ne l'empêchera pas, dix-sept ans plus tard, dans sa préface du *Mariage de Figaro*, de reprendre la thèse au rebours, en cherchant à prouver que *le genre plaisant* de sa pièce est surtout *essentiellement moral*. Quant au genre héroïque, c'est-à-dire à la tragédie, Beaumarchais en fait très-peu de cas. Ce qu'il y a en lui de prosaïque et d'un peu vulgaire perce dans ses appréciations du théâtre antique; très-inférieur sur ce point à Diderot, il n'aperçoit dans le drame grec que le dogme de la fatalité qui le révolte; il ne sait y reconnaître ni la beauté grandiose et harmonieuse des figures, ni l'admirable expression des sentiments généraux du cœur humain. Le mot *classique*, qu'il emploie peut-être le premier dans le sens de l'ironie, semble pour lui, comme l'a très-finement remarqué M. Sainte-Beuve, synonyme de *barbare;* ainsi il dira : « Si quelqu'un est *assez barbare, assez classique*, pour soutenir la négative, etc. » Beaumarchais ne se trompe pas moins sur la nature de l'illusion dramatique, et en cela, comme en beaucoup de choses, il est plongé jusqu'aux oreilles dans le courant des idées de son siècle. Le siècle précédent ne voulait prendre au sérieux sur la scène que les rois et les héros : l'auteur d'*Eugénie* refuse rigoureusement aux héros et aux rois le droit de figurer dans le *drame sérieux ;* suivant lui, ils n'excitent point un véritable intérêt ; leurs infortunes, étant exceptionnelles, n'agissent pas sur notre cœur. « C'est notre vanité seule, dit-il, qui trouve son compte à être initiée dans les secrets d'une cour superbe ; le spectateur est surtout sensible aux malheurs d'un état qui se rapproche du sien, » c'est-à-dire qu'un marchand qui va déposer son bilan est plus dramatique qu'un souverain déchu, ou un guerrier qui vient de perdre une bataille.

Après avoir exclu les héros et les rois, Beaumarchais exclut naturellement les grands faits de l'histoire, et entre autres arguments à l'appui de sa thèse, il en donne d'assez bizarres, qui ne prouvent guère qu'une chose : c'est qu'en 1767 il n'était pas prophète. « Que me font à moi, dit-il, sujet paisible d'un état monarchique du XVIIIe siècle, les révolutions d'Athènes et de Rome?... Pourquoi la relation du tremblement de terre qui engloutit Lima et ses habitants à trois mille lieues de moi me trouble-t-elle, lorsque celle du meurtre juridique de Charles Ier commis à Londres ne fait que m'indigner? C'est que le volcan ouvert au Pérou pouvait faire son explosion à Paris, m'ensevelir sous ses ruines, et peut-être me menace encore, au lieu que je ne puis jamais appréhender rien d'absolument semblable au malheur inouï du roi d'Angleterre. »

La même erreur sur l'illusion théâtrale qui porte

l'auteur d'*Eugénie* à rétrécir ainsi le domaine du drame et à en faire le calque servile de la réalité la plus commune, le conduit à préférer la prose au vers. Peut-être aussi son motif pour supprimer le vers est-il involontairement tiré de la fable du *Renard et les Raisins*. Il est à remarquer, en effet, que presque tous ceux qui ont paru plaider contre la poésie, depuis Fénelon, qui, dans sa *Lettre à l'Académie*, insiste beaucoup sur les inconvénients de la rime, jusqu'à Diderot et Beaumarchais, tous apportaient dans la question la partialité de *l'orfèvre*, ou plutôt de l'homme qui n'est pas *orfèvre*. Ils écrivaient en prose et ils médisaient du vers[1]. Les novateurs dramatiques les plus audacieux de nos jours, tout en essayant avec plus ou moins de bonheur de briser l'allure majestueuse de l'alexandrin tragique, se sont accordés tous avec raison pour maintenir l'emploi du vers dans le drame. «C'est une des digues les plus puissantes, écrivait en 1829 M. Victor Hugo, contre l'irruption du *commun*, qui, ainsi que la démocratie, coule toujours à pleins bords dans les esprits..... L'idée, trempée dans le vers, prend soudain quelque chose de plus incisif et de plus éclatant; c'est le fer qui devient acier. » Rien de plus juste, et Montaigne ne pensait pas autrement, quand il disait, dans un style non moins coloré : « J'aime la poésie d'une particulière inclination; car, tout ainsi que la voix, contrainte dans l'étroit canal d'une trompette, sort plus vive et plus forte, ainsi me

---

[1] La Motte seul peut-être fait exception : il plaidait pour la prose, et ce qu'il a écrit de mieux est une tragédie en vers.

semble-t-il que la sentence pressée aux pieds nombreux de la poésie s'élance plus brusquement et me *fiert* d'une plus vive secousse. »

Les théories de Diderot et de Beaumarchais sur le drame présentent donc quelque intérêt comme ayant donné naissance à un système plus large, qui, sans avoir tenu tout ce qu'il promettait, a du moins rendu quelque vitalité à notre théâtre ; mais ces théories sont loin encore, on le voit, de répondre à l'idée que nous nous faisons d'un drame grandiose, varié, libre, réglé par le bon sens dans sa liberté, où l'auteur s'inspire à volonté de l'histoire, de la poésie ou de la vie ordinaire, et embrasse, comme dit M. Guizot, « toutes ces conditions sociales, tous ces sentiments généraux ou divers, dont le rapprochement et l'activité simultanée forment aujourd'hui pour nous le spectacle des choses humaines[1]. »

Le drame d'*Eugénie* se ressent de la mesquinerie des doctrines de l'auteur. Il y a des parties faibles dont la couleur est aujourd'hui absolument fanée. Cependant, soit pour l'action, soit pour le dialogue, cet ouvrage est, à mon avis, très-supérieur aux drames de Diderot. Sans avoir la naïveté perspicace et colorée de Sedaine, Beaumarchais, en professant, comme Diderot, la théorie du naturel, pratique au moins cette théorie un peu mieux que lui. Fréron, sévère, d'ailleurs, pour ce drame, reconnaît lui-même que les trois premiers actes sont dialogués avec précision et vérité. Il y a déjà

---

[1] *Shakspeare et son temps*, p. 178.

dans Beaumarchais une veine de facilité vive et limpide qui résiste à l'invasion de l'emphase et de la sensiblerie. Cependant, comme *Eugénie* est loin d'être un chef-d'œuvre, il s'agit pour nous bien moins d'analyser ici la pièce en détail que d'étudier l'auteur, soit dans l'ouvrage même, soit dans le mouvement très-actif et très-varié auquel il se livre pour en assurer le succès.

L'instinct d'opposition aux priviléges sociaux, instinct aiguisé chez Beaumarchais par les nombreux déboires dont nous avons suffisamment parlé, se manifeste déjà dans le drame d'*Eugénie*, dont le manuscrit très-audacieux fut notablement modifié par la censure. On sait que, dans la pièce, telle qu'elle a été jouée et publiée, la scène se passe en Angleterre, à Londres. Eugénie, fille d'un gentilhomme du pays de Galles, se croit la femme de lord Clarendon, neveu du ministre de la guerre, qui l'a indignement trompée par un faux mariage, où son intendant jouait le rôle de chapelain, et qui se prépare à épouser une riche héritière au moment où sa victime arrive à Londres. La donnée ainsi conçue est déjà un peu singulière; cependant, en Angleterre, le mariage n'étant point soumis à des formalités aussi graves qu'en France, elle n'est pas absolument inadmissible; c'est un fait analogue qui forme le nœud du roman de Goldsmith, le *Vicaire de Wakefield*. Mais ce n'était pas en Angleterre que Beaumarchais avait d'abord placé l'action de son premier drame : c'était en France, à Paris, et au xvIII° siècle. Dans le manuscrit, lord Clarendon s'appelle le marquis de Rosempré ; il est également qualifié neveu du ministre de la guerre, et il a trompé, par un faux mariage, à l'aide d'un domestique déguisé en prêtre, la vertueuse fille du baron de Kerbalec, gentilhomme breton. Le fait ainsi présenté était passablement injurieux, fort invraisemblable, et, à tout prendre, la censure rendit service au drame même en obligeant l'auteur à transporter la scène en Angleterre. C'est pourtant ce manuscrit, changé seulement quelques jours avant la représentation, qui servait aux nombreuses lectures que Beaumarchais faisait de son premier ouvrage afin d'en préparer le succès, et, parmi les grands seigneurs qui assistent à ces lectures, je n'en vois qu'un, le duc de Nivernois, qui très-poliment se récrie contre l'improbable scélératesse du faux mariage.

Je viens de dire que Beaumarchais travaillait de toutes ses forces à se préparer un succès; nous ne sommes pas, en effet, en 1784, au temps du *Mariage de Figaro,* où l'auteur n'a qu'à tenir en haleine la fiévreuse impatience d'un public qui attend sa pièce comme le plus extraordinaire des événements. Nous sommes en 1767, Beaumarchais est complétement inconnu comme écrivain; c'est un homme d'affaires et de plaisir qui a su se pousser un peu à la cour, dont on parle très-diversement, et que les gens de lettres sont assez disposés à accueillir comme l'ont accueilli les courtisans, c'est-à-dire comme un intrus. De là, pour lui, nécessité d'aller au-devant de la curiosité, qui ne viendrait pas d'elle-même, de la provoquer, de l'exciter, et de se ménager dans tous les rangs des prôneurs et des appuis. C'est ce qu'il fait avec cette variété de tons et d'attitudes qui le distingue. Quand il s'agit, par exemple, d'obtenir pour son drame une lecture chez Mesdames de France, il pose en homme de cour qui veut bien condescendre à s'occuper de littérature dans l'intérêt de la vertu et des bonnes mœurs. Il s'adjuge d'avance une célébrité qu'il n'a pas encore, et en somme paraît doué d'une présomption rare ; voici son épître :

« Mesdames,

« Les comédiens français vont représenter dans quelques jours une pièce de théâtre d'un genre nouveau, et que tout Paris attend avec la plus vive impatience. Quelques ordres que j'eusse donnés aux comédiens, en leur faisant présent de l'ouvrage, de garder un profond secret sur le nom de l'auteur, dans leur enthousiasme maladroit, ils ont cru me rendre ce qu'ils me devaient en transgressant mes ordres, et ils m'ont sourdement fait connaître à tout le monde. Comme cet ouvrage, enfant de ma sensibilité, respire l'amour de la vertu et ne tend qu'à épurer notre théâtre et en faire une école de bonnes mœurs, j'ai cru que je devais, avant que le public le connût davantage, en offrir un hommage secret à mes illustres protectrices. Je viens donc, Mesdames, vous prier d'en entendre la lecture en particulier. Après cela, quand le public me porterait aux nues à la représentation, le plus beau succès de mon drame sera d'avoir été honoré de vos larmes comme son auteur l'a toujours été de vos bienfaits. »

Avec le duc d'Orléans, grand-père du roi Louis-Philippe, prince qui aimait et qui appréciait les gens de lettres, Beaumarchais est plus modeste.

« Monseigneur, écrit-il, la maladie de Préville, qui retarde encore de huit jours la représentation d'*Eugénie*, nouveau drame en cinq actes, me donne la possibilité de faire à Votre Altesse l'hommage d'une lecture, si elle en est tant soit peu curieuse. Je sais, Monseigneur, qu'on vous a dit assez de mal de l'auteur et de l'ouvrage. Le premier est un objet trop peu important pour que j'aie l'indiscrétion d'en entretenir Votre Altesse ; je me borne à désirer de lui donner des notions plus certaines sur le second, contre lequel beaucoup de gens sont déchaînés, quoique peu de personnes le connaissent. Vous serez moins étonné, Monseigneur, de ma hardiesse à vous prier d'être mon juge d'avance, lorsque vous saurez que la pièce court le danger de ne pouvoir être entendue au théâtre, et qu'il y a cinquante louis de distribués à cinquante étourneaux pour aller au parterre assurer sa chute sans l'écouter le jour de la première représentation. M. le duc de Noailles me dit là-dessus hier : Tant mieux, c'est qu'ils en pensent du bien. Mais moi, qui tremble, je fais comme les malheureux qu'on persécute injustement sur la terre. Je lève les mains au ciel et je cherche justice et protection parmi les dieux... Peut-être tirerai-je un double avantage de ma démarche : c'est que le drame qui m'a servi de délassement au milieu d'occupations plus sérieuses, et qui doit faire plus d'honneur à la sensibilité de mon cœur qu'à la force de mon esprit, ramènera Votre Altesse à prendre de moi une meilleure opinion que celle qu'on a voulu lui donner, et la portera à recevoir avec bonté les assurances du profond respect avec lequel je suis de Votre Altesse, etc...

« Beaumarchais. »

Avec le duc de Noailles, auquel il avait lu sa pièce, et qui lui avait témoigné de l'intérêt, Beaumarchais pose en homme d'État qui a manqué sa vocation.

« Ce n'est qu'à la dérobée, Monsieur le duc, que j'ose me livrer au goût de la littérature. Quand je cesse un moment de gratter la terre et de cultiver le jardin de mon avancement, à l'instant tous mes défrichements se couvrent de ronces, et c'est toujours à recommencer. Une autre de mes folies à laquelle j'ai encore été forcé de m'arracher, c'est l'étude de la politique, épineuse et rebutante pour tout autre, mais aussi attrayante qu'inutile pour moi. Je l'aimais à la folie : lectures, travaux, voyages, observations, j'ai tout fait pour elle : les droits respectifs des puissances, les prétentions des princes par qui la masse des hommes est toujours ébranlée, l'action et la réaction des gouvernements les uns sur les autres, étaient des intérêts faits pour mon âme. Il n'y a peut-être personne qui ait autant éprouvé que moi la contrariété de ne pouvoir rien voir qu'en grand, lorsque je suis le plus petit des hommes : quelquefois même j'ai été jusqu'à murmurer, dans mon humeur injuste, de ce que le sort ne m'avait pas placé plus avantageusement pour les choses auxquelles je me croyais propre, surtout lorsque je considérais que la mission que les rois et les ministres donnent à leurs agents ne saurait leur imprimer la grâce de l'ancien apostolat, qui faisait tout à coup des hommes éclairés et sublimes des plus chétifs cerveaux. »

Beaumarchais avait su également intéresser au drame d'*Eugénie* la fille du duc de Noailles, la comtesse de Tessé, personne spirituelle et aimable, qui avait discuté avec lui le caractère de l'héroïne, et à laquelle il répond avec un mélange assez hétérogène de subtilité romanesque et de galanterie tant soit peu impertinente, qui me paraît encore un signe de l'homme et du temps.

« J'ai été vivement touché, Madame la comtesse, de votre aimable politesse, si éloignée de la stérile et minutieuse civilité dont on se régale à la ville, et qui ne montre qu'un fade supplément à la bienfaisance de l'âme, source de toute honnêteté :

« Qu'il est facile à la grandeur
D'imposer des lois à notre âme !
Un coup-d'œil soumet notre cœur,
Une politesse l'enflamme.

« Raisonnons maintenant sur vos réflexions : elles ont fermenté dans ma tête, je m'en suis occupé, et si je reste attaché (pardon) à la situation où je mets dans la bouche d'Eugénie qu'elle se méprise tout haut d'aimer un perfide, mais que, si elle a le courage de le mépriser vivant, rien ne pourra l'empêcher de le pleurer mort, etc ; si j'y reste attaché, dis-je, c'est que tous mes efforts pour me ranger à votre avis n'ont pu me dépersuader que la magnanimité du repentir et l'aveu public et libre que le coupable fait d'une faute quelconque, non-seulement est au-dessus du mal, mais encore au-dessus de la honte de l'aveu. Tourmentée, déchirée par une passion qu'elle déteste, qu'est-ce qu'Eugénie m'apprend par son aveu ? Qu'il semble qu'elle renferme deux âmes : l'une faible, presque charnelle, attachée à son séducteur, entraînée vers lui par un mouvement d'entrailles dont on ne se défend guère contre un perfide aimable dont on est enceinte ; et l'autre, âme sublime, élevée, tout esprit, toute vertu, méprisant et foulant aux pieds la première, et surtout l'accusant en public et la couvrant de honte sans ménagement. L'effet de ce combat est certain : il faut qu'il tue Eugénie ou détraque entièrement la faible machine, théâtre de ce conflit de puissance. Eh bien ! il le fera ; elle sentira les angoisses de la mort ; mais l'âme sublime ne cédera pas à l'âme sensible, et voilà mon héros. Je souhaite que ce commentaire, peut-être plus embrouillé que le texte, vous paraisse expliquer la chose ; mais telle est la métaphysique du cœur que plus on veut la définir, plus on s'éloigne de l'assentiment rapide et vrai qui nous la fit apercevoir et nous y arrêter au premier coup d'œil. Permettez-moi, je vous prie, une petite citation à ce sujet, dont la forme sauvera la liberté du fond ; mais, lorsqu'il est question de cœur, on sent assez que c'est de tendresse et de plaisir qu'on veut parler. Un jour, dans le délire d'une faveur innocente que j'avais reçue d'une femme très-sage (c'était un baiser), je veux chanter ce qui se passe en moi : les idées se pressent, s'accumulent, mon esprit veut se monter au ton de mon cœur ; mais l'impression qui reste d'un baiser délicieux n'est pas de son ressort ; le trouble qui m'agite est composé de mille choses que je ne puis exprimer.

Enfin, épuisé de fatigue, et ne trouvant rien qui me satisfasse, je renonce à mon projet, et je m'écrie :

« Oh! doux effet du baiser de Thémire,
Je vous ai trop senti pour vous décrire [1].
: . . . .

Et la pièce file. Ma verve, ouverte par ce premier effort, me fait bavarder longtemps sur ce sujet; mais la vérité m'était échappée d'abord : c'est qu'on définit mal ce qu'on sent trop vivement.

« Je suis, madame la comtesse, etc.

« DE BEAUMARCHAIS. »

Parmi les suffrages que Beaumarchais tenait à se ménager d'avance, il plaçait avec raison au premier rang celui du duc de Nivernois, personnage considérable et en même temps esprit fin, élégant, cultivant lui-même les lettres avec succès, membre de l'Académie française, et dont la bienveillance avait du prix pour un débutant dans la carrière littéraire. L'auteur d'*Eugénie* lui avait lu son drame et lui demandait très-humblement ses observations. Voici la réponse du duc ; elle est empreinte de cette urbanité affectueuse dont la tradition s'est peut-être un peu perdue chez les grands seigneurs, si tant est qu'il y ait encore des grands seigneurs. N'oublions pas que Beaumarchais n'avait alors aucune renommée, que le duc de Nivernois le connaissait à peine et n'avait nul besoin de lui.

« Le 20 janvier, 1767.

« Je suis très-flatté, Monsieur, lui écrit-il, de la confiance dont vous voulez bien m'honorer. Ce serait en abuser que d'oser

---

[3] La copie de cette lettre que j'ai sous les yeux ne contient que ces deux premiers vers.

vous communiquer des observations faites d'après une lecture rapide et unique. Si vous croyez que les réflexions de ma vieille expérience puissent vous être bonnes à quelque chose, il faudrait que vous eussiez la bonté de m'envoyer votre manuscrit pour que je pusse le lire seul, attentivement, sans illusion ni distraction ; mais, Monsieur, je dois vous dire, non pas avec modestie, mais avec sincérité, que je ne me trouve guère digne d'être consulté, et qu'en vous offrant mes avis, dont je sens le peu de valeur, je n'ai d'autre intention que de répondre à votre politesse et à la confiance que vous voulez bien m'accorder.

« J'ai l'honneur d'être très-parfaitement, Monsieur, etc.

« Le duc de NIVERNOIS. »

L'auteur envoie son manuscrit, qui lui revient au bout de deux jours avec plusieurs pages de critiques délicates et judicieuses sur les situations, sur les caractères, sur le style de la pièce. Beaumarchais ne tira pas profit de tout : il lui eût fallu refaire son drame six jours avant la première représentation ; mais les observations du duc de Nivernois lui furent très-utiles, elles lui indiquaient d'avance les côtés faibles sur lesquels allait se porter la critique. Le duc combat d'abord l'idée d'un faux mariage à l'aide de domestiques travestis, comme un crime improbable en France, et dont la représentation est impossible. Il proposait d'y substituer divers moyens propres à rendre excusable la situation d'*Eugénie*, qui fait le principal intérêt de la pièce. Malheureusement, cela eût exigé un remaniement général, et c'est alors que Beaumarchais, pressé d'un autre côté par la censure, prend le parti de transporter la scène en Angleterre. Le défaut capital du drame d'*Eugénie*, défaut dont Grimm va triompher tout à l'heure, en traitant fort mal la pièce et l'auteur, est parfaitement saisi par le duc de Nivernois. « J'avoue, écrit-il, que j'ai toutes les peines du monde à me prêter au rôle du marquis (le séducteur, devenu à la représentation lord Clarendon). Dans le premier acte, c'est un franc scélérat, avec réflexion et sans remords; il a trompé une fille de condition par un faux mariage, il la laisse grosse, il veut en épouser une autre, et c'est cet homme qui doit trouver grâce devant Eugénie, qu'on excuse et qui intéresse! Il faudrait bien des préparations pour arriver à ce but. » Et le duc de Nivernois en indique quelques-unes. C'était là, en effet, tout le problème : trouver le moyen de rendre un séducteur de ce genre assez intéressant pour qu'une personne aussi distinguée qu'Eugénie par la noblesse et la délicatesse des sentiments puisse, après la découverte du crime, aimer encore le coupable et lui faire grâce sans que son caractère à elle soit faussé. Beaumarchais n'avait pas assez compris cette difficulté : sur les observations du duc de Nivernois, il ajouta quelques touches au caractère du séducteur, il renforça un peu dans ce rôle l'hésitation, les remords, les circonstances atténuantes, qui étaient à peine indiquées; mais le drame resta toujours défectueux à cet égard, et la bassesse de Clarendon, travaillant jusqu'au dernier moment à tromper Eugénie, qui se croit sa femme, tandis qu'il se prépare à un second mariage, rendait impossible la scène de la réconciliation.

Les critiques du duc de Nivernois, quant au style, furent plus utiles à l'auteur d'*Eugénie*. Je vois, en comparant le manuscrit à la pièce imprimée, que Beaumarchais eut le bon esprit de s'y conformer très-docilement. Il s'agissait en effet ici de faire dialoguer des personnes de condition; le style devait être naturel, mais jamais trivial; il ne devait pas davantage être guindé : or cette juste mesure entre la vulgarité et l'affectation n'est pas, on le sait, la qualité dominante du style, d'ailleurs si animé, de Beaumarchais. Dans le manuscrit, par exemple, au moment où Eugénie se plaint de ne pas voir arriver le marquis de Rosempré (ou lord Clarendon), sa tante lui répondait : « Ses devoirs ne lui permettent pas de quitter la cour à *votre coup de sonnette*. » Le duc de Nivernois proteste contre *le coup de sonnette;* Beaumarchais s'empresse avec raison de le supprimer. Plus loin, la tante, personne un peu brusque, en entendant rentrer son frère, le père d'Eugénie, qui n'est pas moins impétueux que sa sœur, disait : « Reconnaissez *mon tonnerre de frère* au vacarme qu'il fait en rentrant. » — « On pourrait se passer, écrit le duc, de cette expression pour le moins hasardée, » et Beaumarchais renonce à son *tonnerre de frère*. Ailleurs, la tante, irritée contre ce frère qui vient d'accabler Eugénie de reproches sanglants, l'apostrophait en ces termes : « Courage, *homme des bois*, ne garde plus de mesure, presse-toi, prends *un couteau*, égorge ta fille. » — « Si nous ôtions *ce couteau?* écrit doucement le duc de Nivernois. Je retrancherais aussi *homme des bois*, qui est une manière de singe peu propre à être mis en apostrophe. » — Non-seulement Beaumarchais fait les retranchements indiqués, mais il radoucit considérablement cette scène, qui était trop forcée. Parmi ces nombreuses critiques de détail, dont je n'indique qu'une très-faible partie, une seule n'est pas acceptée par Beaumarchais. Le duc de Nivernois repousse le mot *guet-apens*, qu'il déclare un mot suranné. Beaumarchais le maintient, et il a raison, car c'est le seul qui rende l'idée qu'il veut exprimer, et ce mot n'est point suranné [1].

Autant Beaumarchais est docile aux observations d'un duc spirituel et lettré, autant il est rétif avec la censure, qui, à la vérité, s'inquiète plus des hardiesses de pensée que des négligences de style. Après avoir bien bataillé avec elle, le jour même de la première représentation d'*Eugénie*, il reçoit une lettre du censeur, qui a eu le malheur de laisser passer une énormité « dont le *magistrat,* dit-il (le lieutenant-général de police), s'est aperçu. » Peut-être le censeur se cache-t-il ici derrière le magistrat, qui probablement n'avait guère le temps de lire la pièce d'un auteur inconnu, comme l'était alors Beaumarchais. Ce censeur est un homme destiné à ré-

---

[1] Le duc de Nivernois oublie de relever d'autres négligences plus réelles, ce me semble, et qui sont restées dans la pièce imprimée. Par exemple, le père d'Eugénie déclare à sa sœur qu'il va se jeter aux pieds du roi en demandant justice. « J'ouvrirai mon habit, dit-il, il verra *mon estomac*, mes blessures. » *Estomac* ici me paraît plus suranné que *guet-apens*. Il n'eût passé qu'au xviᵉ siècle ou au commencement du xviiᵉ, il était alors synonyme de poitrine et de cœur, c'est ainsi que le poëte Hardy dans sa pièce de *Théagène et Chariclée* a écrit le vers suivant : « Sa prière fendrait l'*estomac* d'une roche. »

cevoir un jour de la main de l'auteur d'*Eugénie* de rudes étrivières et la célébrité la plus désagréable; c'est Marin, le fameux Marin du procès Goëzman, qui, à en juger par la lettre dont nous venons de parler, vivait alors en assez bonne intelligence avec son futur ennemi. Tout ce que le censeur obtint de Beaumarchais, ce fut un léger changement dans une phrase soulignée comme dangereuse : « Le règne de la justice naturelle commence où celui de la justice civile ne peut s'étendre. » L'auteur modifia ce passage ainsi : « La justice naturelle reprend ses droits partout où la justice civile ne peut étendre les siens. » Le sens restait le même, et la phrase y gagnait comme construction.

Enfin Beaumarchais fit sa première apparition devant le public. Son drame fut joué pour la première fois, non pas le 25 juin, ainsi qu'on l'a écrit par erreur dans toutes les éditions de ses œuvres, mais le 29 janvier 1767, comme cela est constaté par sa correspondance et par ce passage de l'*Année littéraire* de Fréron : « *Eugénie*, jouée pour la première fois le 29 janvier de cette année, fut assez mal reçue du public, et même cet accueil avait tout l'air d'une chute ; elle s'est relevée depuis avec éclat, moyennant des retranchements et des corrections; elle a *longtemps occupé le public*, et ce succès fait beaucoup d'honneur à nos comédiens [1]. » On voit que c'est également par erreur qu'on a écrit souvent que ce début de Beaumarchais ne fut pas heureux. Sans vouloir comparer les deux pièces, il arriva à *Eu-*

---

[1] *Année littéraire*, 1767, tome VIII, page 309.

génie ce qui devait arriver plus tard au *Barbier de Séville*. Les deux derniers actes compromirent un instant le succès des trois premiers. C'est dans ces deux derniers actes que l'auteur, copiant presque littéralement le fond d'une nouvelle du *Diable boiteux* de Le Sage (*le Comte de Belflor*), faisait tomber des nues le frère d'Eugénie, sauvé par le séducteur de sa sœur, obligé de le provoquer ensuite, et dont la présence commençait en quelque sorte une nouvelle pièce remplie de confusion et de longueurs. Entre la première et la seconde représentation, Beaumarchais retoucha beaucoup les deux derniers actes; ils restèrent toujours faibles, mais ce changement suffit pour mettre en relief les trois premiers qui contenaient de belles parties, annonçant déjà un rare talent de mise en scène et de dialogue; le troisième acte notamment était très-dramatique et produisit un grand effet. Le jeu distingué, décent et émouvant d'une jeune et aimable actrice, Mlle Doligny, qui représentait Eugénie, ne contribua pas peu à sauver ce drame et à le faire triompher avec éclat du danger qui l'avait menacé à la première représentation [1].

[1] C'est encore Mlle Doligny qui, huit ans plus tard, créa avec un grand succès le rôle de Rosine dans le *Barbier de Séville*. Beaumarchais lui réservait le rôle de la comtesse Almaviva dans le *Mariage de Figaro*, lorsqu'elle se retira du théâtre, en 1783, laissant le souvenir d'un talent plein de charme et (ce qui était rare alors, sans être devenu très-commun aujourd'hui) une réputation de moralité irréprochable confirmée par tous les témoignages contemporains. On sait que l'austère Fréron fut envoyé au For-l'Évêque pour avoir opposé un peu brutalement la sagesse très-connue de Mlle Doligny aux légèretés de Mlle Clairon. Beaumarchais avait beaucoup d'estime et d'affection pour Mlle Doligny,

L'auteur d'*Eugénie* gagna donc son procès auprès du public, mais il trouva plus de sévérité chez les critiques du temps, qui semblent en général assez mal disposés pour ce nouveau venu. « Cet ouvrage, dit Grimm en parlant d'*Eugénie*, est le coup d'essai de M. de Beaumarchais au théâtre et dans la littérature. Ce M. de Beaumarchais est, à ce qu'on dit, un homme de près de quarante ans (il en avait trente-cinq), riche, propriétaire d'une petite charge à la cour, qui a fait jusqu'à présent le petit-maître, et à qui il a pris fantaisie mal à propos de faire l'auteur. Je n'ai pas l'honneur de le connaître, mais on m'a assuré qu'il était d'une suffisance et d'une fatuité insignes. » Ailleurs, le même Grimm dit, à propos du second drame de Beaumarchais et par allusion à l'origine de l'auteur : « Il valait bien mieux faire de bonnes montres qu'acheter une charge à la cour, faire le fendant et composer de mauvaises pièces. » Ce ton ne respire point la sympathie, et il faut bien reconnaître que la réputation de fatuité dont jouissait Beaumarchais n'était pas précisément volée; mais Grimm, le plus présomptueux des hommes, qui mettait du blanc et du rouge comme une vieille coquette, et qui, non moins roturier que l'auteur d'*Eugénie*, se faisait appeler le *baron de Grimm* gros comme le bras [1];

dont j'ai retrouvé quelques lettres d'un ton distingué et qui confirment très-bien l'idée qui nous est restée d'elle. Le ton de Beaumarchais est d'un ami affectueux, enjoué, sans aucune nuance de galanterie. Cette gracieuse actrice épousa un littérateur estimable, M. Dudoyer.

[1] Grimm avait obtenu à la vérité un diplôme de baron du Saint-Empire ; mais Beaumarchais n'avait-il pas aussi son diplôme de

Grimm reprochant à Beaumarchais sa suffisance et sa roture, nous donne un spectacle aussi récréatif que celui de Diderot prétendant rétablir le naturel au théâtre avec la prose du *Père de Famille*. Les observations de Grimm sur le drame d'*Eugénie* ne manquent d'ailleurs ni de sens ni d'esprit; seulement elles sont d'un homme déterminé à *sabrer* la pièce et l'auteur. Son pronostic sur Beaumarchais vaut la peine d'être enregistré. « Cet homme, dit-il, ne fera jamais rien, même de médiocre. Il n'y a dans toute la pièce qu'un seul mot qui m'ait plu: c'est au cinquième acte, lorsque Eugénie, revenue d'un long évanouissement, rouvre les yeux et trouve Clarendon à ses pieds; elle se rejette en arrière et s'écrie : J'ai cru le voir! Ce mot est si bien, il détonne si fort *du reste* (sic), que je parie qu'il n'est pas de l'auteur. » Quel équitable juge que ce Grimm !

Reste à se demander comment un dédain si tranchant pour un drame de l'école de Diderot, plus intéressant que ceux du maître, se pouvait concilier chez Grimm avec la ridicule admiration qu'on l'a vu professer pour *le Fils naturel*. Le fait, hélas! s'explique aisément. Diderot était l'intime ami de Grimm, et *le Fils naturel* parut avec une dédicace à Grimm. Comment l'ouvrage n'aurait-il pas été sublime ?

Le nouvelliste anonyme du recueil de Bachaumont se contente d'annoncer *Eugénie*, en se livrant sur la personne de l'auteur à ces insinuations odieuses qui

secrétaire du roi? Il nous semble que les deux pièces se valaient à peu près.

passaient pour des gentillesses au xviiie siècle. Quand fleurit la censure en l'absence d'une publicité réglée par des lois, il y a toujours des égouts secrets où la haine vient déposer son venin pour l'amusement des oisifs. Le recueil de Bachaumont est le grand égout du xviiie siècle; c'est un assemblage incohérent où la vérité et le mensonge, le cynisme et l'esprit, la médisance ingénieuse et la calomnie la plus noire se mêlent comme les ingrédients d'un de ces plats composés des restes du riche et destinés au pauvre, qu'un roman contemporain trop célèbre nous a fait connaître sous le nom d'*arlequins*. L'auteur d'*Eugénie* n'avait du reste à s'inquiéter ni de la *Correspondance* de Grimm, ni des *nouvelles* de Bachaumont, aucune de ces deux feuilles n'étant publique ; mais il s'inquiétait beaucoup de l'*Année littéraire* de Fréron, dont les jugements exerçaient une assez grande influence et dont la sévérité lui faisait peur. Fréron n'avait encore rien écrit sur sa pièce, lorsque Beaumarchais saisit, non sans la tirer un peu par les cheveux, une occasion de se rapprocher du critique redouté et lui adresse une lettre dont le style modeste, comparé à celui de sa lettre de tout à l'heure à Mesdames de France, achèvera de peindre la diversité de ses allures.

« Je ne crois pas avoir l'honneur, Monsieur, d'être personnellement connu de vous, ce qui me rend d'autant plus sensible aux choses honnêtes que l'on m'a rapportées hier au soir. Un homme de mes amis qui s'est rencontré avec vous dans une maison m'a assuré qu'il était impossible de parler avec plus de modération que vous ne l'aviez fait des endroits qui vous avaient paru répréhensibles dans le drame d'*Eugé-*

nie et de louer avec une plus estimable franchise ceux que vous aviez jugés propres à intéresser les honnêtes gens. C'est ainsi que la critique judicieuse et sévère devient très-utile aux gens qui écrivent. Si vos occupations vous permettent de revoir aujourd'hui cette pièce, où j'ai retranché des choses auxquelles mon peu d'usage du théâtre m'avait attaché, je vous prie de le faire avec ce billet d'amphithéâtre que je joins ici. Je vous demanderai, après cette seconde vue, la permission d'en aller jaser avec vous, en vous assurant de la haute considération et de la reconnaissance avec lesquelles j'ai l'honneur d'être, Monsieur, etc.,

« Caron de Beaumarchais. »

Voici maintenant la réponse de l'austère Fréron :

« Le samedi 7 février 1767.

« Je suis fort sensible, Monsieur, à votre politesse, et bien fâché de ne pouvoir en profiter, mais je ne vais jamais à la comédie par billets ; ne trouvez donc pas mauvais, Monsieur, que je vous renvoie celui que vous m'avez fait l'honneur de m'adresser [1].

« Quant à votre drame, je suis charmé que vous soyez content de ce que j'en ai dit ; mais je ne vous dissimulerai pas que j'en ai pensé et dit plus de mal que de bien après la première représentation, la seule que j'aie vue. Je ne doute pas que les retranchements qui étaient à faire et que vous avez faits dans cet ouvrage ne l'aient amélioré : le succès qu'il a maintenant me le fait présumer. Je me propose de l'aller voir la semaine prochaine, et je serai très-aise, Monsieur, je vous assure, de pouvoir joindre mes applaudissements à ceux du public.

« J'ai l'honneur d'être avec la plus haute considération, etc.

« Fréron. »

[1] Cet envoi d'un billet et ce refus de Fréron ne sembleraient-ils pas indiquer qu'à cette époque les critiques de profession se faisaient un point d'honneur de payer leur place au théâtre? Je me contente de poser cette question de détail, n'ayant pas sous la main les moyens de la résoudre.

Il est évident que l'austère Fréron tient à garder intacte sa liberté de critique. Nous la retrouvons intacte dans son compte rendu de la pièce d'*Eugénie*, qui est sévère, mais consciencieux, judicieux, et qui débute malicieusement ainsi : « Le baron Hartley, vieux gentilhomme du pays de Galles, père d'Eugénie, boit un *petit verre de marasquin*, etc. » C'est en effet ainsi que s'ouvre le drame, et cette phrase maligne de Fréron a pour but de faire ressortir tout d'abord une erreur de Beaumarchais qu'il réfute ensuite plus sérieusement. Dans son enthousiasme pour Diderot, l'auteur d'*Eugénie* lui avait emprunté l'idée d'une notation minutieuse jusqu'au ridicule de tous les mouvements, de tous les ajustements des acteurs, et d'une foule de petits effets de scène ou insignifiants ou forcés, qui composent ce que Fréron appelle la *poétique enfantine* de Diderot. Fréron se moque avec raison de toutes ces minuties, notamment de ces jeux d'entr'acte que Beaumarchais présente comme une admirable invention, et qui consistent à montrer dans l'intervalle des actes les domestiques qui rangent les chaises, ouvrent des malles ou s'étendent en bâillant sur des canapés, ou bien le baron qui sort de la chambre de sa fille, tenant d'une main un bougeoir allumé et cherchant de l'autre une clef dans son gousset, le tout pour se rapprocher de la nature. « Pourquoi, dit Fréron, ne pas faire venir un frotteur? Notre théâtre n'a pas besoin de toutes ces singeries dont les Italiens et les forains sont en possession depuis longtemps. C'est replonger la scène française dans la bassesse et la popularité de ses premières années. » Toutefois, en critiquant ce qui lui déplaît, Fréron analyse exactement la pièce; il constate, ainsi qu'on l'a vu plus haut, son succès, fait ressortir le mérite des trois premiers actes et surtout les scènes émouvantes du troisième ; il déclare les deux derniers mal tissus et mal écrits, et il termine par une réfutation des théories de l'auteur sur le drame, réfutation dans laquelle il signale avec assez de justesse, non-seulement les fausses doctrines mais les tours de phrase incorrects ou forcés que Beaumarchais emploie fréquemment, tels que ceux-ci par exemple : l'arme légère et badine du sarcasme n'a jamais *décidé d'affaires*; elle est tout au-plus permise contre ces *poltrons d'adversaires*....—les *sentences et les plumes du tragique, les pointes et les cocardes du comique sont interdites* au genre sérieux, etc.

Quoique sévèrement accueilli par la critique, le drame d'*Eugénie* réussit non-seulement en France, mais en Angleterre. Le célèbre acteur Garrick, alors directeur du théâtre de Drury-Lane, eut l'idée de le faire traduire et de le faire jouer à Londres avec des modifications sous le titre de *l'École des Roués* (*the School for Rakes*). C'est ce qui résulte d'une lettre de Garrick à Beaumarchais, en date du 10 avril 1769, de laquelle j'extrais, en le traduisant, le passage suivant :

« *L'Ecole des Roués*, qui est plutôt une imitation qu'une traduction de votre *Eugénie*, a été écrite par une dame à qui je recommandais votre drame, qui m'avait fait le plus grand plaisir, et duquel je pensais que l'on pouvait tirer une pièce qui plairait singulièrement à un auditoire anglais; et je ne me trompais pas, car avec mon secours (ce qui est dit dans l'avertissement qui précède la pièce) notre *Eugénie* a reçu les applaudissements continuels des auditoires les plus nombreux. »

Ce premier succès était en somme assez flatteur pour encourager Beaumarchais à persister dans une voie qui n'était pas précisément celle où l'appelait son génie. Heureusement pour lui, son second essai fut un échec qui le détourna pour un temps du genre sérieux. Ce second drame était encore inspiré par une idée de Diderot, savoir : qu'il faut substituer, au théâtre, la peinture des conditions sociales à la peinture des caractères, et que toutes les conditions sociales prêtent à peu près également aux effets dramatiques. D'après ce principe erroné Beaumarchais imagina de représenter deux amis qui vivent ensemble, dont l'un, Mélac père, est receveur des fermes, et l'autre, Aurelly, négociant à Lyon. Aurelly, pour un payement de fin d'année, attend des fonds de Paris; Mélac, qui apprend que ces fonds n'arriveront pas, et qui voit son ami exposé à suspendre ses payements, prend tout l'argent de sa caisse de receveur des fermes, le dépose dans la caisse d'Aurellly, à l'insu de ce dernier, et en lui faisant croire que ce sont les fonds qu'il attendait de Paris. Sur ces entrefaites survient un fermier-général en tournée, qui réclame la recette de Mélac. Pendant deux actes, ce dernier s'obstine à passer pour un voleur qui a détourné les fonds qui lui étaient confiés, et comme l'honnête Aurelly ignore que l'argent confié à Mélac est dans sa caisse, il se joint au fermier-général pour accabler son héroïque ami, jusqu'à ce qu'enfin, tout se découvrant, le fermier-général, homme sensible et romanesque, se charge de tout arranger.

Sans parler de ce qu'il y avait de forcé et de chimérique dans cette obstination de Mélac à garder un silence qui le déshonore, qui ne peut manquer d'être rompu bientôt, et qui, une fois rompu, n'aura servi qu'à ajourner la faillite de son ami, ces scènes de commerce offraient un genre d'intérêt trop spécial pour agir sur les spectateurs. Malgré les préceptes de Diderot, il est certain que le public sentira toujours beaucoup mieux les situations émouvantes qui naissent du conflit des caractères et du choc des passions que celles qui sont la conséquence de telle ou telle profession sociale. Chacun est exposé à souffrir, à aimer, à haïr, en vertu des impulsions de son cœur ou de son caractère, et tout le monde n'a pas une idée bien nette de ce qu'on éprouve quand on est exposé à faire faillite ou quand on passe pour avoir détourné l'argent d'une caisse. Ces situations, trop exceptionnelles pour agir sur les âmes, trop vulgaires pour avoir prise sur l'imagination, peuvent bien concourir à l'intérêt d'un drame, mais à la condition d'y figurer accessoirement, tandis que Diderot veut au contraire qu'elles en soient l'objet principal.

Vainement, pour adoucir l'aridité d'un tel sujet, Beaumarchais y mêla l'épisode assez gracieux des amours de Pauline et du fils de Mélac; quelques scènes spirituelles ou pathétiques ne purent sauver le drame trop commercial des *Deux Amis*. Joué pour la première fois le 13 janvier 1770, il se traîna péniblement jusqu'à la dixième représentation, qui fut la dernière. L'auteur ayant, disait-il, sur *ses tristes confrères de la plume*, l'avantage de pouvoir aller au théâtre en carrosse et faisant peut-être un peu trop parade de cet avantage, il en résulta que son échec fut salué par beaucoup de quolibets. On racontait qu'à la fin de la première représentation un plaisant du parterre s'était écrié : « Il s'agit ici d'une banqueroute ; j'y suis pour mes vingt sous. » Quelques jours après, Beaumarchais ayant eu l'imprudence de dire à Sophie Arnould, à propos d'un opéra de *Zoroastre* qui ne réussissait pas : « Dans huit jours, vous n'aurez plus personne ou bien peu de monde, » la spirituelle actrice lui répondit : « *Vos Amis* nous en enverront. » Enfin le défaut capital du drame des *Deux Amis* était assez bien résumé dans ce quatrain du temps cité par Grimm :

> J'ai vu de Beaumarchais le drame ridicule.
> Et je vais en un mot vous dire ce que c'est :
> C'est un change où l'argent circule
> Sans produire aucun intérêt.

Comme les auteurs ont souvent pour leurs productions ce genre de tendresse qui fait qu'une mère s'attache de préférence à ses enfants les plus mal venus, Beaumarchais professa toujours une estime particulière pour son drame des *Deux Amis*. Dans une lettre qu'il écrit aux comédiens en 1779 pour en demander la reprise, il dit que ce drame est le *plus fortement com-*

*posé de tous ses ouvrages*¹. Le fait est qu'il offre peut-être un style plus correct que celui d'*Eugénie*, mais cela ne suffit pas. L'auteur ajoute qu'il a été représenté avec succès sur tous les *théâtres français* de *l'Europe;* Gudin se contente de dire qu'il a été particulièrement goûté dans les villes de commerce : c'est plus probable. Ce qui est certain, c'est qu'aujourd'hui on ne le joue plus nulle part.

Du reste, en janvier 1770, Beaumarchais pouvait facilement se consoler de la chute d'un drame : il était riche, affairé, heureux. Entre *Eugénie* et *les Deux Amis,* il avait su se faire aimer de la jeune et belle veuve d'un garde-général des Menus plaisirs, nommé Lévêque, et, en avril 1768, il avait épousé Mme Lévêque, née Geneviève-Madeleine Watebled, qui lui avait apporté une brillante fortune. Avec la coopération de Pâris Du Verney, il avait acheté de l'État une grande partie de la forêt de Chinon qu'il exploitait², et il était plus occupé encore de vendre du bois que de faire des drames. Dans une lettre de cette époque datée, d'un village de Touraine, il nous apparaît tout à la fois marchand de bois intelligent, actif, et amateur de paysages avec

¹ On trouvera cette lettre aux pièces justificatives n° 4, avec une réponse de l'acteur Monvel, père de Mlle Mars, et un des gracieux billets de Mlle Doligny dont j'ai déjà parlé. Il faut dire qu'au moment de cette correspondance, en 1779, Beaumarchais dirigeait le procès des auteurs contre les acteurs de la Comédie-Française; ceux-ci le redoutant un peu, cherchaient à lui être agréables.

² La Harpe se trompe complètement quand il dit sans autre détail : « Cette entreprise de bois ne put être suivie. » Beaumarchais exploita cette forêt de Chinon durant longues années.

une teinte de poésie champêtre qu'on ne s'attendrait guère à trouver chez lui, car ses ouvrages, qui tous respirent l'air de Paris, n'offrent pas trace d'un sentiment de ce genre. La lettre est adressée à sa seconde femme.

« De Rivarennes, le 15 juillet 1769.

« Tu m'invites à t'écrire, ma bonne amie, je le veux de tout mon cœur : c'est un agréable délassement aux fatigues forcées de mon séjour en ce village. Des chefs en mésintelligence qu'il a fallu réconcilier, des commis à entendre en leurs plaintes et leurs demandes, un compte de plus de 100,000 écus morcelé en pièces de 20 et 30 sols à régler, et dont il faut décharger le caissier comptable ; les différents ports à visiter; deux cents ouvriers des ventes dans la forêt à voir, et leurs ouvrages à examiner ; deux cent quatre-vingts arpents de bois à bas dont il faut régler la fabrication et le transport; de nouveaux chemins de la forêt à la rivière à faire construire, les anciens à raccommoder, trois ou quatre cent milliers de foin à faire serrer, la provision d'avoine de trente chevaux de trait à faire, trente autres chevaux à acheter pour monter six guimbardes ou charrois en plus pour transporter avant l'hiver tout notre bois de marine; des portes et des écluses à construire sur la rivière d'Indre pour nous donner de l'eau toute l'année à l'endroit où l'on charge les bois, cinquante bateaux qui attendent leurs charges pour s'en aller à Tours, Saumur, Angers et Nantes; les baux de sept ou huit fermes réunies pour les provisions d'une maison de trente personnes à signer, l'inventaire général de notre recette et dépense depuis deux ans à régler : voilà, ma chère femme, en bref, la somme de mes travaux, dont une partie est déjà terminée et l'autre en bon train. »

Après deux autres pages de détails analogues, Beaumarchais termine par ce tableau gracieux et animé de la vie des champs :

« Tu vois, chère amie, que l'on ne dort pas tant ici qu'à Pantin[1]; mais l'activité de ce travail forcé ne me déplaît pas : depuis que je suis arrivé dans cette retraite inaccessible à la vanité, je n'ai vu que des gens simples et sans manières, tels que je désire souvent être. Je loge dans mes bureaux, qui sont une bonne ferme bien paysanne, entre basse-cour et potager, et entourée de haie vive ; ma chambre, tapissée des quatre murs blanchis, a pour meubles un mauvais lit, où je dors comme une soupe, quatre chaises de paille, une table de chêne, une grande cheminée sans parement ni tablette ; mais je vois de ma fenêtre, en t'écrivant, toutes les varennes, ou prairies du vallon que j'habite, remplies d'hommes robustes et basanés, qui coupent et voiturent du fourrage avec des attelées de bœufs ; une multitude de femmes et de filles, le rateau sur l'épaule ou dans la main, poussent dans l'air, en travaillant, des chants aigus que j'entends de ma table ; à travers les arbres, dans le lointain, je vois le cours tortueux de l'Indre et un château antique, flanqué de tourelles, qui appartient à ma voisine, Mme de Roncée. Le tout est couronné des cimes chenues d'arbres qui se multiplient à perte de vue jusqu'à la crête des hauteurs qui nous environnent, de sorte qu'elles forment un grand encadrement sphérique à l'horizon qu'elles bornent de toutes parts. Ce tableau n'est pas sans charmes. Du bon gros pain, une nourriture plus que modeste, du vin exécrable composent mes repas. En vérité, si j'osais te souhaiter le mal de manquer de tout dans un pays perdu, je regretterais bien fort de ne pas t'avoir à mes côtés. Adieu, mon amie. Si tu trouves que mon détail puisse amuser nos bons parents et amis, je te laisse la maîtresse d'en faire lecture un soir entre vous; tu les embrasseras bien tous par là-dessus, et bonsoir, je vais me coucher..... sans toi pourtant...., cela me paraît dur quelquefois. Et mon fils, mon fils ! comment se porte-t-il ? Je ris quand je pense que je travaille pour lui. »

[1] Sa femme était à cette époque installée dans une maison de campagne à Pantin.

Le cœur affectueux et bon qui se révèle dans cette lettre fut bientôt mis à une cruelle épreuve. Après moins de trois ans de mariage, Beaumarchais perdit sa seconde femme, qui mourut, le 21 novembre 1770, des suites d'une couche. Les colporteurs d'infamies ne manquèrent pas de dire que ce second veuvage était fort étrange et venait à l'appui des rumeurs répandues sur le premier. Il y avait bien une petite difficulté : c'est que, la moitié au moins de la fortune de sa seconde femme étant en viager, Beaumarchais avait le plus grand intérêt à la conserver, et de plus elle lui laissait un fils ; mais les nouvellistes immondes n'y regardaient pas de si près. Cependant, lorsque ce fils lui-même fut mort deux ans après sa mère, le 17 octobre 1772, la calomnie n'osa pas être conséquente : on ne songea pas, dit La Harpe, à insinuer qu'il avait aussi empoisonné son enfant.

Telle était donc la situation de Beaumarchais en 1771. Comme particulier, il venait encore une fois de passer d'un état opulent à une situation beaucoup moins brillante ; comme écrivain, il n'avait pas encore atteint la renommée : le succès flatteur, mais éphémère de son premier drame avait été effacé par l'échec du second. Le gros du public ne voyait en lui qu'un dramaturge larmoyant et lourd de l'école de Diderot ; nul ne soupçonnait encore l'auteur du *Barbier de Séville*, et l'on trouvait assez ressemblant ce portrait que Palissot, dans une satire du temps, trace en deux vers :

> Beaumarchais, trop obscur pour être intéressant,
> De son dieu Diderot est le singe impuissant.

C'est alors qu'un procès, qui ne tendait à rien moins qu'à le déshonorer et à le ruiner, en engendre un autre qui devait l'écraser complétement, et qui a pour résultat de mettre en lumière toute la verve comique dont la nature l'avait doué, de le replacer sur le chemin d'une immense fortune, et de faire de lui pour un moment l'homme le plus célèbre, le plus populaire de son pays et de son temps.

IX

PROCÈS DE BEAUMARCHAIS CONTRE LE COMTE DE LA BLACHE, MARÉCHAL DE CAMP ET LÉGATAIRE DE PARIS DU VERNEY.

Le premier des grands procès qui devaient donner à la vie de Beaumarchais une direction nouvelle dura sept ans. D'abord gagné, puis perdu et enfin regagné, il jeta l'auteur d'*Eugénie* dans un tourbillon de haines implacables et de luttes acharnées. Le fameux procès Goëzman sortit de cette grave affaire, dont les circonstances ont été assez inexactement rapportées jusqu'ici. Il est nécessaire de rétablir les faits, de montrer qu'il ne s'agissait pas seulement, comme le dit La Harpe, d'une affaire d'argent, et d'expliquer pourquoi le prince de Conti disait, non sans raison, au sujet de ce débat : « Il faut que Beaumarchais soit *payé* ou *pendu !* » ce qui faisait répondre à Beaumarchais, toujours fidèle à son genre d'esprit : « Mais, si je gagne mon procès, ne semble-t-il pas que mon adversaire devrait aussi *cordialement* payer un peu de sa personne ?»

On a vu à quelle occasion le vieux Pâris Du Verney, ex-fournisseur-général des vivres de l'armée, fondateur et intendant de l'École militaire, s'était attaché au jeune protégé de Mesdames de France, lui avait donné sa confiance, l'avait aidé à se pousser à la cour en lui prêtant de l'argent pour acheter des charges, et l'avait fait entrer dans diverses opérations industrielles destinées à lui fournir les moyens de rendre l'argent qu'il lui prêtait. De cette liaison d'amitié et d'affaires qui dura dix ans, dans laquelle Beaumarchais fut souvent chargé par Du Verney de négociations importantes, et qui, en dernier lieu, avait amené leur association pour l'achat de la forêt de Chinon, il était résulté entre eux un mouvement de fonds assez considérable, qui n'avait jamais été réglé par un compte définitif. Beaumarchais, vu le grand âge de Du Verney et dans l'appréhension d'un procès avec ses héritiers, lui avait plusieurs fois et vivement demandé ce règlement de comptes. Il l'obtint enfin le 1er avril 1770, au moyen d'un acte fait double, sous seing privé, par lequel, après une assez longue énumération du doit et de l'avoir de chacun des contractants l'un sur l'autre, Beaumarchais restitue à Du Verney 160,000 francs de ses billets au porteur, et consent à la résiliation de leur société pour la forêt de Chinon. De son côté, Du Verney déclare Beaumarchais quitte de toutes dettes envers lui, reconnaît lui devoir la somme de 15,000 francs payable à sa volonté, et s'oblige à lui prêter, pendant huit ans, sans intérêts, une somme de 75,000 fr.

Ces deux clauses n'étaient point encore remplies, lorsque Du Verney mourut le 17 juillet 1770, à quatre-vingt-sept ans, laissant une fortune d'environ 1,500,000 francs. Comme il n'avait que des neveux et des petits-neveux, il avait choisi pour légataire universel un de ces derniers, son petit-neveu par les femmes, élevé près de lui, devenu par ses soins maréchal-de-camp, et qui se nommait le comte de La Blache. Depuis longtemps, le comte de La Blache disait de Beaumarchais : «Je hais cet homme comme un amant aime sa maîtresse.» La Harpe, qui n'était pas bien au courant des faits, paraît s'étonner de cette haine, et la présente comme une des *singularités* de la vie de Beaumarchais. Elle n'offrait pourtant rien de singulier : d'abord il est assez naturel qu'un héritier présomptif n'ait pas grand goût pour quelqu'un qui a reçu et qui peut recevoir des bienfaits d'un vieillard dont la fortune lui est réservée; ensuite le comte de La Blache avait des motifs particuliers pour ne point aimer Beaumarchais. Celui-ci était très-lié avec un autre neveu de Pâris Du Verney du côté paternel, M. Pâris de Meyzieu, homme distingué, qui avait puissamment aidé son oncle dans la fondation de l'École militaire, mais qui, beaucoup moins habile dans l'art difficile et pénible aux gens de cœur de s'assurer d'une succession, s'était retiré de la lutte et laissé sacrifier à un parent plus éloigné. Beaumarchais, trouvant que ce sacrifice n'était pas juste, n'avait cessé de combattre la faiblesse de son vieil ami Du Verney, et de plaider pour M. de Meyzieu avec une franchise et une vivacité prouvées par ses lettres, dont je ne citerai qu'un fragment, qui se rapporte précisément à l'arrêté de comptes en question.

« Je ne puis soutenir, écrit-il à Du Verney en date du 9 mars 1770, qu'en cas de mort, vous me plantiez vis-à-vis de M. le comte de La Blache, que j'honore de tout mon cœur, mais qui, depuis que je l'ai vu familièrement chez M#me d'Hauteville, ne m'a jamais fait l'honneur de me saluer. Vous en faites votre héritier, je n'ai rien à dire à cela; mais, si je dois, en cas du plus grand malheur que je puisse craindre, être son débiteur, je suis votre serviteur pour l'arrangement : je ne résilie point. Mettez-moi vis-à-vis de mon ami Meyzieu, qui est un galant homme et à qui vous devez, mon bon ami, des réparations depuis longtemps : ce n'est pas des excuses qu'un oncle doit à son neveu, mais des bontés et surtout des bienfaits, quand il a senti qu'il avait eu tort avec lui. Je ne vous ai jamais fardé mon opinion là-dessus. Mettez-moi vis-à-vis de lui. Ce souvenir que vous lui laisserez de vous, lorsqu'il s'y attend le moins, élèvera son cœur à une reconnaissance digne du bienfait. Enfin c'est mon dernier mot : vous, ou, à votre défaut, Meyzieu, ou point de résiliation[1]. J'ai d'autres motifs encore pour appuyer sur ce dernier point, mais c'est de bouche que je vous les communiquerai. Quand voulez-vous que nous nous voyions? car je vous avertis que d'ici-là je ne ferai pas une panse d'*a* sur vos corrections. »

On concevra facilement que ces dispositions de Beaumarchais pour le neveu sacrifié étaient peu propres à lui concilier la bienveillance du petit-neveu préféré.

---

[1] Ceci a trait au désir de Du Verney de résilier la société pour l'exploitation de la forêt de Chinon, désir auquel Beaumarchais accédait, mais en faisant ses conditions.

Le comte de La Blache le détestait donc très-vivement, et lorsqu'après la mort de Du Verney, Beaumarchais lui fit présenter son arrêté de comptes, en en réclamant l'exécution, il répondit qu'il ne reconnaissait point la signature de son oncle et qu'il considérait l'acte comme faux. Sommé de s'inscrire en faux, sauf à subir les conséquences d'un échec dans cette voie dangereuse, il déclara qu'il se réservait d'user ou non de ce moyen, et, en attendant, il demanda aux tribunaux l'annulation de l'arrêté de comptes par voie de rescision, comme renfermant en lui-même des preuves de dol et de fraude, de sorte que Beaumarchais se trouva enlacé dans les liens de la procédure la plus odieuse ; car, tout en n'osant pas l'attaquer directement comme faussaire, le comte de La Blache ne cessait de plaider indirectement la question de faux, et, après cette discussion infamante, il prétendait cependant tirer parti contre Beaumarchais de l'acte même qu'il déclarait faux. Ainsi, non content de réclamer de lui le payement de 53,500 livres de créances trouvées dans les papiers de Du Verney et annulées par l'arrêté de comptes en question, comme dans cet arrêté de comptes Beaumarchais portait à son passif non plus seulement 53,500 liv., mais 139,000 liv., compensées par un actif plus considérable, son adversaire demandait naïvement que la prétendue fausseté de l'arrêté de comptes ne servît qu'à faire annuler l'actif de Beaumarchais sur Du Verney, mais laissât subsister tout entier l'actif de 139,000 livres de Du Verney sur Beaumarchais, qui n'existait précisément qu'en vertu de ce même arrêté de comptes : d'où il suit que Beaumarchais, au lieu de toucher 15,000 livres que lui allouait la pièce en question, devait être condamné à en payer 139,100, dont elle le déchargeait. C'est ainsi, disait maître Caillard, avocat très-ingénieux et très-injurieux choisi par le comte de La Blache, « c'est ainsi que la justice sera vengée, et les citoyens honnêtes verront avec satisfaction un pareil adversaire pris dans les piéges qu'il avait lui-même dressés. »

Cette manière honnête de tirer parti d'une pièce qu'on déclare fausse, pour transformer un titre de 53,500 fr. en une créance de 139,000 fr. suffit déjà, ce me semble, pour annoncer chez le légataire de Du Verney, ou au moins chez son avocat, plus d'habileté que de bonne foi ; mais comme ce travail n'est pas un plaidoyer de parti pris en faveur de Beaumarchais, j'ai voulu connaître toutes les pièces de ce procès. Je me suis procuré, non sans peine, tous les mémoires de l'avocat du comte de La Blache ; je les ai lus en même temps que les réponses de Beaumarchais. J'ai en mains l'original de ce fameux arrêté de comptes, qui a voyagé du parlement de Paris au parlement d'Aix, qui pendant sept ans a été soumis à l'inspection de tant de juges et de tant d'avocats qu'on a été obligé de le consolider avec des bandes de papier collées sur les marges. En m'entourant de tous les documents propres à m'éclairer, mon but était de savoir au juste, non pas si Beaumarchais devait ou non recevoir 15,000 fr. qu'il réclamait, ce qui importe assez peu à la postérité, mais s'il était un faussaire audacieux ou un honnête homme indignement calomnié, ce qui est beaucoup plus important. J'aurais pu, à la rigueur, me dispenser de ce fatigant examen, car enfin Beaumarchais, après avoir gagné son procès en première instance et l'avoir perdu en appel dans des circonstances particulières qu'on expliquera, a obtenu la cassation de ce dernier jugement, et un arrêt définitif du parlement de Provence, en date du 21 juillet 1778, — qui lui donne gain de cause sur tous les points, qui déclare l'arrêté de comptes parfaitement valable, et condamne le comte de La Blache à l'exécuter dans toutes ses parties,— condamne de plus le légataire de Du Verney aux frais du procès et à 12,000 fr. de dommages-intérêts envers Beaumarchais pour *raison de calomnie.* La question se trouve donc complétement vidée, et j'aurais pu m'en référer au jugement définitif du parlement de Provence; mais il suffit qu'un doute aussi injurieux ait été suspendu pendant sept ans sur la tête de l'auteur du *Mariage de Figaro,* il suffit que cette longue calomnie ait laissé dans sa vie une trace funeste que nous retrouverons plus d'une fois, pour qu'avant de passer outre je me sois cru obligé de me faire par moi-même une conviction sur un point de moralité aussi grave.

Et d'abord, un mot sur la question de vraisemblance. Était-il vraisemblable qu'en avril 1770, Beaumarchais, possédant par lui-même une certaine fortune et de plus très-riche par sa seconde femme, qui vivait encore (on se souvient qu'elle ne mourut que le 21 novembre de la même année), était-il vraisemblable que, dans cette situation, Beaumarchais s'exposât à fabriquer un acte faux, uniquement pour ne pas payer à l'héritier de Du Verney 53,500 fr. et pour lui arracher 15,000 fr.,— et cela quand il savait d'avance que cet héritier, homme de qualité, maréchal-de-camp, jouissant d'un grand crédit et d'une grande fortune, le haïssait de tout son cœur, et ne négligerait rien pour l'écraser s'il le pouvait? Il y a déjà là quelque chose qui choque toute vraisemblance.

En supposant maintenant que Beaumarchais eût voulu ou pu fabriquer un acte faux, lui aurait-il donné la forme qu'avait celui-là? C'est une grande feuille double de papier à la Tellière; le détail très-compliqué du règlement de comptes, écrit de la main de Beaumarchais, remplit les deux premières pages; à l'extrémité de la seconde page, il est signé à droite de la main de Beaumarchais, et à gauche *daté* et *signé* de la main de Du Verney; la troisième page contient le tableau résumé en chiffres des stipulations de ce même règlement de comptes.

Que disait de cette pièce l'avocat du comte de La Blache? Il la discutait avec l'aisance d'un avocat; tantôt il insinuait que la signature de Du Verney était fausse; tantôt, sommé de s'inscrire en faux, il déclarait que, si elle était vraie, elle remontait à une époque antérieure à la date de 1770, « époque à laquelle, disait-il, le vieux Du Verney avait une écriture tremblée, tandis que celle qui est au pied de l'écrit est une écriture hardie, qui part d'une main ferme et légère. » Ici l'avocat feignait de ne pas voir ce qui lui crevait les yeux, qu'au-dessus de la signature de Du Verney se trouvaient écrits de la même encre et de la même main ces mots : *à Paris, le 1ᵉʳ avril* 1770, c'est-à-dire que Du Verney avait non-seulement signé, mais daté l'acte en question, ce qui obligeait de supposer qu'il se serait amusé, dans sa jeunesse ou dans son âge mûr, à signer et à dater d'avance des blancs-seings pour l'époque de sa vieillesse. Repoussé de ce côté, l'avocat insinuait alors que cette grande feuille double de papier devait être un blanc-seing, signé et daté en effet par Du Verney en 1770, mais pour tout autre objet, soustrait ensuite et rempli par Beaumarchais. — Or quelle apparence que Du Verney, dont on faisait d'ailleurs valoir contre Beaumarchais l'esprit d'ordre, laissât traîner chez lui, dans un but qu'on n'indiquait pas, des blancs-seings signés juste à l'extrémité de la deuxième page d'une grande feuille de papier à la Tellière, et de plus signés, non pas au milieu du papier, mais à gauche, précisément de manière à ménager une place à droite pour une seconde signature ? Quelle apparence enfin que Beaumarchais,—contre lequel on arguait, d'autre part, que, dans les derniers temps de la vie de Du Verney, il ne pouvait presque plus arriver jusqu'à lui (ce qui était exact),—fût venu juste à point pour dérober un blanc-seing aussi étrangement disposé ? Sentant la faiblesse de cette argumentation, l'adversaire de Beaumarchais se rejetait alors sur le contenu de l'acte en question; il prouvait sans peine que les clauses en étaient compliquées, diffuses, parfois même embrouillées, qu'il s'y mêlait des dispositions relatives à d'autres objets que le règlement de comptes. Ceci était vrai, mais prouvait précisément en faveur de Beaumarchais, car s'il eût pu ou voulu fabriquer un acte faux, il l'eût fait ou plus bref ou plus méthodique, tandis que, réglant une longue suite d'opérations avec un vieillard de quatre-vingt-sept ans, ce règlement avait dû naturellement se ressentir de la prolixité ou des fantaisies du vieillard [1].

Mais, dira-t-on, comment, n'ayant à lutter que contre d'aussi faibles arguments, Beaumarchais, après avoir gagné son procès en première instance, a-t-il pu le perdre en appel? Sans parler encore ici de l'influence du rapporteur Goëzman, nous verrons plus tard un autre conseiller du parlement Maupeou avouer formellement, dans une lettre à Beaumarchais, que les bruits publics répandus sur lui ont été pour beaucoup dans sa décision; il faut ajouter cependant, pour être exact, que ce procès offrait aussi quelques circonstances propres à faire peut-être une certaine impression sur des juges

[1] A la vérité, l'avocat expliquait cette prolixité du style de l'acte en disant que le rédacteur, ayant soustrait un blanc-seing, avait été obligé de remplir deux pages pour arriver jusqu'à la signature de Du Verney; mais si Beaumarchais avait été capable d'une pareille action, comme le tableau en chiffres placé sur la troisième page de la feuille double était parfaitement inutile à la validité du règlement de comptes, rien ne l'aurait empêché de se servir d'une feuille simple, et, en écrivant son acte sur la page même, dont l'extrémité portait la signature de Du Verney; il n'aurait eu qu'une page à remplir.

déjà fortement prévenus. Par exemple, si on a suivi avec attention l'exposé que nous venons de tracer, on s'est sans doute déjà demandé où était le double de ce règlement de comptes entre Beaumarchais et Du Verney ; c'est ici que l'adversaire de Beaumarchais prétendait triompher de lui en disant : « L'acte écrit entièrement de votre main est supposé fait double entre vous et Du Verney ; or on n'a point trouvé ce double dans les papiers du défunt, donc ce double n'a jamais existé, donc l'acte que vous présentez est faux. » A cela Beaumarchais répondait : « Par suite des difficultés que vous, légataire défiant et avide, apportiez sans cesse à mes entrevues avec Du Verney, dans les derniers temps de sa vie, nous ne pouvions nous voir en quelque sorte qu'à la dérobée. Après un long débat par écrit sur le règlement de nos affaires, je lui ai envoyé les deux doubles de l'acte qu'il m'avait chargé de rédiger, tous deux signés de ma main ; il m'a renvoyé l'un des deux après l'avoir *signé* et *daté* de la sienne, et il a gardé l'autre ; si celui-là ne s'est point trouvé dans ses papiers, il l'a détruit ou perdu, ou vous-même, qui ne quittiez pas la chambre du défunt, vous l'avez soustrait avant l'inventaire, pour l'empêcher de servir de justification à celui que je vous présente. Quant à moi, je prouve la vérité et la sincérité de cet acte, non-seulement par l'acte même, mais par plusieurs lettres de Du Verney que je vous présente également, dont je vous défie de contester l'écriture, et qui toutes sont des réponses à des demandes que je lui adressais relativement à cet arrêté de comptes, et auxquelles il répondait de sa main, sur-le-champ et sur la même feuille de papier contenant la demande, suivant l'habitude où nous étions de correspondre ainsi depuis dix ans. Je vous présente même une de ces lettres où Du Verney m'écrit : Voilà notre compte signé. Que pouvez-vous répondre à ceci ? » Maître Caillard, l'avocat du comte de La Blache, ne se démontait pas pour si peu. Ceci, disait-il, est une preuve de plus de la *fraude* du sieur de Beaumarchais. Les billets qu'on nous oppose sont peut-être écrits de la main de Du Verney : nous l'accordons; mais ils sont courts, vagues, insignifiants; ils ne sont point datés, ils ont été écrits à une autre époque et pour quelque autre objet, et les *prétendues demandes datées,* auxquelles ils servent de reponse, ont été *adossées* après coup sur la même feuille par le sieur de Beaumarchais. Quant à la lettre où Du Verney écrit : Voilà *notre compte signé,* elle s'applique à quelque autre compte. » L'inspection des lettres détruisait cet injurieux raisonnement, car les réponses de Du Verney, quoique moins explicites naturellement que les demandes de Beaumarchais, qui toutes s'appliquent au règlement de comptes, ne peuvent s'adapter qu'à ces demandes. Dans quelques-unes même, la demande de Beaumarchais et la réponse de Du Verney sont, non pas *adossées,* c'est-à-dire l'une sur la première page, l'autre sur la troisième d'une feuille double, mais toutes deux sur la même page, et la réponse de Du Verney à la suite de la demande de Beaumarchais, ce qui rendait impossible la fraude que supposait l'avocat. Et enfin, si ces réponses de Du Verney ne s'appliquaient pas aux demandes de Beaumarchais, écrites *après coup*, elles s'appliquaient donc à d'autres demandes, à d'autres lettres de celui-ci qui devaient se retrouver dans les papiers de Du Verney : pourquoi l'adversaire ne les présentait-il pas, lui qui présentait toutes les lettres de Beaumarchais à Du Verney dont il croyait pouvoir tirer parti ?

Telle est la vraie physionomie du procès déplorable que dut subir si longtemps Beaumarchais, obligé, on le voit, de gagner sa cause, ou de passer pour un faussaire. Ce qu'il y avait de particulier dans cette affaire, c'est-à-dire l'absence du double de l'acte en question, sa rédaction un peu embrouillée, le caractère un peu obscur de la correspondance avec Du Verney que Beaumarchais exhibait à l'appui de cet acte; enfin la disparition dans les papiers de Du Verney de tout document relatif à cet arrêté de comptes, toutes ces circonstances pour des juges non prévenus à l'égard d'un homme moins diffamé, attaqué par un adversaire moins puissant, se fussent naturellement expliquées par cette considération : — qu'un vieillard de quatre-vingt-sept ans, réglant, avec un ami détesté par son héritier, des affaires qu'il ne lui plaisait pas de soumettre à ce même héritier, avait bien pu s'entourer de quelque obscurité, et que l'héritier avait intérêt à épaissir ces ténèbres, au lieu de les dissiper. Dans la situation des choses et des personnes, ces mêmes circonstances, exploitées et défigurées par un avocat venimeux et retors, prenaient une couleur assez noire pour qu'on s'explique bien cette apostrophe échappée à la colère de Beaumarchais contre certains avocats : « Oh ! que c'est un méprisable métier que celui d'un homme qui, pour gagner l'argent d'un autre, s'efforce indignement d'en déshonorer un troisième, altère les faits sans pudeur, dénature les textes, cite à faux les autorités et se fait un jeu du mensonge et de la mauvaise foi ! »

Cependant ce procès, engagé en octobre 1771 devant le tribunal de première instance, qu'on appelait alors *les requêtes de l'hôtel,* fut d'abord jugé en faveur de Beaumarchais. Une première sentence, en date du 22 février 1772, débouta le comte de La Blache de sa demande en rescision, et une seconde sentence, en date du 14 mars 1772, ordonna l'exécution du règlement de comptes argué de fraude. L'adversaire fit appel devant la grand'chambre du parlement.

Quoique victorieux dans cette première lutte, Beaumarchais en sortait cruellement meurtri; l'avocat Caillard l'avait vilipendé à outrance; l'animosité et le crédit du comte de la Blache excitaient contre lui la tourbe des nouvellistes. La mort de sa seconde femme, coïncidant avec un débat aussi fâcheux, servait de prétexte aux calomnies atroces dont j'ai déjà parlé. Ces calomnies circulaient dans les gazettes étrangères et dans ces feuilles manuscrites qui suppléaient si détestablement à la liberté de la presse; elles trouvaient accès auprès de tous ceux qu'irrite l'élévation d'un homme qui a fait lui-même sa fortune, surtout quand cet homme n'est pas modeste, et il est bien reconnu que Beaumarchais ne l'était pas. Non content de détruire sa réputation, le comte de La Blache, qu'il nomme quelque part *le premier auteur de tous mes maux*, venait de le prendre en défaut et de lui porter un coup de Jarnac dans la circonstance suivante. Quelques jours avant le jugement en première instance, Beaumarchais, apprenant que son adversaire répandait partout le bruit que Mesdames de France l'avaient chassé de leur présence pour des faits déshonorants, avait écrit à la comtesse de Périgord, première dame d'honneur de la princesse Victoire, pour se plaindre des calomnies du comte, et demander à Mesdames une attestation de délicatesse et de probité ; la comtesse de Périgord lui avait répondu sur-le-champ par cette lettre :

« Versailles, le 12 février 1772.

« J'ai fait part, Monsieur, de votre lettre à Madame Victoire, qui m'a assuré *qu'elle n'avait jamais dit un mot à personne qui pût nuire à votre réputation, ne sachant rien de vous qui pût la mettre dans ce cas-là.* Elle m'a autorisée à vous le mander. La princesse même a ajouté qu'elle savait bien que vous aviez un procès, mais que ses discours sur votre compte ne pourraient jamais vous faire aucun tort dans aucun cas, et particulièrement dans un procès, et que vous pouvez être tranquille à cet égard.

« Je suis charmée que cette occasion, etc.

« T., comtesse de Périgord.

Au lieu de publier textuellement cette lettre, qui suffisait pour sauvegarder son honneur, Beaumarchais, dans l'espoir d'en tirer le meilleur parti possible, eut l'imprudence de la fondre dans une note d'un mémoire contre le comte de La Blache, où il disait que, son adversaire cherchant à lui *enlever l'honorable protection que Mesdames lui ont toujours accordée*, et soufflant à l'oreille de ses juges qu'il s'est rendu indigne de leurs bontés et qu'elles *ne prennent plus à lui aucune espèce d'intérêt*, il était autorisé par Madame Victoire à publier, etc. Ici Beaumarchais donnait bien le résumé exact et fidèle de la lettre de la comtesse de Périgord ; mais le commentaire qui précédait ce résumé était de sa part une inconvenance et une témérité : il prêtait ainsi le flanc à son adversaire, car il semblait vouloir faire dire à Mesdames plus qu'elles n'avaient dit, et transformer un simple témoignage d'estime, une simple attestation de probité, en un certificat de protection et d'intérêt pour lui à l'occasion de son procès, ce qui devait nécessairement offenser des princesses ayant le sentiment de leurs devoirs. Il avait à peine commis cette maladresse, que le comte de La Blache court à Versailles, pénètre auprès de Mesdames, et se plaint à elles que Beaumarchais vient de faire contre un maréchal-de-camp un indigne abus de leur nom, et que, dans un mémoire imprimé, il a eu l'audace d'affirmer que Mesdames prenaient le plus vif intérêt au gain de son procès. Beaumarchais n'avait pas dit cela ; mais on vient de voir qu'en parlant d'*intérêt* et de *protection*, il pouvait être accusé d'avoir cherché à le faire entendre. Les princesses s'irritent, et le comte de La Blache, profitant de leur colère, obtient d'elles le petit billet doux qui suit :

« Nous déclarons ne prendre aucun intérêt à M. Caron de Beaumarchais et à son affaire, et ne lui avons pas permis d'insérer dans un mémoire imprimé et public des assurances de notre protection.

« Marie-Adélaïde, Victoire-Louise,
« Sophie-Philippine, Élisabeth-Justine.

« Versailles, le 15 février 1772. »

Cette déclaration, immédiatement imprimée et publiée par le comte de La Blache, circule partout. Si elle n'empêche pas les juges en première instance, qui avaient vu la lettre de la comtesse de Périgord, de rendre justice à Beaumarchais, tout en ordonnant la suppression de la note indiscrète dont il s'était rendu coupable, elle trompe complétement le public, aux yeux de qui l'auteur de la note passe non pas seulement pour un indiscret qui a commenté et amplifié un témoignage d'estime très-réel, mais pour un double imposteur qui, à l'appui d'un faux arrêté de comptes, produit une fausse attestation de probité. Pour comble de malheur, Beaumarchais, sentant qu'il a eu tort de commenter ainsi et d'exagérer le témoignage de la princesse Victoire, craignant de l'offenser en insistant sur cet incident, n'ose point publier la lettre de la comtesse de Périgord, qui explique son commentaire, et se voit obligé de rester en silence sous le coup de ce soupçon d'imposture [1].

[1] Ce n'est que deux ans plus tard qu'il se décide à répondre. En décembre 1773, dans le nouveau procès que lui suscita le

Les choses en étaient là : le procès se poursuivait en appel ; Beaumarchais, luttant de son mieux contre un homme en crédit et une mauvaise réputation, se délassait de cette guerre de chicane en composant le *Barbier de Séville*, lorsqu'une aventure aussi bizarre qu'inattendue vint mettre le comble aux embarras de sa situation et fournir un nouvel aliment à la haine de ses ennemis.

---

conseiller Goëzman et dont il sera bientôt question, Beaumarchais se vit accusé de rechef par ce magistrat d'avoir supposé une attestation de la princesse Victoire. Goëzman était ici de très-mauvaise foi, car il connaissait la lettre de la comtesse de Périgord et il feignait de ne point la connaître ; alors seulement Beaumarchais publie cette lettre en s'efforçant d'atténuer habilement l'usage indiscret qu'il en avait fait. Je viens d'expliquer très-exactement en quoi consistait cette indiscrétion, et comment le comte de La Blache avait su en tirer parti.

X

UN ÉPISODE DE LA VIE SOCIALE AU XVIIIe SIÈCLE. — Mlle MÉNARD.
BEAUMARCHAIS ET LE DUC DE CHAULNES.

Les détails de l'aventure dont il s'agit ici sont complétement ignorés du public. Dans son étude sur Beaumarchais, La Harpe se contente de dire : « Il eut une querelle avec un grand seigneur qui lui disputait une *courtisane*. » Le mot est un peu dur pour Mlle Ménard, avec laquelle on va faire connaissance, et qui n'était pas *précisément* ce que dit La Harpe. Dans son édition des œuvres de Beaumarchais qui a servi de type à toutes les autres, Gudin, réservant pour ses mémoires, restés inédits, le récit de la querelle de son ami avec le duc de Chaulnes, n'a publié, parmi toutes les lettres relatives à l'incident en question, que les deux plus vagues et les deux plus insignifiantes. Cependant l'auteur du *Barbier de Séville* avait recueilli avec soin toutes les pièces de cette étrange affaire. Le dossier qui les renferme est au grand complet; c'est un de ceux sur lesquels il a écrit de sa main : *Matériaux pour les mémoires de ma vie*; et comme l'aventure avait occasionné un commencement d'instruction judiciaire par-devant M. de Sartines, alors lieutenant général de police, Beaumarchais, qui, plus tard, s'était lié assez intimement avec ce dernier, avait obtenu de lui la remise de toutes les lettres et dépositions de chacun des acteurs de cette scène tragi-comique. J'essayerai donc de la reproduire au naturel et en laissant autant que possible la parole aux personnages eux-mêmes. Ces sortes de tableaux de mœurs, quand ils sont exacts et authentiques, éclairent la physionomie d'un temps beaucoup mieux que les généralités les plus pompeuses.

Disons d'abord un mot de l'aimable personne qui fut la cause d'un combat homérique entre Beaumarchais, adroit et prudent comme Ulysse, et un duc et pair robuste et furieux comme Ajax. Mlle Ménard était une jeune et jolie, sinon vertueuse artiste, qui, en juin 1770, avait débuté avec talent à la Comédie-Italienne dans les rôles de Mme Laruette; elle s'était distinguée surtout dans le rôle de Louise du *Déserteur*. Grimm nous a tracé son portrait. « On convient assez généralement, dit-il dans sa *Correspondance littéraire*, qu'elle a mieux joué le rôle de Louise qu'aucune de nos actrices les plus applaudies, et qu'elle y a mis des nuances qui ont échappé à Mme Laruette et à Mme Trial; elle a moins réussi dans les autres rôles et l'on peut dire qu'elle a joué avec une inégalité vraiment surprenante. Elle s'est fait beaucoup de partisans; les auteurs poëtes et musiciens sont dans ses intérêts; malgré cela, M. le maréchal de Richelieu, *kislar-aga* des plaisirs du public, c'est-à-dire des spectacles [1], ne veut pas même qu'elle soit reçue à l'essai : il sait mieux que nous ce qui doit nous faire plaisir pour notre argent. La voix de Mlle Ménard [2] est de médiocre qualité; elle a eu un mauvais maître à chanter; avec de meilleurs principes et en apprenant à gouverner sa voix, son chant pourra devenir assez bon pour ne pas déparer son jeu. Quant à celui-ci, elle a d'abord l'avantage d'un débit naturel et d'une prononciation aisée; elle ne parle pas du crâne et à la petite octave comme Mme Laruette et Mme Trial. Sa figure est celle d'une belle fille, mais non pas d'une actrice agréable. Mettez à souper Mlle Ménard, fraîche, jeune, piquante, à côté de Mlle Arnould, et celle-ci vous paraîtra un squelétte auprès d'elle; mais au théâtre ce squelette sera plein de grâce, de noblesse et de charme, tandis que la fraîche et piquante Ménard aura l'air *gaupe* [3]. Elle m'a paru avoir la tête un peu grosse; la

---

[1] En sa qualité de premier gentilhomme de la chambre du roi.

[2] Quelques feuilles du temps écrivent Mesnard; mais la demoiselle en question, dont nous avons l'honneur de posséder des autographes, signe Ménard. Nous écrirons donc son nom comme elle l'écrivait elle-même.

[3] Je demande pardon aux lecteurs délicats sur le choix des termes de citer textuellement certains mots de Grimm. Ces citations ont aussi leur signification historique, surtout si l'on veut bien se souvenir que les comptes rendus de Grimm faisaient les délices d'un assez grand nombre de princes et de princesses d'Allemagne qui les payaient fort cher.

carcasse supérieure de ses joues est un peu trop élevée, ce qui empêche que le visage ne joue. On a beaucoup parlé de la beauté de ses bras; ils sont très-blancs, mais ils sont trop courts, ils ont l'air de pattes de lion. En général sa figure est un peu trop grande et trop forte pour les rôles tendres, naïfs et ingénus, comme sont la plupart des rôles de nos opéras-comiques [1]..... Du reste, je suis de l'avis du public, qu'il faudrait recevoir Mlle Ménard à l'essai : elle paraît être capable d'une grande application. On prétend que son premier métier a été celui de bouquetière sur les boulevards, mais que, voulant se tirer de cet état, qui a un peu dégénéré de la noblesse de son origine depuis que Glycère vendait des bouquets aux portes des temples à Athènes, elle a acheté une grammaire de Restaut et s'est mise à étudier la langue et la prononciation française, après quoi elle a essayé de jouer la comédie. Ce qu'il y a de sûr, c'est que, pendant ses débuts, elle s'est adressée à tous les auteurs musiciens et poëtes pour leur demander conseil et profiter de leurs lumières avec un zèle et une docilité qui ont eu pour récompense les applaudissements qu'elle a obtenus dans ses différents rôles. M. de Péquigny, aujourd'hui duc de Chaulnes, protecteur de ses charmes, l'a fait peindre par Greuze; ainsi, si nous ne la conservons pas au théâtre, nous la verrons du moins au salon prochain [2]. »

[1] Ce portrait de Grimm sera tout à l'heure un peu modifié par un respectable abbé, qui va nous apprendre que la douceur était le caractère distinctif de la physionomie de Mlle Ménard.
[2] *Correspondance littéraire*, juin, 1770.

La *protection* du duc de Chaulnes ayant sans doute empêché Mlle Ménard d'être protégée par le duc de Richelieu, elle sacrifia ses espérances de succès à la jalousie du premier de ces deux ducs et elle renonça au théâtre; mais, comme elle avait de l'esprit et de l'agrément, elle recevait chez elle fort bonne compagnie (en hommes bien entendu). Marmontel, Sedaine, Rulhières, Chamfort, s'y rencontraient avec de très-grands seigneurs amenés par le duc de Chaulnes. Ce duc, qui avait alors trente ans, était déjà célèbre par la violence et la bizarrerie de son caractère : c'était le dernier représentant de la branche cadette de la maison de Luynes, laquelle branche s'est éteinte, je crois, dans sa personne. Le manuscrit inédit de Gudin contient sur lui des détails confirmés par tous les témoignages contemporains. « Son caractère, écrit Gudin, était un assemblage rare de qualités et de défauts contradictoires : de l'esprit et point de jugement; de l'orgueil et un défaut de discernement tel qu'il lui ôtait le sentiment de sa dignité dans ses rapports avec ses supérieurs, ses égaux ou ses inférieurs; une mémoire vaste et désordonnée; un grand désir de s'instruire et un plus grand goût pour la dissipation ; une force de corps prodigieuse; une violence de caractère qui troublait sa raison toujours assez confuse; de fréquents accès de colère dans lesquels il ressemblait à un sauvage ivre, pour ne pas dire à une bête féroce. Toujours livré à l'impression du moment, sans égard pour les suites, il s'était attiré plus d'une mauvaise affaire. Banni du royaume pendant cinq ans, il avait employé le temps de son exil à faire un voyage scientifique, il avait visité les pyramides, fréquenté les Bédouins du désert, rapporté plusieurs objets d'histoire naturelle et un malheureux singe qu'il assommait de coups tous les jours [1]. »

Ce caractère du duc de Chaulnes rendait fort orageuse sa liaison avec Mlle Ménard. A la fois jaloux, infidèle et brutal, depuis longtemps déjà il ne lui inspirait plus guère que de la crainte, lorsqu'il se prit d'une belle passion pour Beaumarchais, et l'introduisit lui-même chez sa maîtresse ; au bout de quelques mois, il s'aperçut qu'elle le trouvait plus aimable que lui. Son amitié se changea en fureur. Mlle Ménard, effrayée de ses violences, pria Beaumarchais de cesser ses visites. Par égard pour elle il y consentit; mais, les mauvais traitements du duc ne discontinuant pas, elle prit un parti désespéré et se réfugia dans un couvent. Quand elle crut avoir reconquis sa liberté par une rupture définitive, elle rentra dans sa maison en invitant Beaumarchais à revenir la voir.

[1] Ajoutons à ce portrait de Gudin que le duc de Chaulnes, au milieu de sa vie désordonnée et extravagante, avait conservé quelque chose des goûts de son père, savant distingué en mécanique, en physique et en histoire naturelle, qui mourut membre honoraire de l'Académie des sciences. Le fils aimait passionnément la chimie, et il a fait quelques découvertes dans cette partie. Toutefois, même en ce genre d'occupation, il se distinguait par l'excentricité de son humeur. C'est ainsi que, pour vérifier l'efficacité d'une préparation qu'il avait inventée contre l'asphyxie, il s'enferma dans un cabinet vitré et s'asphyxia, s'en remettant à son valet de chambre du soin de le secourir à temps

C'est à ce moment que Beaumarchais écrit au duc de Chaulnes, et lui propose un traité de paix un peu singulier, dans une lettre assez curieuse et par son contenu et par un ton mélangé de familiarité, de prudence et d'égards, qui peint bien le conflit des caractères et de la condition sociale des deux personnages. Voici cette lettre : on ne doit pas oublier que Beaumarchais a été d'abord très-lié avec le duc de Chaulnes.

« Monsieur le duc,

« Mme Ménard[1] m'a donné avis qu'elle était retournée chez elle en m'invitant de la voir, comme tous ses autres amis, quand cela me ferait plaisir. J'ai jugé que les raisons qui l'avaient forcée de s'enfuir avaient cessé ; elle m'apprend qu'elle est libre, et je vous en fais à tous les deux mon compliment sincère. Je compte la voir demain dans la journée. La force des circonstances a donc fait sur vos résolutions ce que mes représentations n'avaient pu obtenir ; vous cessez de la tourmenter, j'en suis enchanté pour tous deux, je dirais même pour tous trois, si je n'avais résolu de faire entièrement abstraction de moi dans toutes les affaires où l'intérêt de cette infortunée entrera pour quelque chose. J'ai su par quels efforts pécuniaires vous aviez cherché à la remettre sous votre dépendance, et avec quelle noblesse elle avait couronné un désintéressement de six années en reportant à M. de Genlis l'argent que vous aviez emprunté pour le lui offrir. Quel cœur honnête une pareille conduite n'enflammerait-elle pas ! Pour moi, dont elle a jusqu'à présent refusé les offres de service, je me tiendrai fort honoré, sinon aux yeux du monde entier, du

et de faire sur lui l'essai de son remède. Il avait heureusement un serviteur ponctuel qui ne le laissa pas aller trop loin.

[1] On verra tous les amis de cette demoiselle l'appeler *madame*, mais cela ne tire pas à conséquence.

moins aux miens, qu'elle veuille bien me compter au nombre de ses amis les plus dévoués. Ah! Monsieur le duc, un cœur aussi généreux ne se conserve ni par des menaces, ni par des coups, ni par de l'argent. Pardon si je me permets ces réflexions; elles ne sont point inutiles au but que je me propose en vous écrivant. En vous parlant de Mme Ménard, j'oublie mes injures personnelles, j'oublie qu'après vous avoir prévenu de toutes façons, m'être vu embrassé, caressé par vous, et chez vous et chez moi, sur des sacrifices que mon attachement seul pouvait m'inspirer [1], qu'après que vous m'avez plaint en me disant d'elle des choses très-désavantageuses, tout à coup vous avez, sans aucun sujet, changé de discours, de conduite, et lui avez dit cent fois plus de mal de moi que vous ne m'en aviez dit d'elle. Je passe encore sous silence la scène horrible pour elle, et dégoûtante entre deux hommes, où vous vous êtes égaré jusqu'à me reprocher que je n'étais que le fils d'un horloger. Moi qui m'honore de mes parents devant ceux mêmes qui se croient en droit d'outrager les leurs [2], vous sentez, Monsieur le duc, quel avantage notre position respective me donnait en ce moment sur vous; et, sans la colère injuste qui vous a toujours égaré depuis, vous m'auriez certainement su gré de la modération avec laquelle j'ai repoussé l'outrage de celui que j'avais toujours fait profession d'honorer et d'aimer de tout mon cœur; mais, si mes égards respectueux pour vous n'ont pu aller jusqu'à craindre un homme, c'est que cela n'est pas en mon pouvoir. Est-ce une raison de m'en vouloir? et mes ménagements de toute nature ne doivent-ils pas, au contraire, avoir à vos yeux tout le prix que ma fermeté leur donne? J'ai dit : Il reviendra de tant d'injustices accumulées, et ma conduite honnête le fera enfin rougir de la sienne. Vous avez eu beau faire, vous n'avez pas plus réussi à avoir mauvaise opinion de moi qu'à l'inspirer à votre amie. Elle a exigé, pour son propre intérêt, que

---

[1] C'était de l'argent qu'il avait prêté au duc.

[2] Allusion à un procès que le duc de Chaulnes avait alors avec sa mère, dont il parlait très-mal.

je ne la visse pas; comme on n'est point déshonoré d'obéir à une femme, j'ai été deux mois entiers sans la voir et sans aucune communication directe avec elle; elle me permet aujourd'hui d'augmenter le nombre de ses amis. Si pendant ce temps vous n'avez pas repris les avantages que votre négligence et vos vivacités vous avaient fait perdre, il faut croire que les moyens que vous avez employés n'y étaient pas propres. Eh! croyez-moi, Monsieur le duc, revenez d'une erreur qui vous a causé déjà tant de chagrins : je n'ai jamais cherché à diminuer le tendre attachement que cette généreuse femme vous avait voué; elle m'aurait méprisé, si je l'avais tenté. Vous n'avez eu auprès d'elle d'autre ennemi que vous-même. Le tort que vous ont fait vos dernières violences vous indique la route qu'il faut tenir pour vous replacer à la tête de ses vrais amis..... Au lieu d'une vie d'enfer que nous lui faisons mener, joignons-nous tous pour lui procurer une société douce et une vie agréable. Rappelez-vous tout ce que j'ai eu l'honneur de vous dire à ce sujet, et rendez en sa faveur votre amitié à celui à qui vous n'avez pu ôter votre estime. Si cette lettre ne vous ouvre pas les yeux, je croirai avoir rempli tous mes devoirs envers mon ami que je n'ai pas offensé, dont j'ai oublié les injures, et au-devant duquel je vais pour la dernière fois, lui protestant qu'après cette démarche infructueuse, je m'en tiendrai au respect froid, sec et ferme, qu'on a pour un grand seigneur sur le caractère duquel on s'est lourdement trompé. »

Le duc de Chaulnes ne répondit pas à cette lettre : quelques mois se passèrent, pendant lesquels apparemment Beaumarchais, quoique le duc n'autorisât point ses visites, profita de la permission que Mlle Ménard lui avait donnée de revenir la voir; enfin, un beau matin, le 11 février 1773, le duc de Chaulnes se mit en tête de tuer son rival. La scène qui suit ayant duré toute une journée, et chacun des acteurs qui s'y trouvent mêlés ayant fait sa déposition écrite au lieutenant de police ou au tribunal des maréchaux de France pour la partie qui le concerne, je vais ajuster ces différentes dépositions, en commençant par celle de Gudin, qui a vu se former l'orage. Dans le récit inédit qu'il a rédigé de toute l'affaire, trente-cinq ans après l'événement, Gudin se farde un peu. Je préfère sa déposition du moment; il y est plus naturel : on l'y voit jeune, bon garçon, dévoué à Beaumarchais avec lequel il était lié depuis quelque temps, et qui l'avait sans doute introduit chez M{ll.} Ménard, mais très-impressionnable, assez peu belliqueux et craignant beaucoup de se compromettre.

Compte rendu à M. le lieutenant de police de ce qui m'est arrivé jeudi 11 février.

« Jeudi dernier, sur les onze heures du matin, je me rendis chez Mme Ménard, après avoir été dans plusieurs endroits. — Il y a bien longtemps que je ne vous ai vu, me dit-elle. J'ai cru que vous n'aviez plus d'amitié pour moi. — Je la rassurai et je m'assis dans un fauteuil au bord de son lit. Elle fondit en pleurs, et, son cœur ne pouvant contenir sa peine, elle me conta combien elle avait à souffrir des violences de M. le duc de Chaulnes. Elle me parla ensuite d'un propos tenu contre M. de Beaumarchais. Le duc entre; je me lève, je le salue, je lui cède la place que j'occupais au bord du lit. — Je pleure, lui dit Mme Ménard, je pleure, et je prie M. Gudin d'engager M. de Beaumarchais à se justifier du propos ridicule qu'on a tenu contre lui. — De quelle nécessité est-il, repart le duc, de justifier un coquin comme Beaumarchais? — C'est un très-honnête homme, répondit-elle en versant de nouvelles larmes. — Vous l'aimez! s'écria le duc en se levant; vous m'humiliez : je vous déclare que je vais me battre avec lui. — Il y avait dans la chambre où nous étions une amie de Mme Ménard, une servante ou femme de chambre, et une jeune enfant, fille de Mme Ménard [1]. Nous nous levons tous avec des cris. Mme Ménard saute de son lit; je cours après le duc qui sort malgré ma résistance et en tournant sur moi la porte de l'antichambre. Je rentre dans l'appartement; je crie à ces femmes éperdues : Je cours chez Beaumarchais, j'empêcherai ce combat. Je pars du voisinage de la Comédie-Italienne, où elle demeure, pour me rendre vis-à-vis de l'hôtel de Condé, où demeure M. de Beaumarchais. Je rencontre son équipage dans la rue Dauphine, près du carrefour de Bussy. Je me jette à la tête des chevaux, je monte à la portière. — Le duc vous cherche pour se battre avec vous; courez chez moi, je vous dirai le reste. — Je ne le puis, dit-il; je vais à la capitainerie tenir l'audience; quand elle sera finie, je me rendrai chez vous [2]. — Il part, je suis le carrosse des yeux et je reprends le chemin de ma maison. En montant les marches du Pont-Neuf qui confinent au quai de Conti, je me sens arrêté par la basque de mon habit, et je tombe renversé dans les bras du duc de Chaulnes, qui, plus grand et plus robuste que moi, m'enlève comme un oiseau de proie, me jette, malgré ma résistance, dans un fiacre dont il était descendu, crie au cocher : Rue de Condé! et me dit en jurant que je lui trouverai Beaumarchais. — De quel droit, lui dis-je, monsieur le duc, vous qui criez sans cesse à la liberté, osez-vous attenter à la mienne? — Du droit du plus fort. Vous me trouverez Beaumarchais, ou... — Monsieur le duc, je n'ai point d'armes, et vous ne m'assassinerez peut-être pas. — Non, je ne tuerai que ce Beaumarchais, et quand je lui aurai plongé mon épée dans le corps, que je lui

---

[1] C'était une fille de Mlle Ménard et du duc de Chaulnes.

[2] Dans cette déposition, Gudin affaiblissait et sa phrase et la réponse de Beaumarchais, de crainte de lui nuire. Le vrai texte restitué dans son manuscrit et dans la déposition de Beaumarchais est celui-ci : « Le duc vous cherche pour vous tuer; » réponse de Beaumarchais : « Il ne tuera que ses puces. »

aurai arraché le cœur avec les dents, cette Ménard deviendra ce qu'elle pourra. (Je supprime les juremcnts exécrables dont ces mots étaient accompagnés.) — Je ne sais point où est M. de Beaumarchais, et, quand je le saurais, je ne vous le dirais pas, dans la fureur où vous êtes. — Si vous me résistez, je vous donnerai un soufflet. — Je vous le rendrai, monsieur le duc. — A moi, un soufflet ! — Aussitôt il se jette sur moi, il veut me prendre aux cheveux; mais, comme je porte perruque, elle lui reste à la main, ce qui rendit cette scène comique, comme je le compris aux éclats de rire que la populace faisait autour de ce fiacre, dont toutes les portières étaient ouvertes. Le duc, qui ne voyait rien, me prend à la gorge et me fait quelques écorchures sur le cou, à l'oreille et au menton. J'arrête ses coups comme je peux et j'appelle la garde à grands cris. Il se modère alors ; je recouvre ma tête et je lui déclare qu'en sortant de chez M. de Beaumarchais, où il me menait de force, je ne le suivrais nulle part que chez un commissaire. Je lui fis toutes les remontrances que le trouble où j'étais et le peu de temps que j'avais me permirent. Bien sûr qu'il ne trouverait pas M. de Beaumarchais chez lui, et non moins sûr que, si on me voyait paraître, ses gens ne manqueraient pas de me dire où était leur maître, j'espérai que, s'ils ne voyaient que le duc seul, son trouble les empêcherait de le lui apprendre. Ainsi, dans le moment où le duc sauta du carrosse pour frapper à la porte de M. de Beaumarchais, j'en sautai aussi et je revins chez moi, mais par des chemins détournés, de peur que le duc ne recourût après moi... »

Je supprime ici la partie de la déposition de Gudin qui ferait double emploi avec ce qui va suivre, et j'en reproduis seulement la fin, à cause du ton.

« Voilà, Monsieur, dit-il, dans la plus exacte vérité, ce que j'ai vu et ce qui m'est arrivé ; j'en suis d'autant plus fâché que cette affaire me fera vraisemblablement un ennemi irréconciliable de M. le duc de Chaulnes, quoique je n'aie rien fait que pour lui rendre service à lui-même en empêchant le combat, qui, de quelque manière qu'il se fût terminé, n'aurait pu manquer de lui être funeste, surtout dans les malheureuses circonstances où il se trouve. C'est ce que je lui ai dit à lui-même dans ce fiacre où il me retenait.

« Je suis avec le plus profond respect, Monsieur, etc.

« Gudin de la Brenellerie. »

Laissons Gudin s'enfuir et ne quittons pas le duc de Chaulnes, qui frappe à la porte de Beaumarchais. Les domestiques de ce dernier lui disent imprudemment que leur maître est au Louvre, au tribunal de la capitainerie, et il y court, toujours très-pressé de le tuer. Beaumarchais, déjà prévenu par Gudin, était en train de juger majestueusement des délits de chasse, lorsqu'il voit entrer son furieux ennemi. C'est lui maintenant qui va prendre la parole ; ce qui suit est extrait d'un mémoire inédit qu'il adressa au lieutenant de police et au tribunal des maréchaux de France.

Récit exact de ce qui s'est passé jeudi 11 février 1773 entre M. le duc de Chaulnes et moi, Beaumarchais [1].

« J'avais ouvert l'audience de la capitainerie, lorsque j'ai vu arriver M. le duc de Chaulnes avec l'air le plus effaré qu'on puisse peindre, et qui m'est venu dire tout haut qu'il avait quelque chose de pressé à me communiquer, et qu'il fallait que je sortisse à l'instant. — Je ne le puis, Monsieur le duc ; le service du public me force à terminer décemment la besogne commencée. — Je veux lui faire donner un siége ; il insiste ; on s'étonne de son air et de son ton. Je commence à craindre qu'on ne le devine, et je suspends un moment l'au-

---

[1] Je prends le récit de Beaumarchais à l'instant précis où lui-même entre en scène.

dience pour passer avec lui dans un cabinet. Là, il me dit, avec toute l'énergie du langage des halles, qu'il veut sur-le-champ me tuer, me déchirer le cœur et boire mon sang, dont il a soif. — Ah! ce n'est que cela, Monsieur le duc? permettez que les affaires aillent avant les plaisirs. — Je veux rentrer; il m'arrête en me disant qu'il va m'arracher les yeux devant tout le monde, si je ne sors pas avec lui. — Vous seriez perdu, Monsieur le duc, si vous étiez assez fou pour l'oser. — Je rentre froidement et je lui fais donner un siége. Environné que j'étais des officiers, et des gardes de la capitainerie j'opposai, pendant deux heures que dura l'audience, le plus grand sang-froid à l'air pétulant et fou avec lequel il se promenait, troublant l'audience et demandant à tout le monde : En avez-vous encore pour longtemps[1]? Il tire à part M. le comte de Marcouville, officier qui était à côté de moi, et lui dit qu'il m'attend pour se battre avec moi. M. de Marcouville se rassied d'un air sombre; je lui fais signe de garder le silence et je continue. M. de Marcouville le dit tout bas à M. de Vintrais, officier de maréchaussée et inspecteur des chasses. Je m'en aperçois; nouveaux signes de silence de ma part. Je disais : M. de Chaulnes se perd si l'on suppose qu'il vient m'arracher d'ici pour me couper la gorge. L'audience finie, je me mets en habit de ville, et je descends en demandant à M. de Chaulnes ce qu'il me veut et quels peuvent être ses griefs contre un homme qu'il n'a pas vu depuis six mois. — Point d'explications, me dit-il; allons nous battre sur-le-champ, ou je fais un esclandre ici. — Au moins, lui dis-je, vous me permettrez bien d'aller chez moi prendre une épée? Je n'en ai dans ma voiture qu'une mauvaise de deuil, avec laquelle vous

---

[1] Il est impossible de ne pas noter le côté comique de cette scène, où Beaumarchais, en robe de juge, fait probablement durer l'audience tant qu'il peut, tandis que le duc, pressé de le tuer, demande : « En avez-vous encore pour longtemps? » Beaumarchais, bien qu'il ne manquât certainement pas de courage, était sans doute moins pressé que le duc; car ce dernier était un colosse, et il était furieux, on va le voir, jusqu'à la frénésie.

n'exigez apparemment pas que je me défende contre vous? — Nous allons passer, me répond-il, chez M. le comte de Turpin, qui vous en prêtera une, et que je désire engager à nous servir de témoin. Il saute dans mon carrosse le premier : j'y monte après lui, le sien nous suit. Il me fait l'honneur de m'assurer que, pour le coup, je ne lui échapperai pas, en ornant son style de toutes les superbes imprécations qui lui sont si familières. Le sang-froid de mes réponses le désole et augmente sa rage. Il me menace du poing dans ma voiture. Je lui fais observer que, s'il a le projet de se battre, une insulte publique ne peut que l'éloigner de son but, et que je ne vais pas chercher mon épée pour me battre, en attendant, comme un crocheteur. Nous arrivons chez M. le comte de Turpin, qui sortait. Il monte sur la botte de ma voiture. —M. le duc, lui dis-je, m'entraîne sans que je sache pourquoi : il veut se couper la gorge avec moi ; mais dans cette aventure étrange, il me fait espérer au moins que vous voudrez bien, Monsieur, témoigner de la conduite des deux adversaires.—M. de Turpin me dit qu'une affaire pressée le force à se rendre à l'heure même au Luxembourg, et qu'elle l'y retiendra jusqu'à quatre heures après midi (je ne doutais point que M. le comte de Turpin n'eût pour objet de laisser pendant quelques heures le temps à une tête échauffée de se calmer). Il part. M. de Chaulnes veut m'emmener chez lui jusqu'à quatre heures.—Oh! pour cela non, Monsieur le duc; de même que je ne voudrais pas me rencontrer seul sur le pré avec vous, à cause du risque d'être accusé par vous de vous avoir assassiné, si vous me forciez à vous blesser par une attaque, je n'irai pas dans une maison dont vous êtes le maître et où vous ne manqueriez pas de me faire faire un mauvais parti. J'ordonne à mon cocher de me mener chez moi.—Si vous y descendez, me dit M. de Chaulnes, je vous poignarde à votre porte.—Vous en aurez donc le plaisir, lui dis-je, car je n'irai pas ailleurs attendre l'heure qui doit me montrer au juste vos intentions.—Force injures dans le carrosse.—Tenez, Monsieur le duc, quand on a envie de se battre on ne verbiage point tant. Entrez chez moi, je vous ferai donner à dîner, et, si je ne parviens pas à vous remettre en votre bon sens d'ici à quatre heures et que vous persistiez à me forcer à l'alternative de me battre ou d'être dévisagé, il faudra bien que le sort des armes en décide.—Mon carrosse arrive à ma porte, je descends, il me suit, et feint d'accepter mon dîner. Je donne froidement mes ordres. Le facteur me remet une lettre, il se jette dessus et me l'arrache devant mon père et tous mes domestiques. Je veux tourner l'affaire en plaisanterie, il se met à jurer. Mon père s'effraie, je le rassure, et j'ordonne qu'on nous porte à dîner dans mon cabinet. Nous montons. Mon laquais me suit, je lui demande mon épée.—Elle est chez le fourbisseur.—Allez la chercher, et, si elle n'est pas prête, apportez-m'en une autre.—Je te défends de sortir, dit M. de Chaulnes, ou je t'assomme!—Vous avez donc changé de projet? lui dis-je. Dieu soit loué! car je ne pourrais pas me battre sans épée. — Je fais un signe à mon valet qui sort. Je veux écrire, il m'arrache ma plume. Je lui représente que ma maison est un hospice que je ne violerai pas, à moins qu'il ne m'y force par de semblables excès. Je veux entrer en pourparler sur la folie qu'il a de vouloir absolument me tuer; il se jette sur mon épée de deuil qu'on avait posée sur mon bureau et me dit, avec toute la rage d'un forcené et en grinçant les dents, que je ne le porterai pas plus loin. Il tire ma propre épée, la sienne étant à son côté; il va fondre sur moi.—Ah! lâche! m'écriai-je, et je le prends à bras-le-corps pour me mettre hors de la longueur de l'arme, je veux le pousser à ma cheminée pour sonner; de la main qu'il avait de libre, il m'enfonce cinq griffes dans les yeux et me déchire le visage, qui à l'instant ruisselle de sang. Sans le lâcher, je parviens à sonner, mes gens accourent.—Désarmez ce furieux! leur criai-je, pendant que je le tiens.—Mon cuisinier, aussi brutal et aussi fort que le duc, veut prendre une bûche pour l'assommer. Je crie plus haut :—Désarmez-le, mais ne lui faites pas de mal; il dirait qu'on l'a assassiné dans ma maison.—On lui arrache mon épée. A l'instant il me saute aux cheveux et me dépouille entièrement le front. La douleur que je sens me fait quitter son corps que j'embrassais, et de toute la raideur de mon bras je lui assène à plein fouet un grand coup de poing sur le visage.—Misérable! me dit-il, tu frappes un duc et pair!—J'avoue que cette exclamation si extravagante pour le moment m'eût fait rire en tout autre temps; mais, comme il est plus fort que moi et qu'il me prit à la gorge, il fallut bien ne m'occuper que de ma défense. Mon habit, ma chemise sont déchirés, mon visage est de nouveau sanglant. Mon père, vieillard de soixante-quinze ans, veut se jeter à la traverse, il a sa part lui-même des fureurs *crochetorales* du duc et pair; mes domestiques se mettent à nous séparer. J'avais moi-même perdu la mesure, et les coups étaient rendus aussitôt que donnés. Nous nous trouvons au bord de l'escalier, où le taureau tombe, roule sur mes domestiques et m'entraîne avec lui. Ce désordre horrible le rend un peu à lui-même. Il entend frapper à la porte de la rue : il y court, il voit entrer ce même jeune homme[1] qui m'avait averti le matin dans mon carrosse, il le prend par le bras, le pousse dans la maison et jure que personne n'entrera ni ne sortira que par son ordre jusqu'à ce qu'il m'ait mis en morceaux. Au bruit qu'il fait, le monde s'amasse devant la porte; une femme de ma maison crie par une fenêtre qu'on assassine son maître. Mon jeune ami, effrayé de me voir défiguré et tout en sang, veut m'entraîner en haut. Le duc ne veut pas le souffrir. Sa rage se ranime, il tire son épée, qui était restée à son côté, car il est à remarquer qu'aucun de mes gens n'avait encore osé la lui ôter, croyant, à ce qu'ils m'ont dit, que c'était un manque de respect qui aurait pu tirer à conséquence pour eux; il fond sur moi pour me percer, huit personnes se jettent sur lui, on le désarme. Il blesse mon laquais à la tête, mon cocher a le nez coupé, mon cuisinier a la main percée.—L'indigne lâche! m'écriai-je, c'est pour la seconde

---

[1] C'est Gudin.

fois qu'il vient sur moi, qui suis sans armes, avec une épée. Il court dans la cuisine chercher un couteau ; on le suit, on serre tout ce qui peut blesser à mort. Je remonte chez moi, je m'arme d'une tenaille de foyer. J'allais redescendre, j'apprends un trait qui me prouve à l'instant que cet homme est devenu absolument fou : c'est que sitôt qu'il ne me voit plus, il entre dans la salle à manger, se met à table tout seul, mange une grande assiettée de soupe et des côtelettes, et boit deux carafes d'eau. Il entend encore frapper à la porte de la rue, court ouvrir, et voit M. le commissaire Chenu, qui, surpris du désordre horrible où il voit tout mon monde, frappé surtout de mon visage déchiré, me demande de quoi il s'agit. Il s'agit, Monsieur, d'un lâche forcené qui est entré ici dans l'intention d'y dîner avec moi, qui m'a sauté au visage dès qu'il a mis le pied dans mon cabinet, a voulu me tuer de ma propre épée, ensuite de la sienne. Vous voyez bien, Monsieur, qu'au monde que j'ai autour de moi j'aurais pu le faire mettre en pièces, mais on me l'aurait demandé meilleur qu'il n'est. Ses parents, charmés d'en être débarrassés, ne m'en auraient peut-être pas moins cherché une mauvaise affaire. Je me suis contenu, et, à l'exception de cent coups de poing avec lesquels j'ai repoussé l'outrage qu'il a fait à mon visage et à ma chevelure, j'ai défendu qu'on lui fît aucun mal.

« M. le duc prend la parole et dit qu'il devait se battre à quatre heures avec moi devant M. le comte de Turpin, choisi comme témoin, et qu'il n'avait pu attendre jusqu'à l'heure convenue.—Comment trouvez-vous, Monsieur, cet homme qui, après avoir fait un esclandre horrible dans ma maison, divulgue lui-même, devant un homme public, sa coupable intention, compromet un officier général en le nommant comme témoin désigné et détruit d'un seul mot toute possibilité d'exécuter son projet, que cette lâcheté prouve qu'il n'a jamais conçu sérieusement?—A ces mots, mon forcené, qui est brave à coups de poing comme un matelot anglais, s'élance une cinquième fois sur moi ; j'avais quitté ma tenaille à l'arrivée du commissaire ; réduit à l'arme de la nature, je

me défends de mon mieux devant l'assemblée, qui nous
sépare une troisième fois. M. Chenu me prie de rester dans
mon salon et emmène M. le duc, qui voulait casser les glaces.
En cet instant, mon laquais revient avec une épée neuve; je
la prends et je dis au commissaire : Monsieur, je n'ai pas eu
le dessein d'un duel [1], je ne l'aurai jamais ; mais, sans accepter de rendez-vous de cet homme, j'irai par la ville attaché
sans cesse à cette épée, et, s'il vient m'insulter, comme la
publicité qu'il donne à cette horrible aventure prouve de
reste qu'il est l'agresseur, je jure que j'en délivrerai, si je
puis, le monde qu'il déshonore par ses lâchetés. — L'arme
que je tenais alors étant un porte-respect imposant, il s'est
retiré sans rien dire dans ma salle à manger, où M. Chenu,
l'ayant suivi, a été aussi surpris qu'effrayé de le voir se meur-
trir le visage à coups de poing et s'arracher lui-même une
poignée de cheveux de chaque main, de rage de n'avoir pu
me tuer. M. Chenu l'a enfin déterminé à rentrer chez lui, et
il a eu le sang-froid de se faire coiffer par mon laquais qu'il
avait blessé. Je suis remonté chez moi pour me faire panser,
et lui s'est jeté dans sa voiture. »

Après quelques autres détails qui m'ont paru inutiles
à reproduire, Beaumarchais termine ainsi :

« Je n'ai semé ce récit d'aucune réflexion, j'ai dit le fait
simplement et même, autant que je l'ai pu, en employant
l'expression dont on s'est servi, ne voulant pas donner la
moindre atteinte à la vérité en racontant la plus étrange et
dégoûtante aventure qui puisse arriver à un homme raisonnable. »

Voici maintenant le rapport du commissaire de police
à M. de Sartines; on y remarquera, surtout à la fin,

---

[1] Les lois étant encore très-rigoureuses contre le duel, on
verra le duc de Chaulnes nier de son côté qu'il ait voulu un
duel.

comme un des caractères du temps, avec quelle timidité révérencieuse un magistrat de police, même dans l'exercice de ses fonctions, parle d'un duc et pair qui s'est conduit comme un crocheteur, et semble redouter de s'expliquer sur son compte :

« Ce 13 février 1773

« Monsieur,

« Vous m'avez demandé un détail de l'affaire arrivée entre M. le duc de Chaulnes et le sieur de Beaumarchais, lequel je ne suis guère en état de pouvoir vous donner bien juste, n'étant arrivé chez ledit sieur de Beaumarchais qu'après le grand bruit. J'y ai trouvé en bas mondit sieur le duc de Chaulnes, son épée cassée, dont il n'avait plus à son côté qu'une partie du fourreau ; il était sans bourse à ses cheveux, ses habit et veste déboutonnés et sans col ; le sieur de Beaumarchais dans un état à peu près semblable et de plus son habit noir déchiré ainsi que sa chemise, sans col ni bourse, et tout échevelé, avec le visage écorché en plusieurs endroits. J'ai engagé ces messieurs à monter en une pièce au premier étage, où étant, ils se sont repris de propos, se sont dit des choses désagréables et fait réciproquement des reproches assez malhonnêtes en termes fort durs, ce qui a donné lieu à se saisir de nouveau l'un et l'autre et m'a fait craindre les suites fâcheuses qui pouvaient en résulter. J'ai cependant calmé un peu M. le duc en l'engageant de passer dans une autre pièce pour causer ensemble en particulier, ce qu'il a fait sans difficulté. Je lui ai fait des représentations honnêtes sur cette scène, il les a écoutées et s'est rendu à ce que j'ai exigé de lui, c'est-à-dire qu'il ne se passerait rien davantage, ce dont il m'a donné sa parole d'honneur qu'il a tenue ; car, pendant que je suis sorti un demi-quart d'heure environ pour aller en causer avec un cordon rouge qui dînait dans le quartier et que les deux parties m'avaient nommé [1],

---

[1] C'était le comte de Turpin.

il s'en est allé de chez ledit sieur de Beaumarchais. L'on répand dans le public que M. le duc de Chaulnes m'a manqué, quoique sachant qui j'étais : ce fait est absolument faux; je n'ai eu que lieu de me louer des procédés de M. le duc, qui ne *m'a même rien dit de désagréable* et qui m'a au contraire traité avec beaucoup d'honnêteté en me témoignant *même* des égards et de la confiance [1]. Je lui dois cette justice en rendant hommage à la vérité.

« Je suis avec respect, etc.

« CHENU, commissaire. »

Le lecteur doit être désireux d'entendre le duc de Chaulnes s'expliquer à son tour ; joignons ici la déposition écrite et adressée par lui au tribunal des maréchaux de France. A l'aide de tout ce qui précède, on démêlera facilement dans son récit les points où il dissimule ou dénature les faits. Le style de cette déposition que je reproduis textuellement a également son importance comme signe du temps :

« Depuis plus de trois ans, écrit le duc de Chaulnes, j'avais le malheur d'être la dupe du sieur de Beaumarchais, que je croyais mon ami, lorsque des raisons fortes m'engagèrent à l'éloigner. Il me revint plusieurs fois depuis ce temps qu'il tenait de très-mauvais propos sur mon compte; enfin, jeudi dernier, je trouvai le sieur Gudin, l'un de ses amis, chez une femme de ma connaissance ; il eut l'audace[2] de l'assurer, de la part du sieur de Beaumarchais, qu'il n'était pas vrai, ainsi que je l'avais dit, qu'une femme qua-

---

[1] Ici le commissaire de police ajoute en note, *ainsi que le sieur de Beaumarchais*. Il est assez curieux de voir ce magistrat constater que le duc de Chaulnes « ne lui a *même* rien dit de désagréable, qu'il lui a témoigné *même* des égards, etc. »

[2] Il est peu probable que Gudin ait eu aucune espèce *d'audace*.

lifiée se fût plainte de lui[1]. Voulant en éclaircir le démenti qu'il me faisait donner, et *de tout* (sic) ce qui m'était revenu, je fus chercher le sieur de Beaumarchais chez lui, avec le sieur Gudin, que je fis monter dans le même fiacre que moi pour qu'il n'eût pas le temps de le prévenir. Le sieur de Beaumarchais étant au tribunal de la capitainerie, je m'y rendis, je le pris dans une chambre à part pour lui dire que je voulais une explication. Il en fut si peu question à l'audience, que je lui parlai d'une permission de chasse qu'il m'avait promis de me faire avoir à Orly. M. le comte de Marcouville et autres officiers de la capitainerie étaient présents.

« En sortant de la capitainerie, je montai dans sa voiture, et dis au cocher d'aller chez M. de Turpin, ce qui avait trait à l'explication que je voulais avoir. M. de Turpin, qui sortait, nous observa qu'il valait mieux monter dans un fiacre que de rester trois voitures assemblées à sa porte; qu'au demeurant il était deux heures, et qu'il n'avait qu'une minute à nous donner, parce qu'il était attendu chez l'ambassadeur de l'empereur. Étant monté dans le fiacre, M. de Beaumarchais me dit que, dans tous les cas, je ne pouvais pas lui demander satisfaction, parce qu'il n'avait qu'une épée de deuil; je lui observai que, *s'il en était question*[2], je n'étais pas mieux armé que lui, puisque je n'avais qu'une épée du petit Dunkerque, sans garde, que je lui offrirais d'ailleurs de changer, s'il désirait, mais qu'il s'agissait d'abord d'une explication plus ample. M. de Turpin observa de nouveau

---

[1] Ceci a trait au propos déjà indiqué dans la déposition de Gudin, et qui, si l'on en croit son manuscrit inédit, se rapportait à quelque indiscrétion dont on accusait à tort Beaumarchais à l'égard d'une grande dame, fille d'un maréchal de France, que Gudin ne nomme pas. On reconnaît sans peine que le duc ne veut pas avouer ici le véritable motif de sa fureur; il l'avoue dans une autre lettre au duc de La Vrillière, où il se reconnaît coupable de s'être laissé égarer par un *transport de jalouse colère*.

[2] *S'il en était question* est amusant; le duc, traduit devant le tribunal des maréchaux de France, ne veut pas avouer qu'il a *provoqué* Beaumarchais.

qu'il était obligé de s'en aller, ce qu'il fit en convenant qu'il
viendrait chez moi à quatre heures. Je me rendis avec
M. de Beaumarchais chez *lui, pour y dîner* [1]; mais à peine
fut-il dans sa chambre, qu'il se mit à me dire des injures
atroces. Je lui dis qu'il était un malhonnête homme, et qu'il
vînt sur-le-champ me faire raison dans la rue; mais il préféra de me colleter, en appelant quatre de ses gens, qui se
jetèrent, ainsi que lui, sur moi, en m'arrachant mon épée [2].
Il fit en même temps demander par sa sœur M. le commissaire Chenu, devant lequel il a bien encore osé avoir l'impudence de me dire à plusieurs reprises que je mentais comme
un vilain gueux, et mille autres horreurs semblables. Sorti
de chez M. de Beaumarchais, je fus rendre compte à M. de
Sartines, et le surlendemain, par son conseil, à M. de La
Vrillière. En revenant de Versailles, j'appris que le sieur de
Beaumarchais débitait l'histoire d'une façon déshonnête pour
moi, disant qu'il m'avait provoqué et que j'avais refusé de le
suivre. Pour lever d'une manière positive tous les nuages de
cet article, j'ai cru devoir (plusieurs gens graves l'ont cru de
même) aller aux foyers des spectacles y dire que M. de Beaumarchais, tenant des propos sur mon honneur et n'étant pas
gentilhomme, ne méritait point que je me compromisse
comme j'avais fait la veille, mais bien que je le corrigeasse
comme un roturier. Depuis cette époque, le sieur de Beaumarchais a été libre quatre jours sans que j'en aie entendu
parler. Il aurait été difficile de savoir qu'il était gentilhomme,
puisqu'il est fils d'un horloger; il n'est pas seulement dans

[1] *Pour y dîner* est d'une naïveté charmante, après la conversation avec Gudin dans le fiacre, où le duc dit qu'il veut *arracher le cœur de Beaumarchais avec les dents*.

[2] Le récit de Beaumarchais est dix fois plus vraisemblable et détruit complètement cet exposé du duc, qui se détruit d'ailleurs de lui-même par la phrase qui suit; car si Beaumarchais avait eu l'intention de faire assommer le duc par quatre de ses gens, quel intérêt aurait-il eu à *faire en même temps demander* le commissaire de police?

l'almanach royal comme secrétaire du roi [1], et l'on n'a même pas su au tribunal, pendant longtemps, s'il en était compétent. En tout, quand la plus grande partie de cette affaire ne pourrait pas se vérifier aussi facilement qu'elle le peut, quand les injures que M. de Beaumarchais a eu l'impudence de me dire devant le commissaire lui-même ne seraient pas une forte présomption pour ce qu'il a dit et fait sans témoins, il me suffirait de rappeler que je n'ai jamais été connu au tribunal, à la police, à Paris, ni dans aucun lieu, pour querelleur, joueur ou dérangé, pendant que la réputation de M. de Beaumarchais n'est pas, à beaucoup près, aussi entière, puisque, indépendamment de l'insolence la plus reconnue, des bruits les plus incroyables, il *essuie dans ce moment un procès criminel* pour avoir fait un faux acte.

Cette dernière phrase du duc de Chaulnes est une grossière calomnie, car il savait parfaitement que *Beaumarchais n'essuyait pas un procès criminel pour un faux acte*, mais qu'il était en *procès civil* avec le comte de La Blache à l'occasion d'un acte dont ce dernier contestait la sincérité, sans oser même l'attaquer directement en faux. Seulement on reconnaît ici quelle désastreuse influence ce procès La Blache exerçait sur la réputation de Beaumarchais, puisque le duc de Chaulnes ne craint pas, au moment même du procès, de dénaturer les faits d'une manière aussi révoltante. Ce duc, faisant ainsi les honneurs de la moralité de son adversaire, nous oblige de rappeler que lui-même, à cette époque, soutenait contre sa propre mère un procès horriblement

---

[1] Tout le passage qui précède est significatif comme ton; la dernière assertion du duc est inexacte. Je n'ai pu vérifier sur l'almanach de 1773, mais j'ai trouvé le nom de Beaumarchais sur plusieurs almanachs d'une date antérieure.

scandaleux; que les documents que nous avons sous les yeux prouvent qu'il était aussi débauché et dérangé de toutes manières qu'il était brutal, et qu'après avoir été banni du royaume pour faits de violence, sa vie tout entière ne fut qu'une suite d'actes de même nature.

Cette journée du 11 février ayant été fort orageuse, on serait tenté assez naturellement de penser que Beaumarchais consacra la soirée à se remettre, à se reposer et à prendre ses précautions pour le lendemain; toutefois, si j'en crois le manuscrit de Gudin, comme il était le même soir attendu chez un de ses amis pour lire en nombreuse compagnie le *Barbier de Séville*, il arriva au rendez-vous frais et dispos, au moins moralement, lut sa comédie avec verve, raconta joyeusement les fureurs du duc de Chaulnes, et passa une partie de la nuit à jouer de la harpe et à chanter des séguedilles. « C'est ainsi, dit Gudin, que, dans toutes les circonstances de sa vie, il était entièrement à la chose dont il s'occupait, sans qu'il fût détourné ou par ce qui s'était passé ou par ce qui devait suivre, tant il était sûr de ses facultés et de sa présence d'esprit. Jamais il n'avait besoin de préparation sur aucun point; son intelligence était toujours entière dans tous les moments, et ses principes n'étaient jamais en défaut. »

Le lendemain matin, Gudin nous montre le père Caron apportant à son fils une vieille épée du temps de sa jeunesse et lui disant : « Vous autres, vous n'avez plus que de mauvaises armes; en voici une solide, et d'une époque où l'on se battait plus souvent qu'aujourd'hui ; prends-la, et si ce maraud de duc t'approche, tue-le comme un chien enragé. » Cependant le duel n'était plus possible : le duc de Chaulnes vient de nous apprendre lui-même que le surlendemain il avait cru devoir aller au foyer de tous les théâtres déclarer officiellement que, son rival n'étant pas gentilhomme, il le corrigerait comme un roturier. L'altercation étant ainsi devenue publique, le tribunal des maréchaux de France, juge de ces sortes de cas entre gentilshommes (et, n'en déplaise au duc de Chaulnes, Beaumarchais l'était, on s'en souvient, en vertu de sa *quittance*), le tribunal des maréchaux de France s'était saisi de l'affaire, et avait envoyé un garde à chacun des deux adversaires.

Dans l'intervalle, le duc de La Vrillière, ministre de la maison du roi, avait mandé Beaumarchais pour lui ordonner d'aller à la campagne pendant quelques jours, et comme celui-ci protestait énergiquement contre un tel ordre, dont l'exécution, sous le coup des menaces du duc de Chaulnes, aurait compromis son honneur, le ministre lui avait ordonné de garder les arrêts chez lui jusqu'à ce qu'il eût rendu compte de ce conflit au roi. C'est dans cet état de choses que le tribunal des maréchaux de France avait successivement appelé devant lui les deux contendants. Beaumarchais n'avait pas eu de peine à prouver que tous ses torts consistaient à être préféré à un duc et pair par une jolie femme jouissant de sa liberté, ce qui n'était pas un crime capital, et, le résultat de l'instruction ayant été défavorable au duc de Chaulnes, ce dernier fut envoyé le 19 février, par lettre de cachet, au château de Vincennes. Le tribunal des maréchaux de France ayant mandé une seconde fois Beaumarchais, lui déclara qu'il était libre et que ses arrêts étaient levés.

Tout cela était assez juste, mais Beaumarchais, qui se défiait un peu de la justice humaine, passe chez le duc de La Vrillière pour lui demander si en effet il est libre. Ne le trouvant pas, il lui laisse un mot et va droit chez M. de Sartines pour lui adresser la même question. Le lieutenant de police lui répond qu'il est parfaitement libre; alors seulement il se considère comme garanti de tout accident et s'aventure sur le pavé de Paris : il avait compté sans son hôte. Le très-petit esprit du duc de La Vrillière s'offense de voir le tribunal des maréchaux de France lever *au nom du roi* des arrêts donnés par lui *au nom du roi*, et pour apprendre à ce tribunal à faire plus de cas de son autorité, le 24 février, toujours *au nom du roi*, il expédie Beaumarchais au For-l'Évêque. Peut-être aussi lui fit-on sentir qu'il était indécent qu'un duc et pair fût envoyé à Vincennes, et que le fils d'un horloger en fût quitte pour réparer de son mieux les avaries faites à son visage par le duc et pair.

XI

BEAUMARCHAIS AU FOR-L'ÉVÊQUE.

Voilà donc Beaumarchais enlevé à sa famille, à ses affaires, à son procès, et emprisonné contre toute justice. En d'autres temps, une telle iniquité n'eût point passé inaperçue ; mais le public s'intéressait alors très-peu à l'homme qui devait bientôt devenir son idole. « Ce particulier, dit à cette époque le recueil de Bachaumont en parlant de l'auteur du *Barbier de Séville* et de l'aventure que nous racontons, ce particulier fort insolent [1], qui ne doute de rien, n'est point aimé, et, quoique dans cette rixe il ne paraît pas qu'on ait à lui

[1] Il est à remarquer que, si les uns reprochaient à Beaumarchais d'être trop insolent, d'autres, et notamment Dumouriez, qui était alors en liaison d'amitié avec lui, trouvaient qu'il n'avait pas mis assez de bonne volonté à rencontrer de nouveau le duc de Chaulnes le lendemain de la scène (voir aux pièces justificatives n° 5 une lettre que Dumouriez écrit à Beaumarchais, plusieurs années après, pour reconnaître ses torts et s'excuser

reprocher aucun tort, on le plaint moins qu'un autre des vexations qu'il éprouve. »

La première lettre de Beaumarchais dans sa prison est assez philosophique ; elle est adressée à Gudin :

« En vertu, écrit-il, d'une lettre sans cachet[1] appelée lettre de cachet, signée Louis, plus bas Phelippeaux, recommandée Sartines, exécutée Buchot et subie Beaumarchais, je suis logé, mon ami, depuis ce matin au For-l'Évêque, dans une chambre non tapissée, à 2,160 livres de loyer, où l'on me fait espérer qu'hors le nécessaire je ne manquerai de rien. Est-ce la famille du duc, à qui j'ai sauvé un procès criminel, qui me fait emprisonner? Est-ce le ministère, dont j'ai constamment suivi ou prévenu les ordres? Sont-ce les ducs et pairs, avec qui je ne puis jamais avoir rien à démêler? Voilà ce que j'ignore ; mais le nom sacré du roi est une si belle chose, qu'on ne saurait trop le multiplier et l'employer à propos. C'est ainsi qu'en tout pays bien policé l'on tourmente par autorité ceux qu'on ne peut inculper avec justice. Qu'y faire? Partout où il y a des hommes, il se passe des choses odieuses, et le grand tort d'avoir raison est toujours un crime aux yeux du pouvoir, qui veut sans cesse punir et ne jamais juger. »

Tandis que les deux rivaux sont sous les verroux, livrés aux réflexions qu'engendre la solitude et méditant sur

---

d'avoir mal parlé de lui dans l'affaire de Chaulnes). Beaumarchais pouvait répondre à ses détracteurs qu'il y avait pour lui plus d'un péril à passer outre, la famille du duc étant très-puissante.

[1] Cette plaisanterie, que Beaumarchais renouvelle dans ses mémoires contre Goëzman, s'explique par ce fait que les lettres de cachet, qui s'appelaient aussi lettres closes, se distinguaient des autres missives royales en ce qu'elles étaient seulement signées de la main du roi et n'étaient point scellées du grand sceau de l'État.

les inconvénients des liaisons disproportionnées, occupons-nous un peu de M̃ᵉ Ménard. En apprenant l'accès de fureur du duc de Chaulnes, cette belle Hélène était allée se jeter aux pieds de M. de Sartines, en implorant sa protection. Le galant magistrat l'avait rassurée de son mieux; le lendemain elle lui écrit :

« Monsieur,

« Quelque témoignage de bonté que vous m'ayez fait connaître en me prenant sous votre protection, je ne peux vous dissimuler mes alarmes et mes craintes; le caractère de l'homme violent que je fuis m'est trop connu pour ne me pas faire redouter un avenir qui serait aussi funeste à lui qu'à moi. Pour m'y soustraire et le sauver de son jaloux transport, je suis absolument résolue de me mettre au couvent. Quel que soit mon asile, j'aurai l'honneur de vous en informer. J'ose vous supplier qu'il soit pour lui inaccessible. Je joindrai cet important bienfait à la reconnaissance dont je suis d'avance pénétrée pour vos offres de services. J'y compte si fort, qu'à l'abri de votre nom et sous votre autorité j'ai déjà placé ma fille au couvent de la Présentation, où dès ce soir M. l'abbé Dugué m'a fait le plaisir de la conduire. Daignez, Monsieur, protéger également la mère et l'enfant, qui, après Dieu, mettent toute leur confiance en vous, confiance qui n'a d'égale que les sentiments respectueux avec lesquels j'ai l'honneur d'être, Monsieur, votre très-humble et très-obéissante servante,

« Ménard. »

Le jour suivant, nouvelle lettre où Mᵉ Ménard persiste dans son projet de couvent. « Lasse, dit-elle, d'être sa victime (du duc de Chaulnes) et de me donner en jouet au public, je me fortifie de plus en plus dans la résolution de prendre le couvent pour *partage*. » Seulement, en relisant sa lettre, Mlle Ménard éprouve un petit scrupule de conscience, et elle ajoute au bas de la page, au moyen d'un renvoi correspondant au mot *partage*, ces mots : *du moins pour quelque temps* ; on voit qu'elle craint que M. de Sartines ne s'exagère sa vocation.

Ce magistrat mande l'abbé Dugué, dont il vient d'être question, et le charge de trouver un couvent pour Mlle Ménard. Le soir même, l'abbé lui rend compte de sa mission dans une lettre qui m'a paru intéressante. Cette lettre n'est point d'un prêtre frivole, tel qu'on se figure volontiers un abbé du XVIIIe siècle employé par M. de Sartines dans une affaire de ce genre ; elle est d'un brave homme très-respectable, très-bon, très-naïf, passablement embarrassé du rôle qu'on lui fait jouer, ayant peur de compromettre son caractère et craignant aussi beaucoup, comme Gudin, comme le commissaire de police, de s'attirer l'inimitié d'un duc et pair, d'autant que le duc de Chaulnes n'est pas encore en prison au moment où l'abbé Dugué écrit à M. de Sartines en ces termes :

« 15 février 1773.

« Monseigneur[1],

« Au sortir de votre audience, je me suis rendu au couvent de la *Présentation* pour voir, selon vos ordres, si on y pouvait trouver retraite pour la mère et l'enfant. Je parle de Mlle Ménard et de sa petite, que j'avais conduites à ce monastère jeudi soir, selon ce que j'ai eu l'honneur de vous infor-

---

[1] On ne donnait pas du monseigneur au lieutenant de police, mais le bon abbé Dugué n'y regarde pas de si près.

mer samedi dernier. Il m'a été impossible de réussir; il n'y avait absolument aucune place, et certes qu'à votre recommandation, et vu la bonne volonté de Mme la prieure pour cette demoiselle, on l'y aurait bien reçue, s'il y avait eu lieu. A ce défaut, je suis retourné *aux Cordelières de la rue de l'Oursine, faubourg Saint-Marceau,* et, après bien des questions qu'il m'a fallu éluder et essuyer, on m'envoya relativement à ma demande, hier, dimanche matin, une lettre d'acceptation, en conséquence de laquelle j'ai, ce jour d'hui, vers onze heures du matin, conduit Mlle Ménard audit couvent des Cordelières. Oserai-je vous l'avouer, Monseigneur? Innocemment compromis dans cette catastrophe qui peut avoir bien de fâcheuses suites, et entendant parler plus que je ne voudrais des violentes résolutions de celui que fuit Mlle Ménard, je crains beaucoup pour moi-même que mon trop de bon cœur ne m'attire à ce sujet de bien disgracieux reproches. Une seule chose pourrait me rassurer, ce serait de savoir qu'il fût possible d'empêcher M. le duc de Ch... ou M. de B... et ses agents, ou leurs agents, car ils en ont, d'aborder cet asile, du moins pour quelque temps; car, vu les difficultés qu'on m'a faites d'accepter cette demoiselle, que le désir de m'en voir quitte m'a fait nommer ma parente et annoncer exempte d'allure, me réclamant moi-même de gens en place dans mon état, que dira-t-on, si, par la violence ou l'imprudence même de l'un ou l'autre de ces intéressés, ces religieuses voient que c'est une maîtresse entretenue que je leur ai procurée?... Tandis que si ces téméraires rivaux pouvaient la laisser tranquille, ce repos, joint à la douceur de la figure et plus encore du caractère de cette affligée recluse, faisant tout en sa faveur dans cette maison d'ordre, m'empêcherait d'y passer non-seulement pour menteur, mais même pour fauteur d'une conduite irrégulière. J'ai laissé ces dames très-bien disposées pour leur nouvelle pensionnaire; mais, je le répète, quelle disgrâce pour elle et pour moi, qui me suis si fort avancé, si la jalousie ou l'amour, également hors de place, allaient jusqu'à son parloir faire exhaler leurs transports scandaleux ou leurs soupirs mésédifiants[1].

« Mlle Ménard m'avait chargé de vous faire quelques autres détails relatifs à elle ; une lettre ne peut les contenir ; cette présente n'est déjà que trop importune. Si ce qui la concerne dans les occurrences présentes vous intéresse assez pour m'autoriser derechef à vous parler d'elle, daignez, dans ce cas, m'assigner le moment d'y satisfaire. En obéissant à vos ordres, je répondrai à la singulière confiance qu'elle a prise en moi. Puissent mes faibles services, sans que je sois compromis, adoucir ses peines ! Je suis avec respect, Monseigneur, votre très-humble et très-obéissant serviteur,

« Dugué l'aîné,
« prêtre, cloître Notre-Dame. »

Cette *affligée recluse*, comme le dit le bon abbé Dugué, n'était point faite pour la vie de couvent ; elle avait à peine goûté ce genre d'existence pendant quinze jours, que déjà elle éprouvait le besoin de varier ses impressions, et elle rentrait brusquement dans le monde, tranquillisée d'ailleurs par la solidité des murailles du château de Vincennes, qui la séparaient du duc de Chaulnes.

Alors intervient Beaumarchais, qui avait fort approuvé le projet de couvent, et qui, enfermé d'autorité au For-l'Évêque, trouve mauvais que Mlle Ménard n'ait point de penchant pour la reclusion. Il lui adresse la lettre suivante par l'intermédiaire de M. de Sartines :

« Il ne convient à personne de gêner la liberté d'autrui, mais les conseils de l'amitié doivent augmenter de poids en

---

[1] N'est-ce pas un très-digne homme, cet abbé Dugué, avec *ses soupirs mésédifiants?* M. de Sartines et Beaumarchais, tous deux beaucoup moins ingénus, ont dû sourire un peu en lisant ce passage.

raison de leur désintéressement. J'apprends, Mademoiselle, que vous êtes sortie du couvent aussi inopinément que vous y étiez entrée. Quels peuvent être vos motifs pour une action qui paraît imprudente? Avez-vous craint que quelque abus d'autorité ne vous y retînt? Réfléchissez, je vous prie, si vous êtes plus à l'abri dans votre maison d'être enlevée pour être mise au couvent, si quelque ennemi puissant se croit assez fort pour vous y retenir? Les inquiétudes qu'on vous donnerait à ce sujet sont illusoires ou intéressées. Quel bonheur pouvez-vous trouver à courir sans cesse d'un lieu à un autre, et quel attrait cet horrible logis où vous avez tant souffert a-t-il pour vous? Dans la situation pénible de vos affaires, ayant peut-être épuisé votre bourse à payer d'avance un quartier de pension et à vous faire meubler un appartement de couvent, devez-vous tripler sans nécessité vos dépenses, et la retraite volontaire où la frayeur et le chagrin vous avaient conduite, n'est-elle pas un asile cent fois plus convenable en ces premiers moments de trouble que l'horrible demeure dont vous devriez désirer d'être à cent lieues? On dit que vous pleurez! De quoi pleurez-vous? Êtes-vous la cause du malheur de M. de Chaulnes et du mien? Vous n'en êtes que le prétexte, et si, dans cette exécrable aventure, quelqu'un a des grâces à rendre au sort, c'est vous qui, sans avoir aucun reproche à vous faire, avez recouvré une liberté que le plus injuste des tyrans et des fous s'était arrogé le droit d'envahir. Je devrais bien faire entrer en compte ce que vous devez à ce bon et digne abbé Dugué, qui, pour vous servir, a été obligé de dissimuler votre nom et vos peines dans le couvent où vous avez été reçue sur sa parole. Votre sortie, qui a l'air d'une incartade, ne le compromet-elle pas auprès de ses supérieurs en lui donnant l'air de s'être mêlé d'une noire intrigue, lui qui n'a mis dans tout ceci que douceur, zèle et compassion pour vous? Vous êtes honnête et bonne, mais tant de secousses redoublées peuvent avoir jeté un peu de désordre dans vos idées. Il serait bien à propos que quelqu'un de sage se fît un devoir de vous montrer votre situation juste comme elle est, non heureuse, mais douce. Croyez-moi, ma chère amie, retournez dans le couvent où l'on dit que vous vous êtes fait chérir. Pendant que vous y serez, rompez le ménage inutile et dispendieux que vous tenez contre toute raison : le projet qu'on vous suppose de remonter au théâtre est fou ; il ne faut vous occuper qu'à tranquilliser votre tête et rétablir votre santé. Enfin, Mademoiselle, quelles que soient vos idées pour l'avenir, elles ne peuvent ni ne doivent m'être indifférentes. Je dois en être instruit, et j'ose vous dire que je suis peut-être le seul homme dont vous puissiez accepter des secours sans rougir. Plus il sera prouvé par votre séjour au couvent que nous n'avons pas de liaisons intimes, et plus je serai en droit de me déclarer votre ami, votre protecteur, votre frère et votre conseil.

« BEAUMARCHAIS. »

Beaumarchais pourtant se résigna bientôt à voir Mlle Ménard jouir de sa liberté ; elle lui était plus utile qu'au couvent, car elle sollicitait vivement pour lui, et il paraît qu'elle n'était pas sans avoir acquis un certain crédit sur M. de Sartines.

Quant à lui, que nous avons vu le premier jour de sa captivité se résigner à son sort avec assez de philosophie, il était horriblement tourmenté. Cet emprisonnement, qui tombait au milieu de son procès contre le comte de La Blache, lui faisait un tort affreux ; son adversaire, profitant de la circonstance, travaillait sans relâche à le noircir auprès de chaque juge, multipliait les démarches, les recommandations, les sollicitations, et pressait ardemment la décision du procès, tandis que le malheureux prisonnier, dont la fortune et l'honneur étaient engagés dans cette affaire, ne parvenait pas même à obtenir la permission de sortir pour quelques heures afin de visiter à son tour les juges. M. de Sartines lui témoignait la plus grande bienveillance, mais il ne pouvait qu'adoucir sa situation, sa liberté dépendant du ministre. Beaumarchais avait commencé par plaider sa cause auprès du duc de La Vrillière en citoyen injustement emprisonné. Il lui envoyait mémoires sur mémoires, prouvant surabondamment qu'il n'avait aucun tort ; il demandait le pourquoi de sa détention, et quand M. de Sartines le faisait avertir amicalement que ce ton ne le mènerait à rien, il répondait avec fierté : « La seule satisfaction des gens persécutés est de se rendre témoignage qu'ils le sont injustement. »

Pendant qu'il se consumait ainsi en vaines protestations, l'époque du jugement de son procès approchait; aux demandes de M. de Sartines sollicitant pour lui la permission de sortir quelques heures par jour, le duc de La Vrillière répondait sans cesse : « Cet homme est trop insolent ; qu'il fasse suivre son affaire par son procureur! » Et Beaumarchais, désolé, indigné, écrivait à M. de Sartines :

« Il est bien prouvé pour moi maintenant qu'on veut que je perde mon procès, s'il est perdable ou seulement douteux; mais je vous avoue que je ne m'attendais pas à l'observation dérisoire de M. le duc de La Vrillière *de faire solliciter mon affaire par mon procureur,* lui qui sait aussi bien que moi que cela même est défendu aux procureurs. Ah ! grands dieux[1] ! ne peut-on perdre un innocent sans lui rire au nez? Ainsi,

---

[1] J'ai dit ailleurs que Beaumarchais était païen en amour; il l'était un peu en tout sans s'en douter, car je le vois ici écrivant tout naturellement : Ah! *grands dieux !* au pluriel, comme l'auraient pu faire Horace ou Tibulle s'écriant : *Dii immortales !*

Monsieur, j'ai été grièvement insulté, et l'on m'a dénié justice, parce que mon adversaire est de qualité; j'ai été mis en prison, et l'on m'y retient, parce que j'ai été insulté par un homme de qualité ! L'on va jusqu'à trouver mauvais que je fasse revenir le public des fausses impressions qu'il a reçues, pendant que les gazettes impudentes des *Deux-Ponts* et de *Hollande* me déshonorent indignement pour servir mon adversaire de qualité. Peu s'en est fallu qu'on ne m'ait dit que j'étais bien insolent d'avoir été outragé de toutes les façons possibles par un homme de qualité; car que veut dire la phrase dont tous mes solliciteurs sont payés : « Il a mis trop de jactance dans cette affaire ? » Pouvais-je faire moins que demander justice et prouver par la conduite de mon adversaire que je n'avais nul tort ? Quel prétexte pour perdre et ruiner un homme offensé, que de dire : « Il a trop parlé de son affaire, » comme s'il m'était possible de parler d'autre chose ! Recevez mes actions de grâces, Monsieur, de m'avoir fait parvenir ce refus et cette observation de M. le duc de La Vrillière, et pour le bonheur de ce pays, puisse votre pouvoir égaler un jour votre sagesse et votre intégrité ! Les malheureux ne feront plus de pareils plaidoyers. Ma reconnaissance égale le profond respect avec lequel je suis, etc.

« BEAUMARCHAIS.

« Ce 11 mars 1773. »

J'ai dit que Mlle Ménard unissait ses sollicitations à celles de Beaumarchais. Citons encore à ce sujet une lettre du prisonnier à M. de Sartines qui nous paraît assez piquante par ses détails et par sa forme :

« Du For-l'Évêque, ce 20 mars 1773.

MONSIEUR,

« M. le duc de La Vrillière disait à Choisy, la semaine passée, que je devais savoir pourquoi je suis en prison, puisqu'il me l'a mandé dans sa lettre. La vérité est que je n'ai reçu ni lettre ni billet de personne au sujet de ma détention.

Permis à moi d'en deviner, si je puis, le motif, selon l'usage de l'inquisition romaine.

« Mme Ménard m'a seulement fait dire hier, par un de mes amis, que vous avez bien voulu lui promettre de tenter un nouvel effort en ma faveur, dimanche, auprès du ministre; mais la façon mystérieuse dont cette annonce m'a été faite m'en ferait presque douter, car la bonne petite y met toutes les gentilles et puériles mignardises dont son sexe assaisonne les moindres bienfaits. A l'en croire, il lui faudrait un ordre exprès pour me voir, des témoins pour l'accompagner, des permissions pour m'écrire, et même des précautions pour oser correspondre avec moi par un tiers. A travers tout cela, cependant, *agnosco veteris vestigia flammæ*, je ne puis m'empêcher de sourire à ce mélange d'enfantillage et d'aimable intérêt. Vouloir me persuader que le ministre me fait la grâce de porter une sévère attention jusque sur mes liaisons d'amitié ! Un joueur de paume, en pelotant, s'informe-t-il de quoi l'intérieur des balles est composé ?

« Quoi qu'il en soit, Monsieur, je vous réitère mes vives instances de remettre sous les yeux du ministre le tort affreux que peut me faire le défaut de sollicitation personnelle dans mon procès *La Blache*, et je vous fais mes plus sincères remerciements, si vous avez, en effet, eu la bonté de le promettre à Mme Ménard.

« J'ose espérer que vous voudrez bien ne pas faire connaître à cette excellente petite femme que je vous ai instruit de l'importance qu'elle prétend qu'on attache à ses démarches frivoles dans une affaire aussi grave, et où il ne s'agit pas moins que de la détention d'un citoyen insulté, grièvement insulté, plaignant, non jugé, que l'autorité jette en prison, y laisse morfondre et se ruiner.

« Plus cette aimable enfant s'efforce à me le faire croire, moins elle me pardonnerait d'en douter, surtout de vous en entretenir, et, comme dit Ovide ou Properce, *nullæ sunt inimicitiæ nisi amoris acerbæ*; mais je m'aperçois qu'en la blâmant je fais comme elle, et que je mêle indiscrètement de petites choses aux sollicitations les plus sérieuses. Je m'arrête, et je suis avec le plus profond respect, Monsieur, votre très-humble et très-obéissant serviteur,

« BEAUMARCHAIS. »

Cette correspondance, où Beaumarchais associe Virgile, Ovide, Properce et Mlle Ménard à la défense de ses droits de citoyen, amusait sans doute M. de Sartines, mais elle n'avançait en rien les affaires du prisonnier. Ce que le duc de La Vrillière exigeait avant tout de lui, c'est qu'il cessât d'être *insolent,* c'est-à-dire de demander justice, et qu'il se décidât à demander pardon. Il avait tenu bon pendant près d'un mois, jusqu'au 20 mars, lorsqu'il reçoit le même jour une longue lettre sans signature, écrite par un homme qui paraît s'intéresser beaucoup à lui et qui s'efforce de lui faire comprendre que sous un gouvernement absolu, quand on a encouru la disgrâce d'un ministre, que ce ministre vous tient en prison, et qu'on a le plus grand intérêt à sortir de prison, il ne s'agit pas de plaider en citoyen opprimé, mais de subir la loi du plus fort et de parler en suppliant. Que fera Beaumarchais ? Il est à la veille de perdre le procès le plus important pour sa fortune et son honneur ; sa liberté est entre les mains d'un homme peu estimable par lui-même, car le duc de La Vrillière est un des ministres les plus justement dédaignés par l'histoire, mais la situation est telle que cet homme dispose à son gré de sa destinée. Beaumarchais se résigne enfin et s'humilie. Le voici à l'état de suppliant.

« Monseigneur,

« L'affreuse affaire de M. le duc de Chaulnes est devenue pour moi un enchaînement de malheurs sans fin, et le plus grand de tous est d'avoir encouru votre disgrâce; mais si, malgré la pureté de mes intentions, la douleur qui me brise a emporté ma tête à des démarches qui aient pu vous déplaire, je les désavoue à vos pieds, Monseigneur, et vous supplie de m'en accorder un généreux pardon. Ou, si je vous parais mériter une plus longue prison, permettez-moi seulement d'aller pendant quelques jours instruire mes juges au palais dans la plus importante affaire pour ma fortune et mon honneur, et je me soumets après le jugement, avec reconnaissance, à la peine que vous m'imposerez. Toute ma famille en pleurs joint sa prière à la mienne. Chacun se loue, Monseigneur, de votre indulgence et de la bonté de votre cœur. Serai-je le seul qui vous ait vainement imploré? Vous pouvez d'un seul mot combler de joie une foule d'honnêtes gens, dont la vive reconnaissance égalera le très-profond respect avec lequel nous sommes tous, et moi particulièrement, Monseigneur, votre, etc.

« Caron de Beaumarchais.

« Du For-l'Évêque, ce 21 mars 1773. »

Le duc de La Vrillière est satisfait dans sa mesquine vanité; aussi la réponse ne se fait pas attendre. Le lendemain 22 mars, le ministre envoie à M. de Sartines l'autorisation de laisser sortir le prisonnier dans la journée, sous la conduite d'un agent de police, en l'obligeant toutefois à rentrer chaque jour au For-l'Évêque pour prendre ses repas et coucher [1].

Si, par hasard, on ne trouvait pas Beaumarchais assez héroïque, je ferais remarquer que le duc de

---

[1] Voir l'ordre du ministre, aux pièces justificatives n° 6.

Chaulnes, emprisonné de son côté à Vincennes et dont la correspondance est également sous mes yeux, ne l'est pas davantage. Par une coïncidence assez bizarre, lui aussi a un procès à suivre, des affaires à régler, et ses lettres au duc de La Vrillière ne sont pas moins lamentables que celles de Beaumarchais. On lui permet comme à ce dernier de sortir sous la conduite d'un agent de police, à la condition qu'il laissera en paix son rival et qu'il n'ira pas voir Mlle Ménard malgré elle. C'est M. de Sartines qui est chargé de surveiller tous ces *graves* intérêts, et c'est à lui qu'aboutissent simultanément les billets tour à tour facétieux ou éplorés de Beaumarchais et les soupirs *mésédifiants* du duc de Chaulnes.

Puisque ce duc s'est d'abord présenté à nous sous un aspect fâcheux, il est juste qu'avant de nous séparer de lui pour toujours nous cherchions dans sa correspondance quelque témoignage en sa faveur. Il battait, il est vrai, Mlle Ménard, il arrachait la perruque de Gudin et il se gourmait avec Beaumarchais; tout cela n'est pas très-aristocratique, mais voici deux billets de lui, adressés à M. de Sartines, où l'on peut découvrir un fonds de tristesse résignée et de générosité qui nous réconcilie un peu avec cet être violent et sauvage :

« J'ai appris, Monsieur, en rentrant, où était Mme Ménard. Je vous tiendrai parole et n'irai la voir que de son consentement. Je vous promets d'ailleurs qu'il n'arrivera rien entre M. de Beaumarchais et moi, si vous voulez bien lui faire dire de s'en tenir à la distance où il s'en est volontairement tenu depuis deux jours. Je compte d'ailleurs m'arranger pour partir dans un mois ou six semaines. J'espère que Mme Ménard voudra bien attendre jusque-là pour vivre avec M. de Beaumarchais et ne me faire annoncer cette nouvelle que par vous, si c'est son intention permanente d'après ce qui se passera dans l'intervalle.

« J'ai l'honneur d'être véritablement, Monsieur, votre très-humble et très-obéissant serviteur,

« Le duc de Chaulnes. »

« Ce mardi matin. »

Le second billet prouve, en même temps que la générosité peut-être un peu intéressée du duc, l'extrême complaisance de M. de Sartines, transformé en facteur de la poste à l'usage de Mlle Ménard.

« Vous avez bien voulu, Monsieur, me rendre les services qui ont dépendu de vous; oserais-je vous demander encore celui de faire passer cette lettre à Mme Ménard? Celle du duc de Luxembourg avait pour objet d'assurer son sort, celle-ci a pour but de l'en instruire directement. L'inquiétude sur le sort d'une amie bien tendre est un trop grand malheur à ajouter à ceux qui m'accablent pour ne pas espérer que vous y aurez égard et que vous me donnerez cette marque d'amitié, qui serait faite pour accroître, s'il se pouvait, ma reconnaissance et le très-parfait attachement avec lequel j'ai l'honneur d'être, Monsieur, etc.,

« Le duc de Chaulnes. »

« Ce mercredi. »

Quelque lecteur curieux demandera peut-être ce que devint la séduisante actrice qui avait causé cette grande querelle. J'avouerai humblement que je n'en sais rien. Mlle Ménard disparaît des papiers de Beaumarchais, qui avait bien autre chose à faire que de songer, pour employer les termes du duc de Chaulnes, à *vivre avec elle*. Des *feuilles à la main*, d'une date postérieure de beaucoup à celle-ci et qui sont tombées fortuitement sous mes yeux, en parlent comme d'une femme qui aurait fini par mériter la qualification un peu sévère que lui donne La Harpe sans la connaître : cependant, comme ces feuilles à la main ne sont point des articles de foi, nous laisserons Mlle Ménard dans la nuance moyenne entre l'honnête femme et la courtisane que lui assigne avec une précision mathématique cet excellent abbé Dugué.

Revenons à Beaumarchais, qui profite de sa demi-liberté pour aller, comme c'était d'usage alors, solliciter ses juges ; mais, avant de le montrer perdant son procès, qu'on me permette d'extraire encore de son dossier de prison un petit incident assez gracieux où il figure très-agréablement. J'ai dit ailleurs qu'il était en rapports d'intimité avec M. Lenormant d'Étioles, le mari de Mme de Pompadour, qui, après la mort de sa première femme, s'était remarié et avait un enfant charmant, de six ans et demi. Ce petit garçon, nommé Constant, aimait beaucoup Beaumarchais ; en apprenant que son ami était en prison, il lui écrit spontanément ce billet :

« Neuilly, 2 mars 1773.

« Monsieur,

« Je vous envoie ma bourse, parce que dans une prison on est toujours malheureux. Je suis bien fâché que vous êtes en prison. Tous les matins et tous les soirs je dis un *Ave Maria* pour vous. J'ai l'honneur d'être, Monsieur, votre très-humble et très-obéissant serviteur, « Constant. »

Beaumarchais répond sur-le-champ à la mère et à l'enfant deux lettres où se montre tout ce qu'il y a en lui de sensibilité, de délicatesse et de bonhomie. Voici d'abord sa lettre à Mme Lenormant :

« Je vous remercie bien sincèrement, Madame, de m'avoir fait parvenir la lettre et la bourse de mon petit ami Constant. Ce sont les premiers élans de la sensibilité d'une jeune âme qui promet d'excellentes choses. Ne lui rendez pas sa propre bourse, afin qu'il ne puisse pas en conclure que tout sacrifice porte cette espèce de récompense ; il lui sera bien doux un jour de la voir en vos mains comme une attestation de la tendre honnêteté de son cœur généreux. Dédommagez-le d'une façon qui lui donne une idée juste de son action sans qu'il puisse s'enorgueillir de l'avoir faite. Mais je ne sais ce que je dis, moi, de joindre mes observations à des soins capables d'avoir fait germer et développer une aussi grande qualité que la bienfaisance, dans l'âge où il n'y a d'autre moralité que de tout rapporter à soi. Recevez mes remerciements et mes compliments. Permettez que M. l'abbé Leroux [1] les partage ; il ne se contente pas d'apprendre à ses élèves à décliner le mot vertu, il leur en inculque l'amour ; c'est un homme plein de mérite et plus propre qu'aucun autre à bien seconder vos vues. Cette lettre et cette bourse m'ont causé une joie d'enfant à moi-même. Heureux parents ! vous avez un fils capable à six ans de cette action. Et moi aussi j'avais un fils, je ne l'ai plus ! et le vôtre vous donne déjà de tels plaisirs ! Je les partage de tout mon cœur, et je vous prie de continuer à aimer un peu celui qui est la cause de cette charmante saillie de notre petit Constant. On ne peut rien ajouter au respectueux attachement de celui qui s'honore d'être, Madame, etc. »

« Du For-l'Évêque, 4 mars 1773. »

[1] C'était le précepteur du petit Constant.

Voici maintenant la réponse au petit Constant :

« Mon petit ami Constant, j'ai reçu avec bien de la reconnaissance votre lettre et la bourse que vous y avez jointe; j'ai fait le juste partage de ce qu'elles contiennent selon les besoins différents des prisonniers mes confrères, et de moi, gardant pour votre ami Beaumarchais la meilleure part, je veux dire les prières, les *Ave Maria* dont certes j'ai grand besoin, et distribuant à de pauvres gens qui souffrent tout l'argent que renfermait votre bourse. Ainsi, ne voulant obliger qu'un seul homme, vous avez acquis la reconnaissance de plusieurs; c'est le fruit ordinaire des bonnes actions comme la vôtre.

« Bonjour, mon petit ami Constant.

« BEAUMARCHAIS. »

Tel est l'homme que le comte de La Blache appelait charitablement un *monstre achevé*, *une espèce venimeuse dont on doit purger la société*, et, au moment où le comte parlait ainsi, son opinion était presque universellement adoptée. C'est en vain que Beaumarchais, suivi de son garde et rentrant chaque soir en prison, passait la journée à courir chez ses juges : le discrédit alors attaché à son nom le suivait partout.

Sous l'influence de ce discrédit, et sur le rapport du conseiller Goëzman, le parlement décida enfin entre lui et M. de La Blache, et rendit, le 6 avril 1773, un jugement étrange au point de vue du droit, car ce jugement, réformant celui du tribunal de première instance, déclarait nul et de nul effet un acte fait librement entre deux majeurs, sans qu'il soit besoin, disait l'arrêt, de *lettres de rescision*[1], c'est-à-dire que, la question de dol, de surprise ou d'erreur étant écartée, Beaumarchais se trouvait indirectement déclaré faussaire, quoiqu'il n'y eût contre lui aucune inscription de faux. Et pour qu'il n'existât aucun doute sur le sens de l'arrêt, voici comment l'expliquait plus tard le juge Goëzman, qui l'avait fait rendre, et qui va bientôt devenir l'adversaire personnel du plaideur déjà sacrifié par lui : « Le parlement, disait-il, a jugé par là, non pas précisément que les engagements que cet écrit paraît renfermer à la charge du sieur Paris Du Verney sont l'effet du dol, de la surprise ou de l'erreur, mais qu'ils ne sont absolument point du fait du sieur Du Verney; en un mot, que l'écrit qui se trouve au-dessus de sa signature a été fabriqué sans qu'il y ait eu aucune part; et comme le sieur Caron convient que cet écrit est entièrement de sa main, il s'ensuit que l'on a jugé qu'il était le fabricateur d'un acte faux. » En même temps que cet arrêt déshonorait Beaumarchais, il portait une rude atteinte à sa fortune. Le parlement n'avait cependant pas osé adjuger à M. de La Blache, comme il le demandait, tout le passif de l'arrêté de comptes déclaré nul : l'iniquité eût été par trop criante; mais il condamnait son adversaire à payer les 56,300 livres de créances annulées par

---

[1] L'action en rescision, qui conduit à l'annulation d'une convention pour cause de dol, de surprise, de violence ou d'erreur, s'intentait alors au moyen de lettres du prince, qu'on nommait lettres de rescision. Ces lettres, demandées par l'une des parties, étaient adressées par elle aux tribunaux, qui les admettaient ou les rejetaient, et, dans le premier cas, prononçaient l'*entérinement* des lettres de rescision.

l'arrêté de comptes, les intérêts de ces créances depuis cinq ans, et les frais du procès. Beaumarchais exagère un peu, dans ses mémoires contre Goëzman, quand il dit que le procès lui coûtait 50,000 écus ; il lui coûtait moins, mais assez pour l'écraser, d'autant qu'au même moment où le comte de La Blache faisait saisir tous ses biens et tous ses revenus, d'autres prétendus créanciers, aussi mal fondés que lui, mais, alléchés par son succès, unissaient leurs poursuites aux siennes, et l'homme frappé par tant de disgrâces à la fois, obligé de faire face à tout, et de nourrir son père, ses sœurs, ses nièces, demandait en vain à grands cris qu'on lui ouvrît les portes de sa prison.

« Je suis au bout de mon courage, écrit-il le 9 avril 1773 à M. de Sartines. Le bruit public est que je suis entièrement sacrifié ; mon crédit est tombé, mes affaires dépérissent ; ma famille, dont je suis le père et le soutien, est dans la désolation. Monsieur, j'ai fait le bien toute ma vie sans faste, et j'ai toujours été déchiré par les méchants. Si l'intérieur de ma famille vous était connu, vous verriez que, bon fils, bon frère, bon mari et citoyen utile, je n'ai rassemblé que des bénédictions autour de moi, pendant qu'on me calomniait sans pudeur au loin. Quelque vengeance qu'on veuille prendre de moi pour cette misérable affaire de Chaulnes, n'aura-t-elle donc pas de bornes ? Il est bien prouvé que mon emprisonnement me coûte 100,000 francs. Le fond, la forme, tout fait frémir dans cet inique arrêt, et je ne puis m'en relever tant qu'on me retiendra dans une horrible prison. J'ai des forces contre mes propres maux ; je n'en ai point contre les larmes de mon respectable père, âgé de soixante-quinze ans, qui meurt de chagrin de l'abjection où je suis tombé : je n'en ai plus contre la douleur de mes sœurs, de mes nièces, qui sentent déjà l'effroi du besoin à venir par l'état où ma détention a jeté ma personne et le désordre où cela plonge mes affaires. Toute l'activité de mon âme tourne aujourd'hui contre moi, ma situation me tue, je lutte contre une maladie aiguë, dont je sens les avant-coureurs par la privation du sommeil et le dégoût de toute espèce d'aliments. L'air de ma prison est infect et détruit ma misérable santé.

Il n'y a, on le voit, nulle exagération dans les pages éloquentes des mémoires contre Goëzman où, plus tard, Beaumarchais peint sa situation à cette époque ; elles ne sont que la reproduction plus ornée des plaintes que cette situation lui arrache dans la lettre inédite que nous venons de citer.

Le ministre La Vrillière se laisse enfin toucher, et, le 8 mai 1773, après deux mois et demi d'une détention sans cause, il rend au prisonnier sa liberté. C'est ici que de ce procès perdu sort tout à coup un nouveau, un plus terrible procès, qui devait achever la ruine de Beaumarchais, et qui le sauve, qui le fait passer en quelques mois de l'état d'abjection et de malheur où, pour employer ses propres expressions, il se faisait honte et pitié à lui-même, à l'état de triomphateur d'un parlement et de favori d'une nation. « Il était, dit Grimm, l'horreur de tout Paris il y a un an ; chacun, sur la parole de son voisin, le croyait capable des plus grands crimes : tout le monde en raffole aujourd'hui. » Il nous reste à expliquer comment s'opéra ce revirement de l'opinion.

XII

LES PARLEMENTS ET LA ROYAUTÉ AU XVIIIe SIÈCLE. — PROCÈS DE BEAUMARCHAIS CONTRE LE CONSEILLER GOEZMAN.

Le procès Goëzman ouvre la période éclatante de la vie de Beaumarchais. Tour à tour homme de cour, spéculateur, dramaturge, le fils de l'horloger Caron, sur ces chemins divers, n'avait encore rencontré que des succès douteux, contestés, et des inimitiés ardentes ; il allait enfin maîtriser la fortune, conquérir pour longtemps la popularité et associer son nom à un fait considérable dans l'histoire de notre pays.

De quoi s'agissait-il dans cette fameuse querelle de Beaumarchais et du conseiller Goëzman ? Il s'agissait de savoir si la femme d'un juge avait gardé ou non quinze louis reçus d'un plaideur. Pour comprendre qu'un débat si peu important en lui-même ait pu passionner un instant la France entière, prendre les proportions d'un événement historique, contribuer à la chute d'un parlement et à l'avortement d'un coup d'État, il faut d'abord se rendre compte de la situation des affaires au moment où ce procès s'empare de l'attention publique.

L'histoire du gouvernement en France au xviiie siècle présente avec la vie de Beaumarchais cette similitude, qu'elle n'est aussi qu'une longue série de procès. Soixante ans d'anarchie officielle et de conflits de pouvoirs ont précédé et préparé l'état révolutionnaire dans lequel la France s'agite depuis plus de soixante ans. Le règne si brillant, mais si absorbant de Louis XIV avait arrêté l'éducation politique de notre pays. « En établissant pour lui-même, comme l'a dit un sage historien [1], un gouvernement que lui seul était capable de maintenir, » le grand roi léguait à ses successeurs un fardeau difficile à porter. Il avait reçu des mains de Henri IV et de Richelieu une nation dégagée du chaos féodal, et dont la tête au moins était mûre pour des institutions nouvelles; il donna à cette nation tous les genres de gloire, il sut lui faire accepter et aimer, en l'entourant du prestige le plus séducteur, le pouvoir le plus absolu qui eût figuré jusque-là dans nos annales; il accomplit de grandes et utiles réformes dans toutes les branches de l'administration publique; mais, en même temps qu'il faisait faire un pas immense à la civilisation, il ne fondait rien pour la satisfaction

[1] Droz, *Histoire du règne de Louis XVI*, introduction.

d'un besoin que la civilisation entraîne avec elle et qui allait éclater après lui. Il ne faisait rien pour organiser sous une forme quelconque un contrôle normal du pouvoir, une intervention régulière du pays dans ses propres destinées. Après avoir détruit le peu qui restait des institutions anciennes, concentré en lui toute autorité, il disait : « L'État, c'est moi, » et vivait comme s'il eût dû être immortel, oubliant que la dictature est personnelle et disparaît avec le dictateur. Par l'irrésistible ascendant de sa gloire, par la durée et l'éclat d'un règne de soixante-douze ans, par la suppression de tout élément hostile, nul monarque ne fut, comme lui, à portée de résoudre ce problème impérieux qui épuise et dévore nos générations démoralisées : créer des institutions qui survivent aux hommes. Malheureusement la tendance des pouvoirs illimités n'est pas de se limiter eux-mêmes, et l'histoire attend encore ce miracle d'un souverain tout-puissant usant de sa puissance envers son peuple à la façon d'un père qui prépare son fils à se passer de lui.

Louis XIV est à peine descendu dans la tombe, que déjà commence la dissolution de ce gouvernement dont il était l'âme. Les trois grandes influences sociales d'alors,—noblesse, clergé, parlements,—qui, formées à la vie politique par une main ferme et investies d'attributions déterminées, eussent pu diriger l'esprit public, présider au mouvement du siècle en le modérant, conjurer l'aveugle et violente irruption des masses,— ces trois grandes corporations, au sortir d'un régime où elles n'avaient appris qu'à obéir en silence, se retrouvent étrangères à l'esprit de gouvernement et livrées à l'antagonisme le plus mesquin, le plus tracassier, le plus turbulent. Leurs jalousies et leurs discordes implantent l'anarchie au sommet de la société en attendant qu'elle descende dans les couches inférieures. « Il y a, écrivait à cette époque Montesquieu, il y a en France trois sortes d'États, l'église, l'épée et la robe. Chacun a un mépris souverain pour les deux autres [1]. » Voilà, en effet, l'unique lien des trois classes qui composent l'aristocratie française. Tantôt c'est la noblesse d'épée qui triomphe de voir les prétentions des parlements momentanément réprimées par des lits de justice, et il faut lire avec quelle exaltation de haine et de dédain le duc de Saint-Simon célèbre ce triomphe [2]; tantôt c'est la morgue parlementaire qui

---

[1] *Lettres persanes* (1721), lettre XLIV.

[2] « Ce fut là, dit-il, où je savourai, avec toutes les délices qu'on ne peut exprimer, le spectacle de ces fiers légistes qui osent nous refuser le salut, prosternés à genoux et rendant à nos pieds un hommage au trône, tandis que nous étions assis et couverts sur les hauts siéges aux côtés du même trône. Ces situations et ces postures si grandement disproportionnées plaident seules avec tout le perçant de l'évidence la cause de ceux qui véritablement et d'effet sont *laterales regis* contre ce *vas electum* du tiers-état. Mes yeux, fichés, collés sur ces bourgeois superbes, parcouraient tout ce grand banc à genoux ou debout, et les amples replis de ces fourrures ondoyantes à chaque génuflexion longue et redoublée.... vil petit-gris qui voudrait contrefaire l'hermine en peinture, et ces têtes découvertes et humiliées à la hauteur de nos pieds.... Pendant l'enregistrement, je promenais mes yeux doucement de toutes parts, et si je les contraignis avec constance, je ne pus résister à la tentation de m'en dédommager sur le premier président: je l'accablai donc à cent reprises, dans la séance, de mes regards assénés et forlongés avec persévé-

s'étale dans toute sa splendeur et s'efforce de courber toutes les têtes sous la suprématie qu'elle s'arroge[1]. Toutefois cette lutte sourde, invétérée, du patriciat et de la robe, cette lutte interrompue par des alliances passagères contre l'arbitraire ministériel n'est rien auprès du conflit acharné, permanent, du parlement et du clergé : conflit sans issue, car chacun des contendants se prétend juge suprême dans la cause. Décrets de prise de corps contre les curés qui refusent la sépulture aux jansénistes, excommunication des parlements par les évêques; des prêtres tonnant du haut de la chaire contre des magistrats, ceux-ci contraignant par huissier des prêtres à porter les sacrements; le parlement de Paris faisant brûler le même jour, par le bourreau, le *Dictionnaire philosophique* de Voltaire et une instruc-

---

rance. L'insulte, le mépris, le dédain, le triomphe, lui furent lancés de mes yeux jusqu'en ses moelles; souvent il baissait la vue quand il attrapait mes regards. Une fois ou deux il fixa le sien sur moi, et je me plus à l'outrager par des sourires dérobés, mais noirs, qui achevèrent de le confondre. Je me baignais dans sa rage, et je me délectais à le lui faire sentir. » *Mémoires* du duc de Saint-Simon, édit. in-8°, t. XVII, p. 140 et suiv.

[1] Voici comment le parlement de Toulouse traite un duc et pair, gouverneur du Languedoc, exécutant les ordres du roi: « La cour, toutes les chambres assemblées, considérant que le duc de Fitz-James, parvenu aux derniers excès de l'audace et du délire, oubliant sa qualité de sujet, aurait osé parler en souverain aux membres de la cour, mettre à leur liberté des conditions insensées, etc., ordonne que ledit duc de Fitz-James sera pris et saisi au corps en la part où il sera trouvé dans le royaume, conduit et amené sous bonne et sûre garde dans les prisons de la conciergerie de la cour, et, ne pouvant être appréhendé, ses biens seront saisis, etc. » Il va sans dire que l'arrêt n'eut pas de suites, mais le duc de Fitz-James fut rappelé, quoique le roi déclarât expressément qu'il n'avait fait qu'obéir à ses ordres.

tion pastorale de l'archevêque Christophe de Beaumont; tout cela entremêlé de controverses ridicules dont profitent les philosophes du temps pour déprécier la religion : tel est le spectacle que nous offre la plus grande partie de l'histoire de France sous Louis XV.

Au milieu de ces querelles, que devient la royauté? Absolue de nom, impuissante de fait, elle s'irrite, sévit ou cède, sans autre règle que l'accident de chaque jour et la fortune momentanée du combat. Si elle agit contre les évêques, ils ferment les portes des églises et suspendent l'administration des sacrements ; si elle veut maîtriser les parlements, ils suspendent l'action de la justice et infligent à la société une paralysie périodique. L'embarras de la royauté est bien rendu dans ce tableau d'intérieur que nous empruntons aux *Mémoires* de Mme Du Hausset. « Un jour, dit-elle, le *maître* (Louis XV) entra tout échauffé. Je me retirai, mais j'écoutai de mon poste. — Qu'avez-vous ? lui dit *Madame* (Mme de Pompadour). — Ces grandes robes et le clergé, répondit-il, sont toujours aux couteaux tirés; ils me désolent par leurs querelles ; mais je déteste bien plus les grandes robes. Mon clergé, au fond, m'est attaché et fidèle ; les autres voudraient me mettre en tutelle. — La fermeté, lui dit Madame, peut seule les réduire. — Robert de Saint-Vincent est un bouté-feu que je voudrais pouvoir exiler, mais ce sera un train terrible. D'un autre côté, l'archevêque est une tête de fer qui cherche querelle. — M. de Gontaut entra... Le roi se promenait agité ; puis tout d'un coup il dit : — Le régent a eu bien tort de leur rendre le droit de faire des remontrances; ils finiront par perdre l'État. — Ah! Sire, dit M. de Gontaut, il est bien fort pour que de petits robins puissent l'ébranler.—Vous ne savez ce qu'ils font et ce qu'ils pensent, reprit le roi : c'est une assemblée de républicains. En voilà au reste assez; les choses comme elles sont dureront autant que moi... » *Les choses dureront autant que moi*, cette parole exprimait déjà le *nec plus ultra* de l'ambition d'un souverain en France. Aujourd'hui un gouvernement qui durerait la vie d'un homme est un phénomène que nous ne connaissons plus. Du reste, Louis XV ne se trompait pas en considérant l'opposition des parlements comme plus dangereuse que celle du clergé : par le caractère indéfini de ses droits et de ses moyens d'action, par la variété et l'opiniâtreté de ses allures, cette opposition fut au XVIIIe siècle le dissolvant le plus actif de la monarchie.

On sait généralement comment se passaient les choses à Paris quand le parlement entrait en lutte avec le pouvoir royal : refus d'enregistrement, lit de justice, persistance du parlement, exil ou emprisonnement des magistrats, concessions réciproques, soumission ou victoire des opposants, réconciliation d'un jour bientôt suivie de nouveaux démêlés: telles étaient les phases ordinaires de la lutte à Paris. En province, ce conflit d'autorité devenait plus grave encore et plus inextricable. L'éloignement du pouvoir central, l'obligation d'employer des intermédiaires, le mépris de chaque parlement pour tout ce qui n'était pas la royauté elle-même en personne, et, d'autre part, la brutalité des agents militaires chargés de faire triompher la volonté du roi : toutes ces circonstances provoquaient des scènes qui pervertissaient les populations. Un remarquable et consciencieux ouvrage publié de nos jours[1] nous met à même d'apprécier ce côté moins connu de l'anarchie officielle au xviiie siècle. On y voit la royauté s'efforçant en vain d'imposer aux parlements de province les décisions d'une section du conseil d'État dite *grand Conseil*, docile instrument d'arbitraire par lequel elle fait casser leurs arrêts; ceux-ci refusant de communiquer avec les huissiers du grand Conseil envoyés pour biffer leurs registres. Souvent un huissier du grand Conseil et un huissier du parlement de la province viennent intimer aux habitants d'une même commune deux ordres diamétralement contraires, et celui des deux huissiers qui a des gendarmes fait arrêter l'autre. Plus loin, on voit arriver, en qualité de commissaire du roi, un général avec des troupes pour dompter le parlement. Les magistrats le reçoivent sur leurs siéges et refusent de livrer leurs registres. Des officiers de dragons s'emparent violemment des registres, et, la plume à la main, bâtonnent les sentences de la justice. Les magistrats décrètent d'accusation les exécuteurs des ordres du roi et font proclamer leur jugement sur les marches mêmes du palais, devant une

---

[1] L'*Histoire du Parlement de Normandie,* par M. Floquet. Il serait bien à désirer que chacun des douze parlements de l'ancienne France fût l'objet d'un travail aussi distingué.

foule agitée. Le gouverneur de la province fait saisir toutes les presses pour empêcher la publication de l'arrêt des magistrats. Le procureur général, sommé à la fois par les deux autorités en conflit de transmettre à tous les juges du ressort deux arrêts contradictoires et n'osant résister à personne, se met en devoir de promulguer en même temps le oui et le non. Le parlement suspend l'administration de la justice pendant quatre mois, jusqu'à ce que le roi ait fait droit à ses remontrances. Tous les autres parlements prennent parti pour celui qui résiste. Le roi irrité appelle les magistrats à Versailles, les réprimande, les exile, puis finit toujours par céder et par révoquer ses propres actes avec les formes les plus impératives, tandis que les magistrats, toujours victorieux avec les formes du respect, remontent sur leurs siéges au milieu des applaudissements de la multitude, des illuminations, des feux de joie, des *Te Deum* et des députations de toute la province qui viennent les féliciter de leur énergie.

C'est sous ce régime pernicieux des conflits de pouvoirs qu'ont été élevés nos pères, c'est ainsi que la France se préparait peu à peu à entrer dans la carrière des révolutions ; c'est ainsi qu'en voyant chaque jour, sur tous les points du pays, l'Église en lutte avec la magistrature, la magistrature en lutte avec la royauté, le peuple contractait de plus en plus le mépris de l'autorité et par suite l'idolâtrie de la force. Certes, les parlements, tels qu'ils étaient constitués depuis Philippe le Bel, avec des attributions essentiellement judiciaires, eussent été embarrassés pour dire de qui ils tenaient la mission qu'ils se donnaient de représenter la volonté nationale et de contrôler les actes du souverain. « Un des plus éclairés, dit Duclos, et des plus zélés parlementaires, à qui je demandais de me marquer précisément les bornes qui séparent l'usurpation d'avec le droit des parlements, me répondit : Les principes en cette matière sont fort obscurs ; mais, dans le fait, le parlement est fort sous un roi faible et faible sous un roi fort.—Un ministre de bonne foi, ajoute Duclos, donnerait peut-être la même réponse, s'il était obligé de s'expliquer sur la puissance royale relativement à la nation. » Le droit des parlements était donc douteux, mais celui de la royauté ne l'était pas moins ; sur la terre de France, l'*autocratie* pure et simple a pu être acceptée ou subie quelquefois comme un fait, elle n'a jamais été reconnue comme un droit. C'est la liberté, dit avec raison Mme de Staël, qui est ancienne, et c'est le despotisme qui est moderne [1]. Fatiguée des sanglantes convulsions du xvie siècle et des troubles de la Fronde, la nation s'était courbée docilement sous le sceptre glorieux de Louis XIV ; ce sceptre, tombé aux mains de Louis XV, ne lui inspirait plus de respect ; la prétention d'un roi — gouverné par des femmes avilies et des favoris méprisés — de disposer d'elle à son gré et de ne rendre compte de ses actes qu'à Dieu, l'humiliait et l'irritait. L'esprit de résistance à l'arbitraire était l'esprit général ; en l'absence de toute autre ga-

---

[1] *Considérations sur la Révolution française*, pag. 25.

rantie, les parlements se présentaient comme l'unique barrière qu'on pût opposer aux caprices d'un pouvoir déréglé, et quels que fussent les vices particuliers de ces corps amphibies, à la fois judiciaires et politiques; malgré leurs préjugés, leur fanatisme du *statu quo*, leur répugnance systématique pour toutes les réformes, même les plus justes et les plus sages, chaque fois qu'ils tenaient tête à la volonté royale, ils avaient pour eux les sympathies de l'opinion.

Appuyés sur cette faveur de l'opinion, les parlements voyaient leur ascendant grandir chaque jour. Étroitement unis les uns aux autres, ils se déclaraient « les membres d'un seul et même corps indivisible, inhérent, disaient-ils, à la monarchie, organe de la nation, dépositaire essentiel de sa liberté, de ses intérêts et de ses droits, » et chacun de leurs combats contre la royauté se terminait par une victoire, lorsqu'un homme sorti de leur sein, le chancelier Maupeou, caractère audacieux et obstiné, entreprit de les soumettre ou de les briser.

Soutenu par Mme du Barry, qui dominait le roi et qu'animait le ressentiment du duc d'Aiguillon flétri par un arrêt du parlement de Paris, le chancelier Maupeou arrache à l'hésitation de Louis XV l'édit du 7 décembre 1770, qui changeait toute l'organisation des parlements; celui de Paris proteste et repousse l'édit. Le chancelier, au lieu de suivre la marche ordinaire, casse le parlement de Paris, confisque les charges des magistrats, les exile, et installe un nouveau parlement composé en majorité.de membres du grand Conseil. Les onze parlements de province adressent au roi les remontrances les plus véhémentes; celui de Normandie va jusqu'à rendre un arrêt qui déclare *intrus, parjures et traîtres* les nouveaux magistrats, et *nuls* tous les actes émanés de ce *tribunal bâtard*. Tous les princes du sang, à l'exception d'un seul, refusent de reconnaître les juges institués par Maupeou; treize pairs adhèrent à cette protestation. La cour des aides proteste également par la voix éloquente de Malesherbes. Le chancelier résiste à l'orage; il fait interdire l'entrée de la cour aux princes dissidents; il casse la cour des aides, casse successivement tous les parlements de province, et les remplace au milieu d'une fermentation inouïe. « Ce n'est pas un homme, écrit Mme du Deffand, c'est un diable; tout est ici dans un bouleversement dont on ne peut prévoir quelle sera la fin... c'est le chaos, c'est la fin du monde. » Briser ces corps antiques et redoutables dont l'existence semblait inséparable de la monarchie, et dont la suppression livrait la France au régime de la Turquie ou de la Russie, c'était en effet une entreprise des plus hasardeuses. Le chancelier avait eu soin de l'adoucir et de la colorer en y mêlant quelques réformes importantes depuis longtemps réclamées par tous les bons esprits : l'abolition de la vénalité des charges, la substitution d'appointements fixes à cette vieille coutume des *épices* payées aux juges par les plaideurs, de manière à assurer la distribution gratuite de la justice, l'établissement de cours souveraines plus nombreuses et la diminution des ressorts trop étendus, pour rapprocher les justiciables des tribunaux chargés de les juger. Ce sont sans doute ces mesures qui, combinées avec la rancune qu'il gardait aux anciens parlements, déterminèrent Voltaire à se ranger du côté du chancelier; mais il ne fut pas suivi dans ce mouvement, et si la masse du peuple, préparée déjà par les opiniâtres discordes dont nous venons d'esquisser le tableau à subir un coup de force accompli avec résolution, ne comprenant pas bien d'ailleurs toute la gravité de l'entreprise de Maupeou, se montra d'abord assez indifférente à cette entreprise, — toutes les classes éclairées de la société refusèrent d'acheter quelques réformes utiles au prix d'une servitude ignominieuse et se prononcèrent avec énergie pour la magistrature détruite. Ce fut bientôt un déchaînement de fureurs, de sarcasmes et de pamphlets[1] contre le roi, sa maîtresse, le chancelier et le nouveau parlement. Celui-ci, formé à la hâte d'éléments hétérogènes et dans lequel on avait introduit plusieurs hommes peu estimés, n'avait trouvé au début ni avocats, ni procureurs, ni plaideurs qui voulussent paraître devant lui. Cependant Maupeou, comptant sur la mobilité française, opposait la persévérance aux clameurs; au bout d'un an, le plus grand nombre des avocats s'étaient fatigués du silence : sous l'influence du célèbre Gerbier et de ce même Caillard que nous avons

---

[1] On trouve dans Bachaumont la mention ou la reproduction de la plupart de ces innombrables pamphlets en prose et en vers.

vu si violent contre Beaumarchais, ils avaient repris leurs fonctions[1]. Les princes dissidents demandaient à rentrer en grâce, les magistrats dépossédés consentaient à la liquidation de leurs charges, les pamphlets diminuaient, les choses revenaient à leur cours ordinaire, tout semblait calmé; Maupeou se tenait pour assuré du triomphe et se vantait d'*avoir retiré la couronne du greffe :* il se trompait. Quand toute la partie à la fois intelligente et honnête d'une nation se sent blessée dans sa dignité, la blessure peut se fermer en apparence, mais elle ne se guérit pas; ce qui a été d'abord une flamme devient un feu latent qui couve sous la cendre et que la moindre étincelle suffit pour ranimer. Il était réservé à Beaumarchais de rallumer, avec un procès de quinze louis, la flamme qui devait dévorer Maupeou et son parlement.

On se souvient de la situation de l'auteur du *Barbier de Séville*, en avril 1773, au moment où s'instruisait en appel son procès contre le comte de La Blache. Prisonnier au For-l'Évêque, il avait obtenu, aux approches du jugement, la permission de sortir pendant la journée pour aller, suivant la coutume du temps, visiter ses juges. L'affaire avait été mise

---

[1] C'est à ce sujet qu'on fit circuler le vaudeville suivant :
>L'honneur des avocats,
>Jadis si délicats,
>N'est plus qu'une fumée;
>Leur troupe diffamée
>Subit le joug enfin,
>Et de Caillard avide
>La prudence décide
>Qu'il vaut bien mieux mourir de honte que de faim.

en délibéré, et devait être décidée sur le rapport d'un conseiller nommé Goëzman. Ce Goëzman, d'abord conseiller au conseil souverain d'Alsace, avait vendu sa charge, et en 1765 était venu s'établir à Paris. C'était un jurisconsulte assez érudit; entre autres ouvrages, il avait publié, en 1768, un *Traité du droit commun des fiefs* qui n'était pas sans mérite. Seulement, à en juger par divers renseignements que je trouve dans les papiers de Beaumarchais, soit que le prix de sa charge en Alsace ne lui appartînt pas, soit qu'il eût été dissipé par lui, il paraîtrait qu'il menait à Paris une existence assez aventureuse et d'une moralité suspecte, lorsque le chancelier Maupeou le fit entrer, en 1771, dans le corps déconsidéré qu'il venait d'établir pour remplacer l'ancien parlement. Ce juge avait épousé en secondes noces une femme jeune encore et assez jolie, dont les propos étaient de nature à faire peu d'honneur à la probité de son mari et à la sienne, car il fut constaté dans le cours du procès dont nous avons à rendre compte, qu'elle avait dit devant témoins : « Il serait impossible de se soutenir honnêtement avec ce qu'on nous donne; mais nous avons l'art de plumer la poule sans la faire crier. » On voit que si le chancelier Maupeou avait supprimé les *épices*, quelques-uns des nouveaux magistrats possédaient le secret de les remplacer avantageusement. Des propos de ce genre étaient fréquemment tenus par Mme Goëzman chez un libraire nommé Lejay, qui vendait les ouvrages du mari et recevait de temps en temps la visite de la femme. Ce libraire, qui ne connaissait point Beaumarchais, apprenant par un ami commun que ce dernier se désespérait de ne pouvoir trouver accès auprès de son rapporteur, lui fit dire que le seul moyen d'obtenir des audiences et de s'assurer l'équité du juge était de faire un présent à sa femme, et il demanda pour elle 200 louis. Beaumarchais donna 100 louis et une montre enrichie de diamants d'une valeur égale. Mme Goëzman exigea encore 15 louis, qu'elle disait destinés au secrétaire de son mari. Les 15 louis furent envoyés; la dame déclara à Lejay que, si Beaumarchais perdait son procès, tout ce qu'il donnait lui serait restitué, excepté les 15 louis, qui, dans tous les cas, resteraient acquis au secrétaire; le lendemain, Beaumarchais obtint une audience du rapporteur Goëzman; deux jours après, ce juge conclut contre lui, et il perdit son procès. Mme Goëzman renvoya fidèlement les 100 louis et la montre; mais Beaumarchais s'étant informé auprès du secrétaire, à qui dans le cours de l'instruction il avait déjà donné 10 louis, s'il avait reçu en plus de cette dame 15 louis, apprit qu'elle n'avait rien donné au secrétaire, et que les 15 louis étaient restés dans sa poche. Irrité déjà de la perte d'un procès aussi important pour sa fortune et son honneur, il trouva mauvais que Mme Goëzman se permît cette spéculation détournée, et il se décida à lui écrire pour lui réclamer les 15 louis. Cette démarche était grave, car si la femme du conseiller, refusant la restitution, niait l'argent reçu, si Beaumarchais insistait, si la chose faisait du bruit, il pouvait en surgir une querelle très-dangereuse; mais la démarche, avec ses périls présentait aussi des avantages. Persuadé à tort où à raison qu'il n'avait perdu son procès que parce que le comte de La Blache avait donné plus d'argent que lui au juge Goëzman, Beaumarchais, en affrontant le danger d'une lutte personnelle contre ce magistrat, pouvait espérer de le convaincre de vénalité et de faciliter d'autant la cassation du jugement rendu sur son rapport. Ce qu'il avait prévu arriva. Mme Goëzman, obligée d'avouer le détournement des 15 louis en les restituant ou de nier qu'elle les eût reçus, prit ce dernier parti : elle déclara hautement qu'on lui avait offert de la part de Beaumarchais des présents dans l'intention de gagner le suffrage de son mari, mais qu'elle avait repoussé cette offre criminelle. Goëzman intervint et dénonça Beaumarchais au parlement, comme coupable d'avoir calomnié la femme d'un juge après avoir vainement tenté de la corrompre, et de corrompre par elle son mari.

Le fait des présents acceptés, gardés jusqu'après la décision du procès La Blache, et des 15 louis demandés et retenus par Mme Goëzman, ayant été démontré jusqu'à la dernière évidence par l'information judiciaire, on comprend difficilement que le mari de cette dame ait eu l'imprudence d'intenter un pareil procès. On peut supposer qu'il ignorait d'abord le honteux trafic auquel s'était livrée sa femme ; on peut supposer que celle-ci, en prenant les 100 louis, la montre, et en exigeant encore 15 louis, s'était dit : « Je ne parlerai de rien à mon mari, s'il conclut pour Beaumarchais, et, s'il lui fait gagner son procès, ce dernier, enchanté du résultat, sera discret, je garderai tout, et mon mari, qui d'ailleurs ignore ce qui s'est passé entre nous, ne sera pas compromis; si, au contraire, mon mari est défavorable à Beaumarchais, et si ce dernier perd sa cause, je lui rendrai les cent louis et la montre; comme il est convenu que les 15 louis que j'ai dit être destinés au secrétaire de mon mari ne pourront être réclamés, même dans le cas de perte du procès, je les retiendrai pour moi, et ce sera toujours un petit bénéfice. Quand bien même Beaumarchais viendrait à savoir que ces 15 louis n'ont pas eu la destination indiquée, il n'osera point, en réclamant une si chétive somme, qui, dans tous les cas, devait être perdue pour lui, s'exposer à une accusation grave; s'il l'osait, je répondrais à mon mari qu'il a tenté de me corrompre, mais que j'ai repoussé la corruption, ainsi que le prouve le renvoi que j'ai fait des 100 louis et de la montre; que, quant aux 15 louis qu'il réclame, c'est une fable qu'il a inventée pour se venger de n'avoir pas réussi dans son projet de corruption; et, comme il est peu naturel que la femme d'un conseiller au parlement qui renvoie 100 louis et une montre de même valeur s'obstine à garder 15 louis[1], mon mari ne dou-

---

[1] Cette invraisemblance est en effet un des principaux arguments qu'emploie Mme Goëzman dans sa défense. Seulement elle commence par cacher qu'elle a gardé deux jours cent louis rendus seulement par elle après le jugement du procès La Blache, et quand la rétractation du libraire Lejay, qui a commencé par

tera pas de ma véracité, et fera punir Beaumarchais. »

Un raisonnement de ce genre n'a rien qui étonne de la part d'une femme aussi étourdie que rapace et vulgaire, mais il est beaucoup moins admissible que le conseiller Goëzman, homme mûr, criminaliste exercé, ait pu être trompé par le raisonnement de sa femme, qu'il ait pu, sur la simple affirmation de celle-ci, croire que Beaumarchais était assez insensé pour aller au-devant d'une condamnation certaine en osant revendiquer 15 louis qui n'auraient pas été reçus et gardés par Mme Goëzman. Il me paraît donc hors de doute que, dès qu'il apprit la réclamation de Beaumarchais, Goëzman, en interrogeant les diverses personnes qui se trouvaient mêlées à ce tripotage, dut se convaincre que sa femme s'était gravement compromise. Compromis lui-même par elle, il avait à choisir entre divers partis qui, tous, en présence d'un plaideur mécontent et indiscret, offraient des inconvénients pour sa réputation ; celui auquel il s'arrêta était incontestablement le plus hardi, mais aussi le plus malhonnête. Partant de l'idée que Beaumarchais n'était pas de force à lui résister, il s'imagina qu'en prenant l'initiative de l'attaque et en manœuvrant de manière à empêcher la vérité de se faire jour, il pourrait tout à la fois perdre celui qui avait donné les 15 louis et sauver celle qui les avait exigés pour un autre et extorqués à son profit. On

---

mentir sous l'influence de son mari, l'oblige à avouer ce fait, elle déclare que c'est à son insu que Lejay a laissé ces 100 louis dans un carton à fleurs placé sur sa cheminée. Il va sans dire que Lejay la réfute sur ce point comme sur tous les autres.

verra tout à l'heure comment fut déjouée et cruellement punie la stratégie de Goëzman.

Ce qui me confirme dans l'idée que ce magistrat était de mauvaise foi dès le moment de sa dénonciation, ce n'est pas seulement le résultat du procès, à la suite duquel il fut condamné par ses collègues et obligé de quitter sa charge, ceux-ci auraient pu ne vouloir punir en lui que les torts de sa femme et sa propre maladresse; mais c'est que je trouve dans les papiers remis plus tard à Beaumarchais par M. de Sartines la preuve qu'avant de recourir au parlement, Goëzman essaya de se débarrasser de ce plaideur incommode au moyen d'une lettre de cachet, et qu'il espéra un instant qu'on lui rendrait ce petit service, car il écrit à M. de Sartines, en date du 5 juin 1773, le billet suivant :

« Je vous supplie que la *punition* ait pour cause d'une manière *ostensible pour moi* l'injure faite à ma femme et par contre-coup à moi. Vous voudrez bien m'informer demain du parti qui aura été pris et compter sur mon éternel dévouement. »

Le gouvernement n'ayant point osé risquer cette iniquité et le bruit de la réclamation des 15 louis commençant à se répandre jusqu'au Palais-de-Justice, le conseiller Goëzman prend ses précautions pour rendre son attaque irrésistible : il fait venir le libraire Lejay, qui a été l'agent de sa femme, et, après l'avoir épouvanté par des menaces et rassuré en même temps sur les conséquences de l'acte qu'il exige de lui, il lui fait copier la minute d'un faux témoignage qu'il a rédigé lui-même, dans lequel Lejay, appuyant le mensonge de M⁽ᵐᵉ⁾ Goëzman, déclare que Beaumarchais l'a poussé à tenter de corrompre cette dame en lui faisant offrir des présents, mais que celle-ci a tout rejeté avec indignation. Armé de ce faux témoignage, il se décide enfin à appeler la vengeance du parlement sur la tête d'un homme très-diffamé dont il espère triompher sans peine.

Le discrédit de Beaumarchais était en effet à son comble. L'arrêt rendu dans le procès La Blache, sur le rapport de ce même Goëzman, avait entaché son honneur et jeté le désordre dans sa fortune; l'adversaire victorieux avait fait saisir tous ses biens et ne lui laissait pas un instant de repos. Au milieu de ce trouble, il se voyait maintenant poursuivi en corruption et en calomnie par un juge devant des juges intéressés à le trouver coupable. Ce nouveau procès, étant criminel, devait, d'après la législation de l'époque, être instruit dans le secret et décidé à huis clos. Le parlement Maupeou ne pouvait que s'empresser de frapper avec la dernière rigueur un accusé traduit devant lui pour des faits qui mettaient en péril la dignité, l'existence même de ce corps judiciaire, déjà en butte à tant de haines, et la jurisprudence criminelle était d'une latitude effrayante, car elle permettait d'infliger au prévenu du délit en question la peine la plus dure après la peine de mort : *omnia citra mortem*.

Beaumarchais était donc arrivé à cette période extrême où le poëte a dit : *Una salus victis nullam sperare salutem*. Placé entre deux chances à peu près égales, d'être immolé s'il se défendait régulièrement par-devant ses juges, et d'obtenir au moins quelques ménagements s'il parvenait à soulever en sa faveur l'opinion publique, il n'hésite pas. Alors que les plus clairvoyants doutaient encore de ce pouvoir naissant de l'opinion, Beaumarchais n'en doute pas et s'y confie hardiment. Aucun avocat n'ose combattre pour lui contre un adversaire aussi redoutable que Goëzman; il sera à même son propre avocat, c'est lui qui plaidera sa cause, et il la plaidera par la fenêtre. Il foulera aux pieds tous les règlements qui ordonnent le secret des procédures criminelles, qui empêchent la nation de juger les juges, et tandis qu'on se prépare à l'étouffer dans l'ombre, il introduira la lumière partout, et appellera l'opinion à son aide; mais pour que l'opinion réponde à l'appel d'un homme qu'elle ne connaît pas ou qu'elle ne connaît que très-défavorablement, il faut que cet homme sache attirer les lecteurs, les retenir, les passionner, les indigner, les attendrir, et en même temps les amuser. L'état des choses est tel que Beaumarchais est obligé, on pourrait presque dire sous peine de mort, de déployer un merveilleux talent pour donner à une affaire peu intéressante par elle-même tout l'intérêt d'un drame, d'une comédie et d'un roman. S'il se contente de discuter convenablement, s'il se renferme dans les faits de sa cause, s'il ne sait pas rattacher à cette cause de piquants détails de mœurs et de grandes questions politiques, s'il n'est pas à la fois très-émouvant et très-plaisant, si en un mot il n'a pas un succès de vogue, il est perdu ; le nouveau parlement se montrera d'autant plus impitoyable envers lui, qu'il s'est montré plus défiant de la justice à huis clos du nouveau parlement, et il a en perspective... *omnia citra mortem.*

Cette alternative, faite pour paralyser un esprit ordinaire, est précisément l'aiguillon qui anime Beaumarchais, et lui donne comme une sorte de fièvre, reconnaissable au mouvement rapide et continu de son style, même dans les parties d'argumentation.

Au point de vue du droit, sa cause n'est pas aussi simple que le disent La Harpe et les autres écrivains qui, comme lui, ont examiné très-légèrement le fond des choses. Pour repousser l'accusation de calomnie, il est obligé de prouver qu'il a donné de l'argent à Mme Goëzman, et, dans ce cas, comment repoussera-t-il l'accusation de corruption? En s'attachant à établir qu'il n'a pas voulu acheter le suffrage du mari en payant la femme, qu'il a seulement voulu obtenir des audiences indispensables, qu'il pouvait légitimement réclamer de la justice du conseiller et que sa femme mettait à prix d'argent. Mais le juge, au début du procès, persuadé que sa femme ne sera point compromise, s'attache de son côté à prouver l'intention de corrompre; aussi ne manque-t-il pas d'objecter qu'il est peu vraisemblable qu'un plaideur, dans une cause déjà instruite, après les plaidoiries, à la veille d'un jugement, offre à la femme de son rapporteur 100 louis, une montre de même valeur, et 15 louis, c'est-à-dire plus de 5,000 francs, uniquement pour obtenir la faveur de présenter quelques observations à un rapporteur impartial. A cela, Beaumarchais répond qu'il n'a rien offert, qu'on a tout exigé, qu'il n'a jamais été question entre lui et Mme Goëzman que d'audiences, que la loi s'applique à des faits et non à des probabilités ; puis, retournant avec une dangereuse adresse sur l'accusateur lui-même l'arme des probabilités, il le montre complice de sa femme, très-suspect d'avoir vendu, dans le procès La Blache, la justice au plus offrant, et cherchant à réduire au silence, en l'écrasant, celui des deux plaideurs qu'il a déjà sacrifié. L'intention de Beaumarchais, en payant Mme Goëzman, pouvait paraître équivoque; néanmoins ce qui ressortait clairement du débat, c'est que, s'il y avait eu une pensée de corruption, cette pensée venait non de Beaumarchais, mais de la maison Goëzman; que Beaumarchais, qui ne connaissait ni la femme du juge ni le libraire qui avait parlé en son nom, n'avait fait que subir les conditions qu'on lui imposait. Et lorsque l'accusé, rompant toutes les manœuvres du magistrat dénonciateur, forçant à se rétracter ou à se taire les témoins que celui-ci avait subornés, forçant à parler ceux qu'il avait intimidés, fut parvenu à mettre en pleine lumière le côté ignoble et odieux de cette affaire ; lorsqu'il fut bien avéré que la femme d'un conseiller au nouveau parlement avait bassement détourné une misérable somme de 15 louis qui ne lui était pas destinée, et que le mari, pour cacher ce détournement, poursuivait à mort le plaideur qui redemandait ses 15 louis, l'indignation du public contre

Goëzman ne connut plus de bornes : on refusa de voir en lui ce qu'il était, je crois, réellement dans cette circonstance, un magistrat engagé d'abord à son insu par sa femme dans un mauvais pas, et qui travaille à s'en tirer *per fas et nefas* ; on refusa d'admettre qu'il fût étranger à l'acte sordide que Beaumarchais, encouragé par le public, ne craignait pas de qualifier, devant le parlement assemblé, d'*escroquerie*, et l'on se plut à confondre dans le même mépris, dans les mêmes accusations d'improbité, de vénalité, d'iniquité, le conseiller Goëzman et le corps détesté dont il faisait partie. Ce dernier point était le point brûlant du débat ; c'est en y touchant avec une habileté audacieuse et prudente à la fois, mêlée d'allusions transparentes et de réticences meurtrières, que ce Beaumarchais, si décrié la veille, devenait subitement l'organe applaudi des colères et le ministre des vengeances de l'opinion contre le coup d'État qui avait détruit l'ancienne magistrature.

A l'intérêt politique de ce procès se joignait l'intérêt mêlé de surprise qu'excitait un homme dont les précédents ouvrages avaient semblé médiocres, se montrant doué du talent le plus original, le plus varié, et donnant à des *factums* judiciaires tous les genres de beauté et d'agrément. Tout a été dit sur le mérite littéraire des *Mémoires* contre Goëzman, et nous n'avons pas l'intention d'insister beaucoup sur un thème épuisé. Nous voulons seulement nous attacher à étudier les faces les moins connues de cette polémique célèbre.

En lisant aujourd'hui à distance les plaidoyers de

Beaumarchais, nous sommes parfois choqués de ce qu'ils offrent d'excessif et d'injurieux dans l'ironie ou dans l'invective. Un maître éminent, appréciateur exquis du beau et du bien, M. Villemain, admire la vive et souple éloquence de ces brillants *factums*, mais ne peut s'empêcher de se récrier contre certaines parties, qui révoltent, dit-il, en nous un sentiment de décence et de vérité[1]. Les contemporains du plaideur étaient beaucoup moins frappés que nous des violences de son langage, et cela tient à deux causes : l'une générale, l'autre particulière.

A cette époque, la publicité était non pas réglée, mais bien plutôt prohibée par les lois; elle se produisait, malgré les lois, sous l'influence d'un besoin social plus puissant que les lois, et par conséquent avec des allures nécessairement désordonnées. Quand on parcourt la masse des ouvrages licencieux et effrénés dans tous les genres qui circulent partout aux temps dont nous parlons, on ne se douterait guère qu'on vivait alors, en fait de publicité, sous le régime légal d'une certaine ordonnance de 1769, qui ne badinait pas, puisqu'elle condamnait tout simplement *à mort tout auteur d'écrits tendant à émouvoir les esprits*. On en concluait que les écrivains plats et ennuyeux avaient seuls la certitude de n'être point pendus, et chacun écrivait sans faire plus de compte de l'ordonnance que si elle n'eût jamais existé. Les lois, on l'a dit avec raison,

---

[1] *Cours de Littérature française.* — Tableau du xviii**e** siècle iii**e** partie, 9**e** leçon.

qui sont en contradiction flagrante avec les idées et les mœurs d'un peuple, deviennent bientôt pour lui des mots, et rien de plus.

Le même régime légal du secret vainement imposé sur les affaires publiques n'était pas moins vainement établi en principe dans les débats judiciaires. Les tribunaux prétendaient s'entourer de mystère comme le gouvernement, et à aucune époque on ne vit plus de procès scandaleux engendrer plus de libelles injurieux et empoisonnés. Aujourd'hui que le régime de la publicité tend de plus en plus à prévaloir, aujourd'hui qu'il est, en général, et sauf des restrictions accidentelles, sanctionné par une législation qui le règle sans l'étouffer, il se tempère par l'habitude, et trouve dans l'opinion un contrôle salutaire et permanent. Quand les portes des tribunaux sont ouvertes à tous, quand tout plaideur, quand tout accusé peut dire ou faire dire publiquement par son avocat tout ce qui est utile à sa cause, quand les journaux existent pour reproduire les débats, les *factums* judiciaires échangés entre des plaideurs exaspérés n'ont plus de raison d'être, on les considère comme des hors-d'œuvre et s'il en paraît quelques-uns, ils gardent presque toujours une certaine retenue. Toute polémique imprimée au xviiie siècle tirait au contraire de son caractère de contravention quelque chose d'indécent, de forcé, qui n'étonnait point et semblait comme excusé par la prohibition même.

Une autre cause qui rendait le public très-indulgent pour la vivacité de Beaumarchais, c'est que, s'il était parfois violent, ses adversaires, dont les mémoires, aujourd'hui oubliés, étaient lus en même temps que les siens, se faisaient remarquer par une violence plus grande encore. Il était assez heureux pour n'avoir à combattre que des ennemis non-seulement très-ridicules, mais aussi très-emportés et très-méchants au moins d'intention. « On riait, dit ici justement La Harpe, de les voir écorchés, parce qu'ils avaient le poignard à la main. »

XIII

LES ADVERSAIRES DE BEAUMARCHAIS ET LEURS MÉMOIRES.
MADAME GOEZMAN ET SON MARI.
BERTRAND.—D'ARNAUD-BACULARD.—LE GAZETIER MARIN.

Les mémoires des antagonistes de Beaumarchais sont devenus fort rares; je me les suis procurés afin de bien saisir la physionomie de ce combat. En les lisant, on voit mieux à quel point l'homme qu'ils poursuivaient était doué du génie de l'observation, avec quelle pénétration il discerne, avec quelle justesse il reproduit la nuance de platitude, d'astuce ou de méchanceté qui distingue chacun de ses ennemis. On reconnaît aussi qu'à tout prendre, la modération est de son côté, et qu'il ne commence à attaquer à outrance que lorsqu'il a été lui-même attaqué sans mesure et sans pudeur. Ainsi, dans son premier *Mémoire*, il se contente d'exposer les faits avec clarté et précision; il discute la question de droit, repousse la dénonciation du juge Goëzman, mais se montre réservé dans son langage et très sobre de personnalités. A peine avait-il publié ce *Mémoire*, que cinq adversaires furieux fondent presque en même temps sur lui. Alors seulement il engage le fer et prend l'offensive avec une vigueur toujours croissante, jusqu'à ce qu'il ait mis sur le carreau les cinq champions que nous allons passer rapidement en revue.

Le premier qui paraît, c'est Mme Goëzman, qui écrit sous la dictée de son mari, et lance à la tête de Beaumarchais un *in-quarto* de 74 pages hérissé de termes de procédure et de citations latines. Rien de plus lourd, de plus hétéroclite que ce langage d'un légiste prenant le masque d'une femme et disant : « Je me suis *remplie* de cette cause autant qu'il est au pouvoir d'une femme ; » ou bien : « Sa récrimination doit donc être repoussée conformément à cette loi qu'*on m'a citée, neganda est accusatis licentia criminandi.* » Beaumarchais résume spirituellement la profonde bêtise de ce *factum* quand il s'écrie : « On m'annonce une femme ingénue, et l'on me présente un publiciste allemand. » Mais si le mémoire est ridicule dans la forme, il est, quant au fond, d'une violence extrême : « Mon âme,— c'est ainsi que débute Mme Goëzman,—a été partagée entre l'étonnement, la surprise et l'horreur en lisant le libelle que le sieur Caron vient de répandre. L'audace de l'auteur étonne, le nombre et l'atrocité de ses impostures excitent la surprise, l'idée qu'il donne de lui-même fait horreur. » Quand on songe que l'honnête dame qui parle ainsi a dans son tiroir les quinze louis dont la réclamation excite en elle l'*étonnement*, la *surprise* et l'*horreur*, on est porté à excuser Beaumarchais d'avoir pris à son égard quelques libertés de langage. On sait du reste avec quel mélange de politesse ironique et d'argumentation pressante il réfute, irrite, embarrasse, complimente et confond Mme Goëzman. Qui n'a ri aux éclats en lisant l'excellente scène de comédie où il se peint dialoguant avec elle par-devant le greffier? La scène est si plaisante, qu'on serait tenté de la prendre pour un tableau de fantaisie. Il n'en est rien cependant. Le second mémoire par lequel Mme Goëzman répond à l'exposé de Beaumarchais confirme pleinement l'idée qu'il nous a donnée d'elle. Ici ce n'est plus le mari qui parle, c'est la dame elle-même; le ton est bien celui d'une femme en colère : « J'ai *reproché*, dit-elle, le sieur Caron lors de ma confrontation comme un homme *atroce*, reconnu pour tel. L'épithète a paru l'offenser, il faut donc la justifier. » Elle divise son mémoire en *première, seconde, troisième atrocité*, et après cette belle division elle conclut ainsi : « Cela ne vous a pas suffi, homme atroce! vous avez osé, en présence du commissaire, du greffier et d'une autre personne, me proposer de me ranger de votre parti, chercher à rendre mon mari odieux à mes propres yeux. Vous avez poussé l'impudence plus loin encore, vous avez osé ajouter (pourquoi suis-je obligée de rapporter des propos aussi insolents qu'ils sont humiliants pour moi), vous avez osé ajouter, dis-je, que vous finiriez par vous faire écouter, que vos soins ne me déplairaient pas un jour, que..... Je n'ose achever, je n'ose vous qualifier. »

Cette préoccupation de coquetterie féminine dans une affaire aussi grave donne une idée de la force de tête de Mme Goëzman. On connaît la piquante réponse de Beaumarchais rassurant la pudeur alarmée de sa belle ennemie, se défendant de lui avoir tenu, par-devant un austère greffier, la plume à la main, des propos de nature à ne pouvoir être indiqués que par des points, et lui rappelant que, si elle l'a d'abord en effet qualifié d'*homme atroce*, elle a fini par le trouver seulement bien *malin*, à la suite d'une interpellation ainsi conçue : « Je vous interpelle, madame, de nous dire à l'instant, sans réfléchir et sans y être préparée, pourquoi vous accusez dans tous vos interrogatoires être âgée de trente ans, quand votre visage, qui vous contredit, n'en montre que dix-huit ? »

Le juge Goëzman, le dénonciateur, qui conduit toute l'affaire, n'entre personnellement en scène qu'au milieu du procès. Il avait cru à un triomphe rapide et facile, mais le débat se complique d'incidents fâcheux pour lui. Beaumarchais, poussé à bout par les insinuations d'empoisonnement et les accusations de faux que ce magistrat se permet dans les mémoires de sa femme, use de représailles et scrute à son tour la vie de Goëzman. Après avoir prouvé que, dans le procès actuel, il a induit le libraire Lejay en faux témoignage, il découvre que, quelque temps auparavant, pour cacher une conduite déréglée, Goëzman a signé sous un faux nom dans un acte de baptême, et il le dénonce de son côté comme faussaire devant le parlement. Un cri public s'élève contre lui, le parlement Maupeou est obligé de décréter d'ajournement personnel un de ses membres, et voilà un conseiller de Grand' Chambre qui cumule l'état d'accusateur et celui d'accusé. Le début de son mémoire donne une idée très-nette de la situation : « Une voix s'est élevée, dit-il ; le malheur des circonstances, le plaisir méchant d'inculper un magistrat dans les conjonctures actuelles, ont fait aussitôt une infinité d'échos. La persuasion s'est communiquée comme par une contagion secrète ; il s'est formé un orage qui s'est fixé sur ma tête, etc. » Si Goëzman continuait à parler ainsi, il pourrait inspirer quelque intérêt ; mais on le voit bientôt s'emporter avec autant de rage que de mauvaise foi contre un homme qui n'a fait que se défendre de sa propre attaque. A cette période du procès, le conseiller, même dans la supposition tout à fait improbable qu'il aurait été jusque-là trompé par sa femme, ne peut plus douter que celle-ci n'ait demandé, reçu et gardé les quinze louis. Il sait aussi très-bien que Beaumarchais n'a employé pour les lui transmettre d'autre artifice corrupteur que d'accepter l'intervention d'un agent qui traitait pour elle et qu'elle seule connaissait ; malgré tout cela, il persiste plus que jamais à noircir son adversaire, et cependant, comme il comprend que sa dénonciation (une fois que la vénalité de sa femme est constatée) lui fait jouer un rôle odieux, il termine par de fausses protestations de douceur que dément toute sa conduite, et qui prouvent seulement qu'il se sent compromis.

L'influence des *Mémoires* de Beaumarchais se reconnaît même dans les *factums* de Goëzman. A l'exemple de celui-ci, auquel il a tant reproché de dévoiler au public les mystères du greffe, le conseiller viole à son tour les règles établies. On sait combien Beaumarchais excelle à faire ainsi dialoguer devant un greffier deux plaideurs alternativement confrontés l'un à l'autre et interpellés l'un par l'autre. Goëzman se pose interpellant Beaumarchais : « Je l'ai *interpellé*, dit-il, de déclarer pourquoi le lendemain il a fait offrir à ma femme un bijou précieux ; — *il a battu la campagne. — Interpellé* pourquoi il s'est servi du mot *traiter* dans sa lettre écrite à ma femme ; — *a battu la campagne.* » Et c'est par ces mots *a battu la campagne* que Goëzman remplace habilement les réponses de son antagoniste. Le procédé était commode et le dispensait de se mettre en frais : mais le public se permettait de douter que Beaumarchais battît si facilement la campagne, et il se moquait du juge Goëzman en attendant que Beaumarchais publiât sa confrontation avec lui. Cette confrontation devait composer un sixième mémoire[1] qui ne fut point rédigé, le jugement intervenu bientôt après l'ayant rendu inutile ; mais on peut conjecturer qu'il

---

[1] On ne compte en général que quatre mémoires de Beaumarchais dans l'affaire Goëzman ; mais il y en a cinq en y comprenant le supplément au premier, qui est, après le quatrième, le plus intéressant de tous.

eût été fort comique, d'après le mémoire même de Goëzman, car lorsqu'il s'agit de peindre Beaumarchais l'interpellant à son tour, le magistrat inculpé se dispense, dit-il, d'aller plus loin, « pour n'avoir pas à retracer une scène révoltante de hardiesse et d'insolence ; » il nous en donne cependant une idée par le petit trait suivant : « Il (Beaumarchais) me montra, en portant ses deux mains l'une contre l'autre, un espace vide assez considérable qu'il pourrait, dit-il, remplir avec les journaux qu'il s'est clandestinement procurés sur ma conduite depuis que mon existence est devenue intéressante pour lui. Je me suis contenté de lui dire en riant que je voyais bien que, dans un pays d'inquisition, il aurait de l'aptitude à devenir un *excellent familier*, et qu'il est étonnant que le Saint-Office ne l'ait pas retenu en Espagne, où il a fait un si glorieux voyage ; mais qu'en France, où l'espionnage des citoyens est un crime public, ce petit métier-là pourrait le conduire quelque jour à quelques cents lieues de Paris, vers les côtes. » La réponse est assez bien tournée, mais pour un juge elle n'est peut-être pas très-magistrale, on dirait d'un homme qui a quelque motif de redouter l'*inquisition*.

Les trois autres adversaires de Beaumarchais ne lui sont pas moins utiles que les deux premiers. L'un est une espèce de banquier agioteur nommé Bertrand, qui s'était d'abord mis en avant pour lui, et qui avait traité en son nom avec le libraire ami de Mme Goëzman. Effrayé par la dénonciation du conseiller et redoutant d'encourir sa haine, Bertrand, après avoir commencé par déclarer la vérité, semblait disposé à se ranger du côté qui lui paraissait le plus fort, et inclinait à charger Beaumarchais au profit de Mme Goëzman. Le premier mémoire de celui-ci le redressait assez doucement et assez poliment. Bertrand, que son effroi rend très-irritable contre l'accusé, riposte par un *factum* injurieux avec cette épigraphe tirée des Psaumes : *Judica me, Deus, et discerne causam meam de gente non sancta, et ab homine iniquo et doloso erue me.* Beaumarchais ne se vengea du *grand Bertrand* qu'en lui infligeant la célébrité du ridicule. Ici comme toujours la nuance des physionomies est parfaitement saisie. C'est en vain que Bertrand s'efforce de porter des coups terribles, c'est en vain qu'il rédige des phrases comme celle-ci : « Orateur cynique, bouffon, sophiste effronté, peintre infidèle qui puise dans son âme la fange dont il ternit la robe de l'innocence, méchant par besoin et par goût, son cœur dur, vindicatif, implacable, s'étourdit de son triomphe passager et étouffe sans remords la sensible humanité. » Au lieu de lui rendre colère pour colère, Beaumarchais se contente de le peindre : il le peint bavard, âpre au gain, indécis, peureux à la fois et emporté, mais plus sot encore que méchant, tel en un mot qu'il se montre lui-même dans les quatre mémoires grotesques dont il a enrichi ce fameux procès.

Le quatrième champion qui se précipite sur Beaumarchais tête baissée et se fait transpercer du premier coup est un romancier du temps assez plaisant dans le genre *funèbre* qui se piquait, disait-il, d'avoir *l'embonpoint du sentiment*. C'est d'Arnaud-Baculard, qui, pour être agréable au juge Goëzman, écrit une lettre contenant un renseignement faux, et qui, redressé très-poliment aussi dans le premier mémoire de Beaumarchais, lui répond dans ce style : « Oui, j'étais à pied et je rencontrai dans la rue de Condé le sieur Caron en carrosse, *dans son carrosse!* » Et comme Beaumarchais avait dit que d'Arnaud avait l'air sombre, d'Arnaud s'indigne et s'écrie : « J'avais l'air non pas sombre, mais pénétré. L'air sombre ne va qu'à ces gens qui *ruminent le crime*, qui se travaillent pour étouffer le remords et pour faire le mal..... On vous suit pas à pas dans votre mine, vous marchez à l'éruption..... Il y a des cœurs dans lesquels je frémis de lire; j'y mesure toutes les *sombres profondeurs de l'enfer*. C'est alors que je m'écrie : Tu dors, Jupiter! A quoi te sert donc ta foudre? »

On voit que si d'Arnaud, de son côté, n'est pas méchant, ce n'est pas faute de bonne volonté. Il est peut-être intéressant de reproduire ici la réponse de Beaumarchais; on y reconnaîtra avec quelle justesse d'esprit il fait la part de tout le monde et quelle sérénité attrayante il apporte dans ce combat. Il commence par reproduire la phrase de d'Arnaud sur le carrosse :

« Dans son carrosse ! répétez-vous avec un gros point d'admiration. Qui ne croirait, après ce triste *oui, j'étais à pied*, et ce gros point d'admiration qui court après mon carrosse, que vous êtes l'envie même personnifiée? Mais moi, qui vous connais pour un bon humain, je sais bien que cette phrase : *dans son carrosse,* ne signifie pas que vous fussiez fâché de me voir dans mon carrosse, mais seulement de ce que je ne vous voyais pas dans le vôtre.

« Mais consolez-vous, Monsieur, le carrosse dans lequel je courais n'était déjà plus à moi quand vous me vîtes dedans. Le comte de La Blache l'avait fait saisir ainsi que tous mes biens : des hommes appelés *à hautes armes,* habits bleus, bandoulières et fusils menaçants, le gardaient à vue chez moi ainsi que tous mes meubles, et pour vous causer malgré moi le chagrin de me montrer à vous *dans mon carrosse,* il avait fallu, ce jour-là même, que j'eusse celui de demander, le chapeau dans une main, le gros écu dans l'autre, la permission de m'en servir à ces compagnons huissiers, ce que je faisais, ne vous déplaise, tous les matins ; et, pendant que je vous parle avec tant de tranquillité, la même détresse subsiste encore dans ma maison.

« Qu'on est injuste ! On jalouse et l'on hait tel homme qu'on croit heureux, qui donnerait souvent du retour pour être à la place du piéton qui le déteste à cause de son carrosse. Moi, par exemple, y a-t-il rien de si propice que ma situation actuelle pour me désoler ? mais je suis un peu comme la cousine d'Héloïse, j'ai beau pleurer, il faut toujours que le rire s'échappe par quelque coin [1]. Voilà ce qui me rend doux à votre égard. Ma philosophie est d'être, si je puis, content de moi, et de laisser aller le reste comme il plaît à Dieu. »

C'est par de tels passages, qui abondent dans les *Mémoires* contre Goëzman, que Beaumarchais savait détruire dans le public les préventions répandues contre lui, désarmer les envieux, ramener les malveillants, se faire aimer des indifférents, et intéresser tout le monde à sa cause. Cette page que je viens de

---

[1] Beaumarchais affectionne cette comparaison ; on se souvient qu'il l'a déjà employée dans une lettre à son père.

citer me semble une ses meilleures sous le rapport du naturel, de la facilité et de la variété des nuances, surtout si l'on y ajoute ces quelques lignes qui complètent sa réponse à d'Arnaud, et offrent après le miel l'aiguillon : « Pardon, Monsieur, si je n'ai pas répondu, dans un écrit exprès pour vous seul, à toutes les injures de votre mémoire ; pardon si, vous voyant mesurer dans mon cœur les sombres profondeurs de l'enfer, et vous écrier : *Tu dors, Jupiter ; à quoi te sert donc ta foudre ?* j'ai répondu légèrement à tant de bouffissure ; pardon, vous fûtes écolier sans doute, et vous savez qu'au ballon le mieux soufflé il ne faut qu'un coup d'épingle. »

De tous les adversaires de Beaumarchais, celui qu'il a le plus maltraité dans ses *Mémoires*, celui contre lequel sa plume s'emporte souvent jusqu'à l'excès, c'est le gazetier Marin ; mais il faut dire aussi que, de tous ses ennemis, celui-là est sinon le plus violent en paroles, au moins le plus sournois, le plus perfidement venimeux dans l'insinuation, et par conséquent le plus irritant. Quand on a lu ses factums, on comprend et on excuse l'acharnement de Beaumarchais. Marin était un de ces littérateurs sans talent[1], qui, ne pouvant devenir *quelqu'un*, s'attachent opiniâtrément à devenir *quelque chose*, et arrivent parfois, en se

---

[1] Il existe de lui une *Histoire du sultan Saladin*, que nous n'avons pas lue, mais pour affirmer sans scrupule qu'il n'avait point de talent, il suffit de lire ses mémoires contre Beaumarchais, qui sont détestables, et quelques-uns de ses articles de la *Gazette de France*, que les recueils du temps citent souvent avec raison comme des modèles de platitude.

remuant beaucoup, à conquérir une sorte de situation ; mais, comme leur crédit n'a aucune base, ni littéraire ni morale, il s'ébranle et s'écroule à la première secousse. Sorti, comme dit Beaumarchais, du préceptorat, Marin avait obtenu le privilége lucratif de la *Gazette de France*, où il avait perfectionné ce genre de nouvelles auxquelles on donne aujourd'hui le nom d'un oiseau de basse cour, et qu'on nommait alors des *marinades*[1]. Il était de plus censeur, chef du bureau de la librairie, agent du chancelier Maupeou pour la confection et la distribution des brochures destinées à soutenir les nouveaux parlements. On assurait que, comme il aimait à manger à plusieurs rateliers, il faisait également circuler sous le manteau les brochures très-recherchées et très-prohibées des adversaires de Maupeou. Il passait aussi, à tort ou à raison, pour prêter de l'argent à gros intérêts et pour diriger des bureaux de *nouvelles à la main* où l'on vendait la diffamation au plus juste prix. En un mot, c'était un de ces *publicistes* dont l'espèce n'est peut-être pas absolu-

---

[1] Marin portait le goût de l'invention jusque dans les documents semi-officiels. C'est ainsi que dans un prétendu recensement de la population il avait presque *doublé* les chiffres. On fit sur lui, à ce sujet, l'épigramme suivante :

> D'une gazette ridicule
> Rédacteur faux, sot et crédule,
> Qui, bravant le sens et le goût
> Nous racontes sans nul scrupule
> Des contes à dormir debout,
> A ton dénombrement immense,
> Pour que l'on pût ajouter foi,
> Il faudrait qu'à ta ressemblance
> Chaque individu fût en France
> Soudain aussi double que toi.

ment perdue. Il n'en était pas moins une manière de personnage assez influent pour que Voltaire, dans un jour de bonne humeur, ait eu la pensée de le patroner comme candidat à l'Académie. « Les Gaillard, écrit-il à Duclos le 22 décembre 1770, les Delille, les La Harpe sont sur les rangs, et ils ont des droits véritables ; mais s'il est vrai qu'il y ait des difficultés pour l'un d'eux, je vous recommande très-instamment M. Marin, qui joint à ses talents le mérite de rendre continuellement service aux gens de lettres. »

Les petits services que Marin rendait à Voltaire consistaient à faire arriver, sous son couvert de chef du bureau de la librairie, les ouvrages du philosophe de Ferney, imprimés à l'étranger et interdits en France, ouvrages que Marin colportait lui-même dans les grandes maisons ; ce qui ne l'empêchait pas de faire, pour l'exemple, envoyer de temps en temps aux galères de pauvres diables de colporteurs coupables du même délit que lui. Du reste, il est instructif d'étudier Voltaire dans ses rapports avec cet obligeant correspondant : on y voit combien il épousait peu les causes perdues, car après avoir caressé et adulé Marin avant ses malheurs, il le renie et le bafoue à outrance aussitôt que les mémoires de Beaumarchais ont fait de lui une sorte de brebis galeuse.

Marin vivait d'abord en assez bons termes avec l'auteur d'*Eugénie*; en apprenant le procès criminel que lui intentait le juge Goëzman, il s'était entremis sous prétexte d'arranger l'affaire; mais, dans l'espérance de plaire au chancelier Maupeou, il ne visait à rien moins qu'à dégager M. et Mme Goëzman aux dépens de Beaumarchais, et voici comment. — On se souvient que ce qui faisait toute la force du juge dénonciateur, c'était la fausse déclaration imposée par lui au libraire Lejay. Pour obliger le libraire à avouer la vérité, Beaumarchais s'appuyait sur le témoignage du banquier Bertrand, qui avait négocié en son nom avec Lejay; or Bertrand, qui avait d'abord contredit Lejay, était l'ami intime de Marin, et c'est sous son influence que, redoutant les suites d'une lutte contre un membre du parlement, il commençait à tergiverser sur la question capitale des 15 louis exigés, reçus et gardés par Mme Goëzman. Tout en poussant Bertrand à se rétracter, Marin disait à Beaumarchais : « Ne parlons pas de ces 15 louis, j'assoupirai l'affaire. Il n'y aura que Lejay de sacrifié. » Mais le sacrifice de Lejay et la rétractation de Bertrand laissaient Beaumarchais à la discrétion de Goëzman, et tel était, suivant lui, le but de l'officieux gazetier. « Cette manœuvre, dit-il en empruntant le langage de Rabelais, était le joli *petit coutelet* avec lequel l'ami Marin entendait tout *doulcettement m'égorgiller.* »

Dans son premier mémoire, Beaumarchais s'était contenté de parer le coup porté par Marin ; il ne mêlait à son exposé du fait aucune personnalité, aucune injure. Ce dernier, persuadé comme Bertrand, comme d'Arnaud, que l'accusé était perdu, et que le meilleur moyen de lui imposer silence était de l'effrayer, répond par un mémoire des plus outrageants. Tandis que l'agioteur Bertrand emprunte des épigraphes aux psaumes, le gazetier Marin, qui a écrit une *Histoire de Saladin* et qui se pique sans doute d'être orientaliste, arbore en tête de son *factum* une maxime persane du poëte Saadi : « Ne donne pas ton riz au serpent, parce que le serpent te piquera. » C'est Beaumarchais qui est le serpent ; mais Beaumarchais prouvera bientôt à sa manière que c'est Marin « qui, dit-il, au lieu de donner son riz à manger au serpent, en prend la peau, s'en enveloppe, et rampe avec autant d'aisance que s'il n'eût fait autre métier de sa vie. »

Pour signer en même temps que lui, comme le voulait la règle, son premier mémoire, Beaumarchais n'avait pu trouver qu'un pauvre avocat obscur nommé Malbête. Marin, qui vise à l'esprit, profite de cette circonstance, et débute par cette phrase : « On a distribué à toutes les portes de Paris et l'on vend publiquement un libelle signé Beaumarchais-Malbête. » C'était assez joli, mais c'était imprudent, car le gazetier en lançant ce trait s'aventurait dans un genre de combat où son adversaire était passé maître. Aussi la riposte sur le même ton et avec plus de sel ne se fait pas attendre : « Le gazetier de France, répond Beaumarchais, se plaint de la fausseté des calomnies répandues dans un libelle signé, dit-il, Beaumarchais-Malbête, et il entreprend de se justifier par un petit manifeste signé Marin, qui n'est pas Malbête. »

Si les mémoires de Marin n'étaient que plats, on

pourrait taxer de cruauté les réponses de Beaumarchais, mais ils sont d'une méchanceté hypocrite qui nous révolte. Marin prend l'air d'un homme sensible déplorant l'ingratitude d'un ancien ami. Faisant allusion au procès La Blache que Beaumarchais vient de perdre, il s'exprime ainsi : « Il le perdit, ce procès qui compromettait *si singulièrement son honneur* et sa fortune ; il me fit part de ce malheur, j'en fus touché, et je courus lui porter dans sa prison le seul secours qui fût en mon pouvoir : celui de le plaindre et de le consoler. Il obtint enfin sa liberté, vint me remercier de mes soins, et, quoiqu'il y eût chez moi plusieurs personnes, il se livra à son indiscrétion ordinaire, et se permit des propos plus qu'imprudents, et contre son rapporteur, et contre sa partie, et contre...» (le respectable Marin met ici plusieurs points : cela veut dire contre *le parlement* et contre *le gouvernement*). Puis il continue : « J'en fus affligé par l'amitié dont je le croyais digne, et je lui en fis des reproches. » C'est de la délation politique pratiquée, on le voit, bassement, par insinuation et avec réticence. Les dénonciations de ce genre fourmillent dans les *factums* de Marin : « Ah ! si j'étais capable, s'écrie-t-il ailleurs, d'abuser de ces effusions que l'amitié motive, pardonne et oublie... (Ici encore des points.) Il ne se souvient donc pas des propos qu'il a tenus et chez moi et ailleurs en présence de plusieurs témoins, et qui lui attireraient une peine un peu plus grave que celle qu'il pourra encourir par le jugement à intervenir. » Honnête et sensible Marin! la peine qui menace Beaumarchais, c'est *omnia citrà mortem*, et cela ne suffit pas au gazetier! — En effet, dans un autre mémoire, il dit naïvement : « Quand la calomnie répandue dans un libelle déchire la réputation d'un citoyen honnête, ceux qui en sont les auteurs doivent être soumis à des peines afflictives, *souvent même à la peine capitale.* » Aussi a-t-il soin de répéter sans cesse que Beaumarchais parle *des ministres* et *des personnes en place* avec une hardiesse punissable; qu'il attaque la religion et la magistrature; que si lui, Marin, n'était pas trop doux pour user de ses avantages, il pourrait prouver avec la plus grande facilité que son adversaire a commis des crimes atroces et qu'il est le dernier des scélérats; « mais il n'est pas, dit-il, dans mon caractère de faire du mal à mes propres ennemis. » Cette attitude perfide d'un homme qui cherche à poignarder les gens par derrière en feignant de les ménager indignait le public spectateur du combat, et lorsqu'on voyait Beaumarchais s'avancer résolument contre ce sycophante, l'aborder de face, l'accabler de coups pressés et vigoureux, on applaudissait avec fureur; on lui pardonnait même, après l'avoir terrassé, de le fouler aux pieds sans miséricorde.

Tout le monde a lu ce beau début du quatrième *mémoire*, le plus remarquable de tous, où l'auteur, trouvant le secret de rajeunir avec plus d'agrément que jamais un sujet qui semblait rebattu, suppose que Dieu lui apparaît et lui dit: « Je suis celui par qui tout est; sans moi tu n'existerais point; je te

douai d'un corps sain et robuste, j'y plaçai l'âme la plus
active : tu sais avec quelle profusion je versai la sensibilité dans ton cœur et la gaieté sur ton caractère; mais,
pénétré que je te vois du bonheur de penser, de sentir,
tu serais aussi trop heureux si quelques chagrins ne ba-
lançaient pas cet état fortuné : ainsi tu vas être accablé
sous des calamités sans nombre, déchiré par mille ennemis, privé de ta liberté, de tes biens, accusé de rapines,
de faux, de corruption, de calomnie, gémissant sous
l'opprobre d'un procès criminel, garrotté dans les liens
d'un décret, attaqué sur tous les points de ton existence
par les plus absurdes *on dit*, et ballotté longtemps au
scrutin de l'opinion pour décider si tu n'es que le plus
vil des hommes ou seulement un honnête citoyen. »
Beaumarchais se prosterne, se soumet humblement
aux décrets de la Providence et la supplie de lui accorder au moins des ennemis tels qu'ils puissent exercer
son courage mais non l'abattre, et il part de là pour
les passer tous encore une fois en revue et les peindre
au complet. Nous ne citerons que le paragraphe où il
demande à Dieu de lui donner pour ennemi Marin :
« Je désirerais, dit-il, que cet homme fût un esprit
gauche et lourd, que sa méchanceté maladroite
l'eût depuis longtemps chargé de deux choses incom-
patibles jusqu'à lui : la haine et le mépris public, je
demanderais surtout qu'infidèle à ses amis, ingrat
envers ses protecteurs, odieux aux auteurs dans ses
censures, nauséabond aux lecteurs dans ses écritures,
terrible aux emprunteurs dans ses usures, colportant

les livres défendus, espionnant les gens qui l'admettent, écorchant les étrangers dont il fait les affaires, désolant pour s'enrichir les malheureux libraires, il fût tel enfin, dans l'opinion des hommes, qu'il suffit d'être accusé par lui pour être présumé honnête, son protégé pour être à bon droit suspect : donne-moi Marin. »

On ne sera peut-être pas fâché de savoir comment Marin apprécie ce morceau. Il demande au parlement la tête de l'auteur, non pas précisément à cause de l'insulte qui lui est faite —il est trop désintéressé pour s'occuper de sa propre injure, — mais parce que le sieur Caron *insulte la Divinité par une imprécation scandaleuse et un badinage impie.* A la fin de sa requête, il insiste encore sur *cette prière sacrilége que le sieur Caron fait à la Divinité en lui demandant de coopérer avec lui à des crimes.* « C'est une licence, ajoute-t-il, dont il n'y a pas d'exemple depuis le commencement de la monarchie. » C'est ainsi que Marin justifie l'application que lui fait son adversaire des deux vers de Boileau sur Colin :

> Qui méprise Marin n'estime point son roi,
> Et n'a, selon Marin, ni Dieu, ni foi, ni loi.

Le second portrait de Marin, qui se trouve dans le même mémoire, est plus développé et plus coloré; mais il est aussi plus chargé, et en quelques points il touche au mauvais goût. Beaumarchais se laisse enivrer par les applaudissements, et il abuse[1]. Le fait est

---

[1] L'interrogation provençale, *ques-a-co?* (qu'est-ce que cela?) qui termine le second portrait du provençal Marin, et qui était, à ce qu'il paraît, son mot favori, fut trouvée si plaisante par la

que l'infortuné gazetier de France sortit de cette lutte blessé à mort; il ne s'en releva plus. Il ne pouvait se montrer nulle part sans se voir assailli de quolibets. Tous les petits théâtres exploitaient la vogue des caricatures dont il était l'objet [1]. Bientôt le ministère, éclairé apparemment sur quelques méfaits, lui ôta toutes ses places, et sa chute fut aussi rapide que l'avait été son élévation. Cependant, comme il avait su gagner de l'ar-

---

dauphine, depuis la reine Marie-Antoinette, que, comme elle la répétait souvent, sa marchande de modes s'avisa de donner ce nom de *quesaco* à une coiffure nouvelle, composée d'un panache en plumes, que les femmes portaient sur le sommet de la tête. « Cette coiffure, dit Bachaumont, perpétue l'opprobre du Marin, bafoué jusqu'aux toilettes. »

[1] Citons, à ce sujet, un document inédit, émané d'une célébrité du XVIIIe siècle dans le genre burlesque, c'est ce qui m'engage à lui donner place dans une note. C'est une lettre du fameux Taconet, auteur et acteur du théâtre de Nicolet, qui, envoyant à Beaumarchais une de ses pièces, lui écrit la lettre suivante, où se peint bien, en même temps que la licence des petits théâtres d'alors, la sensation très-vive que produisait le procès Goëzman dans toutes les classes de la société. « Voici, Monsieur, écrit Taconet, le motif qui m'engage à prendre la liberté de vous offrir ma petite pièce. L'acteur qui jouait le cocher dans ma pièce, étant arrivé à l'interrogat : *En veau?* page 8, ajouta à son rôle : *En veau Marin*, ce qui fut très-applaudi, et il le fut de même quand il continua par dire au mot *vache* : *En vache Goëzman*, affectant de parler allemand pour faire allusion aux vaches suisses, dont le lait est devenu en grande réputation, surtout depuis que les gazetiers en parlent. La pièce continua jusqu'à la scène IV, où Lisette dit : *Mon cher Guillot, laissons ces mauvais caractères;* l'actrice ajouta : *Les Marins ne sont pas faits pour être sur terre.* La pensée n'est pas mauvaise; quant à la rime, elle n'est pas exacte, à une lettre près. Au surplus, on ne trouve pas d's dans *Marin;* par conséquent, comme a dit un homme célèbre, *tout est bien.* J'espère, Monsieur, que vous pardonnerez mon importunité; je n'ai pas d'autre intention que celle de me dire très-respectueusement, etc. TACONET. »

gent, il prit le parti philosophique de se retirer dans son pays natal, à La Ciotat, où il acheta une charge de lieutenant-général de l'amirauté. Après la révolution, quand le souvenir de ses disgrâces eut été effacé par d'autres événements beaucoup plus importants, il revint à Paris, où il mourut en 1809, à quatre-vingt-neuf ans, doyen des gens de lettres. Il eut encore le temps de voir paraître la première édition générale des œuvres de son terrible ennemi. Il ne méritait sans doute pas tous les désagréments que lui valut son démêlé avec Beaumarchais ; il faut toujours faire des deux côtés la part de l'exagération et même de la calomnie dans ces sortes de duels effrénés à coups de plume, qui, heureusement, ne sont plus guère tolérés par nos mœurs ; mais il est très-certain que c'est Marin qui avait pris l'initiative de l'outrage, et si la polémique de son adversaire est parfois choquante pour le goût, il se montre dans la sienne avec des allures obliques de délateur et de tartuffe qui le rendent très-peu intéressant.

Parmi tous les témoignages défavorables pour lui qui se rencontrent dans le dossier du procès Goëzman, il en est un qui mérite d'être mentionné, à cause de l'intérêt qui s'attache au nom du témoin. Dans son troisième mémoire, Beaumarchais, opposant aux éloges que Marin se donne à lui-même les griefs de diverses personnes, lui disait : « Oseriez-vous compter sur le témoignage de M. de Saint-P., qui depuis cinq ans gémit du malheur de vous avoir confié ses pouvoirs pour un arbitrage, et qui ne cesse de demander vengeance au ministère contre vous ? » Ce *Saint-P.* n'est autre que Bernardin de Saint-Pierre, qui végétait alors à Paris, pauvre, inconnu, et qui, ayant eu à se plaindre de Marin, répond aux questions de Beaumarchais sur le gazetier, par une lettre inédite dont j'extrais le passage suivant :

« Je vous plains, Monsieur, d'avoir trouvé dans votre chemin un homme aussi dangereux, aussi profondément perfide, et qui peut emprunter des forces particulières d'un inspecteur de police, son ami, nommé d'Hémery..... Je souhaite, pour le bien public, pour mon repos et pour l'avantage de la littérature, que votre affaire puisse donner lieu à éclairer la marche de ces gens-là. Il me semble que l'on voudrait que je concourusse à servir de vengeur ; mais je le répète, Monsieur, je me suis livré à la justice et aux effets de l'exact honneur de M. de Sartines. Le jour où il m'ouvrira la bouche, je parlerai dans les termes les moins obscurs, et l'on ne pourra méconnaître les caractères du galant homme et du bon citoyen. Vous pouvez juger, Monsieur, par mes détails, que je n'ai nulle intention de vous désobliger. Je vous prie même d'être bien persuadé que je vous rends tout ce que je dois à un homme de lettres fait pour atteindre à la réputation de Molière, et que c'est avec ces sentiments que j'ai l'honneur d'être, etc.

« SAINT-PIERRE,
« Quai des Miramiones, le 12 décembre 1773. »

En même temps qu'elle constate la mauvaise réputation du gazetier de France, cette lettre prouve la sagacité de Bernardin de Saint-Pierre, qui, à une époque où Beaumarchais n'a encore publié que des drames, devine, à la seule lecture de ses mémoires, qu'il est avant tout né pour réussir dans la comédie.

Marin n'avait épargné à son antagoniste aucun genre

de mauvais procédés ; car, non content de lui imputer vaguement les forfaits les plus noirs, c'est lui qui le premier a cherché à répandre qu'il n'était pas même l'auteur des mémoires judiciaires publiés sous son nom. A ce propos absurde, Beaumarchais répondait gaiement à sa manière : « Puisque c'est un autre qui écrit mes mémoires, ce maladroit de Marin devrait bien lui faire rédiger les siens. » Gudin affirme que Jean-Jacques Rousseau disait à ce sujet : « Je ne sais pas qui écrit les mémoires de Beaumarchais, mais ce que je sais bien, c'est qu'on n'écrit pas de tels plaidoyers pour un autre. » En effet, la personnalité du plaideur perce à chaque ligne de ce singulier ouvrage, qui échappe à toute classification, et qui ne pouvait pas plus être emprunté alors qu'il ne pourrait être imité aujourd'hui ; mais, puisque la ridicule hypothèse de Marin a été reproduite quelquefois, et puisque j'ai sous les yeux les *brouillons* mêmes des plaidoyers de Beaumarchais, j'entrerai dans quelques détails sur la manière dont ils ont été composés. On aime à trouver, dans le *Port-Royal* de M. Sainte-Beuve, des renseignements précis sur la composition des *Provinciales*. Les mémoires contre Goëzman, quoique d'un ordre moins élevé, ne sont pas sans analogie avec le célèbre ouvrage de Pascal sous le rapport de la rédaction, de la publication et de l'effet produit. Ils embrassent, comme les *Provinciales*, une grande variété de sujets. Indépendamment des tableaux de mœurs, des portraits et de la polémique individuelle, on y rencontre des discussions de droit privé et public, des débats de procédure, des critiques de l'organisation des tribunaux à cette époque, des aperçus historiques et politiques ; on y lit même une dissertation sur le baptême, où Beaumarchais cite Marc-Aurèle et Tertullien, et prend le ton austère du sujet en s'excusant d'être obligé de consacrer, dit-il, sa plume *inégale* et *profane* à une question si imposante ; il y a de tout enfin dans ces mémoires, il y a même un peu de chirurgie, ne serait-ce que l'énoncé du plaisant problème sur le cerveau de Bertrand, dont les deux *lobes* ne sont pas également sains. La souplesse du talent de l'auteur lui permettait de prendre facilement tous les tons ; mais, pour le fond des idées, il était nécessairement obligé de recourir parfois à autrui, et, de même que Pascal mettait à profit l'érudition d'Arnauld, de Nicole, et luttait contre les jésuites entouré d'un groupe de jansénistes très-vivement mêlés à tous les incidents du combat, de même Beaumarchais livrait bataille à Goëzman, Marin, Bertrand, et au parlement Maupeou tout entier, assisté d'une petite phalange d'amis moins austères que les jansénistes, mais non moins ardents, qui se montraient empressés à lui fournir toutes les informations, tous les conseils dont il pouvait avoir besoin. Chacun lui apportait des idées et des notes ; il développait, changeait, transformait, fondait tout cela, imprimant à tout le cachet de son esprit facile, animé, flexible et mordant.

XIV

LES AMIS ET LES COLLABORATEURS DE BEAUMARCHAIS.
EFFET PRODUIT PAR LES MÉMOIRES CONTRE GOËZMAN.
BEAUMARCHAIS CONDAMNÉ AU BLAME.

Ce ne sont point, à l'exception de Gudin, des littérateurs de profession qui viennent en aide à Beaumarchais dans sa lutte contre Goëzman ; ses collaborateurs sont ses parents et ses amis les plus intimes. C'est d'abord le père Caron, qui, avec ses soixante-quinze ans, donne encore son avis sur les mémoires de son fils ; c'est Julie, dont on connaît maintenant les aptitudes littéraires, et dont nous allons montrer l'intervention dans les plaidoyers de son frère ; c'est M. de Miron, le beau-frère de Beaumarchais, homme d'esprit dont nous avons parlé ailleurs, qui fournit des notes pour la partie satirique ; c'est Gudin, qui, très-fort sur l'histoire ancienne, aide à composer quelques morceaux d'érudition, et dont la prose lourde et pâle s'assouplit et se colore sous la plume de son ami ; c'est un jeune avocat très-distingué, nommé Falconnet, qui surveille la rédaction de l'auteur quand il s'agit de questions de droit ; c'est enfin un médecin provençal, nommé Gardanne, qui dirige spécialement la *dissection* des deux Provençaux, ses compatriotes, Marin et Bertrand.

Telle est la petite phalange que Mme Goëzman, dans ses mémoires, appelle une *clique infâme*, et que le grand Bertrand, moins féroce et plus sensé, nomme tout simplement la *bande joyeuse*. Ils sont en effet assez joyeux, tous ces bourgeois spirituels, groupés autour de Beaumarchais, combattant avec lui contre une foule d'ennemis, et non sans courir quelques dangers personnels, car Julie notamment fut dénoncée en forme par le conseiller Goëzman : il y a une requête imprimée de ce juge dirigée spécialement contre elle, mais qui n'eut pas de suite. Tous, du reste, ont subi interrogatoires, confrontations et récolements ; ils ne s'en portent pas plus mal, et leur gaieté entretient le courage et l'ardeur de l'homme auquel ils sont dévoués corps et âme. Le quartier-général n'est pas chez Beaumarchais. Depuis la perte du procès La Blache, il a rompu sa maison : il a placé sa sœur Julie comme pensionnaire libre à l'abbaye Saint-Antoine ; son père est en pension chez une vieille amie ; deux autres sœurs sont dans un couvent de Picardie. Quoique ses affaires soient très-dérangées, il n'en continue pas moins, comme toujours, à pensionner toute sa famille. Quant à lui, il vit en camp volant, aux prises avec les huissiers du comte de La Blache et les poursuites du juge Goëzman. Toujours courant, toujours luttant, il vient préparer et concerter, avec ses amis, ses moyens de défense et d'attaque dans la maison de celle de ses sœurs qui a épousé le célèbre horloger Lépine, et qui demeure précisément dans le voisinage du Palais-de-Justice. C'est dans cette maison qu'on se réunit, c'est là qu'on apporte les renseignements, les notes, et qu'on discute les éléments de chaque mémoire. Tous les brouillons sont écrits de la main de Beaumarchais; tous les morceaux brillants sont refaits par lui trois ou quatre fois. S'il n'exécute pas à la lettre le précepte de Boileau : *Vingt fois sur le métier*, etc., c'est qu'il n'a pas le temps; il n'en est pas moins vrai que, comme tous ceux qui veulent bien écrire, il corrige beaucoup et recommence souvent. Son premier jet, tracé d'une écriture rapide, est presque toujours prolixe et diffus; il offre des constructions incorrectes, des expressions trop fortes et de mauvais goût. A la seconde rédaction, Beaumarchais coupe, amende, resserre, épure le tout. S'il lui arrive parfois de se contenter trop facilement, il a des amis *prompts à le censurer* et qui ne lui ménagent pas les critiques, à en juger par cette note que lui adresse son beau-frère, M. de Miron, au sujet du manuscrit du troisième mémoire, qu'on avait sans doute examiné en l'absence de l'auteur avant l'impression.

« *Bovine* écrit M. de Miron, déplaît à tout le monde.

« Ce qui est rayé au bas de la quatrième page paraît absolument de trop et dégoûtant [1].

« Ce qui l'est dans la cinquième semble être du Baculard. On trouve l'exorde trop long. Les avis se réunissent pour raccourcir au moins ce paragraphe.

« Le premier paragraphe de la septième page ne paraît pas clair, à moins qu'on ne retranche *pour bien prouver ce que je n'ai fait qu'avancer*, et qu'on ne mette, en ce cas, *ne plus revenir* au lieu de *me taire*. Voici comme sera la phrase : Que me reste-t-il à faire ? ne plus revenir sur ce que j'ai prouvé, prouver ce que je n'ai fait qu'avancer, et répliquer en bref à une foule de mémoires, etc. »

Beaumarchais fait très-docilement son profit de toutes ces critiques; aussi ses *Mémoires* contre Goëzman, s'ils ne présentent pas, à cause de la nature du sujet, tout l'intérêt du *Barbier de Séville* et du *Mariage de Figaro*, n'en sont pas moins, sous le rapport du style, le plus remarquable de tous ses ouvrages, celui où les belles qualités de l'écrivain sont le moins mêlées de défauts. Il y a des morceaux d'une perfection achevée. Plus tard, après ses grands succès de théâtre, Beaumarchais devint plus rétif aux observations; nous en verrons la conséquence aux temps du procès Kornman. A l'époque où nous sommes, il tire parti de tout, même de la prose de sa sœur Julie ; c'est ainsi qu'ils ont rédigé à deux un des passages des *Mémoires* que l'on cite quelquefois avec raison

---

[1] On voit que ses amis poussaient la liberté jusqu'à rayer provisoirement sur son manuscrit ce qui leur déplaisait.

comme un des plus gracieux : celui où le plaideur répond aux attaques de Mme Goëzman sur sa naissance et la profession de son père; le texte primitif au lieu d'être comme à l'ordinaire trop abondant était au contraire, un peu sec. « J'avoue, répondait Beaumarchais, que rien ne peut me laver du très-grave reproche que vous me faites d'être le fils de mon père; en vérité, je n'en vois aucun autre contre qui je voulusse le troquer, mais je connais trop bien le prix du temps qu'il m'apprit à mesurer pour le perdre à relever de pareilles fadaises. »

Julie, trouvant sans doute ce passage trop dépourvu de couleur, propose une autre rédaction, qu'elle écrit de sa main à deux reprises sur une feuille détachée; la voici :

« Vous entamez, dit Julie, ce chef-d'œuvre par me reprocher l'état de mon père, *qu'il était horloger : oh! la bonne gaieté! et vous vous êtes battus, dit-on, avec Marin pour lui voler ce trait dont il s'était paré*[1]. Eh bien! Monsieur et Madame, il est trop vrai qu'à plusieurs branches de commerce, il avait réuni une assez grande célébrité dans l'art de l'horlogerie : forcé de passer condamnation sur cet article, j'avoue avec douleur que rien ne peut me laver du très-grave reproche que vous me faites d'être le fils de mon père; mais je m'arrête, car, *tenez*, je le sens derrière moi qui lit ce que j'écris, et rit en m'embrassant, comme s'il était charmé que je lui appartienne. »

Il est évident que l'esquisse primitive s'est colorée

[1] On reconnaît tout de suite le tour dégagé du style de Julie, mais le ton ici était trop familier, et l'on va voir Beaumarchais supprimer très-justement cette phrase.

et animée sous le pinceau de Julie ; son frère n'a plus qu'à retoucher, et c'est ce qu'il fait très-habilement, car voici le texte définitif et tel qu'il a été publié :

« Vous entamez ce chef-d'œuvre par me reprocher l'état de mes ancêtres ; hélas ! Madame, il est trop vrai que le dernier de tous réunissait à plusieurs branches de commerce une assez grande célébrité dans l'art de l'horlogerie. Forcé de passer condamnation sur cet article, j'avoue avec douleur que rien ne peut me laver du juste reproche que vous me faites d'être le fils de mon père... Mais je m'arrête, car je le sens derrière moi qui regarde ce que j'écris et rit en m'embrassant. O vous, qui me reprochez mon père, vous n'avez pas l'idée de son généreux cœur. En vérité, horlogerie à part, je n'en vois aucun contre qui je voulusse le troquer ; mais je connais trop bien le prix du temps, qu'il m'apprit à mesurer, pour le perdre à relever de pareilles fadaises. »

Le tableau ainsi complété et retouché est parfait de ton et de nuances, mais il est incontestable que l'idée la plus heureuse vient de Julie. Peut-être aussi cette idée lui avait-elle été inspirée par le père Caron lui-même, qu'on se figure tout naturellement assistant à cette rédaction et passant sa tête blanche par-dessus l'épaule du frère et de la sœur. Ce passage est d'ailleurs presque le seul où le style d'autrui entre pour une certaine part dans celui de Beaumarchais. Les mémoires sont donc bien de lui, entièrement de lui. L'emprunt fait à Julie ne compte même pas, car, en utilisant l'esprit de sa sœur, Beaumarchais pouvait dire : Cela ne sort pas de la famille.

Il ne reste plus maintenant qu'à essayer de peindre

l'attitude du public dans cette lutte entre un simple particulier et un parlement abhorré, que l'on identifiait avec la personne de Goëzman. En comptant sur les secours qu'il pourrait tirer des circonstances, l'intrépide plaideur ne s'était pas trompé dans son calcul. Dès l'apparition de son second mémoire, sa cause était devenue, comme on disait alors, la *cause de la nation*, et il se voyait l'objet d'une sympathie toujours croissante qu'entretenait la durée même du combat, dont l'issue, retardée par divers incidents, se fit attendre sept mois, depuis août 1773 jusqu'en février 1774. Pendant ces sept mois, en l'absence d'événements plus importants, Paris tout entier, la France, on peut même dire l'Europe, eurent les yeux fixés sur Beaumarchais et son procès.

On sait avec quelle ardeur de curiosité et d'intérêt Voltaire suivait cette affaire de sa retraite de Ferney. Bien qu'il eût d'abord pris parti pour le chancelier Maupeou, il désertait maintenant le drapeau ministériel et subissait l'influence des mémoires de Beaumarchais. « Quel homme! écrivait-il à d'Alembert, il réunit tout, la plaisanterie, le sérieux, la raison, la gaieté, la force, le touchant, tous les genres d'éloquence, et il n'en recherche aucun, et il confond tous ses adversaires, et il donne des leçons à ses juges. Sa naïveté m'enchante, je lui pardonne ses imprudences et ses pétulances. » — « J'ai peur, dit-il ailleurs, que ce brillant écervelé n'ait au fond raison contre tout le monde. Que de friponneries, ô ciel! que d'horreurs! que d'avilissement dans la nation ! quel désagrément pour le parlement[1] ! »

Le flegmatique Horace Walpole, quoique moins ému que Voltaire, cède également à l'attrait des mémoires. « J'ai reçu, écrit-il à Mme du Deffand, les mémoires de Beaumarchais; j'en suis au troisième, et cela m'amuse beaucoup. Cet homme est fort adroit, raisonne juste, a beaucoup d'esprit ; ses plaisanteries sont quelquefois très-bonnes, mais il s'y complaît trop. Enfin je comprends que, moyennant l'esprit de parti actuel chez vous, cette affaire doit faire grande sensation. J'oubliais de vous dire l'horreur qui m'a pris des procédés en justice chez vous. Y a-t-il un pays au monde où l'on n'eût puni sévèrement cette Mme Goëzman ? Sa déposition est d'une impudence affreuse. Permet-on donc chez vous qu'on mente, qu'on se coupe, qu'on se contredise, qu'on injurie sa partie d'une manière si effrénée ? Qu'est devenue cette créature et son vilain mari ? Répondez, je vous prie[2]. »

En Allemagne, l'effet n'était pas moindre qu'en Angleterre. Goethe nous a raconté lui-même comment, à Francfort, dans une société où on lisait tout haut les

---

[1] Voir la correspondance de Voltaire, de décembre 1773 à avril 1774; il y parle sans cesse de Beaumarchais. Si l'on en croit La Harpe il poussait même la préoccupation jusqu'à éprouver un peu de jalousie, car il aurait écrit à propos des *Mémoires* : « Il y a bien de l'esprit, je crois pourtant qu'il en faut davantage pour faire Zaïre et Mérope. » Cette phrase citée par La Harpe ne se trouve pas dans la correspondance publiée.

[2] Voir les lettres de Mme du Deffant à Horace Wapole, t. III, p. 90, édit. de 1812.

plaidoyers de Beaumarchais, une jeune fille lui donna l'idée de transformer en drame l'épisode de Clavijo[1]. A Paris, l'impression était naturellement plus forte encore; l'adversaire de Goëzman avait pour lui non-seulement les jeunes gens et les femmes, mais tous les magistrats de l'ancien parlement et tout ce qui tenait à eux. Bien plus, telle était la légèreté des esprits dans les régions officielles, que Louis XV lui-même s'amusait de cet ouvrage; Mme du Barry en riait, elle faisait jouer chez elle des proverbes où l'on mettait en scène la confrontation de Mme Goëzman et de Beaumarchais. Maupeou seul ne riait pas en songeant aux conséquences de ce succès désastreux pour une entreprise qui lui avait coûté tant d'efforts et fait braver tant de haines. L'enthousiasme qu'excitait alors cette comédie judiciaire me paraît vivement exprimé dans les deux lettres suivantes adressées à Beaumarchais par la femme d'un des présidents de l'ancien parlement, Mme de Meinières[2]; elles contiennent de plus une spirituelle analyse du quatrième mémoire, et c'est ce qui me détermine à les citer presque tout entières.

« Je l'ai fini, Monsieur, cet étonnant mémoire. Je maudissais hier les visites qui interrompaient cette délicieuse lecture, et, quand elles étaient sorties, je les remerciais d'avoir prolongé mes plaisirs en les interrompant. Bénis soient au contraire et à jamais le *grand cousin,* le *sacristain,* le *publiciste* et tous les *respectables* qui nous ont valu la relation de votre

---

[1] Voir les Mémoires de Goethe, t. II, livre xv.
[2] Mme de Meinières avait une certaine réputation littéraire elle avait traduit l'*Histoire d'Angleterre* de Hume.

voyage en Espagne! Vous devez des récompenses à ces gens-là. Vos meilleurs amis ne pouvaient vous faire aussi bien valoir, par leurs éloges et leur attachement, que vos ennemis ont fait en vous forçant de parler vous-même de vous-même. Grandisson, le héros de roman le plus parfait, ne vous vient pas à la cheville du pied. Quand on vous suit chez ce M. Clavijo, chez M. Whall, dans le parc d'Aranjuès, chez l'ambassadeur, chez le roi, on palpite, on frémit, on s'indigne avec vous. Quel pinceau magique que le vôtre, Monsieur! quelle énergie d'âme et d'expressions! quelle prestesse d'esprit! quel mélange incroyable de chaleur et de prudence, de courage et de sensibilité, de génie et de grâce! J'eus l'honneur de voir hier Mlle d'Ossun[1], et nous parlâmes de vous, de votre mémoire; peut-on parler d'autre chose? Elle me dit que vous aviez passé à sa porte. Si vous aviez besoin de la rencontrer, elle vient assez exactement les dimanches aux Pavillons[2], et je vous offre de vous y rassembler. C'est une fille du premier mérite, dont la tête et le cœur sont excellents; mais, à propos de cœur et de tête, qu'en faisiez-vous chez Mme de Saint-Jean? Vous m'y paraissiez aimable comme un joli homme, et ce n'est pas la façon de l'être la plus attrayante pour une vieille femme telle que moi. J'ai bien vu que vous aviez de l'esprit, des talents, de la confiance, des agréments dans le commerce; mais je n'aurais jamais deviné en vous, Monsieur, un vrai père de famille et l'auteur sublime de vos quatre mémoires[3]; il faut que je sois bien bête et que les points qui forment un cercle brillant, comme était

---

[1] La sœur du marquis d'Ossun, ambassadeur de France en Espagne, qui avait été très-obligeant pour Beaumarchais durant son séjour à Madrid.

[2] Aux Pavillons de Chaillot.

[3] Cette phrase rend bien le sentiment de surprise que produisaient les *Mémoires* sur ceux qui n'avaient connu jusque-là Beaumarchais que comme un homme du monde très-gai et un peu fat, ayant (pour employer l'expression fine et polie de Mme de Meinières) de la *confiance*.

celui de cette femme charmante, éblouissent, fatiguent une sauvage de mon espèce jusqu'à l'empêcher de les distinguer.

« Recevez mes remercîments de l'enthousiasme où vous entraînez vos lecteurs, et les assurances de la véritable estime avec laquelle j'ai l'honneur d'être, Monsieur, etc.

« GUICHARD DE MEINIÈRES. »

Ce 18 février 1774.

« Quel que soit l'événement de votre querelle avec tant d'adversaires, je vous félicite, Monsieur, de l'avoir eue ; il en résultera toujours que vous êtes le plus honnête homme du monde, puisqu'on n'a pu, en feuilletant votre vie, démontrer que vous étiez un scélérat, et assurément vous vous êtes fait connaître pour l'homme le plus éloquent dans tous les genres d'éloquence qu'il y ait dans notre siècle. Votre prière à l'Être suprême est un chef-d'œuvre de sublime et de comique, dont le mélange étonnant, ingénieux, neuf, produit le plus grand effet. J'avoue avec Mme Goëzman que vous êtes un peu *malin*, et, à son exemple, je vous le pardonne, car vos malices sont délicieuses. J'espère, Monsieur, que vous n'avez pas assez mauvaise opinion de moi pour me plaindre d'une lecture de cent huit pages quand vous les avez écrites. Je commence par les dévorer, et puis je reviens sur mes pas ; je m'arrête tantôt sur un endroit digne de Démosthène, tantôt sur un autre supérieur à Cicéron, et enfin sur mille aussi plaisants que Molière ; j'ai tellement peur d'achever et de ne pouvoir plus rien lire ensuite, que je recommence chaque alinéa pour vous donner le temps de produire votre cinquième mémoire, où l'on trouvera sans doute votre confrontation avec M. Goëzman ; je vous demanderai volontiers en grâce de m'avertir seulement par la petite poste la veille que le libraire en enverra des exemplaires à la veuve Lamarche ; c'est elle qui me les a toujours fournis. J'en prends plusieurs à la fois pour nous et pour *nos amis*[1], et je suis furieuse

---

[1] *Nos amis*, c'étaient les membres de l'ancien parlement.

lorsque, faute de savoir qu'ils paraissent, j'y envoie trop tard, et qu'on me rapporte qu'il faut attendre au lendemain. »

C'était à qui enverrait à Beaumarchais des renseignements, des conseils, des félicitations et des encouragements. Plusieurs même poussent la bienveillance jusqu'à lui adresser modestement des mémoires tout faits, comme si son esprit ne pouvait se passer de leur concours. Voici un de ces correspondants qui ne signe pas, mais qui me fait tout l'effet d'être un membre de l'ancien parlement; il envoie un projet de mémoire, recommande instamment le secret, et termine ainsi : « La machine se détraque, on vous en a l'obligation ; ne serait-ce pas le moment de frapper les grands coups ? Je m'en rapporte à votre prudence pour le tout. D'après vos écrits, je vous crois aussi honnête homme que moi, ce que je ne dirais pas de tout le monde ; je ne crains rien. » Et la lettre est sans signature ! Quel Bayard que ce correspondant ! Le monde est ainsi plein de gens héroïques qui exhortent les autres à l'audace sous le voile de l'anonyme.

Beaumarchais ne manquait pas d'audace, mais il ne voulait point pousser le parlement à bout ; il savait que la faveur publique est passagère et inconstante. Le prince de Conti, son plus chaud protecteur, lui avait dit : « Si vous avez le malheur d'être touché par le bourreau, je serai forcé de vous abandonner. » Il s'agissait donc pour lui de conserver et d'entretenir la puissance qu'il empruntait à l'opposition sans exaspérer des juges déjà irrités, de proportionner toujours son ton à la qualité des personnes, et de savoir au besoin, comme on l'a dit spirituellement, donner des soufflets, mais à genoux. C'est ce qu'il fit surtout avec une merveilleuse souplesse à la suite d'un incident qui augmenta encore l'intérêt qu'il inspirait. Un colonel de cavalerie que Maupeou avait transformé *ex abrupto* en magistrat, le président de Nicolaï, très-lié avec Goëzman, rencontre Beaumarchais dans la salle des Pas-Perdus et l'insulte en ordonnant aux huissiers de le faire sortir; celui-ci porte plainte contre l'insulteur. Le premier président le fait venir, l'invite à retirer sa plainte. Il y consent, mais dans son dernier mémoire, avec des apparences de respect sous lesquelles perce le dédain, il motive publiquement le pardon qu'il veut bien accorder à M. de Nicolaï. Bientôt son influence est telle que ce plaideur, si méprisé par ses juges au début du procès, et qui sollicitait vainement des récusations par la voie judiciaire, n'a plus qu'à désigner dans ses mémoires ceux d'entre eux qu'il considère comme ses plus violents ennemis, pour leur arracher cette récusation. Un de ceux-là, un conseiller de grand' chambre, nommé Gin, lui adresse une sorte d'apologie de six grandes pages, dont j'extrais quelques passages où l'on voit la fierté du magistrat s'effacer devant la popularité de l'accusé.

« J'ai lu votre dernier mémoire, Monsieur, écrit le conseiller Gin; je cède à vos instances en cessant d'être votre juge; mais, pour éviter toute équivoque sur les motifs qui m'ont empêché jusqu'ici de prendre ce parti et sur ceux qui m'y déterminent aujourd'hui, je crois devoir vous faire part et au public de ces motifs..... »

Et, après une longue explication de sa conduite, ce magistrat, d'abord ennemi déclaré de Beaumarchais, termine ainsi :

« Je crois vous avoir prouvé, Monsieur, que j'ai encore dans cet instant toute l'impartialité nécessaire pour juger M. et Mme de Goëzman et vous-même ; mais vos attaques se multiplient au point que j'aurais lieu de craindre, en vous jugeant, que le public ne soupçonnât mon âme de quelque émotion qui vous fût peu favorable. C'est à cette délicatesse que je sacrifie mes sentiments particuliers, et, pour vous donner une nouvelle preuve de mon impartialité, je vous déclare, Monsieur, que je n'exige d'autre réparation des imputations contenues dans vos mémoires *que de rendre publique* cette lettre que je remets en même temps à M. le premier président.

« Je suis, Monsieur, avec les sentiments qui vous sont dus, votre très-humble, etc.

« GIN[1]. »

« Ce 15 février 1774. »

Quel singulier renversement de rôles ! c'est le juge qui plaide auprès de l'accusé, et c'est l'accusé qui va donner une leçon de dignité au juge, en écrivant de

---

[1] C'est ce même magistrat qui avoue à Beaumarchais l'influence exercée par les bruits publics sur son jugement dans le procès La Blache, duquel est sorti le procès Goëzman. L'aveu est précieux à recueillir. — « Soit raison, écrit-il, ou *suite des impressions que les bruits publics, même calomnieux, laissent dans les esprits et dont il est bien difficile de se défendre*, je ne vous dissimule pas que la réunion des singularités qui se rencontraient dans votre acte, dans vos lettres, dans toute votre affaire me déterminait à *entériner* les lettres de rescision. » Le conseiller

son côté au premier président une lettre à laquelle j'emprunte seulement ces quelques lignes :

« Monseigneur ,

« J'ai l'honneur de vous adresser une copie de la lettre *apologétique* que j'ai reçue de M. Gin. Mon profond respect pour la cour m'empêche de donner à cette lettre la publicité que ce magistrat semblait d'abord désirer qu'elle reçût, persuadé qu'en y réfléchissant mieux, il me saura gré de renoncer au projet de l'imprimer avec mon commentaire. »

Quoi de plus étrange, en effet, que cette démarche d'un magistrat demandant lui-même à un accusé dont les mémoires constituent une infraction à la loi et seront tout à l'heure condamnés à être brûlés, de lui accorder dans ces mémoires une place pour sa justification auprès du public ! Qui ne reconnaîtrait là un témoignage éclatant de la force que Beaumarchais puisait dans la faveur de l'opinion qu'il avait su conquérir, et qu'il opposait comme un bouclier à ses ennemis!

Cependant, si la peur agissait sur quelques magistrats du parlement Maupeou, la haine le disputait à la peur chez le plus grand nombre, et ils voyaient avec joie approcher l'heure de la vengeance. Le jour du jugement arriva enfin, le 26 février 1774, au milieu de l'at-

---

Gin veut dire par là qu'il avait opiné pour que l'arrêté de comptes entre Paris du Verney et Beaumarchais fût déclaré nul. Cet avis, sans être plus avantageux au fond pour ce dernier, était moins fâcheux, quant à la forme, que celui de Goëzman adopté par le parlement, et en vertu duquel l'acte en question avait été indirectement déclaré faux.

tente universelle. « Nous attendons aujourd'hui, écrit Mme du Deffand à Walpole, un grand événement : le jugement de Beaumarchais... M. de Monaco l'a invité ce soir pour nous faire la lecture d'une comédie de sa façon qui a pour titre le *Barbier de Séville*..... Le public s'est affolé de l'auteur, on le juge tandis que je vous écris. On prévoit que le jugement sera rigoureux, et il pourrait arriver qu'au lieu de souper avec nous il fût condamné au bannissement ou même au pilori ; c'est ce que je vous dirai demain. »

Voilà bien la dose d'intérêt que Mme du Deffand prenait aux gens. Quel dommage pour elle si l'accusé eût été condamné au pilori! Elle eût perdu sa lecture du *Barbier*. Elle la perdit néanmoins; la délibération des juges se prolongeant (elle dura douze heures), Beaumarchais adresse au prince de Monaco ce billet inédit qui fait suite à la lettre de Mme du Deffand :

« Beaumarchais, infiniment sensible à l'honneur que veut bien lui faire M. le prince de Monaco, répond du palais, où il est cloué depuis six heures du matin, où il a été interrogé à la barre de la cour, et où il attend le jugement qui se fait bien attendre ; mais, de quelque façon que tournent les choses, Beaumarchais, qui est entouré de ses proches en ce moment, ne peut se flatter de leur échapper, qu'il ait à recevoir des compliments de félicitation ou de condoléance. Il supplie donc M. le prince de Monaco de vouloir bien lui réserver ses bontés pour un autre jour. Il a l'honneur de l'assurer de sa très-respectueuse reconnaissance.

« Ce samedi 26 février 1774. »

Au moment où il écrivait ce billet, Beaumarchais,

après s'être rendu au palais, où il avait vu passer devant lui tous ses juges, venait de subir, selon l'usage, son dernier interrogatoire. La nuit précédente avait été consacrée par lui à régler ses affaires ; il paraît qu'il était décidé à se tuer, s'il eût été condamné au pilori[1]. Voyant que la délibération s'éternisait et vaincu par la fatigue, il se retira chez Mme Lépine, sa sœur, se coucha, et s'endormit d'un profond sommeil.

« Il dormait, dit Gudin dans son manuscrit, et ses juges veillaient, tourmentés par les furies, divisés entre eux. Ils délibéraient dans le tumulte, opinaient avec rage, voulaient punir l'auteur des *Mémoires*, prévoyaient les clameurs du public prêt à les désavouer, et remplissaient la salle de leurs cris contentieux. »

Ils s'arrêtèrent enfin à une sentence par laquelle ils espéraient donner satisfaction au public en se vengeant eux-mêmes. Ils condamnèrent Mme Goëzman au *blâme*, et à la restitution des 15 louis pour être distribués aux pauvres; son mari fut mis *hors de cour*, sentence équivalente au blâme pour un magistrat et qui le force à quitter sa charge[2]; Beaumarchais fut condamné également au *blâme*.

---

[1] C'est du moins ce qui résulte d'un passage de ses *Mémoires*, dans son recours en cassation contre le comte de La Blache.

[2] Ce procès, si imprudemment entamé et si violemment poursuivi par le juge Goëzman, lui porta malheur, il y perdit son état et sa considération. Sacrifié par ses collègues et rentré dans l'obscurité, je le retrouve vingt ans plus tard sur la liste des personnes décapitées le 7 thermidor, deux jours avant la chute de Robespierre. C'est bien lui : Louis-Valentin Goëzman, conseiller

La peine du *blâme* était une peine infamante qui répondait à peu près à ce qu'on appelle aujourd'hui la dégradation civique ; elle rendait le condamné incapable d'occuper aucune fonction publique, et il devait recevoir cette sentence à genoux, devant la cour, tandis que le président lui disait : « La cour te blâme et te déclare infâme. » On éveilla Beaumarchais pour lui annoncer ce résultat.

« Il se leva tranquillement, dit Gudin, maître de tous ses mouvements comme de son esprit. Voyons, dit-il, ce qu'il me reste à faire. Nous sortîmes ensemble de chez sa sœur. J'ignorais si on ne veillait pas autour de la maison pour l'arrêter ; j'ignorais ses desseins, je ne voulais point le quitter. Après avoir fait assez de chemin pour nous être assurés qu'on ne le cherchait pas où il était, il me congédia et me donna rendez-vous pour le lendemain dans l'asile qu'il s'était choisi, car il était à craindre qu'en exécution de l'arrêt, on n'allât le chercher dans sa propre maison ; mais cet arrêt avait été si mal reçu de la multitude assemblée aux portes de la chambre, les juges avaient été si conspués en levant l'audience, quoique plusieurs se fussent évadés par de longs corridors inconnus du public, qu'on appelle les détours du palais ; ils voyaient tant de marques de mécontentement, qu'ils ne furent pas tentés de mettre à exécution une sentence qui ne leur attirait que le *blâme* universel. »

On connaît le triomphe éclatant qui suivit ce jugement, dont l'exécution s'arrêtait devant la popularité de

---

au ci-devant parlement Maupeou, convaincu, suivant l'honnête formule du temps de *s'être rendu l'ennemi du peuple.* Il figure dans la même charretée qu'André Chénier. La terreur aurait bien pu épargner Goëzman, elle avait assez d'hommes plus intéressants à dévorer ; mais tout lui était bon.

Beaumarchais : tout Paris se faisant inscrire chez lui, le prince de Conti et le duc de Chartres lui donnant une fête brillante le lendemain même du jour où un tribunal avait tenté de le flétrir ; M. de Sartines lui disant : « Ce n'est pas assez que d'être *blâmé*, il faut encore être modeste. » Quand de telles discordances se produisent dans une société, elle est bien malade. Ajoutons à ces détails connus un détail intime et délicat que j'emprunte au manuscrit de Gudin.

« Il eut, dit ce dernier, des consolations plus touchantes encore que celles de l'amitié. Sa célébrité attira sur lui les regards d'une femme douée d'un cœur sensible et d'un caractère ferme, propre à le soutenir dans les combats cruels qu'il avait encore à livrer. Elle ne le connaissait point ; mais son âme, émue par la lecture de ses mémoires, appelait celle de cet homme célèbre. Elle brûlait du désir de le voir. J'étais avec lui lorsque, sous le prétexte de s'occuper de musique, elle envoya un homme de sa connaissance et de celle de Beaumarchais le prier de lui prêter sa harpe pour quelques minutes. Une telle demande dans de telles circonstances décelait son intention. Beaumarchais la comprit ; il y fut sensible, et il répondit : — Je ne prête point ma harpe ; mais, si elle veut venir avec vous, je l'entendrai, et elle pourra m'entendre. Elle vint ; je fus témoin de leur première entrevue. J'ai déjà dit qu'il était difficile de voir Beaumarchais sans l'aimer. Quelle impression ne devait-il pas produire quand il était couvert des applaudissements de tout Paris, quand on le regardait comme le défenseur de la liberté opprimée, le vengeur du public ! Il était encore plus difficile de résister aux regards, à la voix, au maintien, aux discours de cette jeune femme, et cet attrait que l'un et l'autre inspiraient à la première vue augmentait d'heure en heure par la variété de leurs agréments et la foule des excellentes qualités qu'on découvrait en eux à mesure qu'on les connaissait davantage. Leurs cœurs furent unis, dès ce moment, d'un lien que nulle circonstance ne put rompre, et que l'amour, l'estime, la confiance, le temps et les lois rendirent indissoluble [1]. »

Ces ovations populaires et princières, ces félicités de cœur plus douces encore, dédommageaient sans doute Beaumarchais du coup que le parlement venait de lui porter ; cependant le coup était cruel. A la vérité, le parlement Maupeou ne devait pas survivre longtemps à cet acte de colère et de vengeance. En frappant de mort civile un homme que l'opinion portait en triomphe, il s'était lui-même frappé à mort. L'opposition endormie se réveilla et se déchaîna contre lui avec un redoublement de fureur, les pamphlets en prose et en vers prirent une vivacité nouvelle [2]. Il se traîna encore quelques mois au milieu du mépris public ; la fin du règne de Louis XV hâta sa chute, et un des premiers actes de Louis XVI fut de rétablir l'ancien parlement ; mais, en attendant cet événement, qui pouvait être encore éloigné, la terrible sentence rendue contre

---

[1] La charmante personne dont parle ici Gudin, et qui devint plus tard la troisième femme de Beaumarchais, se nommait Marie-Thérèse-Émilie Willermawlaz. Elle était, comme nous l'avons déjà dit ailleurs, d'origine suisse et appartenait à une famille distinguée du pays de Charmey. J'ai vu un grand portrait d'elle où elle est représentée avec la toilette qu'elle avait peut-être le jour de l'entrevue, car elle porte le fameux panache en plumes à la *quesaco*, et sous cette coiffure elle est ravissante. Quelques lettres d'elle que nous citerons en leur lieu prouveront qu'elle était de plus une femme très-remarquable par l'intelligence, l'esprit et le caractère.

[2] Par un de ces jeux de mots dans le goût des Parisiens, on disait, en faisant allusion au procès Goëzman : « Louis XV a dé-

Beaumarchais subsistait avec toutes ses conséquences. Il voyait sa carrière brisée : deux procès perdus à la fois, dont l'un l'avait ruiné dans sa fortune et son honneur, et dont l'autre, en le relevant dans l'estime publique, l'avait tué légalement, pesaient sur lui de tout leur poids. Il avait à poursuivre la révision de ces deux procès; il fallait d'abord faire casser le dernier jugement. Demander sans bruit cette cassation au conseil d'Etat, c'était s'exposer à un échec presque certain; publier de nouveaux écrits était impossible. Louis XV, bien qu'il se fût amusé parfois des mémoires contre Goëzman, était cependant très-irrité de l'agitation produite par ce débat; il avait fait enjoindre formellement par M. de Sartines, au dangereux plaideur, de garder à l'avenir un silence absolu; mais les délais prescrits pour le recours en cassation s'écoulaient, et le jugement allait devenir irrévocable. Heureusement pour Beaumarchais que sa destinée, toujours bizarre, voulut que Louis XV, le jugeant sur l'habileté même qu'il venait de déployer dans l'affaire Goëzman, crut avoir besoin de lui. Comme les rois pouvaient alors, au

---

truit le parlement ancien, 15 louis détruiront le nouveau. » Bachaumont parle sans le citer d'un *noël* satirique très-couru où figuraient tous les personnages et tous les incidents de ce procès. Je trouve ce *noël* dans les papiers de Julie, et comme il y en a deux exemplaires écrits de sa main avec des variantes, comme elle aimait beaucoup à se livrer à ce genre de poésie un peu burlesque, je serais porté à croire qu'elle est l'auteur du *noël* en question, que je reproduis tout entier aux pièces justificatives n° 7. Quiconque a lu les mémoires contre Goëzman reconnaîtra dans ce cantique une assez bonne caricature de tous les adversaires de Beaumarchais.

moyen de lettres de relief, relever du laps de temps écoulé pour la révision d'un procès, il lui promit de le mettre à même de reconquérir son état civil, s'il remplissait avec zèle et avec succès une mission difficile à laquelle il attachait une grande importance, — et le triomphateur du parlement Maupeou partit pour Londres en qualité d'agent secret.

XV

LES MISSIONS SECRÈTES DE BEAUMARCHAIS.
LE GAZETIER CUIRASSÉ ET LE JUIF ANGELUCCI.
BEAUMARCHAIS PRISONNIER DE L'IMPÉRATRICE MARIE-THÉRÈSE.

L'histoire des missions secrètes de Beaumarchais est instructive pour l'appréciation des gouvernements absolus. Le côté faible des gouvernements libres a été assez mis en lumière depuis quelques années, par l'abus qu'on a fait de la liberté et les tristes conséquences de de cet abus, pour qu'il soit intéressant peut-être d'examiner ici le revers de la médaille et d'étudier de près ce qui se passait dans les coulisses du pouvoir à une époque où la lumière, la discussion et le contrôle n'y pénétraient point. Il n'est peut-être pas inutile de montrer quelle importance prenaient alors de très-misérables choses, quel gaspillage des deniers publics s'opérait à l'abri de l'irresponsabilité ministérielle, par quels détours compliqués un homme atteint d'une condamnation injuste était obligé de passer pour obtenir sa réhabilitation, et comment en revanche ce même homme, frappé de mort civile par un tribunal, pouvait devenir l'agent intime et le correspondant de deux rois et de leurs ministres, arriver peu à peu, en se rendant utile dans de petites manœuvres de diplomatie occulte, non-seulement à reconquérir son état civil, mais à s'emparer d'une grande affaire, d'une affaire digne de lui et de son intelligence, et à exercer dans l'ombre une influence considérable et jusqu'ici très-peu connue sur un grand événement.

Nous venons de laisser l'adversaire de Goëzman vaincu devant le parlement, mais triomphant devant l'opinion, entouré d'hommages, accablé de félicitations, et cependant triste au milieu de son triomphe :

« Ils l'ont donc enfin rendu, écrivait-il à un ami quelques jours après la sentence, ils l'ont donc enfin rendu, cet abominable arrêt, chef-d'œuvre de haine et d'iniquité ! Me voilà retranché de la société et déshonoré au milieu de ma carrière. Je sais, mon ami, que les peines d'opinion ne doivent affliger que ceux qui les méritent ; je sais que des juges iniques peuvent tout contre la personne d'un innocent et rien contre sa réputation ; toute la France s'est fait inscrire chez moi depuis samedi !... La chose qui m'a le plus percé le cœur en ce funeste événement est l'impression fâcheuse qu'on a donnée au roi contre moi. On lui a dit que je prétendais à une célébrité séditieuse, mais on ne lui a pas dit que je n'ai fait que me défendre, que je n'ai cessé de faire sentir à tous les magistrats les conséquences qui pouvaient résulter de ce ridicule procès. Vous le savez, mon ami, j'avais mené jusqu'à ce jour une vie tranquille et douce, et je n'aurais jamais écrit sur la chose publique, si une foule d'ennemis puissants ne s'étaient réunis pour me perdre. Devais-je me laisser écraser sans me justifier? Si je l'ai fait avec trop de vivacité, est-ce une raison pour déshonorer ma famille et moi, et retrancher de la société un sujet honnête dont peut-être on eût pu employer les talents avec utilité pour le service du roi et de l'État? J'ai de la force pour supporter un malheur que je n'ai pas mérité; mais mon père, qui a soixante-dix-sept ans d'honneur et de travaux sur la tête, et qui meurt de douleur, mes sœurs, qui sont femmes et faibles, dont l'une vomit le sang et dont l'autre est suffoquée, voilà ce qui me tue et ce dont on ne me consolera point.

« Recevez, mon généreux ami, les témoignages sincères de l'ardente reconnaissance avec laquelle je suis, etc.

« BEAUMARCHAIS. »

Cette lettre, qui jure avec l'état d'exaltation et d'ivresse dans lequel on se représente naturellement Beaumarchais au moment où des princes du sang le qualifiaient de *grand citoyen*, cette lettre avait un but; elle était adressée au fermier général de La Borde, qui était en même temps premier valet de chambre de Louis XV. M. de La Borde cultivait les arts; il composait d'assez mauvaise musique d'opéra[1]; il était lié avec Beaumarchais, il était très-aimé du roi, et défendait de son mieux, contre les préventions de son maître, l'audacieux plaideur qu'on appelait alors à la cour le *Wilkes français*, par allusion au tribun qui, à la même époque, agitait l'Angleterre.

---

[1] C'est lui qui a mis en musique l'opéra de *Pandore*, par Voltaire.

On se souvient que Louis XV avait fait imposer d'autorité à Beaumarchais un silence absolu, et l'empêchait ainsi de se pourvoir utilement en cassation. Un jour, en parlant de ce dernier avec de La Borde, il lui dit : « On prétend que ton ami a un talent supérieur pour la négociation; si on pouvait l'employer avec succès et secrètement dans une affaire qui m'intéresse, ses affaires à lui s'en trouveraient bien. » Or voici le grave sujet d'inquiétude qui tourmentait les derniers jours du vieux roi.

Il y avait alors à Londres un aventurier bourguignon nommé Théveneau de Morande, qui, pour échapper aux conséquences de la vie désordonnée qu'il avait menée dans son pays, s'était réfugié en Angleterre. Là, se trouvant sans ressources et spéculant sur le scandale, il composait de grossiers libelles qui s'introduisaient clandestinement en France, et dans lesquels il diffamait, outrageait, calomniait sans distinction tous les noms tant soit peu connus qui se présentaient sous sa plume. Il avait publié, entre autres ouvrages, sous ce titre impudent, le *Gazetier cuirassé*, un recueil de noirceurs parfaitement d'accord avec l'impudence de son titre. Mettant à profit l'effroi qu'il inspirait, il envoyait de temps en temps de l'autre côté de la Manche des sommations d'argent à ceux qui redoutaient ses attaques. Il paraît même qu'il avait essayé de rançonner Voltaire, mais sans succès; le philosophe de Ferney ne s'effrayait pas pour si peu, et il s'était contenté d'infliger publiquement au *Gazetier cuirassé* l'expression de son mépris; Morande, en un mot, pratiquait, avec moins de célébrité, le métier qui, au xvie siècle, avait fait surnommer l'Arétin *le fléau des princes*. Pour un industriel de cette sorte, Mme du Barry était une mine d'or ; aussi avait-il écrit à cette dame en lui annonçant la publication prochaine (sauf le cas d'une belle rançon) d'un ouvrage intéressant dont sa vie était le sujet, et dont il lui envoyait le prospectus avec ce titre alléchant pour les amateurs du genre cynique : *Mémoires secrets d'une femme publique*. Une autre personne que Mme du Barry eût pu dédaigner les insultes de ce pamphlétaire, ou le traduire devant la justice anglaise; on conçoit que Mme du Barry ne pouvait prendre ni l'un ni l'autre de ces deux partis. Alarmée et furieuse, elle avait communiqué sa crainte et sa colère à Louis XV, qui avait commencé par faire demander au roi d'Angleterre l'extradition de Morande. Le gouvernement anglais avait répondu que, si on ne voulait pas poursuivre judiciairement ce libelliste, il ne s'opposait point à ce qu'on enlevât un homme aussi indigne de la protection des lois anglaises, mais qu'il ne pouvait concourir à cet enlèvement, qu'il ne pouvait même le permettre qu'à une condition : c'est qu'il serait accompli dans le plus grand secret, et de manière à ne pas blesser les susceptibilités du sentiment national. Le ministère français avait donc envoyé à Londres une brigade d'agents de police pour s'emparer secrètement de Morande ; mais ce dernier était rusé et alerte : il avait à Paris des correspondants, haut placés peut-être, qui l'avaient prévenu de l'expédition, et, non content de prendre ses mesures pour la rendre infructueuse, il l'avait dénoncée dans les journaux de Londres, en se donnant comme un proscrit politique qu'on osait poursuivre jusque sur le sol de la liberté, usurpant ainsi au profit d'une industrie ignoble la généreuse hospitalité que l'Angleterre accorde si noblement aux vaincus de tous les partis. Le public anglais s'était ému, et quand les agents français arrivèrent, ils furent désignés au peuple, qui se mit en devoir de les jeter dans la Tamise. Ils n'eurent que le temps de se cacher, et repartirent au plus vite, très-effrayés et jurant qu'on ne les y prendrait plus.

Fier de ce succès, Morande pressa la publication de l'ouvrage scandaleux qu'il avait rédigé. Trois mille exemplaires étaient déjà imprimés et prêts à partir pour la Hollande et l'Allemagne, pour être ensuite répandus en France. Ne pouvant plus s'emparer de l'auteur, Louis XV avait envoyé divers agents pour traiter avec lui. Mais Morande se tenait sur le *qui vive*, ne se laissait point approcher, et, bien qu'il ne fût qu'un spéculateur effronté, il se posait devant le peuple anglais en vengeur de la morale publique. Tel était l'état des choses, lorsque le roi, à bout de moyens, fit proposer par M. de La Borde à Beaumarchais de partir pour Londres, de s'aboucher avec le *Gazetier cuirassé*, d'acheter son silence et la destruction de ses mémoires sur Mme du Barry.

La mission de protéger l'honneur d'une femme aussi peu honorable que Mme du Barry n'était pas, il faut en convenir, une mission d'un ordre bien relevé; mais, outre qu'ici l'intérêt d'un roi de France se trouvait malheureusement associé à celui de sa trop célèbre maîtresse, il faut, avant de jeter la pierre à Beaumarchais, apprécier équitablement sa situation. Il faut se souvenir que, frappé d'une flétrissure légale par des magistrats déconsidérés qui avaient été juges dans leur propre cause, il voyait ses moyens de réhabilitation paralysés par l'expresse défense d'un roi qui pouvait tout, qui pouvait lui ouvrir ou lui fermer à volonté les voies du recours en cassation, qui pouvait lui rendre son crédit, sa fortune, son état civil, et ce roi tout-puissant lui demandait un service personnel en l'assurant de sa reconnaissance. L'époque où nous vivons est, sans nul doute, infiniment recommandable par l'austérité de ses *principes* et surtout de ses *pratiques :* cependant il ne nous est pas bien démontré que dans des circonstances semblables on ne trouverait personne pour courir au devant de la mission que Beaumarchais se contentait d'accepter.

Le brillant plaideur partit donc pour Londres en mars 1774, et comme la célébrité de son véritable nom aurait pu nuire au succès de ses opérations, il prit le faux nom de *Ronac*, anagramme de Caron. En quelques jours, il avait gagné la confiance du libelliste, s'était rendu maître d'une négociation qui traînait depuis dix-huit mois, et, reparaissant à Versailles avec un exemplaire des mémoires tant redoutés et le manuscrit d'un autre libelle du même auteur, il venait prendre les ordres du roi pour un arrangement définitif. Louis XV, surpris de la promptitude de ce succès, lui en témoigna sa satisfaction et le renvoya au duc d'Aiguillon pour s'entendre sur les prétentions de Morande. Le ministre, fortement attaqué dans le libelle en question, tenait beaucoup moins à le détruire qu'à connaître au juste les liaisons de l'auteur en France. De là une scène avec Beaumarchais qui honore ce dernier et que nous devons reproduire pour montrer comment il comprenait et limitait lui-même le rôle peu enviable que sa situation l'avait forcé d'accepter :

« Trop heureux, écrit Beaumarchais dans un mémoire inédit adressé à Louis XVI après la mort de son aïeul, trop heureux de parvenir à supprimer ces libelles sans en faire un vil moyen de tourmenter sur des soupçons tous les gens qui pourraient déplaire, je refusai de jouer le rôle infâme de délateur, de devenir l'artisan d'une persécution peut-être générale et le flambeau d'une guerre de bastille et de cachots. M. le duc d'Aiguillon, en colère, fit part au roi de mes refus. Sa Majesté, avant de me condamner, voulut savoir mes raisons. J'eus le courage de répondre que je trouverais des moyens de mettre le roi hors d'inquiétude sur toute espèce de libelles pour le présent et l'avenir, mais que, sur les notions infidèles ou les aveux perfides d'un homme aussi mal famé que l'auteur, je croirais me déshonorer entièrement, si je venais accuser en France des gens qui peut-être n'auraient pas eu plus de part que moi à ces indignes productions. Enfin je suppliai le roi de ne me pas charger de cette odieuse commission à laquelle j'étais moins propre que personne. Le roi voulut bien se rendre à mes raisons, mais M. le duc d'Aiguillon garda de mes refus un ressentiment dont il me donna les preuves les plus outrageantes à mon second voyage. J'en fus découragé au point que, sans un ordre très-particulier du roi, j'aurais tout abandonné. Non-seulement le roi voulut que je retournasse à Londres, mais il m'y renvoya avec la qualité de son commissaire de confiance pour lui répondre en mon nom de la destruction totale de ces libelles par le feu. »

Le manuscrit et les trois mille exemplaires des mémoires sur Mme du Barry furent en effet brûlés, aux environs de Londres, dans un four à plâtre ; mais on ne se douterait guère de ce que coûta cette intéressante opération. Pour acheter le silence de Morande et préserver des atteintes de sa plume la réputation de Mme du Barry, le gouvernement français donna à cet aventurier 20,000 francs comptant, plus 4,000 francs de rente viagère. On a prétendu à tort que cette pension de 4,000 francs fut supprimée sous le règne suivant ; ce n'était point une pension, c'était un contrat de rente : le pamphlétaire avait pris ses précautions, sa rente ne fut donc point supprimée. Seulement, sur sa demande, le ministère de Louis XVI lui racheta, moyennant une nouvelle somme de 20,000 francs, la moitié de cette rente viagère [1]. On doit avouer que l'honneur de Mme du Barry était estimé ici fort au delà de sa valeur. Du reste, ce Morande avait su se rendre utile. « C'était,

---

[1] L'erreur que nous venons de signaler se trouve dans l'article de la *Biographie universelle* de Michaud consacré à Morande. Cet article contient plusieurs autres erreurs ; il y est dit notamment qu'après la mort de Louis XV Morande eut l'audace de publier l'ouvrage dont la suppression lui avait été achetée si cher. Cela n'est pas exact : Morande était alors sous la dépendance de Beaumarchais, qui n'eût pas permis ce manque de foi. L'ouvrage anonyme intitulé : *Anecdotes sur la comtesse du Barry*, qui parut en 1776, n'est pas de Morande ; il est même fort maltraité dans ce livre, que le *Dictionnaire des ouvrages anonymes* de Barbier attribue à Mairobert.

écrit Beaumarchais à M. de Sartines, un audacieux braconnier, j'en ai fait un excellent garde-chasse. » Plus tard, dans la guerre d'Amérique, il fournissait au gouvernement français des renseignements intéressants. Ces relations avec un homme mal famé ayant été publiquement, dans une polémique célèbre dont nous reparlerons, reprochées à Beaumarchais par Mirabeau, j'ai voulu m'en faire une idée exacte en parcourant une liasse de lettres écrites par Morande. Ces lettres, loin de nuire à Beaumarchais, sont bien plutôt un témoignage en sa faveur. Le ton de Morande n'est point celui de l'intimité et de la familiarité, c'est le ton du respect. On reconnaît qu'il redoute le blâme de son correspondant et qu'il veut changer de conduite afin de conquérir son estime. « Vous me jugez, lui écrit-il, d'après d'anciennes données qui ne sont plus exactes ni justes ; je ne peux pas effacer mes fautes ni peut-être les faire oublier, mais je puis prouver, en succombant après avoir fait tous les efforts qu'il est possible à un homme de faire, que je ne suis plus l'homme que vous croyez peut-être voir encore; mon âme souffre plus de votre opinion que des maux qui m'accablent. » Il est vrai que ces protestations sont souvent mêlées à des demandes d'argent et ne sont pas toujours suivies d'effet. Morande a épousé une femme estimable appartenant à une honnête famille anglaise; il la rend assez malheureuse, et Beaumarchais, dont le ton est presque toujours austère, lui prodigue les réprimandes et les bons conseils. Ces bons conseils, en définitive, portèrent leurs fruits; car Morande, en vieillissant, s'améliora. Revenu en France en 1790, il traversa honorablement les premiers orages de la révolution, et se retira après le 10 août dans son pays natal, à Arnay-le-Duc, il y exerça pendant quelque temps, sous le Directoire, les fonctions de juge de paix, et il y mourut, laissant une réputation meilleure que celle que lui avait value sa carrière de libelliste [1].

[1] C'est toujours à regret que je parle des personnes dont je suis obligé de qualifier sévèrement la conduite, même quand ces personnes ont depuis longtemps cessé de vivre. Quoique chacun de nous ne soit responsable que de ses propres fautes, je comprends qu'il est pénible pour des enfants ou des petits-enfants, souvent honorables par eux-mêmes, de voir la mémoire d'un père ou d'un aïeul soumise à des appréciations rigoureuses. Si la vie de Morande ne se trouvait point mêlée, dans la circonstance que je viens de rapporter, à la vie de Beaumarchais, ou si encore Morande n'avait été qu'un simple particulier, jusque-là inconnu au public, et s'il y avait à faire sur son compte quelque *révélation* fâcheuse, je ne me croirais pas tenu de me charger de ce soin et de tirer son nom de l'obscurité. Mais il n'en est point ainsi; le nom de Morande est le nom d'un des libellistes les plus affichés et les plus décriés du xviiie siècle. Parmi tous les documents de cette époque qui ont été publiés, on n'en citerait peut-être pas un seul où ce nom figure sans être accompagné d'une épithète flétrissante. Tous les recueils biographiques imprimés au xixe siècle présentent Morande sous le même aspect. La *Biographie universelle* de Michaud, par exemple, contient sur lui un article rédigé par un Bourguignon, son compatriote, M. Foisset, dans lequel l'auteur du *Gazetier cuirassé* est l'objet des imputations les plus graves. Je n'ai donc fait que reproduire avec des adoucissements ce qui a déjà été dit maintes fois de Morande, en rectifiant quelques erreurs commises à son sujet, et en constatant le premier que l'âge avait apporté une amélioration notable dans la vie de cet homme. Cependant un petit-fils de Morande par les femmes, après avoir laissé passer sans réclamation des appréciations plus sévères que les miennes, m'a fait l'honneur, à la suite de la première publication de ce travail, d'insister avec un zèle infatigable pour obtenir de moi une sorte de réhabilitation de son aïeul. Suivant lui, Morande n'aurait eu à se reprocher que des *légèretés de jeunesse* qui

La lettre inédite de Beaumarchais, qui suit immédiatement la destruction des mémoires sur Mme du Barry, nous apprend les résultats de sa négociation avec Morande, en même temps qu'elle nous permet d'apprécier son attitude avec lui.

« Vous avez fait de votre mieux, monsieur, écrit-il à Morande, pour me prouver que vous rentriez de bonne foi dans les sentiments et la conduite d'un Français honnête, dont votre cœur vous a reproché longtemps avant moi de vous être écarté ; c'est en me persuadant que vous avez dessein de

ont été envenimées et dénaturées par la calomnie. Je respecte beaucoup les sentiments de famille, mais je ne puis pas leur sacrifier la vérité. Le fait avéré du trafic des *mémoires* sur Mme du Barry est un fait de *chantage* des plus caractérisés. Morande, il est vrai, ayant souvent calomnié les autres, a pu être souvent aussi calomnié à son tour ; mais les nombreuses lettres de lui que j'ai entre les mains contiennent des aveux qui, tout en annonçant de sa part un louable sentiment de repentir quant au passé et de bonnes résolutions pour l'avenir, ne me permettent pas de le présenter comme un homme coupable seulement de *légèretés de jeunesse*. Tout ce que je puis donc faire, en restant fidèle au premier devoir d'un écrivain, c'est d'appuyer un peu plus sur la partie la plus honnête de la vie de Morande, qui n'a été jusqu'ici qu'effleurée par ceux qui ont parlé de lui. Après avoir commencé par vivre à Londres en trafiquant de l'injure et de la diffamation, Morande, par la protection même de Beaumarchais, avait conquis une position plus avouable : il rédigea pendant plusieurs années en Angleterre le *Courrier de l'Europe,* que j'ai parcouru et qui est écrit en général avec plus de décence qu'on n'en attendrait de l'auteur du *Gazetier cuirassé*. Plus tard, lorsqu'il rentra en France au commencement de la révolution, on aurait pu croire, en raison de ses antécédents, qu'il allait se ranger du côté du plus fort et *hurler avec les loups*, c'est-à-dire les jacobins ; il n'en fit rien. Il fonda, sous le titre de *l'Argus patriote*, un journal que je ne connaissais pas et que sa famille m'a communiqué. Dans ce journal, publié en 1791 et 1792, Morande défend avec un courage que les circonstances rendent très-méritoire, et souvent avec un véritable talent, le parti monarchique constitutionnel, le parti de la modération, de la raison

persister dans ces louables résolutions que je me fais un plaisir de correspondre avec vous. Quelle différence de destinée entre nous ! Le hasard me suscite pour arrêter la publication d'un ouvrage scandaleux ; je travaille jour et nuit pendant six semaines ; je fais près de sept cents lieues [1], je dépense près de 500 louis pour empêcher des maux sans nombre. Vous gagnez à ce travail 100,000 francs et votre tranquillité, et moi je ne sais plus même si je serai jamais remboursé de mes frais de voyages. »

L'opération, en effet, avait été plus fructueuse pour le libelliste que pour l'agent de Louis XV. Tandis que le premier touchait 20,000 francs et son contrat de 4,000 francs de rente, Beaumarchais, revenant à Versailles pour recevoir les remercîments du vieux roi, et

et de la justice, le parti pour lequel combattait à la même époque le noble et malheureux André Chénier. L'auteur de l'*Argus patriote* se montre plein de respect pour Louis XVI dans un temps où le meilleur des rois était déjà en proie aux plus infâmes outrages, et plein d'intrépidité contre une faction redoutable et forcenée ; ce journal est certainement un titre en faveur de l'homme qui le rédigeait et le signait. C'est à cette attitude que Morande dut l'honneur d'être arrêté après le 10 août, et de n'échapper que par un hasard heureux aux massacres de septembre [*]. Il est donc juste de lui tenir compte de cette partie de sa vie ; mais, si elle peut mitiger le blâme que méritent les écarts très-graves de sa jeunesse, elle ne doit pas le faire disparaître. L'homme à qui Beaumarchais pouvait écrire amicalement et sans l'offenser : « Vous êtes devenu un honorable citoyen, ne redescendez plus jamais de la hauteur où vous voilà, » est un homme à qui sa conscience disait incontestablement qu'il n'avait pas toujours été un citoyen honorable.

[1] Dans ces sept cents lieues, Beaumarchais comptait plusieurs voyages de Paris à Londres et de Londres à Paris, et un voyage fait en Hollande pour arrêter une édition de l'ouvrage de Morande.

[*] C'est encore par erreur que la *Biographie universelle* fait périr Morande aux massacres de septembre ; il n'est mort que longtemps après, et il a survécu à Beaumarchais.

se disposant à lui rappeler ses promesses, le trouvait mourant. Quelques jours après, Louis XV était mort. « J'admire, écrit-il à cette même date, j'admire la bizarrerie du sort qui me poursuit. Si le roi eût vécu en santé huit jours de plus, j'étais rendu à mon état, que l'iniquité m'a ravi. J'en avais sa parole royale, et l'animadversion injuste qu'on lui avait inspirée contre moi était changée en une bienveillance même de prédilection. » Le nouveau roi, s'inquiétant beaucoup moins que Louis XV de la réputation de Mme du Barry, devait attacher beaucoup moins de prix aux services rendus par Beaumarchais dans cette circonstance. Cependant la fabrique de libelles établie à Londres ne chômait pas. Louis XVI et sa jeune épouse étaient à peine montés sur le trône au milieu des applaudissements de la France, heureuse de voir enfin mettre un terme aux scandales du règne précédent, que déjà s'ourdissait contre eux, et surtout contre la reine, un travail ténébreux de mensonge et de calomnie. Ces outrages anonymes, que la lutte des opinions sous les gouvernements libres rend à la fois plus rares et moins dangereux, deviennent des affaires d'État sous le régime du silence. La polémique absente est naturellement remplacée par la diffamation, et la vie des pouvoirs s'use à combiner de petits moyens pour détruire de petits obstacles qui se reproduisent et se multiplient sans cesse. La mission remplie par Beaumarchais sous Louis XV fit qu'on songea à l'employer de nouveau dans des opérations de même nature. En passant de la direction de la police au ministère de la marine, M. de Sartines avait conservé avec lui des relations amicales ; lui-même, dans la triste situation qu'il devait au parlement Maupeou, sentait le besoin de ne pas se laisser oublier par le nouveau gouvernement. Il y avait de plus ici pour lui un attrait qui n'existait pas dans la mission précédente. Travailler pour Louis XV et Mme du Barry avait été une affaire de nécessité ; servir les intérêts d'un roi jeune, loyal, honnête, empêcher la calomnie de ternir de son souffle impur le respect dû à une jeune, belle et vertueuse reine, était une entreprise qui pouvait certainement inspirer à Beaumarchais un zèle louable et sincère. Aussi, dans cette circonstance, il n'attend pas qu'on le recherche ; c'est lui qui se met en avant. « Tout ce que le roi voudra savoir seul et promptement, écrit-il à M. de Sartines ; tout ce qu'il voudra faire faire vite et secrètement,— me voilà : j'ai à son service une tête, un cœur, des bras, et point de langue.—Avant ceci, je n'avais jamais voulu de patron ; celui-là me plaît : il est jeune, il veut le bien, l'Europe l'honore, et les Français l'adorent. Que chacun dans sa sphère aide ce jeune prince à mériter l'admiration du monde entier, dont il a déjà l'estime. »

Le zèle de Beaumarchais ne pouvant point, à cause de son *blâme*, être utilisé officiellement, c'est toujours en qualité d'agent secret que le gouvernement de Louis XVI l'envoie de nouveau à Londres en juin 1774. Il s'agissait encore d'arrêter la publication d'un libelle qu'on jugeait dangereux. Celui-ci était intitulé : *Avis à la branche espagnole sur ses droits à la couronne de*

France, à défaut d'héritiers. Sous cette apparence de dissertation politique, le pamphlet en question était spécialement dirigé contre la reine Marie-Antoinette ; on n'en connaissait pas l'auteur ; on savait seulement que la publication en était confiée à un juif italien nommé Guillaume Angelucci, qui portait en Angleterre le nom de William Hatkinson, qui usait d'une foule de précautions pour garantir son incognito, et qui avait à sa disposition assez d'argent pour faire imprimer en même temps deux éditions considérables de son libelle, l'une à Londres, l'autre à Amsterdam.

En acceptant cette seconde mission, qui devait être pour lui féconde en aventures, Beaumarchais, soit qu'il éprouvât le besoin de rehausser un peu son rôle, soit qu'il jugeât que ce témoignage de confiance était nécessaire à son succès, avait demandé un ordre écrit de la main du roi. Le roi, de son côté, craignant sans doute que le négociateur n'abusât de son nom, s'y était refusé. Beaumarchais était parti néanmoins ; mais il était habile, tenace, peu accoutumé à renoncer à ce qu'il voulait, et c'est un spectacle assez curieux que de l'observer, dans une série de lettres à M. de Sartines, revenant sans cesse à la charge et sous mille formes différentes, jusqu'à ce qu'il ait enfin obtenu ce qu'on lui a d'abord refusé. « Il ne peut rien faire sans cet ordre écrit de la main du roi. Lord Rochford, l'ancien ambassadeur d'Angleterre à Madrid, avec lequel il est lié, et qui pourrait le servir utilement comme ministre à Londres, ne se mettra point en avant s'il n'est pas certain

qu'il s'agit de rendre au roi un service personnel ; comment peut-on craindre qu'il compromette le nom du roi ?
— Ce nom sacré, dit-il, sera regardé par moi comme les Israélites envisageaient le nom suprême de Jéhova, dont ils n'osaient proférer les syllabes que dans le cas de suprême nécessité... La présence du roi, dit-on, vaut cinquante mille hommes à l'armée; qui sait combien son nom m'épargnera de guinées? » Après avoir développé cette argumentation de la manière la plus variée, Beaumarchais, voyant qu'elle ne réussit pas, entreprend de prouver à M. de Sartines que, s'il n'obtient pas ce qu'il désire, sa mission échoue, et que, si elle échoue, M. de Sartines lui-même est perdu.

« Si l'ouvrage voit le jour, écrit-il, la reine, outrée avec justice, saura bientôt qu'il a pu être supprimé, et que vous et moi nous nous en sommes mêlés. Je ne suis rien encore, moi, et ne puis pas tomber de bien haut ; mais vous ! Connaissez-vous quelque femme irritée qui pardonne ? On a bien arrêté, dira-t-elle, l'ouvrage qui outrageait le feu roi et sa maîtresse : par quelle odieuse prédilection a-t-on laissé répandre celui-ci ? Examinera-t-elle si l'intrigue qui la touche n'est pas mieux tissue que l'autre, et si les précautions n'ont pas été mieux prises par ceux qui l'ont ourdie? Elle ne verra que vous et moi. Faute de savoir à qui s'en prendre, elle fera retomber sur nous toute sa colère, dont le moindre effet sera d'insinuer au roi que vous n'êtes qu'un ministre maladroit, de peu de ressources, et peu propre aux grandes choses. Pour moi, je serai regardé peut-être comme un homme gagné par l'adversaire, quel qu'il soit; on ne me fera pas même la grâce de croire que je ne suis qu'un sot, on pensera que je suis un méchant. Alors attendons-nous, vous à voir votre crédit s'affaiblir, tomber et se détruire en peu de temps, et moi à devenir ce qu'il plaira au sort qui me poursuit. »

Dans la même lettre, Beaumarchais indique un procédé assez ingénieux à l'usage des négociateurs en tous genres qui pourraient se trouver exposés à rougir :

« J'ai vu le lord Rochford, écrit-il, je l'ai trouvé aussi affectueux qu'à l'ordinaire ; mais, à l'explication de cette affaire, il est resté froid comme glace. Je l'ai retourné de toutes façons : j'ai invoqué l'amitié, réclamé la confiance, échauffé l'amour-propre par l'espoir d'être agréable à notre roi ; mais j'ai pu juger à la nature de ses réponses qu'il regarde ma commission comme une affaire de police, d'espionnage, en un mot, de sous-ordre, et, cette idée qu'il a prise ayant subitement porté l'humiliation et le dépit dans mon cœur, j'ai rougi comme un homme qui se serait dégradé par une vile commission. Il est vrai que, me sentant rougir, je me suis baissé, comme si ma boucle m'eût blessé le pied, en disant : *Pardon, mylord !* de sorte qu'en me relevant ma rougeur a pu passer pour l'effet naturel de la chute du sang dans la tête, relativement à la posture que j'avais prise. Il n'est pas très-rusé, notre lord ; quoi qu'il en soit, il ne me servira point, et je cours le plus grand risque de ne pas réussir. J'en ai plus haut établi les funestes conséquences ; ceci peut être le grain d'un orage dont tout le mal se résoudra sur votre tête et sur la mienne.

« Vous devez faire l'impossible pour amener le roi à m'envoyer un ordre ou mission signé de lui, dans les termes à peu près que j'ai indiqués dans mon second extrait, et que je copierai à la fin de cette lettre. Cette besogne est aussi délicate qu'essentielle aujourd'hui pour vous. Il est venu à Londres tant de gueux, de roués ou d'espèces relativement au dernier libelle, que tout ce qui paraît tenir au même objet ne peut être vu dans ce pays qu'avec beaucoup de mépris. C'est là le fond de votre argument auprès du roi ; faites-lui seulement le détail de ma visite au lord. Il est certain qu'on ne peut pas exiger décemment que ce ministre, tout mon ami qu'il est, se livre à moi pour le service de mon maître, si ce maître ne met aucune différence entre la mission délicate et secrète dont il honore un homme honnête et l'ordre dont il fait charger un exempt de police qui marche à une expédition de son ressort. »

Dans cette longue dépêche à M. de Sartines, dont nous ne citons qu'une petite partie, on peut reconnaître, sans parler de la liberté extrême des rapports de Beaumarchais avec le ministre, avec quelle insistance habile il ramène tout à son idée fixe, obtenir un ordre écrit de la main du roi. Il y a sans doute de l'exagération dans son thème. C'est un homme qui veut se faire valoir, qui grossit de son mieux et l'importance d'un libelle, et le danger de déplaire à une reine irritée, et la fragilité d'un ministre ; mais il y a du vrai aussi dans ce thème applicable aux gouvernements où les questions de personnes absorbent toutes les autres : M. de Sartines finit sans doute par croire que sa destinée ministérielle est liée à l'accomplissement des désirs de Beaumarchais, car il fait copier au jeune roi le modèle d'un ordre que son correspondant, avec un aplomb merveilleux, a rédigé lui-même, et qui est ainsi conçu ;

« Le sieur de Beaumarchais, chargé de mes ordres secrets, partira pour sa destination le plus tôt qu'il lui sera possible; la discrétion et la vivacité qu'il mettra dans leur exécution sont la preuve la plus agréable qu'il puisse me donner de son zèle pour mon service.
« Louis.
« Marly, le 10 juillet 1774. »

Je n'ai pas retrouvé dans les papiers qui m'ont été confiés le texte de cet ordre, écrit de la main du roi;

mais je vois, dans la lettre qui suit celle qu'on vient de lire, que Beaumarchais l'a enfin reçu :

« L'ordre de mon maître, écrit-il à M. de Sartines, est encore vierge, c'est-à-dire qu'il n'a été vu de personne ; mais s'il ne m'a pas encore servi relativement aux autres, il ne m'en a pas moins été d'un merveilleux secours pour moi-même, en multipliant mes forces et en doublant mon courage. »

Dans une autre dépêche, Beaumarchais s'adresse au roi lui-même en ces termes :

« Un amant porte à son col le portrait de sa maîtresse, un avare y attache ses clefs, un dévot son reliquaire ; moi, j'ai fait faire une boîte d'or ovale, grande et plate, en forme de lentille, dans laquelle j'ai enfermé l'ordre de Votre Majesté, que j'ai suspendu avec une chaînette d'or à mon col, comme la chose la plus nécessaire à mon travail et la plus précieuse pour moi. »

Une fois décoré de sa boîte d'or pendue à son col, le négociateur se met à l'œuvre, entre en relations avec le juif Angelucci, et travaille à le décider à la destruction d'un libelle pour la publication duquel les ennemis secrets de la reine lui ont promis monts et merveilles. Il y parvient à grand renfort d'éloquence, mais aussi, comme toujours, à grand renfort d'argent. Moyennant 1,400 livres sterling, environ 35,600 francs, le juif renonce à sa spéculation. Le manuscrit et 4,000 exemplaires sont brûlés à Londres. Les deux contractants se rendent ensuite à Amsterdam pour y détruire également l'édition hollandaise. Beaumarchais fait prendre par écrit à Angelucci les plus beaux engagements du monde, et, débarrassé de tout souci, il se livre au plaisir de visiter Amsterdam en touriste. Tout à coup il apprend que l'astucieux enfant d'Israël, dont il se croyait sûr, est parti brusquement et secrètement pour Nuremberg, emportant, avec l'argent qu'il a reçu de lui, un exemplaire échappé à ses recherches, qu'il va faire réimprimer en français et en italien. Beaumarchais devient furieux, et se prépare à le poursuivre. Ses lettres, à cette période de sa négociation, sont d'une vivacité fiévreuse :

« Je suis comme un lion, écrit-il à M. de Sartines. Je n'ai plus d'argent, mais j'ai des diamants, des bijoux : je vais tout vendre, et, la rage dans le cœur, je vais recommencer à postillonner... Je ne sais pas l'allemand, les chemins que je vais prendre me sont inconnus, mais je viens de me procurer une bonne carte, et je vois déjà que je vais à Nimègue, à Clèves, à Dusseldorf, à Cologne, à Francfort, à Mayence, et enfin à Nuremberg. J'irai jour et nuit, si je ne tombe pas de fatigue en chemin. Malheur à l'abominable homme qui me force à faire trois ou quatre cents lieues de plus, quand je croyais m'aller reposer! Si je le trouve en chemin, je le dépouille de ses papiers et je le tue, pour prix des chagrins et des peines qu'il me cause. »

Telles sont les dispositions d'esprit dans lesquelles Beaumarchais court après le juif Angelucci à travers l'Allemagne. Il le rencontre enfin près de Nuremberg à l'entrée de la forêt de Neustadt, trottant sur un petit cheval et ne se doutant guère du désagrément qui galope derrière lui. Au bruit de la chaise de poste, Angelucci se retourne, et, reconnaissant l'homme qu'il a trompé se précipite dans le bois; Beaumarchais saute de sa chaise et le poursuit, le pistolet au poing ; bientôt le cheval du juif, gêné par les arbres, qui deviennent de plus en plus serrés, est forcé de s'arrêter. Beaumarchais saisit son homme par la botte, le jette à bas de sa monture, lui fait retourner ses poches et vider sa valise, au fond de laquelle il retrouve l'exemplaire soustrait à sa vigilance. Cependant les supplications d'Angelucci adoucissent un peu l'humeur féroce que nous l'avons vu manifester tout à l'heure, car non-seulement il ne le tue point, mais encore il lui laisse une partie des billets de banque qu'il lui avait donnés précédemment. Après cette opération, il traversait de nouveau la forêt pour regagner sa voiture, lorsque survient un incident, déjà connu par une lettre publiée dans ses œuvres. Au moment où il venait de quitter Angelucci, il se voit attaqué par deux brigands, dont l'un, armé d'un long couteau, lui demande la bourse ou la vie. Il fait feu sur lui de son pistolet, l'amorce ne prend pas ; terrassé par derrière, il reçoit en pleine poitrine un coup de couteau qui, heureusement, rencontre la fameuse boîte d'or contenant le billet de Louis XVI : la pointe glisse sur le métal, sillonne la poitrine, et va percer le menton de Beaumarchais. Il se relève par un effort désespéré, arrache au brigand ce couteau, dont la lame lui déchire la main, le terrasse à son tour et se prépare à le garrotter ; mais le second assaillant, qui s'est d'abord sauvé, revient avec des compagnons, et la scène allait devenir funeste pour l'agent secret de Louis XVI, lorsque l'arrivée de son laquais et le son du cor du postillon mettent les brigands en fuite [1].

Tout ce récit est tellement romanesque, que l'on hésiterait à y croire, si dans le dossier de cette affaire ne se trouvait un procès-verbal dressé par le bourguemestre de Nuremberg, sur l'ordre de Marie-Thérèse, et à la suite d'un autre incident non moins étrange qu'on va raconter aussi. Dans ce procès-verbal, en date du 7 septembre 1774, le bourgeois Conrad Gruber, tenant l'auberge du *Coq-Rouge* à Nuremberg, expose comment M. de Ronac (c'est-à-dire Beaumarchais) est arrivé chez lui blessé au visage et à la main le 14 août au soir, après la scène du bois, et il ajoute un détail qui confirme bien l'état de fièvre que nous avons cru reconnaître dans les lettres de Beaumarchais lui-même. « Il déclare qu'on avait remarqué en M. de Ronac beaucoup d'inquiétude, qu'il s'était levé de très-grand matin et qu'il avait couru dans toute la maison, de manière qu'à juger de toute sa conduite, il paraissait avoir l'esprit un peu aliéné. » Une telle complication d'incidents pouvait bien en effet avoir produit sur le cerveau de Beaumarchais une excitation que ce digne Conrad Gruber prend pour de l'aliénation d'esprit; mais le voyageur n'était pas au bout de ses aventures, et la dernière devait encore dépasser en bizarrerie toutes les autres.

Craignant qu'après son départ de Nuremberg le juif Angelucci ne s'y rendît avec quelque autre exemplaire

---

[1] Dans la lettre ostensible écrite d'Allemagne pour ses amis et qu'on a publiée de son vivant, Beaumarchais ne raconte que la scène des deux brigands; il se tait sur toutes les circonstances relatives à sa mission secrète et au juif Angelucci.

du libelle et jugeant qu'il serait utile de le faire arrêter et conduire en France, Beaumarchais prend le parti de pousser jusqu'à Vienne, de demander une audience à Marie-Thérèse, et de solliciter de l'impératrice un ordre pour l'extradition de cet homme. Les souffrances occasionnées par ses blessures lui rendant trop pénible le voyage par terre, il gagne le Danube, loue un bateau, s'embarque et arrive à Vienne. Ici nous le laisserons parler lui-même; le détail qui suit, complétement inconnu jusqu'à présent, est assez curieux et assez vivement raconté pour que la citation ne paraisse peut-être pas trop longue. Nous l'empruntons à un volumineux mémoire inédit adressé à Louis XVI par Beaumarchais après son retour en France, et daté du 15 octobre 1774.

« Mon premier soin à Vienne, écrit Beaumarchais, fut de faire une lettre pour l'impératrice. La crainte que la lettre ne fût vue de tout autre m'empêcha d'y expliquer le motif de l'audience que je sollicitais. Je tâchais simplement d'exciter sa curiosité. N'ayant nul accès auprès d'elle, je fus trouver M. le baron de Neny, son secrétaire, lequel, sur mon refus de lui dire ce que je désirais, et, sur mon visage balafré, me prit apparemment pour quelque officier irlandais ou quelque aventurier blessé qui voulait arracher quelques ducats à la compassion de Sa Majesté. Il me reçut au plus mal, refusa de se charger de ma lettre, à moins que je ne lui disse mon secret, et m'aurait enfin tout à fait éconduit, si, prenant à mon tour un ton aussi fier que le sien, je ne l'avais assuré que je le rendais garant envers l'impératrice de tout le mal que son refus pouvait faire à la plus importante opération, s'il ne se chargeait à l'instant de rendre ma lettre à sa souveraine.

« Plus étonné de mon ton qu'il ne l'avait été de ma figure,

il prend ma lettre en rechignant, et me dit que je ne devais pas espérer pour cela que l'impératrice consentît à me voir.— Ce n'est pas, Monsieur, ce qui doit vous inquiéter. Si l'impératrice me refuse audience, vous et moi nous aurons fait notre devoir : le reste est à la fortune.

« Le lendemain, l'impératrice voulut bien m'aboucher avec M. le comte de Seilern, président de la régence à Vienne, qui, sur le simple exposé d'une mission émanée du roi de France, que je me réservais d'expliquer à l'impératrice, me proposa de me conduire sur-le-champ à Schœnbrunn, où était Sa Majesté. Je m'y rendis, quoique les courses de la veille eussent beaucoup aggravé mes souffrances.

« Je présentai d'abord à l'impératrice l'ordre de Votre Majesté, Sire, dont elle me dit reconnaître parfaitement l'écriture, ajoutant que je pouvais parler librement devant le comte de Seilern, pour lequel Sa Majesté m'assura qu'elle n'avait rien de caché, et des avis duquel elle s'était toujours bien trouvée.

« — Madame, lui dis-je, il s'agit bien moins ici d'un intérêt d'État proprement dit que des efforts que de noirs intrigants font en France pour détruire le bonheur de la reine en troublant le repos du roi. Je lui fis alors le détail qu'on vient de lire [1]. A chaque circonstance, joignant les mains de surprise, l'impératrice répétait : « Mais, Monsieur, où avez-vous pris un zèle aussi ardent pour les intérêts de mon gendre et surtout de ma fille ? »

« — Madame, j'ai été l'un des hommes les plus malheureux de France sur la fin du dernier règne. La reine, en ces temps affreux, n'a pas dédaigné de montrer quelque sensibilité pour toutes les horreurs qu'on accumulait sur moi. En la servant aujourd'hui, sans espoir même qu'elle en soit jamais instruite, je ne fais qu'acquitter une dette immense ; plus mon entreprise est difficile, plus je suis enflammé pour sa réussite. La reine a daigné dire un jour hautement que je montrais

[1] C'est-à-dire le récit de toute l'opération que nous avons résumé plus haut jusqu'à l'arrivée à Vienne.

dans mes défenses trop de courage et d'esprit pour avoir les torts qu'on m'imputait ; que dirait-elle aujourd'hui, Madame, si, dans une affaire qui intéresse également elle et le roi, elle me voyait manquer de ce courage qui l'a frappée, de cette conduite qu'elle appelle esprit? Elle en conclurait que j'ai manqué de zèle. Cet homme, dirait-elle, a bien réussi en huit jours de temps à détruire un libelle qui outrageait le feu roi et sa maîtresse, lorsque les ministres anglais et français faisaient depuis dix-huit mois de vains efforts pour l'empêcher de paraître. Aujourd'hui, chargé d'une pareille mission qui nous intéresse, il manque d'y réussir : ou c'est un traître, ou c'est un sot, et, dans les deux cas, il est également indigne de la confiance qu'on a en lui. Voilà, Madame, les motifs supérieurs qui m'ont fait braver tous les dangers, mépriser les douleurs et surmonter tous les obstacles.

« — Mais, Monsieur, quelle nécessité à vous de changer de nom ?

« — Madame, je suis trop connu malheureusement sous le mien dans toute l'Europe lettrée, et mes défenses imprimées dans ma dernière affaire ont tellement échauffé tous les esprits en ma faveur, que, partout où je parais sous le nom de Beaumarchais, soit que j'excite l'intérêt d'amitié ou celui de compassion, ou seulement de curiosité, l'on me visite, l'on m'invite, l'on m'entoure, et je ne suis plus libre de travailler aussi secrètement que l'exige une commission aussi délicate que la mienne. Voilà pourquoi j'ai supplié le roi de me permettre de voyager avec le nom de *Ronac,* sous lequel est mon passe-port.

« L'impératrice me parut avoir la plus grande curiosité de lire l'ouvrage dont la destruction m'avait coûté tant de peines. Sa lecture suivit immédiatement notre explication. Sa Majesté eut la bonté d'entrer avec moi dans les détails les plus intimes à ce sujet ; elle eut aussi celle de m'écouter beaucoup. Je restai plus de trois heures et demie avec elle, et je la suppliai bien des fois, avec les plus vives instances, de ne pas perdre un moment pour envoyer à Nuremberg. — Mais cet homme aura-t-il osé s'y montrer, sachant que vous y alliez vous-même? me dit l'impératrice. — Madame, pour l'engager encore plus à s'y rendre, je l'ai trompé en lui disant que je rebroussais chemin et reprenais sur-le-champ la route de France. D'ailleurs, il y est ou n'y est pas. Dans le premier cas, en le faisant conduire en France, Votre Majesté rendra un service essentiel au roi et à la reine; dans le second, ce n'est tout au plus qu'une démarche perdue, ainsi que celle que je supplie Votre Majesté de faire faire secrètement en fouillant pendant quelque temps toutes les imprimeries de Nuremberg, afin de s'assurer qu'on n'y réimprime pas cette infamie; car, par les précautions que j'ai prises ailleurs, je réponds de l'Angleterre et de la Hollande.

« L'impératrice poussa la bonté jusqu'à me remercier du zèle ardent et raisonné que je montrais; elle me pria de lui laisser la brochure jusqu'au lendemain, en me donnant sa parole sacrée de me la faire remettre par M. de Seilern. — Allez vous mettre au lit, me dit-elle avec une grâce infinie; faites-vous saigner promptement[1]. On ne doit jamais oublier ici ni en France combien vous avez montré de zèle en cette occasion pour le service de vos maîtres.

« Je n'entre, Sire, dans ces détails que pour mieux en faire sentir le contraste avec la conduite qu'on devait bientôt tenir à mon égard. Je retourne à Vienne, la tête encore échauffée de cette conférence; je jette sur le papier une foule de réflexions qui me paraissent très-fortes relativement à l'objet que j'y avais traité; je les adresse à l'impératrice; M. le comte de Seilern se charge de les lui montrer. Cependant on ne me rend pas mon livre, et, ce jour même, à neuf heures du soir, je vois entrer dans ma chambre huit grenadiers, baïonnette au fusil, deux officiers, l'épée nue, et un secrétaire de la régence, porteur d'un mot du comte de Seilern, qui m'invite à me laisser arrêter, se réservant, dit-il, de m'expliquer de

---

[1] Ces mots de l'impératrice: « Faites-vous saigner promptement, » pourraient bien être le résultat d'un sentiment analogue à celui de l'aubergiste Conrad Gruber.

bouche les raisons de cette conduite, que j'approuverai sûrement. — Point de résistance, me dit le chargé d'ordres.

« — Monsieur, répondis-je froidement, j'en fais quelquefois contre les voleurs, mais jamais contre les empereurs.

« On me fait mettre le scellé sur tous mes papiers. Je demande à écrire à l'impératrice, on me refuse. On m'ôte tous mes effets, couteau, ciseaux, jusqu'à mes boucles, et on me laisse cette nombreuse garde dans ma chambre, où elle est restée *trente et un jours* ou quarante-quatre mille six cent quarante minutes ; car, pendant que les heures courent si rapidement pour les gens heureux qu'à peine s'aperçoivent-ils qu'elles se succèdent, les infortunés hachent le temps de la douleur par minutes et par secondes, et les trouvent bien longues prises chacune séparément[1]. Toujours un de ces grenadiers, la baïonnette au fusil, a eu pendant ce temps les yeux sur moi, soit que je fusse éveillé ou endormi.

« Qu'on juge de ma surprise, de ma fureur ! Songer à ma santé dans ces moments affreux, cela n'était pas possible. La personne qui m'avait arrêté vint me voir le lendemain pour me tranquilliser. — Monsieur, lui dis-je, il n'y a nul repos pour moi jusqu'à ce que j'aie écrit à l'impératrice. Ce qui m'arrive est inconcevable. Faites-moi donner des plumes et du papier, ou préparez-vous à me faire enchaîner bientôt, car il y a de quoi devenir fou.

« Enfin l'on me permet d'écrire ; M. de Sartines a toutes mes lettres, qui lui ont été envoyées : qu'on les lise, on y verra de quelle nature était le chagrin qui me tuait. Rien qui eût rapport à moi ne me touchait ; tout mon désespoir portait sur la faute horrible qu'on commettait à Vienne contre les intérêts de Votre Majesté, en m'y retenant prisonnier. Qu'on me garrotte dans ma voiture, disais-je, et qu'on me conduise en France. Je n'écoute aucun amour-propre, quand le devoir devient si pressant. Ou je suis M. de Beaumarchais, ou je suis un scélérat qui en usurpe le nom et la mission. Dans les

---

[1] Souvenir d'horlogerie très-bien adapté à la situation.

deux cas, il est contre toute bonne politique de me faire perdre un mois à Vienne. Si je suis un fourbe, en me renvoyant en France, on ne fait que hâter ma punition; mais si je suis Beaumarchais, comme il est inouï qu'on en doute après ce qui s'est passé, quand on serait payé pour nuire aux intérêts du roi mon maître, on ne pourrait pas faire pis que de m'arrêter à Vienne dans un temps où je puis être si utile ailleurs. —Nulle réponse. On me laisse huit jours entiers livré à cette angoisse meurtrière. Enfin on m'envoie un conseiller de la régence pour m'interroger.—Je proteste, Monsieur, lui dis-je, contre la violence qui m'est ici faite au mépris de tout droit des gens : je viens invoquer la sollicitude maternelle, et je me trouve accablé sous le poids de l'autorité impériale!—Il me propose d'écrire tout ce que je voudrai, dont il se rendra porteur. Je démontre dans mon écrit le tort qu'on fait aux intérêts du roi en me retenant les bras croisés à Vienne. J'écris à M. de Sartines; je supplie au moins qu'on fasse partir un courrier en diligence. Je renouvelle mes instances au sujet de Nuremberg. Point de réponse. On m'a laissé un mois entier prisonnier sans daigner me tranquilliser sur rien. Alors, ramassant toute ma philosophie et cédant à la fatalité d'une aussi fâcheuse étoile, je me livre enfin aux soins de ma santé. Je me fais saigner, droguer, purger. On m'avait traité comme un homme suspect en m'arrêtant, comme un frénétique, en m'ôtant rasoirs, couteaux, ciseaux, etc., comme un sot en me refusant des plumes et de l'encre, et c'est au milieu de tant de maux, d'inquiétudes et de contradictions, que j'ai attendu la lettre de M. de Sartines.

« En me la rendant le trente et unième jour de ma détention, on m'a dit : Vous êtes libre, Monsieur, de rester ou de partir, selon votre désir ou votre santé. — Quand je devrais mourir en route, ai-je répondu, je ne resterais pas un quart d'heure à Vienne. On m'a présenté *mille ducats* de la part de l'impératrice. Je les ai refusés sans orgueil, mais avec fermeté. — Vous n'avez point d'autre argent pour partir, m'a-t-on dit; tous vos effets sont en France.— Je ferai donc mon billet de ce que je ne puis me dispenser d'emprunter pour mon voyage. — Monsieur, une impératrice ne prête point.—Et moi je n'accepte de bienfaits que de mon maître ; il est assez grand seigneur pour me récompenser, si je l'ai bien servi ; mais je ne recevrai rien, je ne recevrai surtout point de l'argent d'une puissance étrangère chez qui j'ai été si odieusement traité. — Monsieur, l'impératrice trouvera que vous prenez de grandes libertés avec elle d'oser la refuser. — Monsieur, la seule liberté qu'on ne puisse empêcher de prendre à un homme très-respectueux, mais aussi cruellement outragé, est celle de refuser des bienfaits. Au reste, le roi mon maître décidera si j'ai tort ou non de tenir cette conduite, mais, jusqu'à sa décision, je ne puis ni ne veux en avoir d'autre.

« Le même soir, je pars de Vienne, et, venant jour et nuit sans me reposer, j'arrive à Paris le neuvième jour de mon voyage, espérant y trouver des éclaircissements sur une aventure aussi incroyable que mon emprisonnement à Vienne. La seule chose que M. de Sartines m'ait dite à ce sujet est que l'impératrice m'a pris pour un aventurier ; mais je lui ai montré un ordre de la main de Votre Majesté, mais je suis entré dans des détails qui, selon moi, ne devaient laisser aucun doute sur mon compte. C'est d'après ces considérations que j'ose espérer, Sire, que Votre Majesté voudra bien ne pas désapprouver le refus que je persiste à faire de l'argent de l'impératrice, et me permettra de le renvoyer à Vienne. J'aurais pu regarder comme une espèce de dédommagement flatteur de l'erreur où l'on était tombé à mon égard, ou un mot obligeant de l'impératrice, ou son portrait, ou telle autre chose honorable que j'aurais pu opposer au reproche qu'on me fait partout d'avoir été arrêté à Vienne comme un homme suspect ; mais de l'argent, Sire ! c'est le comble de l'humiliation pour moi, et je ne crois pas avoir mérité qu'on m'en fasse éprouver, pour prix de l'activité, du zèle et du courage avec lesquels j'ai rempli de mon mieux la plus épineuse commission.

« J'attends les ordres de Votre Majesté.

« Caron de Beaumarchais. »

C'est ainsi que se vérifiait, aux dépens de Beaumarchais, la justesse de la maxime de Talleyrand : « Surtout, Messieurs, pas de zèle. » En se remuant à outrance pour une bagatelle, il gagnait un mois de prison, et quand il se plaignait à M. de Sartines, ce dernier lui répondait : « Que voulez-vous ? l'impératrice vous a pris pour un aventurier. » Il y a, ce me semble, de la candeur dans l'étonnement du négociateur, qui ne peut parvenir à comprendre que sa boîte d'or pendue au col, son billet royal, son ardeur fiévreuse, son abus des chevaux de poste, son changement de nom, son assassinat et ses brigands, le tout à propos d'une méchante brochure, aient formé un composé assez hétérogène pour inspirer à Marie-Thérèse quelque défiance, et que ce qui devait, suivant lui, le rendre intéressant, n'ait servi qu'à le rendre suspect de folie ou de fourberie. Il paraît cependant que, pour le consoler des mille ducats qu'il avait sur le cœur, on lui remit en échange un diamant avec autorisation de le porter comme un présent de l'impératrice.

Un mot enfin sur la carte à payer de cette *importante affaire*. Beaumarchais, dont le but principal, en ce moment, est d'obtenir que le roi facilite sa réhabilitation devant le parlement, travaille gratis et ne demande rien pour lui-même ; mais les chevaux de poste coûtent fort cher, et depuis le mois de mars, en comptant les voyages relatifs à Morande, dont les frais ne sont pas encore payés, il a fait, en allées et venues, pour le service du roi, dix-huit cents lieues. Le total des dépenses, y compris l'achat du libelle Angelucci et les frais de séjour en diverses villes, se monte à 2,783 guinées, c'est-à-dire plus de 72,000 francs. Ainsi, en faisant rentrer dans ce compte les 100,000 francs donnés à Morande, on dépensait 172,000 francs, on employait pendant six mois toute l'activité d'un homme intelligent, et cela pour arriver à la destruction de deux rapsodies qui ne valaient pas 72 deniers. Singulier moyen d'arrêter la confection des libelles, et singulier emploi de la fortune publique!

Cependant, en déployant beaucoup d'activité pour des objets de peu d'importance, Beaumarchais gagnait du terrain. Il était en correspondance suivie avec M. de Sartines, il lui transmettait avec un mélange de bon sens et de joviale familiarité ses observations et ses vues sur tous les incidents de la politique quotidienne; il allait et venait sans cesse de Paris à Londres pour la surveillance des libelles, et suivait déjà avec attention la querelle des colonies anglaises de l'Amérique avec la métropole. Bientôt on eut encore recours à lui pour une troisième affaire, d'un genre plus extraordinaire que les deux premières. Jusqu'ici, nous l'avons vu occupé de dépister, de poursuivre ou d'acheter des libellistes vulgaires ; le gouvernement français va le mettre aux prises avec un personnage célèbre comme lui, aussi fin que lui, presque aussi spirituel et dont la vie n'est pas moins bizarre que la sienne.

XVI

BEAUMARCHAIS ET LE CHEVALIER D'ÉON.

Le succès d'une mystification n'est pas chose rare dans les annales humaines ; mais de toutes les mystifications historiques, une des plus étranges et des plus ridicules est sans contredit celle qui se rattache au chevalier d'Éon. Voici un personnage qui jusqu'à l'âge de quarante-trois ans est considéré partout comme un homme, qui, en cette qualité d'homme, devient successivement docteur en droit, avocat au parlement de Paris, censeur pour les belles-lettres, agent diplomatique, chevalier de Saint-Louis, capitaine de dragons, secrétaire d'ambassade, et qui enfin remplit pendant quelques mois les fonctions de ministre plénipotentiaire de la cour de France à Londres. A la suite d'une querelle violente et scandaleuse avec l'ambassadeur, comte de Guerchy, dont il a occupé le poste par intérim, il est destitué et rappelé officiellement par Louis XV, mais maintenu secrètement par lui à Londres avec une pension de 12,000 livres. Bientôt, vers 1771, des doutes venus on ne sait d'où, engendrés on ne sait comment, s'élèvent sur le sexe de ce capitaine de dragons, et des paris énormes s'engagent à la manière anglaise sur cette question. Le chevalier d'Éon, qui pourrait facilement dissiper toutes les incertitudes, les laisse se propager et s'accroître; la fièvre des paris redouble, et l'opinion que le chevalier est une femme ne tarde pas à devenir l'opinion la plus générale. Peu de temps après, en 1775, Beaumarchais, auquel il a déclaré qu'il était une femme, vient lui enjoindre au nom du roi Louis XVI, de rendre cette déclaration publique et de prendre les habits de son sexe. Il signe la déclaration demandée, et après avoir hésité un peu plus longtemps sur le changement de costume, il se résigne enfin, quitte à cinquante ans son uniforme de dragon pour prendre une jupe et une coiffe, et en 1777 apparaît à Versailles dans cet accoutrement, qu'il garde jusqu'à sa mort, c'est-à-dire pendant trente-deux ans. On écrit avec sa coopération, sous le titre de *Vie militaire, politique et privée de la demoiselle d'Éon*, un beau roman dans lequel on raconte que ses parents l'ont fait baptiser comme garçon, quoiqu'il fût une fille, afin de conserver un bien que sa famille devait perdre faute d'héritiers mâles. Le chevalier écrit de son côté et publie de nombreux factums dans lesquels il pose en chevalière, se félicite d'avoir pu au milieu des désordres des camps, des siéges et des batailles, « *conserver*, dit-il, intacte *cette fleur de pureté*, gage si précieux et si fragile, hélas ! de nos mœurs et de notre *foi.* » On le compare à Minerve et à Jeanne d'Arc ! Dorat adresse des épîtres galantes à cette vieille héroïne qui a illustré son sexe. Les écrivains les plus sérieux et qu'on devrait croire les mieux informés sont dupés comme tous les autres, et le grave auteur de l'*Histoire de la Diplomatie française*, M. de Flassan, publie sur le chevalier d'Éon la page qui suit :

« On ne peut nier, dit M. de Flassan, qu'elle (la chevalière d'Éon) n'ait offert une espèce de phénomène. La nature se trompa en lui donnant un sexe si opposé à son caractère fier et décidé. Sa *manie de vouloir jouer l'homme* et de *tromper les observateurs* la rendit quelquefois mauvaise tête, et elle traita M. de Guerchy avec une impertinence inexcusable vis-à-vis d'un ministre du roi. Du reste, elle mérite de l'estime et du respect pour la constance qu'elle mit à dérober son sexe à tant de regards perçants... Le rôle brillant que *cette femme* a joué dans des missions délicates et au milieu de tant de circonstances contraires prouve en particulier qu'elle était plus propre à la politique, par son esprit et ses connaissances, que beaucoup d'hommes qui ont couru la même carrière[1]. »

C'est en 1809, un an avant la mort de la chevalière d'Éon, que M. de Flassan écrivait les lignes que nous venons de citer. Un an après, le 21 mai 1810, la chevalière d'Éon mourait à Londres, et à l'inspection de son

[1] *Histoire générale et raisonnée de la diplomatie française*, t. V, p. 454, 1re édition, 1809.

corps, il était démontré et constaté de la manière la plus authentique que cette prétendue chevalière, à qui l'historien de la diplomatie française reproche la *manie de vouloir jouer l'homme et de tromper les observateurs*, que cette prétendue chevalière était *un chevalier parfaitement constitué*[1].

Que signifie cette grotesque mystification, et comment s'en expliquer le succès? Quel motif a pu porter un homme distingué par son rang et un homme d'esprit, un officier intrépide, un secrétaire d'ambassade, un chevalier de Saint-Louis, à se faire passer pour une femme pendant plus de trente ans? Ce rôle lui fut-il imposé? S'il fut imposé, comment et pourquoi un gouvernement a-t-il pu exiger d'un capitaine de dragons âgé de quarante-sept ans un travestissement aussi ridicule, et comment ce dragon de quarante-sept ans, qui se faisait la barbe à l'instar de tous les dragons[2], qui, d'après les propres paroles de Beaumarchais, *buvait, fumait et jurait comme un estafier allemand*,

---

[1] C'est ce qui résulte de l'attestation suivante : « Je certifie par le présent que j'ai examiné et disséqué le corps du chevalier d'Éon en présence de M. Adair, de M. Wilson, du père Élysée, et que j'ai trouvé les organes mâles de la génération parfaitement formés sous tous les rapports.—Le 23 mai 1810.—Thom Copeland, chirurgien. » A cette attestation sont jointes les signatures d'une grande quantité de personnages notables, qui mettent hors de doute le sexe du chevalier d'Éon.

[2] Quoique d'Éon eût peu de barbe, il est constant qu'il en avait; la nuance de la barbe se reconnaît dans un portrait au pastel que j'ai vu de lui et qu'il donna à Beaumarchais; à la vérité sa figure offre une certaine rondeur féminine, qui jointe à sa voix également féminine, dut contribuer à accréditer la fable dont il fut l'objet.

a-t-il pu tromper tant de personnes, à commencer par Beaumarchais lui-même? Car ce dernier, on va le voir, a toujours cru *très-sincèrement* que le dragon était une femme, et une femme amoureuse de lui, Beaumarchais! Comment enfin et pourquoi ce problème de carnaval a-t-il pu devenir une sorte de question d'État, donner lieu à une foule de négociations, faire agir, parler, écrire, des rois et des ministres, faire voyager des courriers, et dépenser, comme toujours, beaucoup d'argent? Ces diverses questions, qui prouvent à quel point Montaigne avait raison quand il disait en son langage : *La plupart de nos vacations sont farcesques,* — ces diverses questions sont encore loin d'être éclaircies.

La version la plus accréditée sur le chevalier d'Éon est celle-ci. Ayant, dans sa jeunesse, les apparences d'une femme, il aurait été envoyé une fois par Louis XV, sous un déguisement féminin, à la cour de Saint-Pétersbourg. Il se serait introduit auprès de l'impératrice Elisabeth en qualité de *lectrice,* et aurait contribué au rapprochement des deux cours. Il en serait résulté quelques doutes sur son sexe. Ces doutes, disparus au milieu d'une carrière toute virile, auraient été réveillés et propagés longtemps après par Louis XV lui-même, à la suite de l'éclat scandaleux occasionné par la querelle de d'Éon et du comte de Guerchy. Ne voulant point sévir contre un agent qu'il avait employé avec utilité dans sa diplomatie secrète, voulant, d'un autre côté, donner satisfaction à la famille de Guerchy, empêcher un duel entre le jeune fils de l'ambassadeur, qui avait juré de venger son père, et d'Éon, duelliste redouté, —voulant enfin arrêter toutes les conséquences de cette querelle, le roi aurait été conduit, par le souvenir des travestissements de la jeunesse de d'Éon, à lui enjoindre de laisser s'accréditer le bruit qu'il était une femme. Louis XVI, adoptant la politique de son aïeul, l'aurait forcé de se déclarer femme et de prendre le costume féminin. « Depuis longtemps, dit Mme Campan, ce bizarre personnage sollicitait sa rentrée en France; mais il fallait trouver un moyen d'épargner à la famille qu'il avait offensée l'espèce d'insulte qu'elle verrait dans son retour : on lui fit prendre le costume d'un sexe auquel on pardonne tout en France. »

Tel est le thème le plus généralement admis sur le chevalier d'Éon; mais il paraît bien inconcevable. Comment s'expliquer en effet qu'un roi, pour étouffer les suites d'une querelle, ne trouve pas de moyen plus simple que de changer un des adversaires en femme, et qu'un officier de quarante-sept ans préfère renoncer à toute carrière virile et porter des jupes pendant tout le reste de sa vie plutôt que de s'engager tout simplement à refuser, par ordre du roi, une provocation, ou plutôt que de rester dans la disgrâce et l'exil en gardant sa liberté et son sexe? Comment s'expliquer enfin, si le chevalier d'Éon n'est que la victime résignée des volontés de Louis XV, adoptées par Louis XVI, que, lorsque ces deux rois sont morts, lorsque la monarchie française elle-même n'existe plus, lorsque d'Éon, retiré à Londres, n'a plus aucun intérêt d'argent ni de situation à subir le travestissement imposé, comment s'expliquer qu'il persiste à le conserver jusqu'à sa mort ?

Tout cela est fort singulier et peu compréhensible. Un nouveau thème s'est produit, il y a une vingtaine d'années, sur le chevalier d'Éon. Cette donnée est aussi des plus étranges, nous éprouvons même quelque embarras à la reproduire ; cependant, comme elle est développée dans un ouvrage en deux volumes, qu'on nous déclare emprunté à des documents authentiques[1], il faut bien en dire un mot. L'auteur de cet ouvrage affirme que, si le fameux chevalier d'Éon a consenti à passer pour une femme, ce n'est pas dans l'intérêt de la maison de Guerchy, mais pour sauver l'honneur de la reine d'Angleterre, Sophie-Charlotte, épouse de George III. Il prétend que, d'Éon ayant été surpris avec la reine par le roi, un médecin ami de la reine et de d'Éon aurait déclaré au roi que d'Éon était une femme. George III s'en serait informé auprès de Louis XV, qui, dans l'intérêt de la tranquillité de son royal confrère, se serait empressé d'assurer qu'en effet d'Éon était une femme. A partir de ce jour, d'Éon aurait été condamné à changer de sexe, avec cette consolation d'avoir donné un roi à l'Angleterre, car l'auteur du livre en question n'hésite pas à nous dire qu'il est persuadé que cette prétendue femme était le père de George IV.

Cette *révélation* au sujet d'une reine qui a toujours

---

[1] Cet ouvrage est intitulé *Mémoires du chevalier d'Éon*, publiés pour la première fois sur les papiers fournis par sa famille et d'après des matériaux authentiques déposés aux archives des affaires étrangères, par M. Gaillardet, auteur de *la Tour de Nesle*.

passé jusqu'ici pour une très-honnête femme, aurait besoin, pour être admise, d'être appuyée sur des preuves concluantes, que nous cherchons en vain dans l'ouvrage intitulé : *Mémoires du chevalier d'Éon*. Sauf une lettre du duc d'Aiguillon au chevalier, qui, si elle est authentique, pourrait, quoiqu'elle ne désigne pas positivement la reine Sophie-Charlotte, prêter quelque force à l'hypothèse de l'auteur, tout se réduit dans ce livre, au moins quant à la question principale, à des assertions très-hasardées, à des inductions très-arbitraires, accompagnées de récits, de tableaux et de dialogues de fantaisie qui donnent à cet ouvrage les allures d'un roman, et lui enlèvent toute autorité [1].

Nous ne nous proposons point ici de présenter à notre tour un système sur le chevalier d'Éon : ce singulier personnage ne figurant qu'accessoirement dans la vie de Beaumarchais, il nous suffira de prendre la situation au moment où s'établissent leurs rapports.

C'est en mai 1775. Le chevalier d'Éon est à Londres,

[1] Si on voulait ici discuter l'hypothèse de M. Gaillardet, les objections ne manqueraient pas. Comment s'expliquer par exemple que d'Éon, déterminé à sauver l'honneur de la reine d'Angleterre en se donnant pour une femme, favorise par son silence les paris sur son sexe et les laisse se multiplier pendant quatre ans, depuis 1771, époque de la scène racontée par l'auteur des *Mémoires*, jusqu'en 1775, époque où d'Éon signe la déclaration dictée par Beaumarchais? Comment s'expliquer que durant ces quatre ans le roi George III, qui, dans l'hypothèse en question, aurait un intérêt capital à éclaircir la chose, n'emploie pour y arriver aucun de ces moyens qu'un monarque même constitutionnel trouverait facilement en un cas pareil? Enfin, si cette hypothèse peut servir à motiver la persistance de d'Éon à garder ses vêtements de femme jusqu'à sa mort, elle rend absolument inexplicable ce fait, que la reine n'ait rien tenté

disgracié et banni depuis sa querelle avec le comte de Guerchy, mais n'en continuant pas moins à toucher, même après la mort de Louis XV, la pension secrète de 12,000 francs que ce roi lui a accordée en 1766. Les doutes élevés sur son sexe paraissent dater de 1771. Les paris anglais sur ce point sont ouverts depuis cette époque, et d'Éon entretient par son silence l'incertitude des parieurs. Toutefois ce n'est pas la question de son sexe qui à cette époque intéresse le gouvernement français : c'est une autre et plus grave question. En sa qualité d'agent secret de Louis XV, d'Éon a eu pendant quelques années une correspondance mystérieuse avec le roi et les quelques personnes chargées de diriger la diplomatie occulte qu'il avait, on le sait, organisée à l'insu de ses ministres. D'Éon exagère de son mieux l'importance de ces papiers relatifs à la paix conclue entre la France et l'Angleterre en 1763. Il débite autour de lui que, s'ils étaient publiés, ils rallumeraient la guerre entre les deux nations, et que l'opposition

pour empêcher la découverte de la vérité après le décès du chevalier. Cette découverte, suivant M. Gaillardet, aurait occasionné le troisième et dernier accès de folie du roi George III. Rien n'eût été cependant plus facile que d'éviter ce malheur, car d'Éon est mort dans un état voisin de l'indigence ; et puisqu'il était, dans la supposition de M. Gaillardet, assez dévoué à la reine pour lui sacrifier sa vie pendant trente ans, elle eût pu certainement, avec très-peu d'argent, le déterminer à aller mourir sur une terre lointaine, au lieu de rester exposé à Londres à l'examen des chirurgiens. Il y aurait encore bien d'autres observations à faire sur l'audacieuse hypothèse de M. Gaillardet, par exemple, la date de la naissance de George IV, rapprochée de la date du voyage de d'Eon en Angleterre, ne s'accorde pas du tout avec cette hypothèse qui nous semble complétement chimérique.

anglaise lui a offert des sommes énormes pour les publier ; il est, dit-il, trop bon Français pour y consentir, mais cependant il a besoin d'argent, de beaucoup d'argent, parce qu'il a beaucoup de dettes, et si le cabinet de Versailles veut rentrer en possession de ses papiers, il faut qu'il paye les dettes du possesseur. Ce n'est pas d'ailleurs un cadeau que d'Éon réclame : le gouvernement français est son débiteur, il lui doit beaucoup plus d'argent que d'Éon n'en doit lui-même. En effet, le chevalier envoie, en 1774, à M. de Vergennes, ministre des affaires étrangères, un compte d'apothicaire des plus amusants, duquel j'extrais seulement les articles suivants, qui donneront une idée de l'intrépidité avec laquelle ce dragon chargeait à fond sur le trésor public.

« En novembre 1757, écrit d'Eon, le roi actuel de Pologne, étant envoyé extraordinaire de la république en Russie, fit remettre à M. d'Eon, secrétaire de l'ambassade de France, un billet renfermant un diamant estimé 6,000 liv., dans l'intention que M. d'Eon l'instruirait d'une affaire fort intéressante qui se tramait alors à Saint-Pétersbourg. Celui-ci se fit un devoir de confier le billet et le diamant à M. le marquis de l'Hospital, ambassadeur, et de reporter ledit diamant au comte de Poniatowski, qui, de colère, le jeta dans le feu. M. de l'Hospital, touché de l'acte honnête de M. d'Eon, en écrivit au cardinal de Bernis, qui promit de lui faire accorder par le roi une gratification de pareille somme pour récompense de sa fidélité ; mais M. le cardinal de Bernis ayant été déplacé et exilé, le sieur d'Eon n'a jamais reçu cette gratification, qu'il se croit en droit de réclamer, ci . . 6,000 liv.

N'est-ce pas une bonne plaisanterie que cette histoire

d'un diamant refusé en 1757 et qui reparaît à titre de créance dans un mémoire de 1774? — Passons à quelques autres articles.

« M. le comte de Guerchy, dit d'Eon, a détourné le roi d'Angleterre de faire à M. d'Eon le présent de mille pièces qu'il accorde aux ministres plénipotentiaires qui résident à sa cour, ci. . . . . 24,000 liv.

« Autre article. — Plus, n'ayant pas été en état, depuis 1763 jusqu'en 1773, d'entretenir ses vignes en Bourgogne, M. d'Eon a non-seulement perdu mille écus de revenu par an, mais encore toutes les vignes, et croit pouvoir porter cette perte à la moitié de sa réalité, ci. . . 15,000 liv.

« Plus, M. d'Eon, sans entrer dans l'état qu'il pourrait produire des dépenses immenses que lui a occasionnées son séjour à Londres depuis 1763 jusqu'à la présente année 1773, tant pour l'entretien et la nourriture de feu son cousin et de lui que pour les frais extraordinaires que les circonstances ont exigés, croit devoir se borner à réclamer ce qu'exige à Londres l'entretien d'un ménage simple et décent dans lequel on se limite aux frais et domestiques nécessaires; ce qu'il évalue en conséquence à la modique somme de 450 louis, ou 10,000 livres tournois par an, ce qui fait, pour lesdites dix années, ci. . . . . 100,000 liv.

Il est à noter que, depuis 1766, d'Éon touche 12,000 livres de pension par an. Le valet du *Joueur*, dans Regnard, présente un compte de dettes *actives* qui ne vaut certainement pas celui-là. Tout le reste est de même force, et l'ensemble des créances de l'ingénieux chevalier s'élève ainsi à la modique somme de 318,477 livres 16 sous. D'Éon demande de plus que sa pension de 12,000 livres soit convertie en un contrat de rente viagère de même somme. On lui avait envoyé successivement deux négociateurs pour obtenir la remise de ses papiers à des conditions moins exorbitantes ; l'un d'eux, M. de Pommereux, capitaine de grenadiers, et comme tel doué d'une rare intrépidité, avait été jusqu'à proposer à ce capitaine de dragons, qui passait pour femme, de l'épouser. D'Éon ne voulant point démordre de ses prétentions, on avait pris le parti de laisser tomber la négociation, lorsqu'en mai 1775 le chevalier, apprenant que Beaumarchais était à Londres pour d'autres affaires, demanda à le voir. « Nous nous vîmes tous deux, dit d'Éon, conduits sans doute par une curiosité naturelle aux animaux extraordinaires de se rencontrer. » Le chevalier sollicita l'appui de Beaumarchais, et, pour lui donner une preuve de confiance, lui avoua en pleurant qu'il était une femme, et, ce qui est étrange, c'est que Beaumarchais n'en doute pas un instant. Charmé à la fois d'obliger une fille aussi intéressante par son courage guerrier, ses talents diplomatiques, ses malheurs, et de mener à fin une négociation difficile, il adresse à Louis XVI les lettres les plus touchantes en faveur de d'Éon. « Quand on pense, écrit-il au roi, que cette créature tant persécutée est d'un sexe à qui l'on pardonne tout, le cœur s'émeut d'une douce compassion..... J'ose vous assurer, Sire, écrit-il ailleurs, qu'en prenant cette étonnante créature avec adresse et douceur, quoique aigrie par douze années de malheurs, on l'amènera facilement à rentrer sous le joug, et à remettre tous les papiers relatifs au feu roi à des conditions raisonnables. » — On se demande comment Beaumarchais, qui ne manquait certes pas d'expérience en ces sortes de questions, a pu ainsi voir une fille dans la personne d'un dragon des plus masculins. Le dernier des biographes de d'Éon, dont nous venons de parler, assure que le chevalier employa, pour abuser l'auteur du *Barbier de Séville*, une supercherie indécente, qu'il raconte fort au long et que nous n'exposerons pas ici. C'est possible, mais ce qui est certain, c'est qu'il n'y a pas dans tous les papiers de Beaumarchais une seule ligne qui ne prouve qu'il a été, en effet, complétement trompé sur le sexe du chevalier; et si l'on pouvait supposer que, dans cette comédie, l'auteur du *Barbier de Séville* joue de son côté un rôle et feint de prendre un homme pour une femme, on serait détourné de cette idée par la candeur avec laquelle son ami intime Gudin, qui l'accompagnait dans le voyage où se noua la négociation avec d'Éon, raconte à son tour, dans ses mémoires inédits sur Beaumarchais, les malheurs de cette *femme intéressante*.

« Ce fut, dit Gudin, chez Wilkes[1], à dîner, que je rencontrai d'Éon pour la première fois. Frappé de voir la croix de Saint-Louis briller sur sa poitrine, je demandai à Mlle Wilkes quel était ce chevalier; elle me le nomma. — Il a, lui dis-je, une voix de femme, et c'est de là vraisemblablement que sont nés tous les propos qu'on a faits sur son compte. Je n'en savais pas davantage alors; j'ignorais encore ses relations avec Beaumarchais. Je les appris bientôt par elle-même. Elle m'avoua en pleurant (il paraît que c'était la

---

[1] Wilkes était à cette époque lord-maire de Londres.

manière de d'Éon), qu'elle était femme, et me montra ses jambes couvertes de cicatrices, restes de blessures qu'elle avait reçues lorsque, renversée de son cheval tué sous elle, un escadron lui passa sur le corps et la laissa mourante dans la plaine. »

On ne peut pas être plus naïvement mystifié que ne l'est Gudin. — Dans cette première période de la négociation, d'Éon est aux petits soins pour Beaumarchais, il l'appelle son *ange tutélaire*, il lui envoie, en les recommandant à son indulgence, ses *œuvres complètes* en quatorze volumes ; car cet être bizarre, dragon, femme et diplomate, était en même temps un barbouilleur de papier des plus féconds. Il se caractérise assez bien dans une lettre au duc de Praslin.

« Si vous voulez me connaître, Monsieur le duc, je vous dirai franchement que je ne suis bon que pour penser, imaginer, questionner, réfléchir, comparer, lire, écrire, pour courir du levant au couchant, du midi jusqu'au nord, et pour me battre dans la plaine ou sur les montagnes : si j'eusse vécu du temps d'Alexandre ou de don Quichotte, j'aurais été Parménion ou Sancho Pança. Si vous m'ôtez de là, je vous mangerai, sans faire une sottise, tous les revenus de la France en un an, et après cela, je vous ferai un excellent traité sur l'économie. Si vous voulez en avoir la preuve, voyez tout ce que j'ai écrit dans mon histoire des finances sur la distribution des deniers publics. »

Sous l'impression des cajoleries de la prétendue chevalière, Beaumarchais revient à Versailles, plaide sa cause avec chaleur, s'évertue à prouver que les papiers qu'elle a dans les mains, et qu'il ne connaît pas, sont de la plus haute importance, demande la permission de renouer avec elle d'abord officieusement les négociations rompues, et l'obtient par la lettre suivante de M. de Vergennes, qui est importante, en ce qu'elle n'est pas d'accord avec la version généralement adoptée sur les vues du gouvernement français quant au chevalier d'Éon. Voici cette lettre inédite de M. de Vergennes à Beaumarchais, dont je ne supprime que quelques passages insignifiants :

« J'ai sous les yeux, Monsieur, le rapport que vous avez fait à M. de Sartines de notre conversation touchant M. d'Éon ; il est de la plus grande exactitude ; j'ai pris en conséquence les ordres du roi ; Sa Majesté vous autorise à convenir de toutes les sûretés raisonnables que M. d'Éon pourra demander pour le payement régulier de sa pension de 12,000 livres, bien entendu qu'il ne prétendra pas qu'on lui constitue une annuité de cette somme hors de France ; le fonds capital qui devrait être employé à cette création n'est pas en mon pouvoir, et je rencontrerais les plus grands obstacles à me le procurer ; mais il est aisé de convertir la susdite pension en une rente viagère dont on délivrerait le titre.

« L'article du payement des dettes fera plus de difficulté ; les prétentions de M. d'Éon sont bien hautes à cet égard ; il faut qu'il se réduise, et considérablement, pour que nous puissions nous arranger. Comme vous ne devez pas, Monsieur, paraître avoir aucune mission auprès de lui, vous aurez l'avantage de le voir venir, et par conséquent de le combattre avec supériorité. M. d'Éon a le caractère violent, mais je lui crois une âme honnête, et je lui rends assez de justice pour être persuadé qu'il est incapable de trahison.

« Il est impossible que M. d'Éon prenne congé du roi d'Angleterre ; la *révélation de son sexe ne peut plus le permettre ; ce serait un ridicule pour les deux cours.* L'attestation à substituer est délicate ; cependant on peut l'accorder, pourvu qu'il se contente des éloges que méritent son zèle, son intelligence et sa fidélité ; mais nous ne pouvons louer ni sa modération ni sa soumission, et, dans aucun cas, il ne doit être question des scènes qu'il a eues avec M. de Guerchy.

« Vous êtes éclairé et prudent, vous connaissez les hommes, et je ne suis pas inquiet que vous ne tiriez bon parti de M. d'Éon, s'il y a moyen. Si l'entreprise échoue dans vos mains [1], il faudra se tenir pour dit qu'elle ne peut plus réussir, et se résoudre à tout ce qui pourra en arriver. La première sensation pourrait être désagréable pour nous, mais les suites seraient affreuses pour M. d'Éon : c'est un rôle bien humiliant que celui d'un expatrié qui a le vernis de la trahison ; le mépris est son partage.

« Je suis très-sensible, Monsieur, aux éloges que vous avez bien voulu me donner dans votre lettre à M. de Sartines. J'aspire à les mériter, et je les reçois comme un gage de votre estime qui me flattera dans tous les temps. Comptez, je vous prie, sur la mienne, et sur tous les sentiments avec lesquels j'ai l'honneur d'être très-sincèrement, Monsieur, votre très-humble et très-obéissant serviteur,

« DE VERGENNES. »

« Versailles, le 21 juin 1775. »

Cette lettre de M. de Vergennes, très-honorable pour Beaumarchais, prouve qu'à cette époque on ne songe point encore à imposer à d'Éon le costume de femme ; mais elle prouve en même temps que son sexe féminin est considéré dès-lors comme un fait avéré : la seule condition exigée pour sa rentrée en France est la remise de sa correspondance avec Louis XV. C'est dans une autre lettre à Beaumarchais, postérieure de

[1] C'est-à-dire l'entreprise qui a pour objet d'obtenir la restitution de la correspondance secrète de d'Éon avec Louis XV.

de deux mois et datée du 26 août 1775, que M. de Vergennes s'explique sur la question du costume féminin en ces termes :

« Quelque désir que j'aie de voir, de connaître, et d'entendre M. d'Eon, je ne vous cacherai pas, Monsieur, une inquiétude qui m'assiége. Ses ennemis veillent, et lui pardonneront difficilement tout ce qu'il a dit d'eux. S'il vient ici, quelque sage et circonspect qu'il puisse être, ils pourront lui prêter des propos contraires au silence que le roi impose ; les dénégations et les justifications sont toujours embarrassantes et odieuses pour les âmes honnêtes. *Si M. d'Eon voulait se travestir, tout serait dit : c'est une proposition que lui seul peut se faire* ; mais l'intérêt de sa tranquillité semble lui conseiller d'éviter, du moins pour quelques années, le séjour de la France, et nécessairement celui de Paris. Vous ferez de cette observation l'usage que vous jugerez convenable. »

La phrase que nous venons de souligner dans cette seconde lettre du ministre semble en contradiction avec celle que nous avons soulignée dans la première. Par ces mots : « Si M. d'Éon voulait se *travestir*, tout serait dit, » M. de Vergennes entend-il que d'Éon est un homme, et qu'il doit s'habiller en femme? S'il en était ainsi, comment accorder cela avec ce qu'il écrit deux mois auparavant sur la *révélation* du sexe de d'Éon ? De plus, et sans parler de ce qu'il y aurait d'étrange de la part d'un ministre, d'un homme grave à présenter une idée de ce genre comme une chose toute simple, si la phrase de M. de Vergennes avait le sens qu'au premier abord elle paraît avoir, cette phrase, adressée à Beaumarchais, rendrait les lettres de ce dernier complétement inintelligibles, car il insiste perpétuellement sur le sexe féminin du chevalier d'Éon. Ajoutons enfin que cette phrase prise à la lettre détruirait également le système de M. Gaillardet qui, pour motiver l'erreur de Beaumarchais, prétend que d'Éon et le ministre étaient convenus ensemble que les agents chargés de négocier entre eux seraient eux-mêmes abusés sur le véritable sexe du chevalier. Ces considérations nous portent à penser que M. de Vergennes croit comme Beaumarchais que d'Éon est une femme, que ce mot *se travestir* est une expression impropre échappée au ministre et qui veut dire seulement : « Quoique M. d'Éon ait toujours passé pour un homme puisqu'il est aujourd'hui reconnu femme, il devrait s'habiller en femme, » la forme de la lettre semble indiquer aussi qu'elle est écrite pour appuyer l'initiative prise par Beaumarchais sur la question du costume féminin. C'est Beaumarchais en effet qui insiste particulièrement sur ce point :

« Tout ceci, écrit-il au ministre en date du 7 octobre 1775, m'a donné occasion de mieux connaître encore la créature à qui j'ai affaire, et je m'en tiens toujours à ce que je vous en ai dit : c'est que le ressentiment contre les feus ministres (ceux qui l'avaient destitué en 1766) et leurs amis de trente ans est si fort *en lui*[1], qu'on ne saurait mettre une barrière trop insurmontable entre les contendants qui existent. Les promesses par écrit d'être sage ne suffisent pas pour arrêter

---

[1] Ce mot *en lui* ne prouve rien contre l'erreur de Beaumarchais ; il n'est que le résultat de l'habitude où l'on a été jusqu'ici de considérer d'Eon comme un homme.

une tête qui s'enflamme toujours au seul nom de Guerchy ; la déclaration positive de son sexe et l'engagement de vivre désormais avec ses habits de femme est le seul frein qui puisse empêcher du bruit et des malheurs. Je l'ai exigé hautement, et l'ai obtenu. »

Voici du reste une autre lettre autographe de M. de Vergennes à Beaumarchais, d'une date postérieure aux deux que j'ai déjà citées, car elle est du 10 février 1776, dans laquelle le ministre, tout en parlant d'abord par habitude de d'Éon comme d'un homme, me semble bien positivement persuadé que le chevalier est une femme.

Versailles, le 10 février 1776.

« Je ne dois pas vous laisser ignorer, Monsieur, qu'on fait circuler dans Paris une copie très-exacte du sauf-conduit dont vous êtes porteur pour remettre à M. d'Éon dans le cas où il serait revenu en France ; ce qui ne peut que lui être inutile, soit qu'il renonce à son retour dans sa patrie, soit qu'il y rentre sous les habillements de son véritable sexe. Vous jugez bien que cet écrit est d'un grand scandale pour ceux qui n'imaginent pas qu'on puisse avoir des raisons de donner des éloges à une personne qui avait été en quelque sorte proscrite, et il est bien difficile d'entrer en explication avec tous les discoureurs et avec tous les censeurs.

« Quel intérêt croyez-vous que votre amazone peut avoir eu de publier une pièce qui ne semblait pas devoir sortir de ses mains ni par copie ni par extrait ? je ne supposerai pas que vous ayez négligé de le faire sentir à votre amazone. J'ai bien peur qu'elle ne soit la dupe de quelques conseils intéressés qui veulent la mettre en avant pour donner corps à quelque nouvelle intrigue. Il serait inutile de vouloir la gêner sur ce qu'il lui plaît de faire ; mais si elle ne veut pas revenir, comme je le présume, voyez, Monsieur, si, avec dextérité, vous ne pourriez pas ravoir l'original d'un sauf-conduit qui ne peut lui être bon à rien si elle ne veut pas en faire usage, et qui même ne peut plus lui servir, puisque ce n'est qu'en habit de femme qu'elle s'est engagée à rentrer dans le royaume.

« Ne doutez pas de la sincérité des sentiments avec lesquels je suis, Monsieur, votre très-humble et très-obéissant serviteur, « DE VERGENNES[1]. »

Beaumarchais et M. de Vergennes me paraissent donc également trompés par d'Éon sur la question de sexe; mais Beaumarchais le bride à son tour sur la question d'argent. Le chevalier, on s'en souvient, pour remettre la fameuse correspondance, demandait la bagatelle de 318,477 livres. Beaumarchais, tout en repoussant ces prétentions absurdes, ne spécifie point de chiffre, et, dans la transaction du 5 octobre 1775, en vertu de laquelle d'Éon se déclare femme et s'engage à remettre tous les papiers de Louis XV, l'agent de M. de Vergennes s'oblige à lui délivrer un contrat de 12,000 livres de rentes, ainsi que *de plus fortes sommes dont le montant lui sera remis*, dit la convention, pour l'acquittement de ses dettes en Angleterre. Chacun des deux contractants se réservait ainsi une porte de derrière : si les plus fortes sommes ne paraissaient pas assez fortes au chevalier, il comptait garder une portion des pa-

---

[1] Citons encore à l'appui de notre opinion ce passage d'une autre lettre inédite adressée par M. de Vergennes au chargé d'affaires de France à Londres, en date du 23 mars 1776.

« Je voudrais fort que M. de Beaumarchais pût en finir avec *l'amazone d'Éon, non pour la savoir ici*, ce dont je me soucie très-peu, mais pour n'être plus dans le cas de m'occuper d'une aventure qui ne m'amuse pas à beaucoup près autant que le parterre. »

piers pour en obtenir de plus fortes encore; Beaumarchais, de son côté, n'entendant point payer toutes les dettes qu'il plairait à d'Éon de déclarer, avait demandé au roi la faculté de *batailler*, pour employer son expression, avec la demoiselle d'Éon depuis 100 jusqu'à 150,000 francs, se réservant de lui donner l'argent par fractions, en étendant ou resserrant la somme d'après la confiance que lui inspirerait ce rusé personnage.

D'Éon commence par exhiber un coffre de fer bien cadenassé, déposé chez un amiral anglais, son ami lord Ferrers, en nantissement, dit-il, d'une dette de 5,000 livres sterling. Il déclare que ce coffre contient toute la correspondance secrète. Ici embarras de Beaumarchais : il n'est pas autorisé à visiter ces papiers; s'il donne de l'argent, il peut recevoir, dit-il, en échange, des comptes de blanchisseuse. Après un nouveau voyage à Paris pour demander à inventorier les papiers, il obtient enfin cette autorisation, et, à l'ouverture du coffre, il se trouve que lord Ferrers, créancier réel ou simulé, n'a reçu en nantissement que des papiers presque insignifiants. D'Éon avoue alors en rougissant que les papiers les plus précieux sont restés cachés sous le plancher de sa chambre. « Elle me conduisit chez elle, écrit Beaumarchais au ministre, et tira de dessous son plancher cinq cartons bien cachetés, étiquetés : *Papiers secrets à remettre au roi seul,* qu'elle m'assura contenir toute la correspondance secrète et la masse entière des papiers qu'elle avait en sa possession. Je commençai par en faire l'inventaire et les parapher tous, afin qu'on n'en pût soustraire aucun ; mais, pour m'assurer encore mieux que la suite entière y était contenue, pendant qu'elle écrivait l'inventaire, je les parcourais tous rapidement. »

On voit que Beaumarchais était homme de précaution ; alors seulement il paye la créance de lord Ferrers, qui lui remet en échange une somme égale de billets souscrits par le chevalier d'Éon, et il se prépare à partir pour Versailles avec son coffre. Le chevalier naturellement ne trouvait pas les *plus fortes sommes* assez fortes ; mais, la transaction du 5 octobre n'embrassant pas seulement la remise des papiers, obligeant de plus d'Éon au costume de femme et au silence sur tous ses anciens démêlés avec les Guerchy, Beaumarchais lui tint la dragée haute.

« J'assurai, écrit-il à M. de Vergennes, cette demoiselle, que, si elle était sage, modeste, silencieuse, et si elle se conduisait bien, je rendrais un si bon compte d'elle au ministre du roi, même à Sa Majesté, que j'espérais lui obtenir encore quelques nouveaux avantages. Je fis d'autant plus volontiers cette promesse que j'avais encore dans mes mains environ 41,000 livres tournois sur lesquelles je comptais récompenser chaque acte de soumission et de sagesse par des générosités censées obtenues successivement du roi et de vous, Monsieur le comte, mais seulement à titre de grâce et non d'acquittement ; c'était avec ce secret que j'espérais encore dominer, maîtriser cette créature fougueuse et rusée. »

Arrivé à Versailles avec son coffre, Beaumarchais est complimenté par M. de Vergennes, qui lui envoie un beau certificat déclarant que « Sa Majesté a été très-satisfaite du zèle qu'il a marqué dans cette occasion, ainsi que de l'intelligence et de la dextérité avec lesquelles il s'est acquitté de la commission que Sa Majesté lui avait confiée [1]. »

Le négociateur commençait à attirer l'attention de Louis XVI; les précédentes missions l'avaient laissé dans l'ombre, celle-ci le mettait enfin en évidence. Il n'était pas homme à en rester là et à négliger de pousser sa pointe. Ce qu'il veut maintenant, ce n'est plus seulement un ordre du roi, c'est une correspondance directe avec lui. Avant de repartir pour Londres, il adresse à Louis XVI une série de questions en le priant de vouloir bien répondre lui-même en marge, et le roi de sa main répond docilement aux questions de Beaumarchais. L'autographe est intéressant. Le corps de la pièce est écrit de la main de Beaumarchais et signé de lui; les réponses à chaque question sont tracées en marge, d'une écriture assez fine, mais inégale, molle, indécise, où les т et les v sont à peine indiqués. C'est l'écriture du bon, du faible, du malheureux souverain que la révolution devait dévorer dix-sept ans plus tard; et afin que l'agent secret puisse se glorifier tout à son aise de correspondre directement avec Louis XVI, à la suite des réponses de ce monarque se trouve cette attestation écrite et signée de la main de M. de Vergennes : *Toutes les apostilles en réponse sont de la main du roi.* Pour apprécier ce document comme témoignage de la discordance de toutes choses à cette période

---

[1] Voir ce certificat aux pièces justificatives, n° 8.

de l'histoire de France, il ne faut pas oublier qu'au moment où il est rédigé, Beaumarchais est encore sous le coup d'une condamnation juridique qui le déclare déchu de ses droits de citoyen, et c'est dans cette situation qu'il entame par écrit avec Louis XVI le dialogue suivant :

« Points essentiels que je supplie M. le comte de Vergennes de présenter à la décision du roi avant mon départ pour Londres, ce 13 décembre 1775, pour être répondus en marge :

« Le roi accorde-t-il à la demoiselle d'Eon la permission de porter la croix de Saint-Louis sur ses habits de femme ?

« *Réponse du roi* : — En province seulement.

« Sa Majesté approuve-t-elle la gratification de 2,000 écus que j'ai passée à cette demoiselle pour son trousseau de fille ?

« *Réponse du roi* : — Oui.

« Lui laisse-t-elle la disposition entière, dans ce cas, de tous ses habillements virils ?

« *Réponse du roi* : — Il faut qu'elle les vende.

« Comme ces grâces doivent être subordonnées à de certaines dispositions d'esprit auxquelles je désire soumettre pour toujours la demoiselle d'Eon, Sa Majesté veut-elle bien me laisser encore le maître d'accorder ou de refuser, selon que je le croirai utile au bien de son service ?

« *Réponse du roi* : — Oui.

« Le roi ne pouvant refuser de me faire donner par son ministre des affaires étrangères une reconnaissance en bonne forme de tous les papiers que je lui ai rapportés d'Angleterre, j'ai prié M. le comte de Vergennes de supplier Sa Majesté de vouloir bien ajouter au bas de cette reconnaissance, *de sa main*, quelques mots de contentement sur la manière dont j'ai rempli ma mission. Cette récompense, la plus chère à mon cœur, peut en outre me devenir un jour d'une grande utilité. Si quelque ennemi puissant prétendait jamais me demander compte de ma conduite en cette affaire, d'une main je montrerais l'ordre du roi, de l'autre j'offrirais l'attestation de mon maître que j'ai rempli ses ordres à son gré. Toutes les opérations intermédiaires alors deviendront un fossé profond que chacun comblera selon son désir, sans que je sois obligé de parler ni que je m'embarrasse jamais de tout ce qu'on en pourra dire.

« *Réponse du roi* : — Bon. »

Ici le sujet de l'entretien change. Tant qu'il ne s'est agi que de décider la question de savoir si d'Éon doit porter la croix de Saint-Louis sur ses habits de femme et vendre ses habits d'homme, Louis XVI a des réponses très-nettes et très-précises; mais Beaumarchais veut le mener plus loin, et nous verrons qu'il y réussira dans quelques mois. Pour le moment il est trop pressé et trop pressant. Il passe sans transition de l'affaire d'Éon à l'affaire d'Amérique, et cherche à enlever d'assaut l'adhésion du roi à des plans dont il le poursuit depuis quelque temps. Louis XVI se tient sur la réserve, et ses réponses changent de couleur. Le sens de ce qui suit sera expliqué nettement quand nous traiterons de l'influence de Beaumarchais dans la question américaine; mais comme tout ce dialogue écrit est contenu dans la même lettre, nous n'avons pas cru devoir le scinder, de peur de lui ôter de sa physionomie. Nous continuons donc la citation.

« Comme la première personne que je verrai en Angleterre est mylord Rochford, et comme je ne doute pas que ce lord ne me demande en secret la réponse du roi de France à la prière que le roi d'Angleterre lui a fait faire par moi, que lui répondrai-je de la part du roi?

« *Réponse du roi* : — Que vous n'en avez pas trouvé.

« Si ce lord, qui certainement a conservé beaucoup de relations avec le roi d'Angleterre, veut secrètement encore m'engager à voir ce monarque, accepterai-je ou non ? Cette question n'est pas oiseuse et mérite bien d'être pesée avant que de me donner des ordres.

« *Réponse du roi* : — Cela se peut.

« Dans le dessein où ce ministre était de m'engager dans les secrets d'une politique particulière avec lui, s'il voulait aujourd'hui me lier avec d'autres ministres, ou si, de quelque façon que ce soit, l'occasion m'en est offerte, accepterai-je ou non ?

« *Réponse du roi* : — C'est inutile.

« Dans le cas de l'affirmative, je ne pourrai me passer d'un chiffre. M. le comte de Vergennes m'en donnera-t-il un ?

« *Pas de réponse.*

« J'ai l'honneur de prévenir le roi que M. le comte de Guines[1] a cherché à me rendre suspect aux ministres anglais : me sera-t-il permis de lui en dire quelques mots, ou Sa Majesté souhaite-t-elle qu'en continuant à la servir, j'aie l'air d'ignorer toutes les menées sourdes qu'on a employées pour nuire à ma personne, à mes opérations et par conséquent au bien de son service ?

« *Réponse du roi* : — Il (l'ambassadeur) doit ignorer. »

Le roi veut dire que M. de Guines ne doit point être instruit des travaux auxquels Beaumarchais se livre à Londres relativement à la situation des colonies insurgées. Ce qui suit est la partie la plus grave de la lettre ; aussi le roi n'y fait-il aucune réponse.

« Enfin je demande, avant de partir, la réponse positive à

---

[1] L'ambassadeur de France à Londres.

mon dernier mémoire¹ ; mais, si jamais question a été importante, il faut convenir que c'est celle-ci. Je réponds sur ma tête, après y avoir bien réfléchi, du plus glorieux succès de cette opération pour le règne entier de mon maître, sans que jamais sa personne, celle de ses ministres, ni ses intérêts y soient en rien compromis. Aucun de ceux qui en éloignent Sa Majesté osera-t-il de son côté répondre également, sur sa tête, au roi, de tout le mal qui doit arriver infailliblement à la France de l'avoir fait rejeter?

« Dans le cas où nous serions assez malheureux pour que le roi refusât constamment d'adopter un plan si simple et si sage, je supplie au moins Sa Majesté de me permettre de prendre date auprès d'elle de l'époque où je lui ai ménagé cette superbe ressource, afin qu'elle rende un jour justice à la bonté de mes vues, lorsqu'il n'y aura plus qu'à regretter amèrement de ne les avoir pas suivies.

« Caron de Beaumarchais. »

Ce singulier dialogue entre Louis XVI et Beaumarchais peint bien, ce me semble, le caractère prudent de l'un et le caractère *entrant* de l'autre. La témérité de l'agent secret finira bientôt par l'emporter sur la prudence du roi; mais ce moment n'est pas encore arrivé, et Beaumarchais, qui n'a mis en avant les petites questions sur d'Éon que pour arriver aux grandes sur l'Amérique, est obligé de repartir pour Londres, sachant seulement que d'Éon doit vendre ses habits d'homme. Il trouve le chevalier, qui est toujours pour lui une chevalière, assez peu fidèle aux engagements de modestie et de silence qu'il a pris dans la transaction du

---

¹ Ce mémoire, dont nous reparlerons, a pour but de déterminer le roi à envoyer secrètement, par l'intermédiaire de Beaumarchais, des secours d'armes et de munitions aux colonies d'Amérique.

5 octobre. Sous prétexte d'arrêter les paris faits sur son sexe, d'Éon s'affiche dans les journaux anglais avec la vanité fastueuse qui lui est familière, et ses réclames, étant rédigées de manière à laisser encore dans le mystère un point qui doit être considéré comme résolu, sont plutôt propres à affriander les parieurs qu'à les décourager. Beaumarchais lui en fait des reproches assez vifs; le chevalier, plus vif encore que Beaumarchais, voyant d'ailleurs que son *austère ami* tient serrés les cordons de la bourse du roi, se fâche tout rouge. De là une rupture et un échange de lettres où l'on voit d'Éon, après avoir adressé à Beaumarchais les injures les plus mâles, essayer d'exploiter sa fatuité en reprenant tout à coup le ton d'une demoiselle, et en se plaignant amoureusement de l'ingratitude de ce perfide :

J'avoue, Monsieur, lui écrit ce dragon déguisé en femme, j'avoue qu'une femme se trouve quelquefois dans des situations si malheureuses, que la nécessité des circonstances la force à profiter des services dont elle sent la première tout le ridicule parce qu'elle en pénètre l'objet [1]. Plus l'homme

[1] Ce qu'il y a de piquant dans les nombreuses lettres de d'Éon à Beaumarchais dont je ne cite que quelques fragments, c'est que tout en jouant de son mieux avec lui ce rôle de femme cachée sous les apparences d'un homme, il donne souvent à ses phrases un tour énigmatique par lequel on dirait qu'il tient à bien constater, pour l'époque où sa fraude sera dévoilée, qu'il dupait un homme aussi rusé que l'auteur du *Barbier de Séville*, et qu'il le dupait en se moquant de lui, à sa barbe, sans que celui-ci s'en aperçut : Beaumarchais de son côté s'égayait aux dépens de cette *vieille Dragonne* amoureuse et se confirmait d'autant plus dans son erreur que d'Éon simulait plus adroitement le courroux d'une vieille fille offensée.

qui la veut obliger est adroit et délicat, plus le danger est grand pour elle. Mais quels souvenirs me rappellent ces réflexions ! Elles me rappellent que, par une confiance aveugle en vous et en vos promesses, je vous ai découvert le mystère de mon sexe, que par reconnaissance je vous ai donné mon portrait, et que par estime vous m'avez promis le vôtre.

Il n'y a jamais eu d'autres engagements entre nous; tout ce que vous avez avancé au-delà sur notre prochain mariage selon ce que l'on m'a écrit de Paris, ne peut être regardé par moi que comme un véritable persifflage de votre part. Si vous avez pris au sérieux ce simple gage de souvenir et de gratitude, votre conduite est pitoyable. C'est là un véritable mépris et une infidélité qu'une femme de Paris quelque apprivoisée qu'elle soit sur les mœurs à la mode ne pourrait pas pardonner, à plus forte raison une fille dont la vertu est aussi sauvage que la mienne, et dont l'esprit est si altier lorsqu'on blesse la bonne foi et la sensibilité de son cœur. Pourquoi ne me suis-je pas rappelé que les hommes ne sont bons sur la terre que pour tromper la crédulité des filles et des femmes !..... Je ne croyais encore que rendre justice à votre mérite, qu'admirer vos talents, votre générosité ; je vous aimais sans doute déjà; mais cette situation était si neuve pour moi, que j'étais bien éloignée de croire que l'amour pût naître au milieu du trouble et de la douleur. »

Beaumarchais répond à d'Éon du ton grave d'un homme qui remplit son devoir et veut rester insensible aux reproches et aux agaceries d'une vieille fille en colère, et comme il se doute moins que jamais qu'il est mystifié, il écrit à M. de Vergennes :

« Tout le monde me dit que cette folle est folle de moi. Elle croit que je l'ai méprisée, et les femmes ne pardonnent pas une pareille offense. Je suis loin de la mépriser ; mais qui diable aussi se fût imaginé que, pour bien servir le roi dans cette affaire, il me fallût devenir galant chevalier autour d'un capitaine de dragons ? L'aventure me paraît si bouffonne, que j'ai toutes les peines du monde à reprendre mon sérieux pour achever convenablement ce mémoire. »

Il est certain que, si M. de Vergennes était dans le secret du véritable sexe du chevalier, ce que nous ne pensons pas, il a dû passablement rire à son tour, mais aux dépens de Beaumarchais. Toujours est-il que, d'Éon ne se montrant point sage et modeste, comme le voulait la transaction, ne prenant point d'habits de femme et ne revenant point en France, Beaumarchais ne lui donne plus d'argent. D'Éon écrit contre lui à M. de Vergennes les factums les plus violents et les plus grossiers. Cet *ange tutélaire* des premiers temps de la correspondance n'est plus qu'un *sot*, un *faquin*; il a *l'insolence d'un garçon horloger qui, par hasard, aurait trouvé le mouvement perpétuel;* il ne peut être comparé qu'à *Olivier Ledain, barbier, non de Séville, mais de Louis XI.*

Beaumarchais reçoit ces bordées d'injures avec le calme d'un parfait *gentleman* : « Elle est femme, répond-il à M. de Vergennes, et si affreusement entourée, que je lui pardonne de tout mon cœur; elle est femme, ce mot dit tout. » D'Éon, voyant qu'on le juge suffisamment payé, feint d'avoir encore des papiers à publier; Beaumarchais s'en inquiète d'abord un peu, mais il se rassure bientôt. C'est une fanfaronnade du chevalier; il n'a plus rien, il a donné pour 120,000 livres [1] ce

---

[1] En payant comptant la créance réelle ou simulée de lord Ferrers, Beaumarchais, qui avait été autorisé à payer en pre-

dont il exigeait d'abord 318,000, et Beaumarchais le tient en respect, car il a dans les mains les billets souscrits à lord Ferrers, et la pension de d'Éon étant devenue un contrat de rente, il peut au besoin la faire saisir, si cette prétendue demoiselle persiste à ne pas exécuter les conditions du traité. Du reste, connaissant bien le caractère vaniteux du personnage, il engage M. de Vergennes, s'il veut obtenir son retour en France, à ne plus paraître penser à lui. Menacé d'oubli, le chevalier arrive de lui-même à Versailles un beau matin, en août 1777; mais il ne se souvient plus qu'il doit s'habiller en femme : on lui enjoint de prendre ce costume; il obéit et excite pendant quelque temps un intérêt de curiosité; quand cette curiosité se lasse, il repart pour Londres, et comme il n'a plus dès lors aucun rapport avec Beaumarchais, nous n'avons plus à nous occuper de lui.

En abandonnant ici cette bizarre affaire du chevalier d'Éon, nous serions tenté de conclure comme Voltaire, qui écrivait à ce sujet, en 1777, les lignes suivantes : « Toute cette aventure me confond; je ne puis concevoir ni d'Éon, ni le ministère de son temps, ni les démarches de Louis XV, ni celles qu'on fait aujourd'hui; je ne connais rien à ce monde. » C'est, en

---

nant des termes, avait fait supporter à d'Éon un escompte au profit du roi, qui réduisait la somme donnée à 109,000 livres. Il avait ensuite remis à d'Éon quelques petites sommes, qui font monter le total de l'argent donné à 4,902 livres sterling. Dans toute cette affaire, Beaumarchais se montre plus économe des deniers du roi que dans les deux précédentes.

effet, un monde assez incompréhensible que celui où des mascarades semblables peuvent devenir des questions importantes. Nous dirons cependant, en prenant cette énigme sous Louis XVI, ce qui nous paraît le plus probable d'après les documents que nous avons sous les yeux. Contrairement à l'opinion la plus générale, il nous paraît très-probable que Louis XVI et M. de Vergennes, en imposant à d'Éon le costume féminin, le croyaient réellement femme. Le caractère sérieux du roi et du ministre ne permet guère de supposer qu'ils aient pu se prêter à une comédie aussi ridicule et aussi inconvenante, où Beaumarchais seul aurait eu le rôle de dupe[1]. Seulement, cette prétendue révélation du sexe féminin de d'Éon fournissant au roi et au ministre un moyen assez commode d'étouffer toutes les conséquences des anciennes querelles du chevalier avec les Guerchy et leurs amis, tous deux s'empressèrent de l'adopter comme une chose établie, sans s'attacher beaucoup à en vérifier l'exactitude. Quant à d'Éon, il est visible que du jour où, par je ne sais quelle cause, les doutes qu'avaient fait naître les travestissements de sa jeunesse se renouvellent dans son âge mûr, il commence par les repousser, puis les encourage et les fortifie d'autant plus habilement, qu'il semble ne se laisser

---

[1] Indépendamment des lettres déjà citées, plusieurs autres lettres de M. de Vergennes me confirment dans cette opinion. Quant à Beaumarchais, la mystification que lui fait subir d'Éon ressort de toute sa correspondance. Voir encore à ce sujet une lettre inédite de Beaumarchais à d'Éon, aux Pièces justificatives n° 9.

arracher qu'avec peine le secret de son prétendu sexe féminin. Sans nous arrêter à l'hypothèse complétement romanesque de M. Gaillardet[1], d'Éon nous paraît être tout simplement conduit à jouer cette comédie par deux motifs assez peu relevés en eux-mêmes :—d'abord l'espoir d'obtenir du gouvernement français plus d'argent en sa qualité d'*amazone* intéressante ; — ensuite et particulièrement la vanité, le besoin de faire parler de lui à tout prix, qui est le trait le plus saillant de son caractère. Dans une lettre inédite de lui à un ami, nous lisons ces lignes : « Je suis une brebis que Guerchy a rendue enragée en *voulant la précipiter dans le fleuve de l'oubli.* » Cette phrase peint au mieux d'Éon. Resté dans une condition ordinaire, il aurait vécu inaperçu, surtout depuis que sa querelle scandaleuse avec le comte de Guerchy lui rendait impossible toute carrière officielle[2]. Passant pour une femme ou pour un être à part dont le sexe était un mystère, il était sûr d'attirer l'attention générale. Ce manége lui a réussi, puisqu'il lui a valu une célébrité que n'obtiennent

[1] Un antiquaire de Tonnerre pays natal du chevalier d'Eon, M. Le Maistre qui prépare en ce moment un travail sérieux sur le chevalier avec les mêmes documents qui ont servi à M. Gaillardet, nous écrit pour nous dire que nous ne nous sommes pas trompé en nous méfiant de la prétendue découverte de ce dernier au sujet des relations de d'Eon et de la reine d'Angleterre, et que toute cette histoire est *un pur roman.* En ce qui touche Beaumarchais, il nous a été facile, quant à nous, de constater dans l'ouvrage de M. Gaillardet des inexactitudes nombreuses.

[2] On sait qu'en 1765 d'Éon, secrétaire d'ambassade à Londres, avait poussé les choses jusqu'à accuser publiquement devant les tribunaux anglais son ambassadeur d'avoir voulu le faire empoisonner et assassiner.

pas toujours de grands caractères et de belles actions[1].

Après son retour en France, d'Éon fit courir le bruit que Beaumarchais avait retenu à son profit une portion de l'argent qui lui était destiné. Ce dernier s'en plaignit à M. de Vergennes, qui lui répondit par la lettre suivante, en l'autorisant à la publier :

« Versailles, le 10 janvier 1778.

« J'ai reçu, Monsieur, votre lettre du 3 de ce mois, et je n'ai pu y voir qu'avec bien de la surprise qu'il vous est revenu que la demoiselle d'Éon vous imputait de vous être approprié à son préjudice des fonds qu'elle supposait lui être destinés. J'ai peine à croire, Monsieur, que cette demoiselle se soit portée à une accusation aussi calomnieuse ; mais, si elle l'a fait, vous ne devez en aucune manière en être inquiet et affecté : vous avez le gage et le garant de votre innocence dans le compte que vous avez rendu de votre gestion dans la forme la plus probante, fondée sur des titres authentiques, et dans la décharge que je vous ai donnée de l'aveu du roi.

« Loin que votre désintéressement puisse être soupçonné, je n'oublie pas, Monsieur, que vous n'avez formé aucune répétition pour vos frais personnels, et que vous ne m'avez jamais laissé apercevoir d'autre intérêt que celui de faciliter à la demoiselle d'Éon les moyens de rentrer dans sa patrie.

---

[1] Le même motif de vanité peut expliquer sa persistance jusqu'à sa mort dans ce travestissement, une fois adopté. Un homme distingué, qui l'a connu à Londres, dans les derniers temps de sa vie, me fournit encore une explication. Suivant lui, d'Éon, après avoir d'abord trouvé les vêtements de femme fort incommodes, avait fini par s'y habituer et les portait par goût, en y mêlant cependant toujours quelque chose du vêtement masculin. La même personne qui a bien voulu me donner ce renseignement m'assure que, si l'on croyait encore en France, en 1809, au sexe féminin de d'Éon, en Angleterre, tous ceux qui à cette époque fréquentaient le chevalier ne doutaient pas qu'il ne fût un homme.

« Je suis très-parfaitement, Monsieur, votre très-humble et très-obéissant serviteur,   De Vergennes. »

Beaumarchais, en effet, dans cette circonstance, n'avait pas même réclamé ses frais de voyage. A la vérité, il pouvait à cette époque se montrer généreux envers le gouvernement, car le gouvernement l'était encore plus envers lui. Il avait enfin atteint son but. A force de rendre de petits services dans de petites affaires, il était entré assez avant dans la confiance de Louis XVI, de M. de Maurepas et de M. de Vergennes, pour vaincre les scrupules et les hésitations de leur politique dans la question américaine. Sous l'influence de ses ardentes sollicitations, le gouvernement s'était décidé à appuyer secrètement les colonies insurgées, et à le charger de cette importante et délicate mission. Le 10 juin 1776, Beaumarchais avait obtenu du roi un million, avec lequel il montait et commençait cette grande opération d'Amérique, où nous le verrons déployer un talent d'organisation, une portée d'esprit, une puissance de volonté, qu'on s'étonnera peut-être de rencontrer chez l'auteur du *Barbier de Séville*. En attendant, il faut rappeler encore pour l'appréciation de l'époque qu'à cette même date du 10 juin 1776, où Beaumarchais recevait du gouvernement une telle preuve de confiance, et devenait l'agent et le dépositaire d'un secret d'État dont la découverte pouvait d'un jour à l'autre allumer la guerre entre la France et l'Angleterre, il n'était pas même relevé du jugement rendu contre lui par le parlement Maupeou. C'était en quelque sorte un mort

civil que le gouvernement chargeait de porter des
secours aux Américains, et qui allait bientôt faire pour
son propre compte la guerre aux Anglais. Ces deux
situations si hétérogènes ne pouvaient cependant se
prolonger, et, avant de commencer ses opérations d'armateur, le condamné du parlement Maupeou dut s'occuper de reconquérir ses droits de citoyen.

XVII

RÉHABILITATION DE BEAUMARCHAIS.

Comprenant bien son temps, Beaumarchais avait senti que le principal pour lui n'était pas d'insister sur la justice de sa cause, mais de se rendre utile d'abord, ensuite nécessaire, et que sa réhabilitation marcherait toute seule. Tandis qu'il fatiguait des chevaux de poste au service du roi, il avait eu d'abord la satisfaction d'apprendre que le parlement Maupeou, qui l'avait si cruellement frappé, était mort à son tour des blessures qu'il avait reçues de lui. Après l'avénement de Louis XVI, ce corps judiciaire était tombé à un tel degré de déconsidération, que, quelques-uns de ses membres se plaignant au vieux Maurepas, chef du nouveau ministère, de ne pouvoir plus se rendre aux audiences sans être insultés par le peuple, ce ministre leur avait répondu, avec la légèreté de l'homme et du temps : « Eh bien, allez-y en *domino*, vous ne serez pas reconnus. » Cette réponse indiquait suffisamment le sort réservé aux magistrats de Maupeou ; leur exécution se fit cependant attendre encore six mois. Ce ne fut que le 12 novembre 1774, qu'un édit de Louis XVI abolit la nouvelle magistrature et rappela les anciens parlements. Le 25 du même mois, Beaumarchais écrivait à M. de Sartines :

« J'espère que vous n'avez pas envie que je reste le *blâmé* de ce vilain parlement que vous venez d'enterrer sous les décombres de son déshonneur. L'Europe entière m'a bien vengé de cet odieux et absurde jugement ; mais cela ne suffit pas, il faut un arrêt qui détruise le prononcé de celui-là. J'y vais travailler, mais avec la modération d'un homme qui ne craint plus ni l'intrigue ni l'injustice. J'attends vos bons offices pour cet important objet. »

Malgré les intentions exprimées dans cette lettre, Beaumarchais ne se pressait pas, car il attend encore près de deux ans; mais quand il juge le moment venu, quand son crédit est assuré, quand M. de Maurepas est complétement captivé par lui, il attaque la difficulté avec son entrain ordinaire et l'enlève à la course. La sentence est devenue définitive depuis deux ans. Il pourrait obtenir du roi des lettres d'abolition, il n'en veut pas. Ce n'est point une grâce, c'est une justice qu'il exige, et il faut que le parlement restauré détruise l'œuvre du parlement bâtard qui avait usurpé ses fonctions. Louis XVI lui accorde d'abord des *lettres patentes*, en date du 12 août 1776, qui le relèvent du laps de temps écoulé depuis la signification du jugement du 26 février 1774. « Attendu, dit l'acte royal, que notre amé Pierre-Augustin Caron de Beaumarchais est sorti du royaume par nos ordres et pour notre service, voulons qu'il soit remis et rétabli en tel et semblable état que si ledit laps de temps n'était pas écoulé, et qu'il puisse, nonobstant icelui, se pourvoir contre ledit jugement, soit par requête civile ou telle autre voie de droit qu'il avisera bon être. »

Restait à obtenir des lettres de requête civile, c'est-à-dire un nouvel acte royal, renvoyant Beaumarchais devant le parlement, pour l'annulation légale du jugement rendu contre lui. Or, cette demande en requête civile devait être soumise au grand Conseil qui avait servi, on s'en souvient, à composer le parlement Maupeou, et dans lequel étaient rentrés, après la destruction de ce parlement, la plupart des anciens juges de Beaumarchais. Celui-ci, obligé de quitter Paris pour aller à Bordeaux organiser son entreprise d'Amérique, ne voulait point partir que la requête civile ne fût admise : « Allez toujours, lui dit le ministre Maurepas, le conseil prononcera bien sans vous. » Il part pour Bordeaux avec Gudin. Le surlendemain de son arrivée, il apprend que sa requête est rejetée par le grand Conseil.

« Soixante heures après, raconte Gudin dans son manuscrit, nous étions à Paris. — Eh quoi ! dit Beaumarchais au comte de Maurepas un peu surpris de le revoir si promptement, tandis que je cours aux extrémités de la France faire les affaires du roi, vous perdez les miennes à Versailles. — C'est une sottise de Miromesnil[1], répond M. de Maurepas ; allez le trouver, dites-lui que je veux lui parler, et revenez ensemble. — Ils s'expliquèrent tous les trois ; l'affaire fut reprise sous une autre forme, car il y en avait pour tous les cas prévus et imprévus ; le conseil jugea tout différemment, et la requête civile fut admise. »

Ici se présentait un nouvel embarras : on était à la fin du mois d'août ; le parlement entrait en vacances, et ne voulait statuer sur la requête civile qu'après les vacances ; mais Beaumarchais n'ajourne pas si facilement une affaire entamée : il va derechef trouver M. de Maurepas, et, persuadé qu'on n'est jamais mieux servi que par soi-même, il fait avec le premier ministre ce que nous l'avons vu faire avec le roi. Il rédige un billet pour le premier président et pour le procureur général, fait copier et signer en double ce billet par M. de Maurepas et l'expédie ; il est ainsi conçu :

« Versailles, ce 27 août 1776.

« La partie des affaires du roi dont M. de Beaumarchais est chargé exige, Monsieur, qu'il fasse quelques voyages assez promptement. Il craint de quitter Paris avant que sa requête civile ait été entérinée ; il m'assure qu'elle peut l'être avant les vacances. Je ne vous demande nulle faveur sur le fond de l'affaire, mais seulement de la célérité pour ce jugement. Vous obligerez celui qui a l'honneur d'être bien véritablement, etc.   MAUREPAS. »

Cela ne suffit pas encore à Beaumarchais. Il veut que l'avocat général Séguier porte la parole et soit éloquent en sa faveur ; de là une lettre à M. de Maurepas, accom-

---

[1] Le ministre de la justice.

pagnée d'un nouveau billet un peu plus expressif pour
M. Séguier, billet que le ministre copie avec la même
docilité que le précédent. Voici d'abord la lettre insinuante adressée au vieux ministre :

« Paris, ce 30 août 1776.

« Monsieur le Comte,

J'irais me mettre à vos pieds ce matin, si je n'avais pas un rendez-vous arrêté chez M. l'ambassadeur d'Espagne[1]. Il est bien doux à mon cœur de voir que le respect qu'on vous porte rend chacun vain et jaloux de faire quelque chose pour vous plaire. M. Séguier, apprenant que vous aviez eu la bonté de recommander la célérité de mon affaire à M. le premier président et à M. le procureur général, n'a pu s'empêcher de dire à un de ses amis qui est des miens : — *Une pareille recommandation m'eût rendu bien éloquent dans cette affaire.* Oh ! les hommes ! Ne vous lassez pas, Monsieur le comte, de faire de bonnes actions... Je ne vous demande que votre signature à la lettre ci-jointe et votre cachet sur l'enveloppe : à l'instant mon affaire acquiert des ailes, et je vous aurai l'obligation d'avoir recouvré trois mois plus tôt mon état de citoyen, que je n'aurais jamais dû perdre.

« Je suis, avec la plus respectueuse reconnaissance, etc.

Beaumarchais. »

Voici maintenant la lettre pour l'avocat général Séguier rédigée par Beaumarchais, et signée par M. de Maurepas :

« Versailles, ce 30 août 1776.

« J'apprends, Monsieur, par M. de Beaumarchais, que, si vous n'avez pour lui la bonté de porter la parole en son affaire, il est impossible qu'il obtienne un jugement d'ici au 7 septembre. La partie des affaires du roi dont M. de Beau-

---

[1] Pour l'affaire d'Amérique. Le gouvernement espagnol s'était associé au gouvernement français et se préparait aussi à appuyer en secret les Américains.

marchais est chargé exige qu'il fasse assez promptement un voyage ; il craint de quitter Paris avant d'être rendu à son état de citoyen, et il y a si longtemps qu'il souffre, que son désir à cet égard est bien légitime [1]. Je ne vous demande nulle faveur sur le fond d'une pareille affaire, mais vous m'obligerez infiniment si vous contribuez à la faire juger avant les vacances.

« J'ai l'honneur d'être bien véritablement, etc.

« MAUREPAS. »

On reconnaît ici combien la situation de Beaumarchais est changée depuis le procès Goëzman : il n'a plus seulement pour lui l'opinion, il a pour lui le pouvoir, ce qui ne l'empêche pas de cultiver avec le même soin la faveur publique ; car, en même temps qu'il prend ses précautions du côté du ministère et se ménage la parole officielle de l'avocat général, il choisit pour défenseur un avocat qui, presque seul, a constamment refusé de plaider devant le parlement Maupeou, et que cette constante opposition a rendu très-populaire, l'avocat Target. En lui confiant sa défense, Beaumarchais, toujours fidèle à ses goûts de mise en scène, lui écrit une lettre qui circule partout et qui commence par ces mots : *Le martyr Beaumarchais à la vierge Target.* C'est la *vierge* Target qui, avec son éloquence un peu vide, mais pompeuse et sonore [2], se charge de

---

[1] On voit que la recommandation devient ici plus expressive, malgré la restriction d'étiquette qui l'accompagne.

[2] Ce même Target, président plus tard la Constituante, se rendit coupable d'une phrase d'avocat restée célèbre, qu'on cite quelquefois dans les traités de rhétorique pour enseigner aux jeunes gens à éviter le style redondant : « Je vous engage, Messieurs, à mettre ensemble la paix et la concorde, suivies du calme et de la tranquillité. »

maintenir la popularité de l'ancien adversaire de Goëzman et de le défendre en associant sa cause à celle du parlement restauré et de la liberté reconquise :

« Remplissez donc enfin, Messieurs, dit Target, en terminant son plaidoyer, remplissez l'attente générale, et, j'ose le dire, le vœu qu'en secret vous formez vous-mêmes pour la réparation de l'injustice. Absous par le public, il est temps que le sieur de Beaumarchais soit délivré par la loi. Elle est passée cette époque de contradictions et d'orages où le citoyen ne puisait pas toujours dans les décisions de ses juges la règle de ses propres jugements, où un homme a pu être frappé sans être déshonoré. L'union est rétablie, la nation possède enfin ses magistrats. Les ministres, les dépositaires des lois sont rentrés dans le droit, plus grand et plus flatteur encore, d'être les arbitres des mœurs et les modérateurs des sentiments. C'est au sein de cette concorde heureuse que, sous l'œil du public, et des mains de la loi, le sieur de Beaumarchais va reprendre, comme un droit qui lui est propre, ce premier bien de l'homme en société, l'honneur, qu'en attendant le retour de l'ordre, il avait confié comme en dépôt à l'opinion publique. »

Après la plaidoirie de Target, l'avocat général Séguier conclut également à la réhabilitation, et, le 6 septembre 1776, un arrêt solennel du parlement tout entier, grand'chambre et Tournelle assemblées, annulle la sentence portée contre Beaumarchais par le parlement Maupeou, le rend à son état civil et aux fonctions qu'il avait précédemment occupées. Cet arrêt fut accueilli avec le plus vif enthousiasme par la foule qui encombrait le prétoire, et l'heureux plaideur fut porté en triomphe au milieu des applaudissements depuis la grand'chambre jusqu'à sa voiture. Il avait préparé un discours qu'il voulait prononcer avant celui de Target, on le détermina à y renoncer ; mais comme il tenait à se mettre en règle avec l'opinion, il le publia dès le lendemain. Ce discours, qui figure dans ses œuvres, est assez bien réussi dans le genre noble, mais il est surtout très-habile et très-hardi. On vient de voir plus haut avec quelle souplesse Beaumarchais sait tirer parti de la faveur d'un ministre ; mais, tout en utilisant son crédit auprès de M. de Maurepas, il ne renonce point à son rôle de citoyen, de défenseur des droits de la nation. Dans son discours au parlement, non-seulement il ne concède rien à ses anciens adversaires, qui pour la plupart sont encore membres du grand Conseil, mais il maintient toutes ses attaques contre les formes et les règles de la procédure. « Or, ces formes et ces règles, comme le fait remarquer très-justement M. Saint-Marc-Girardin, n'appartenaient au parlement Maupeou que par occasion ; elles appartenaient aussi à l'ancien parlement. » Les coups que Beaumarchais avait portés au premier devaient rejaillir sur le second. En combattant le secret dans les procédures, en attaquant toutes ces méthodes d'instruction, confrontation et récolements qui éternisaient et embrouillaient les affaires, ces référés multipliés, ces audiences qui mettaient le plaideur à la discrétion d'un rapporteur, ces secrétaires que chaque plaideur devait payer largement, ces jugements non motivés par lesquels un tribunal décidait à huis clos de l'honneur, de la fortune ou de la vie d'un citoyen, sans autre explication que cette formule : *Pour les cas résultant du procès ;* — en combattant tous ces abus divers, en faisant entrer dans l'esprit des masses le besoin d'une réforme judiciaire, Beaumarchais, après avoir aidé à détruire le parlement Maupeou aux applaudissements de l'ancien parlement, contribuait, sans s'en douter lui-même, à préparer également la ruine du parlement qui l'avait applaudi. Lorsqu'on vit en effet ces fiers légistes, remontés sur leurs siéges, continuer les anciens errements, lorsqu'on les vit, après une opposition systématique aussi ardente contre le bien que contre le mal, demander la convocation des états-généraux, mais s'attacher à annuler d'avance leur action en la renfermant dans les vieilles formes, de manière à se ménager pour eux une sorte de dictature, la même impopularité qui avait renversé les magistrats de Maupeou les renversa à leur tour. Après avoir fait reculer les rois, ils furent mandés à la barre de la Constituante, et là il leur fut signifié que, suivant la parole de Beaumarchais, la nation était juge des juges. Quelques jours après, un simple décret décidait que les parlements avaient cessé d'exister et le maire Bailly venait apposer les scellés sur les portes de ces salles du palais d'où était parti le signal de la crise qui agitait la France. C'est ainsi que, dans sa lutte contre Goëzman, Beaumarchais avait été un instrument involontaire, mais puissant, de la révolution ; il l'était de même, lorsque, heureux et fier de la victoire qui lui rendait enfin ses droits de citoyen, il se lançait à corps perdu dans sa grande opération d'Amérique. Avant de l'y suivre, on ne doit pas oublier qu'il a toujours mené de front plusieurs entreprises; et qu'au moment où il préparait ses quarante vaisseaux, il faisait jouer le *Barbier de Séville*.

XVIII

LES TROIS TEXTES DU BARBIER DE SÉVILLE.
LA REPRÉSENTATION ET LE COMPLIMENT DE CLÔTURE.

Avec le *Barbier de Séville*, Beaumarchais entre comme auteur dramatique dans la voie des grands succès et en même temps des grandes tribulations. Sa première comédie, avant de pouvoir se produire sur la scène, rencontra presque autant d'obstacles que la seconde, et subit diverses transformations dont il faut rendre compte.

Joué en février 1775, le *Barbier* avait été composé en 1772 : c'était d'abord un opéra-comique dans le goût du temps, que l'auteur destinait aux *comédiens* dits *italiens*, alors en possession de jouer ces sortes d'ouvrages[1].

[1] Ce qu'on appelait alors la Comédie-Italienne ne ressemblait ni à notre Théâtre-Italien, ni à notre Opéra-Comique : c'était un théâtre mixte entre la Comédie-Française et le théâtre de Nicolet. On y jouait tantôt des farces tirées du répertoire italien, tantôt des opéras-comiques beaucoup plus simplifiés que les nôtres, et qui en général sont plutôt des vaudevilles avec couplets que des compositions musicales bien compliquées. Voici du reste une affiche que j'extrais d'un numéro du *Journal de*

L'échec complet de son second drame des *Deux Amis* et le goût qu'il eut toujours pour les couplets poussaient Beaumarchais d'un extrême à l'autre, du genre larmoyant au genre chantant et bouffon. L'originalité du *Barbier de Séville* sous cette première forme, consistait principalement en ce que l'auteur des paroles était en même temps, sinon l'auteur, au moins l'arrangeur de la musique. On se rappelle que, dans ses lettres de Madrid, à côté d'un dédain assez marqué pour le théâtre espagnol en général, Beaumarchais manifeste un enthousiasme très-vif pour la musique espagnole, et surtout pour les intermèdes chantés connus sous le nom de *tonadillas* ou *saynètes*. C'est le souvenir de ces tonadillas qui paraît avoir donné naissance au *Barbier de Séville,* composé d'abord pour faire valoir des airs espagnols que le voyageur avait apportés de Madrid et qu'il arrangeait à la française. « Je fais, écrit-il à cette époque, des airs sur mes paroles et des paroles sur mes airs. » Soit que les airs espagnols de Beaumarchais n'aient point séduit les oreilles des acteurs de la Comédie-Italienne, soit qu'ils aient trouvé que l'ouvrage ainsi conçu ressemblait trop à l'opéra de Sedaine, *On ne s'avise jamais de tout,* joué sur le même théâtre en 1761, toujours est-il que le *Barbier de Séville* opéra-comique fut refusé net par les co-

Paris de 1779 qui prouvera que même à cette époque la Comédie-Italienne alternait encore entre les farces dans le goût italien et l'opéra-comique : « Les comédiens italiens, dit cette affiche, donneront aujourd'hui les *Défis d'Arlequin et de Scapin*, comédie italienne ; demain *les Événements imprévus* et *Rose et Colas*. »

médiens italiens en 1772 [1]. Gudin, dans ses mémoires inédits, attribue ce refus à l'influence du principal acteur, Clairval, qui avait débuté dans la vie par l'état de barbier, et qui, après avoir représenté Figaro au naturel dans les boutiques de Paris, avait une antipathie invincible pour tout rôle qui lui rappelait sa première profession. Beaumarchais fut donc obligé de renoncer à faire jouer son opéra-comique. Je n'en ai retrouvé dans ses papiers que quelques lambeaux qui me portent à penser que ce n'est pas une grande perte, le talent poétique de l'auteur étant très-inégal, produisant rarement deux bons couplets de suite, et son talent de musicien ne s'élevant pas non plus au-dessus d'un talent d'amateur. C'était à deux grands maîtres, Mozart et Rossini, qu'il était réservé d'ajouter le charme de la musique aux inspirations de Beaumarchais. Quant à lui, repoussé comme librettiste et arrangeur de musique espagnole, il prit le parti de transformer son opéra en une comédie pour le Théâtre-Français.

[1] Le manuscrit du *Barbier* comédie contient plusieurs allusions à cet échec, allusions qui furent supprimées à la seconde représentation. Ainsi, dans un passage, Figaro disait : « J'ai fait un opéra-comique qui n'a eu qu'un *quart de chute* à Madrid.— Qu'entendez-vous par un *quart de chute?* demandait Almaviva.— Monsieur, répondait Figaro, c'est que je ne suis tombé que devant le sénat comique du *scenario* ; ils m'ont épargné la chute entière en refusant de me jouer. » Et il débitait ensuite un des airs du *Barbier* opéra-comique :

> J'aime mieux être un bon barbier,
> Traînant ma poudreuse mantille.
> Tout bon auteur de son métier
> Est souvent forcé de piller,
>   Grapiller,
>   Houspiller, etc.

Accueilli par ce théâtre, après avoir reçu l'approbation du censeur Marin, le *Barbier de Séville* allait être joué en février 1773, lorsque survient la querelle de l'auteur avec le duc de Chaulnes que nous avons déjà racontée. Beaumarchais est envoyé au For-l'Évêque, où il reste deux mois et demi, et la représentation de sa pièce est forcément ajournée. Il se préparait de rechef à la produire après sa sortie de prison, quand tombe sur lui l'accusation criminelle intentée par le conseiller Goëzman : nouvel ajournement du *Barbier de Séville*. Cependant, l'immense succès des mémoires contre Goëzman ayant rendu le plaideur très-populaire, les comédiens français veulent profiter de cette circonstance. Ils sollicitent la permission de jouer le *Barbier*, ils l'obtiennent; la représentation est annoncée pour le samedi 12 février 1774. « Toutes les loges, dit Grimm, étaient louées jusqu'à la cinquième représentation. » Alors arrive, le jeudi 10 février, un ordre supérieur qui fait cartonner les affiches et défend la représentation cette comédie. Ce jour même, 10 février, Beaumarchais publiait le dernier et le plus brillant de ses *factums* judiciaires. Comme on avait répandu le bruit que sa pièce était pleine d'allusions à son procès, il ajoute à la suite de son dernier mémoire une note où, après avoir annoncé au public la prohibition du *Barbier de Séville*, il dément toutes les allusions qu'on lui prête et termine ainsi :

« Je supplie la cour de vouloir bien ordonner que le manuscrit de ma pièce, telle qu'elle a été consignée au dépôt de la police il y a plus d'un an, et telle qu'on allait la jouer, lui soit représenté; me soumettant à toute la rigueur des ordonnances, si, dans la contexture ou dans le style de l'ouvrage, il se trouve rien qui ait le plus léger rapport au malheureux procès que M. Goëzman m'a suscité, et qui soit contraire au profond respect dont je fais profession pour le parlement.

« Caron de Beaumarchais. »

Le fait est qu'à cette époque la comédie du *Barbier*, composée avant le procès Goëzman, était complétement sevrée d'allusions à ce procès. Quoiqu'elle n'eût sous cette première forme qu'un caractère simplement gai et n'offrît aucune généralité satirique, elle porta la peine de la réputation qu'on lui attribuait d'avance, et Beaumarchais ne put obtenir qu'elle fût jouée. Bientôt les différentes missions dont nous avons parlé le conduisirent en Angleterre et en Allemagne, et il dut laisser de côté pour un temps sa comédie. Cependant il ne l'oubliait pas; les obstacles mêmes qu'on lui opposait le rendaient comme toujours plus obstiné à les surmonter. A son retour de Vienne, en décembre 1774, à la suite de cette captivité d'un mois qui lui donnait quelque droit à un dédommagement, il insista plus que jamais auprès de l'autorité pour la représentation de sa pièce. Les circonstances étaient favorables : le parlement Maupeou était mort depuis un mois, Louis XV n'existait plus; le manuscrit que présentait Beaumarchais était fort inoffensif; il obtint enfin la permission de faire jouer le *Barbier*. Seulement, entre la permission obtenue et la représentation, il se mit à l'aise : on avait prohibé cette comédie pour cause de prétendues allusions qui n'y étaient pas; il se dédommagea de cette injuste prohibition en y insérant précisément toutes les allusions que l'autorité avait craint d'y trouver et qui n'y étaient pas. Il la renforça d'un grand nombre de généralités satiriques, d'une foule de quolibets plus ou moins audacieux. Il y ajouta beaucoup de longueurs, il l'augmenta d'un acte, il la surchargea enfin si complétement, qu'elle tomba à plat le jour de sa première apparition devant le public.

Avant d'avoir pu comparer au manuscrit de la Comédie-Française le manuscrit du *Barbier* en cinq actes que j'ai entre les mains et qui a servi à la première représentation, je croyais, comme on le croit généralement d'après la préface imprimée du *Barbier*, que cette pièce avait été d'abord composée en cinq actes. C'est une erreur; le texte primitif était en quatre actes, comme le texte définitif, dont il diffère d'ailleurs beaucoup à d'autres égards. Le manuscrit du *Barbier* déposé aux archives de la Comédie-Française est précisément ce texte primitif, non encore modifié par Beaumarchais pour la première représentation ; il n'est conforme ni à la pièce telle qu'elle a été jouée pour la première fois, ni à la pièce telle qu'elle a été imprimée, mais il est en quatre actes comme la pièce imprimée [1], et l'antériorité de ce manuscrit est constatée par la note

---

[1] Je dois la communication du manuscrit du Théâtre-Français, qu'il était important pour moi de pouvoir comparer au mien, à l'obligeance d'un des sociétaires de ce théâtre, M. Régnier, qui n'est pas seulement un artiste d'un talent éminent, mais qui est

suivante, écrite de la main de Beaumarchais sur le dernier feuillet :

« Je déclare que le présent *manuscript* (*sic*) est parfaitement conforme à celui qui a été censuré de nouveau par M. Artaud, après l'avoir été, il y a plus d'un an, par le sieur Marin, et parfaitement conforme à celui qui est entre les mains de M. de Sartines, et sur lequel les comédiens français ont inutilement reçu déjà deux fois la permission de représenter la pièce. Je supplie monseigneur le prince de Conti de vouloir bien le conserver pour l'opposer à tout autre *manuscript* ou imprimé de cette pièce que l'on pourrait faire courir, en y ajoutant, pour me nuire, des choses qui n'ont jamais été ni dans ma tête ni dans ma pièce, protestant que je désavoue tout ce qui ne sera pas exactement conforme au présent *manuscript*. CARON DE BEAUMARCHAIS. »

« A Paris, le 10 mars 1774. »

Sur la première page du même manuscrit en quatre actes on lit encore ces mots écrits par Beaumarchais :

« *Manuscript* de l'auteur, sur lequel seul la pièce sera jouée, si elle doit jamais l'être.
« CARON DE BEAUMARCHAIS. »

Cette déclaration, en mars 1774, était sincère, mais elle était faite pour le besoin de la cause ; en février 1775, les circonstances n'étant plus les mêmes, Beaumarchais ne tient pas plus de compte de sa déclaration que si elle n'avait jamais existé, et il retouche considérablement sa pièce. Aucune de ces retouches ne se trouve sur le manuscrit contenant les deux notes que nous

de plus un homme de savoir et de goût, très-versé dans l'histoire de la littérature dramatique, et prenant un intérêt aimable et complaisant à tous les travaux consciencieux.

venons de citer. Mais quoique ce manuscrit qui, d'après l'une des deux notes devait appartenir au prince de Conti, soit le seul texte du *Barbier* qui ait été conservé dans les archives du Théâtre-Français, il est évident que ce n'est pas ce texte qui a servi à la première représentation de la pièce, puisqu'il est en quatre actes, et tout le monde sait que le *Barbier* a été représenté pour la première fois en cinq actes. Ce manuscrit n'est pas non plus le texte définitif rétabli en quatre actes et tel qu'il a été imprimé, car il diffère considérablement du texte imprimé. Il n'est donc autre chose que le texte de cette comédie conçue d'abord en quatre actes. C'est un second manuscrit retrouvé par moi dans les papiers de Beaumarchais qui nous offre le *Barbier de Séville* remanié par l'auteur en 1775, divisé en cinq actes et tel qu'il a été joué pour la première fois.

En comparant ces deux textes du *Barbier* avec le texte imprimé et définitif on peut suivre exactement le travail assez curieux qui s'opère dans l'esprit de Beaumarchais sous l'influence des changements apportés dans sa situation par le procès Goëzman et sous l'influence de la chute de sa pièce à la première représentation. Dans le manuscrit primitif en quatre actes, celui de la Comédie-Française, dont la composition remonte à la fin de 1772, et qui par conséquent a précédé le procès Goëzman, la pièce est purement et simplement un imbroglio du genre gai, plus mal intrigué que celle du texte imprimé, offrant beaucoup de longueurs, offrant plus de traces de l'ancien opéra-comique, par exemple trois chansons de plus, renfermant aussi un assez grand nombre de quolibets de mauvais goût, avec une nuance générale de grosse gaieté qui la rapproche davantage de la farce. D'un autre côté, les allusions et les généralités satiriques y sont beaucoup plus rares que dans le texte publié, et la pièce ne présente pas encore cette physionomie philosophique et frondeuse qui commence déjà à se dessiner dans le *Barbier*, tel qu'il a été imprimé, et qui se prononcera bien plus encore dans le *Mariage de Figaro*.

Le manuscrit modifié et augmenté d'un acte pour la première représentation est beaucoup plus chargé dans tous les sens que les deux textes dont je viens de parler; Beaumarchais s'y donne carrière. C'est un homme devenu célèbre par un procès éclatant, qui retouche une pièce composée à une époque où il était encore peu connu, et où il n'avait point eu à se défendre contre des ennemis acharnés. Les récentes agitations de sa vie se reconnaissent dans les modifications qu'il fait subir à sa comédie. C'est ainsi, par exemple, que la fameuse tirade sur *la calomnie*, que Beaumarchais met dans la bouche de Basile, et qui est un des morceaux les plus brillants et les plus significatifs du *Barbier*, ne se trouve pas dans le manuscrit primitif, dans celui du Théâtre-Français ; elle a été ajoutée après coup, en 1775, sur le manuscrit qui a servi à la première représentation, au moyen d'un euillet collé écrit tout entier et d'un seul jet de la main de Beaumarchais. L'auteur comique éprouvait le besoin de venger le plaideur. Dans le manuscrit primitif, Basile, reprochant à Bartholo de ne pas lui avoir donné assez d'argent, se contentait de lui dire, en style de musicien : « Vous avez lésiné sur les frais, et dans l'harmonie du bon ordre, *un mariage inégal, un passe-droit évident,* sont des dissonances qu'on doit toujours préparer et sauver par l'accord parfait de l'or. » Dans le manuscrit retouché pour la première représentation, Beaumarchais, entre ces mots, *un mariage inégal,* — *un passe-droit évident,* ajoute de sa main ceux-ci : *un jugement inique,* qui ont passé dans le texte imprimé. C'est encore le condamné du parlement Maupeou qui proteste et se venge. La phrase d'Almaviva à Figaro : « Sais-tu qu'on n'a que vingt-quatre heures au palais pour maudire *ses juges ?* » et la réponse de Figaro : « On a vingt-quatre ans au théâtre, » ne se trouvent pas non plus dans le manuscrit de la Comédie-Française. La biographie de Figaro, racontée par lui-même au début de la pièce, a également subi des changements de détail, entre autres ceux-ci. Dans le manuscrit du Théâtre-Français, Figaro disait : « Accueilli dans une ville, emprisonné dans l'autre, et partout supérieur aux événements.... » Dans le manuscrit de 1775, le *blâmé* du parlement Maupeou ajoute de sa main : « Loué par ceux-ci, *blâmé* par ceux-là. » Dans la même tirade, Figaro, énumérant les ennemis des gens de lettres, disait : « Les insectes, les moustiques, les critiques, les censeurs, et tout ce qui s'attache à la peau des malheureux gens de lettres. » Dans le manuscrit retouché en 1775, il ajoute un nouvel insecte : « les *marin-*

gouins. » Cette dénomination burlesque, conservée aussi dans le texte imprimé, est évidemment un coup de griffe qu'il veut donner en passant à Marin.

Dans le même manuscrit retouché en 1775, on voit que Beaumarchais désirerait beaucoup changer le nom de ce type de bassesse, de cupidité et d'astuce qu'avant son procès il a nommé Basile : souvent il rature ce nom et le remplace par le nom de Guzman, allusion à Goëzman; puis enfin, n'osant pas aller jusque-là, il y renonce, rature Guzman et rétablit Basile. Il reprendra plus tard ce nom de Guzman qui lui plaît, rendra l'allusion plus claire en l'appliquant non pas à un musicien, mais à un juge vil, cupide et sot, qu'il appellera *don Guzman Brid'oison.*

Quelquefois les modifications en 1775 portent sur le caractère de Figaro, auquel l'auteur ajoute des traits de sa propre physionomie, comme dans ce passage intercalé à la première représentation, supprimé après, et qui ne figure ni dans le manuscrit du Théâtre-Français, ni dans le texte imprimé. Bartholo, dans sa dispute avec Figaro, lui disait : « Vous vous mêlez de trop de choses, Monsieur. » — Figaro répondait : « Que vous en chaut si je m'en démêle, Monsieur ? — Et tout ceci pourrait mal finir, Monsieur, reprend Bartholo. — Oui, pour ceux qui menacent les autres, Monsieur, répond Figaro. » Ce Figaro qui *se mêle de trop de choses,* mais qui *s'en démêle toujours,* offrait avec Beaumarchais une parenté trop manifeste et c'est probablement ce qui le détermina à supprimer ce détail.

Dans le manuscrit primitif, celui du Théâtre-Français, Bartholo se querellant avec ses domestiques, l'un d'eux, *La Jeunesse*, lui disait : « Eh! mais, Monsieur, y a-t-il de la *raison ?* » Bartholo s'écriait : « C'est bon entre vous autres, misérables, de la *raison*; je suis votre maître pour avoir toujours raison. » Dans le texte retouché, Beaumarchais remplace les deux premiers mots de *raison* par le mot *justice*, ce qui fait dire à Bartholo : « C'est bon entre vous autres, misérables, de la justice, » et il complète sa pensée par ce passage plus audacieux encore, qui est resté dans la pièce imprimée, et qui n'est pas dans le manuscrit du Théâtre-Français. La Jeunesse réplique à Bartholo : « Mais, pardi, quand une chose est vraie! »—Bartholo répond : « Quand une chose est vraie! si je ne veux pas qu'elle soit vraie, je prétends bien qu'elle ne soit pas vraie. Il n'y aurait qu'à permettre à tous ces faquins-là d'avoir raison; vous verriez bientôt ce que deviendrait l'autorité. » Nous verrons plus loin que Beaumarchais tenait particulièrement à ce passage.

Dans le texte primitif du *Barbier*, à la dernière scène, l'auteur faisait intervenir seulement un notaire; dans le manuscrit retouché en 1775, Beaumarchais ajoute au notaire un juge, et, n'osant pas l'appeler par son nom, il l'appelle d'abord *un homme de loi;* puis il rature le mot *homme de loi* et emploie le mot espagnol *alcade*, qui rend son idée avec moins d'inconvénients. Enfin il établit au dénoûment un dialogue entre Figaro et l'alcade, où le premier berne le second avec une rare effronterie. Cette scène fut jugée trop forte et contribua à la chute du *Barbier* à la première représentation. Beaumarchais la supprima à la seconde, et elle ne figure pas dans le texte imprimé du *Barbier*; mais comme Beaumarchais n'aimait pas à perdre ce qu'il jugeait bon, il reproduisit ce passage neuf ans plus tard, en l'adoucissant un peu, dans le *Mariage de Figaro*. C'est celui où Figaro, reconnu par Brid'oison, lui demande insolemment des nouvelles de sa femme et de son fils : « Le cadet, qui est, dit-il, un bien joli enfant, je m'en vante. » La scène était d'abord dans le *Barbier de Séville ;* à la vérité elle y était plus forte encore, rendue avec une plus grande crudité d'expressions, mais c'était au fond toujours la même scène. Après avoir été sifflée en 1775, elle passa très-bien en 1784.

La même observation s'applique à la tirade si connue du *Mariage de Figaro* sur *goddam, le fond de la langue anglaise*. Cette tirade était aussi primitivement dans le *Barbier de Séville ;* Beaumarchais l'avait ajoutée, sur son second manuscrit, dans la scène de reconnaissance entre Figaro et Almaviva ; elle fut également repoussée par le public en 1775, comme trop forcée, trop voisine de la charge. Beaumarchais la retira, mais pour la reporter intrépidement dans *le Mariage*, où elle eut beaucoup de succès, et où elle est encore en possession d'amuser le parterre. Sous l'influence du *Barbier de Séville* même, et par d'autres causes plus générales, le goût public, de 1775 à 1784, s'était modifié; il était devenu de moins en moins difficile sur la distinction des genres et des tons[1].

Pour compléter cette comparaison des trois textes du *Barbier de Séville*, après avoir parlé des passages que Beaumarchais renforçait sur le manuscrit primitif et de ceux qu'il ajournait, il nous faut dire un mot de ceux qu'il fut obligé de retrancher absolument après la première représentation. L'occasion d'étudier un auteur célèbre dans l'intimité de ses procédés de composition, dans ses ratures, dans ses variantes et dans ses brouillons, se présente rarement, et c'est peut-être le moyen le plus sûr de se faire une idée juste des qualités et des défauts de son esprit.

Avec son parti pris de restaurer l'ancienne jovialité

---

[1] La tirade sur *goddam* dans le *Barbier de Séville* se liait au resta de la scène de la manière suivante : Figaro racontait qu'il avait voyagé en Angleterre, et il débitait ensuite sa tirade. Almaviva lui répondait : « Avec une telle science, tu pouvais courir l'Europe entière.—FIGARO. Aussi pour m'en revenir ai-je traversé la France avec beaucoup d'agrément, car je sais aussi les mots principaux de ce pays-là. » Le terrain ici devenait scabreux. Beaumarchais, après avoir montré la difficulté, l'esquivait par ces mots d'Almaviva : « Fais-moi grâce de l'érudition, achève ton histoire.—FIGARO. De retour à Madrid, je voulus essayer de nouveau mes talents littéraires ; j'ai fait deux drames.—ALMAVIVA. Miséricorde !—FIGARO. Est-ce le genre ou l'auteur que Votre Excellence dédaigne?—ALMAVIVA. J'entends dire trop de mal du genre pour qu'il n'y ait pas quelque bien à en penser. » Cette citation suffit pour que ceux qui ont présent à la mémoire le texte imprimé du *Barbier* reconnaissent que dans le texte de la première représentation Beaumarchais se mettait lui-même en scène plus directement et bravait de plus près l'allusion. Dans un autre passage, le comte rappelant Figaro, Beaumarchais faisait répondre à ce dernier : *Ques-a-co ?* (qu'est-ce que cela?) Ce souvenir de son adversaire Marin fut considéré en 1775 comme une personnalité trop directe. Beaumarchais retira le *ques-a-co*, mais il le replaça encore dans le *Mariage de Figaro*.

gauloise, Beaumarchais ne craint pas d'outrer le comique jusqu'à la farce; mais comme il veut plaire également aux esprits raffinés, et comme d'ailleurs un auteur ne se soustrait jamais complétement aux influences de son époque, il en résulte que cet ennemi déclaré de la recherche et de l'affectation dans les idées et le langage est souvent prétentieux et maniéré. Ces deux défauts en sens contraire, la prétention et la trivialité, dont on trouve encore des traces dans la charmante comédie du *Barbier* telle que nous la possédons, étaient bien plus saillants dans le texte de la première représentation. Pour n'en citer qu'un exemple, au début de la pièce, Almaviva, en se promenant sous les fenêtres de Rosine, disait d'abord, comme dans le texte imprimé : « Suivre une femme à Séville, quand Madrid et la cour offrent de toutes parts des plaisirs si faciles ! Eh ! c'est cela même que je fuis ! » Puis il ajoutait cette phrase métaphorique, alambiquée et inégale : « Tous nos vallons sont pleins de myrte, chacun peut en cueillir aisément; un seul croît au loin sur le penchant du roc, il me plaît, non qu'il soit plus beau, mais moins de gens l'atteignent. » Ce *myrte* et ce *roc* n'ayant sans doute pas eu de succès à la première représentation, Beaumarchais y renonça, et le monologue d'Almaviva gagna à cette suppression de devenir beaucoup plus naturel et plus coulant. A côté de ces passages maniérés, le manuscrit de la première représentation du *Barbier* en contient beaucoup d'autres où l'auteur semblait s'être proposé pour but de pousser la grosse plaisanterie aussi loin qu'elle peut aller. Par exemple, dans la scène de reconnaissance entre Almaviva et Figaro, Beaumarchais commençait par enrichir le texte primitif d'un trait nouveau qui a été conservé dans le texte imprimé : — « Je ne te reconnaissais pas, dit Almaviva à Figaro, te voilà si gros et si gras! — Que voulez-vous, monseigneur? répond Figaro. C'est la misère. » Jusqu'ici la saillie était bonne, mais l'auteur la gâtait tout de suite en la forçant, car Figaro ajoutait ces mots : « Sans compter que j'ai perdu tous mes pères et mères; de l'an passé je suis orphelin du dernier. » C'est ainsi qu'à une plaisanterie amusante succédait une charge grossière, qui fut justement supprimée après la première représentation [1]. Plus loin, Figaro disait : « J'ai passé la nuit gaiement avec trois ou quatre buveurs de *mes voisines.* »

L'intention de raviver, en même temps que l'ancien comique, l'ancien langage, celui de Rabelais, et aussi un peu celui du théâtre de la foire, est également très-marquée dans le manuscrit de la première représenta-

---

[1] C'est une chose un peu singulière que Beaumarchais, dont on connaît maintenant les excellentes qualités comme fils, comme frère, et qui se montrera plus tard le meilleur des pères, se soit laissé entraîner, par l'intention systématique de créer un type de *gausseur* universel, jusqu'à mettre dans la bouche de Figaro des railleries sur un ordre de sentiments que la comédie elle-même respecte d'ordinaire. Figaro n'est point méchant, mais il entre dans le plan de l'auteur qu'il ne prendra rien au sérieux, ni la paternité, ni même la maternité. De là ces scènes vraiment choquantes de *la Folle Journée* entre Figaro, Marceline et Bartholo. Si l'on peut dire que Figaro offre des points de ressemblance avec Beaumarchais, ce n'est certainement pas de ce côté-là.

tion. On sait que, dans le texte imprimé du *Barbier*, Figaro faisant à Almaviva le portrait du vieux tuteur qui veut épouser Rosine, le peint ainsi : « C'est un beau, gros, court, jeune vieillard, gris-pommelé, rusé, rasé, blasé, qui guette, et furète, et gronde, et geint tout à la fois. » Ce portrait, avec redoublement d'épithètes, où l'imitation de Rabelais est déjà sensible, n'est qu'un fragment du portrait plus détaillé de Bartholo que contenait la pièce à la première représentation, et qui était rédigé en ces termes : « C'est un beau, gros, court, jeune vieillard, gris-pommelé, rasé, rusé, blasé, frisqué et guerdonné comme amoureux en baptême, à la vérité; mais ridé, chassieux, jaloux, sottin, goutteux, marmiteux, qui tousse, et crache, et gronde, et geint tour à tour. Gravelle aux reins, perclus d'un bras et déferré des jambes; le pauvre écuyer ! S'il verdoie encore par le chef, vous sentez que c'est comme la mousse ou le gui sur un arbre mort; quel attisement pour un tel feu ! » Le portrait de Rosine était dans ce même ton rabelaisien, qui ne se retrouvait plus guère que sur les tréteaux des boulevards. Il y avait aussi des scènes où la liberté du langage était extrême, notamment une scène où Basile, consulté par Bartholo sur son mariage avec Rosine, lui récitait avec des variantes effrontées le fameux quatrain de Pibrac sur les vieillards qui épousent de jeunes femmes. Toutes ces additions ayant considérablement allongé le manuscrit primitif déjà trop long, Beaumarchais avait été conduit à y ajouter un acte en coupant le troisième en deux; mais la coupure était des plus malheureuses, et l'on s'explique très-bien qu'elle ait contribué à faire échouer d'abord cette comédie. Le quatrième acte commençait au milieu du troisième, au moment où Rosine vient de chanter l'ariette que l'on ne chante plus aujourd'hui :

> Quand dans la plaine
> L'amour ramène
> Le printemps, etc.

Almaviva, déguisé en maître de musique, et qui attend Figaro, après avoir dit à Rosine, comme dans la pièce imprimée : « Filons le temps, » poursuivait le dialogue sous cette forme :

« Et le beau récitatif obligé qui suit le morceau, le dites-vous aussi, Madame ?

« ROSINE. — Oui ; mais c'est au clavecin qu'il faut l'accompagner, à cause des fréquentes ritournelles.

« BARTHOLO. — Ah ! passons au clavecin, car il n'y a rien dans le monde d'aussi important que les ritournelles. »

Or le clavecin, par une invention assez pauvre, au lieu de se trouver dans la pièce où l'on venait de chanter, se trouvait dans un cabinet voisin. Les deux amants, après avoir essayé, mais en vain, d'obtenir de Bartholo qu'il les écoutât du salon, passaient avec lui dans le cabinet; la toile tombait sur ce maigre incident, et c'était la fin du troisième acte. Au quatrième acte, Bartholo, Rosine et le comte rentraient comme ils étaient sortis. « Je n'en ai pas perdu une syllabe (du récitatif), disait Bartholo : il est bien beau; mais elle a raison, on étouffe dans ce cabinet. Demain, je fais remettre son clavecin dans le salon. » Et la conversation reprenait, en attendant l'arrivée de Figaro. Ce quatrième acte, composé d'une moitié du troisième, se trouvant trop court, Beaumarchais l'avait farci de quolibets débités par Figaro, qui, non content de chanter l'air inédit cité plus haut, faisait chanter à Almaviva d'autres couplets qui ne valent pas la peine d'être signalés, et se livrait à une foule de plaisanteries d'un goût équivoque sur les médecins, sur les femmes, sur la mythologie.

Dans ce malheureux acte supplémentaire, Beaumarchais avait trouvé le secret de gâter la meilleure scène de toute la pièce, celle où Basile voit Bartholo, complice involontaire de la supercherie dont il doit être la victime, s'accorder avec Almaviva, Rosine et Figaro pour lui imposer silence, et s'écrie : « Qui diable est-ce donc qu'on trompe ici? tout le monde est dans le secret. » L'effet de cette scène si neuve, si bien amenée, si bien dialoguée, était compromis par un prolongement inutile, où l'auteur continuait et exagérait la situation après le départ de Basile.

C'est avec cette physionomie, chargée, outrée, embrouillée, que le *Barbier de Séville* se présenta pour la première fois devant le public le 23 février 1775. Le retentissement des *Mémoires* contre Goëzman était encore dans toute sa force. Les obstacles qui arrêtaient depuis deux ans la mise au jour de sa comédie avaient redoublé la curiosité. Beaumarchais était déjà en possession du privilége d'exercer sur la foule une puissance d'attraction inouïe; il y eut à cette première représentation une affluence de spectateurs qui ne devait être dépassée qu'à celle du *Mariage de Figaro*. « Jamais, dit Grimm au sujet du *Barbier*, jamais première représentation n'attira plus de monde. — On ne pouvait, dit de son côté La Harpe dans sa *Correspondance*, on ne pouvait paraître dans un moment plus marqué de faveur populaire, ni attirer un plus grand concours [1]. »

L'effet produit sur ce nombreux auditoire fut un effet de déception très-marquée : on s'attendait à un chef-d'œuvre. « Il est toujours difficile, écrit La Harpe à cette époque, de répondre à une grande attente. La pièce a paru un peu *farce*, les longueurs ont ennuyé, les mauvaises plaisanteries ont dégoûté, les mauvaises mœurs ont révolté [2]. » Cette première impression de La Harpe, quand on la compare à celle que produit la lecture du manuscrit du *Barbier* tel qu'il fut d'abord représenté, semble assez exacte [3]. Beaumarchais avait trop compté sur sa popularité; il avait abusé en tous sens de sa

---

[1] Je vois en effet dans les registres de la Comédie-Française que la recette de la première représentation du *Barbier* fut de 3,367 livres, chiffre énorme pour le temps, surtout si l'on considère que ce chiffre fourni par la Comédie dans ses comptes avec Beaumarchais ne comprend guère que la recette de la porte. Il est encore bien inférieur aux recettes fabuleuses du *Mariage de Figaro*, mais il dépasse déjà la recette de plusieurs des plus célèbres tragédies de Voltaire, notamment de *Mérope*, dont la première représentation ne produisit que 3,270 livres.

[2] La Harpe, *Correspondance littéraire*, t. Ier, p. 99.

[3] Grimm, que nous avons vu sévère jusqu'au dédain pour les drames de Beaumarchais, apparemment séduit par le talent et le succès des *Mémoires* contre Goëzman, se montre plus indul-

verve, encombré sa pièce de scènes inutiles, de plaisanteries souvent grossières, qui en gâtaient tout l'agrément, et qui lui donnaient parfois les allures d'une parade. L'échec fut complet. L'auteur s'est plu à constater lui-même cet échec, dans la préface du *Barbier*, avec l'aisance d'un homme qui vient de faire un tour

gent que La Harpe pour le *Barbier*, non pas tel que nous l'avons aujourd'hui, mais avant qu'il eût été expurgé et remanié par l'auteur. Au moment où la pièce fut interdite une première fois, en février 1774, Grimm, en regrettant cette interdiction, annonce qu'il a lu le manuscrit. « Cette pièce, dit-il, est non-seulement pleine de gaieté et de verve, mais le rôle de la petite fille est d'une candeur et d'un intérêt charmants. Il y a des nuances de délicatesse et d'honnêteté dans le rôle du comte et dans celui de Rosine qui sont vraiment précieuses, et que notre parterre est bien loin de pouvoir sentir et apprécier. » Si ce jugement est de Grimm (car dans la *Correspondance* publiée sous son nom on n'est pas toujours bien sûr que ce soit lui qui parle), si ce jugement est de lui, il est un peu bizarre, non pas qu'on ne puisse trouver de la candeur dans le rôle de Rosine, mais il y a certainement d'autres nuances aussi marquées, et ce ne sont pas précisément les nuances de *délicatesse* et d'*honnêteté* qui pouvaient empêcher d'apprécier le *Barbier de Séville*. A la vérité, Grimm parlait ainsi d'après le manuscrit primitif en quatre actes, qui vaut mieux que le texte en cinq actes; mais le premier comme le second diffèrent notablement de la pièce imprimée, et lui sont de beaucoup inférieurs. Après l'échec de la première représentation, Grimm, toujours bienveillant pour Beaumarchais, s'en prend d'abord à l'auditoire. « Une assemblée si nombreuse et si pressée, dit-il, risque toujours d'être tumultueuse, et le mérite de la pièce, consistant surtout dans la finesse des ressorts qui lient l'intrigue, avait besoin, pour être senti, d'un auditoire plus tranquille. » Il s'en prend ensuite au jeu des acteurs, « qui n'avait pas, dit-il, l'ensemble et la rapidité qu'exige une comédie de ce genre ; » enfin il fait assez équitablement la part de Beaumarchais, « qui avait eu, dit-il, la sottise de vouloir faire cinq actes d'un sujet qui n'en pouvait fournir que trois ou quatre. » Et après avoir signalé la suppression d'un acte, le retranchement de scènes inutiles, de mots déplacés et d'un mauvais ton, il constate le succès de la pièce ainsi remaniée.

de force, et qui, du jour au lendemain, a transformé une chute en un triomphe. « Vous eussiez vu, dit-il, les faibles amis du *Barbier* se disperser, se cacher le visage ou s'enfuir ; les femmes, toujours si braves quand elles protégent, enfoncées dans les coqueluchons jusqu'aux panaches et baissant des yeux confus ; les hommes courant se visiter, se faire amende honorable du bien qu'ils avaient dit de ma pièce.... Les uns lorgnaient à gauche en me sentant passer à droite, et ne faisaient plus semblant de me voir. Ah ! Dieu ! D'autres, plus courageux, mais s'assurant bien si personne ne les regardait, m'attiraient dans un coin pour me dire : Et comment avez-vous produit en nous cette illusion ? car il faut en convenir, mon ami, votre pièce est la plus grande platitude du monde. »

En écrivant cette spirituelle préface du *Barbier* refait pour la troisième fois, qu'il intitule bravement *comédie représentée et tombée*, Beaumarchais s'amuse aux dépens de la critique et un peu aussi aux dépens du public. Comme beaucoup d'autres enfants gâtés de la renommée, c'est surtout là où il s'est trompé qu'il tient à prouver qu'il a eu raison. Au lieu d'avouer la transformation qui est la véritable cause du succès définitif de sa comédie, il affirme avec un aplomb étourdissant qu'il n'y a presque rien changé, et que « le *Barbier enterré*, dit-il, le vendredi, est le même qui s'est relevé triomphalement le dimanche. » C'est tout au plus s'il reconnaît que, « ne pouvant se soutenir en cinq actes, il s'est mis en quatre pour ramener le public. » La vérité est que tout ce qui plaît dans le *Barbier*, tel que nous l'avons, se trouvait bien dans cette pièce à la première représentation, mais s'y trouvait mélangé à une quantité de fautes et de négligences qui expliquent parfaitement la sévérité des spectateurs. Beaumarchais plaçait mal son amour-propre : il voulait faire passer pour l'effet d'une cabale ou d'un caprice du parterre ce qui n'avait été qu'un acte de justice, et il ne songeait point à mettre en relief son véritable mérite, mérite rare et dont il y a, je crois, peu d'exemples au théâtre. Il n'est pas commun, en effet, de voir un auteur dramatique ramasser une pièce justement tombée, et en vingt-quatre heures, du jour au lendemain, lui faire subir une véritable métamorphose, refondre deux actes en un, transposer des scènes, faire disparaître tout ce qui est louche ou confus dans les situations et dans l'intrigue, supprimer tout ce qui est inutile, corriger et relever tout ce qui est lourd ou grossier dans le dialogue et transformer ainsi, presque à la minute, un ouvrage médiocre en une production charmante, pleine de mouvement et de verve, où l'intérêt va toujours croissant, et dont La Harpe dit avec raison, dans son *Cours de littérature*, que c'est le *mieux conçu* et le *mieux fait* des ouvrages dramatiques de Beaumarchais. Le *Barbier* est en effet mieux *composé* que le *Mariage de Figaro,* dont les deux derniers actes renferment beaucoup de longueurs, et ne se soutiennent que par des jeux de scène et des jeux d'esprit.

Dans cette rapide transformation du *Barbier*, Beaumarchais apparaît avec tout ce qui caractérise la période la plus brillante de son talent. Son esprit a toute la force que donne la maturité, et il conserve encore la flexibilité de la jeunesse. Ardent, souple et fécond, les dangers ou les embarras lui font trouver des ressources inattendues ; il sait se plier à toutes les circonstances, et il les dompte en les enlaçant. C'est bien le même homme qui, tout à l'heure faible dramaturge, devenait en quelques jours, sous l'influence du péril, un polémiste redoutable et brillant, c'est le même homme qui, après avoir mis deux ans à composer tout à son aise une comédie pleine de défauts, en faisait presque un chef-d'œuvre en vingt-quatre heures, sous la pression d'un public mécontent et déçu.

Le canevas du *Barbier* n'est pas neuf : c'est le thème si connu du vieux tuteur amoureux qui veut épouser sa pupille. Beaumarchais, qui, comme Molière, prenait son bien partout où il le trouvait, a peut-être emprunté le fond et une partie des situations de sa pièce à une vieille comédie de Fatouville, jouée aux Italiens en 1692, qui porte pour titre la *Précaution inutile*, sous titre du *Barbier*, et qui présente quelque analogie avec ce dernier ouvrage. Probablement aussi l'auteur du *Barbier* a lu avec fruit l'opéra-comique de Sedaine : *On ne s'avise jamais de tout*. Le docteur Tue, de Sedaine, médecin, tuteur et amoureux de Lise, est de la même famille que le docteur Bartholo. Lise, avec une ingénuité plus complète que celle de Rosine, n'est pas sans rapport avec la pupille de Bartholo. Dorval, l'amant de Lise, pourrait bien avoir contribué à donner l'idée d'Almaviva. Tous deux emploient, pour déjouer la jalousie du tuteur, des stratagèmes de même espèce. Si Almaviva se travestit en soldat, puis en musicien, Dorval se déguise en vieux captif venant de Maroc, puis en vieille femme; il chante en s'accompagnant de la guitare, comme Almaviva. Il y a même dans l'opéra de Sedaine une scène où Dorval, parlant à la duègne qui surveille Lise, emploie, pour se faire entendre de celle-ci, des mots habilement détournés qui rappellent la scène entre Almaviva, Rosine et Bartholo, au troisième acte du *Barbier*. Enfin, si le *Barbier* se termine par un mariage et l'intervention d'un alcade, *On ne s'avise jamais de tout* finit également par un mariage et l'intervention d'un commissaire. Mais des tuteurs amoureux et jaloux, des pupilles rebelles, des amants inventifs, des déguisements, des commissaires ou des alcades, cela se trouve partout, est à la portée de tout le monde, et tout dépend de la manière de s'en servir. Beaumarchais n'avait donc pas tort de répondre à ceux qui lui reprochaient d'avoir copié l'ouvrage de Sedaine par cette saillie spirituelle qui est bien dans son genre d'esprit : « Un amateur, saisissant, dit-il, l'instant qu'il y avait beaucoup de monde au foyer, m'a reproché, du ton le plus sérieux, que ma pièce ressemblait à *On ne s'avise jamais de tout*. — Ressembler, Monsieur? je soutiens que ma pièce est *On ne s'avise jamais de tout* lui-même. — Et comment cela? — C'est qu'on ne s'était pas encore avisé de ma pièce. — L'amateur resta court, et l'on en rit d'autant plus, que celui-là qui me reprochait *On ne s'avise jamais de tout* est un homme qui ne s'est jamais *avisé de rien.* »

S'il y a, en effet, quelque vague similitude entre l'opéra de Sedaine et le *Barbier*, ce qui n'est pas dans Sedaine, ce qui n'est nulle part avant le *Barbier*, c'est le personnage capital de la pièce, c'est Figaro, ce valet de comédie qui se détache au milieu de tous les valets de comédie, et qui est bien la propriété exclusive et la création de Beaumarchais. Quoi qu'on puisse dire de ce personnage, il est passé dans l'histoire de l'art à l'état de type, comme Panurge, comme Falstaff, comme don Juan, comme Gil Blas, et il a pris rang parmi les figures impérissables. Quand il aura donné toute sa mesure, après la *Folle Journée,* nous aurons occasion de l'étudier un peu plus à fond ; mais ce n'est pas seulement Figaro qui est original dans le *Barbier.* Bartholo, comme le remarque très-bien La Harpe, n'est pas un tuteur banal, semblable à tous les tuteurs de comédie. Quoiqu'il soit dupé, il est loin d'être un sot ; il est très-rusé au contraire, et il faut beaucoup d'adresse pour le tromper. De là, entre lui, Rosine, Almaviva et Figaro, une rivalité de précautions et d'inventions qui se croisent, se déjouent, se renouvellent et se poursuivent avec un entrain qui augmente de scène en scène jusqu'au dénoûment.

Quant au dialogue du *Barbier*, il n'est pas plus animé, mais il nous semble plus tempéré, moins prétentieux et plus coulant que celui du *Mariage de Figaro*. Le défaut de Beaumarchais, on le sait, c'est l'abus d'une chose dont tout le monde ne peut pas abuser comme lui, c'est l'abus de l'esprit. Non seulement il en donne trop à chacun de ses personnages, mais il leur donne à tous à peu près le même esprit, c'est-à-dire le sien ; tous sont également féconds en saillies imprévues, en mots à double sens, en proverbes plaisamment retournés. L'auteur n'a pas cette suprême puissance de création qui permet à Molière de mettre au jour les êtres les plus différents, non-seulement par le caractère, mais par le genre d'esprit. Il parle trop souvent par la bouche de ses personnages, et telle scène, plus ou moins habilement liée à l'action générale, n'a d'autre but que de lui fournir l'occasion de placer avantageusement une série de bons mots. Ces saillies, amenées parfois de trop loin et un peu tirées par les cheveux, sont plus fréquentes dans le *Mariage de Figaro* que dans le *Barbier*, où tout marche et s'enchaîne mieux ; cependant elles s'y rencontrent encore. En faisant remarquer que plusieurs de ces bons mots sont déjà connus et publiés dans d'autres ouvrages, La Harpe dit : « Apparemment Beaumarchais en tenait registre quand il lisait. » La Harpe ici a deviné juste. L'auteur du *Barbier de Séville* avait l'habitude d'écrire sans ordre sur des feuilles volantes, non-seulement les pensées sérieuses, comiques ou grivoises qui le frappaient dans ses lectures, mais toutes celles qui se présentaient à son esprit, et qu'il mettait en réserve pour s'en servir plus tard.

C'est ainsi que la plupart des traits et des sentences du *Barbier* ou du *Mariage de Figaro*, qu'on croirait au premier abord échappés à la verve de l'auteur dans le feu de la composition, se retrouvent çà et là dans cette sorte de répertoire, mêlés à une foule de réflexions historiques, politiques ou philosophiques, qui prouvent que l'intelligence de Beaumarchais se nourrissait de éléments les plus divers.

Quoi qu'il en soit, le *Barbier*, tombé à la première représentation, relevé et rajusté par l'auteur, eut un plein succès à la seconde. On y reconnut une restauration originale de l'ancienne comédie d'intrigue, rajeunie, agrandie, renouvelée, et les sifflets de la veille se changèrent en applaudissements. « J'étais hier, écrit le 26 février 1775 Mme du Deffant, j'étais hier à la comédie de Beaumarchais, qu'on représentait pour la seconde fois ; à la première, elle fut sifflée ; pour hier, elle eut un succès extravagant : elle fut portée aux nues, elle fut applaudie à tout rompre. » Nous devons avouer que Mme du Deffant ajoute : « Rien ne peut être plus ridicule ; cette pièce est détestable.... Ce Beaumarchais, dont les *Mémoires* sont si jolis, est déplorable dans sa pièce du *Barbier de Séville*. » Le jugement de Mme du Deffant ne fut pas ratifié par le public. Du reste, le goût dédaigneux et blasé de la spirituelle correspondante d'Horace Walpole n'était pas très-apte à apprécier un genre de comique aussi franc, aussi dégourdi que celui du *Barbier*, et Beaumarchais pouvait se consoler de n'être point apprécié par elle; car, dans la lettre qui suit celle que nous venons de citer, elle ajoute encore ceci : « L'*Orphée* de M. Glück, le *Barbier de Séville* de M. de Beaumarchais, m'avaient été extrêmement vantés; on m'a forcée à les voir, ils m'ont ennuyée à la mort. » On voit qu'il n'était vraiment pas facile d'intéresser Mme du Deffant¹. Le parterre, qui n'avait point, comme elle, la maladie de l'ennui, se montra beaucoup moins rétif, et, à partir de la seconde représentation, le *Barbier* ne cessa d'attirer la foule jusqu'à la clôture de la saison d'hiver, c'est-à-dire jusqu'au 20 mars 1775.

On sait qu'il était d'usage autrefois de fermer chaque année les théâtres, et spécialement le Théâtre-Français, pendant trois semaines, à partir de la Passion jusqu'après la Quasimodo. Il était d'usage aussi au Théâtre-Français qu'à la dernière représentation qui précédait cette clôture, un des acteurs vînt sur la scène adresser au public un beau discours qu'on appelait le *compliment de clôture*². Beaumarchais, amateur de l'innovation en toutes choses, eut l'idée de remplacer ce discours ordinairement majestueux par une sorte de proverbe en un acte qui fut joué, avec les costumes du

---

[1] Il faut rappeler aussi que cette dame était alors aveugle, et que cette infirmité ne permet guère de juger une pièce de théâtre à la représentation.

[2] Ces discours adressés chaque année au public étaient quelquefois assez étranges. Grimm en cite un où l'acteur Florence disait du parterre : « Messieurs, le goût se conserve parmi vous comme les prêtresses de Vesta conservaient le feu sacré. » Le parterre, qui n'était pas composé de vestales, rit beaucoup de la comparaison. Après 89, les acteurs profitaient quelquefois de l'occasion pour débiter des tirades politiques et patriotiques.

Barbier, aux représentations de clôture de 1775 et de 1776. Ce compliment dialogué ne se trouve plus dans les archives de la Comédie-Française, mais il a été conservé dans les papiers de Beaumarchais, écrit tout entier de sa main et copié en double avec une feuille contenant la distribution des rôles. Je ne m'explique pas comment Gudin n'a pas fait figurer ce travail dans l'édition des œuvres de son ami; il a sans doute échappé à ses recherches, car ce n'est rien moins qu'une petite comédie en un acte, dont la structure est originale et dont le dialogue offre toutes les qualités de style qui distinguent le *Barbier de Séville*.

Voici d'abord à quelle occasion fut composé ce compliment dialogué. En introduisant au Théâtre-Français une pièce d'un comique aussi haut en couleur que le *Barbier*, Beaumarchais avait voulu briser les entraves un peu étroites dans lesquelles on enfermait alors ce théâtre, auquel on interdisait, au nom du *bon ton* et de la *bonne compagnie*, toute pièce rappelant plus ou moins l'ancienne comédie d'intrigue. On permettait bien aux farces ingénieuses de Molière, comme les *Fourberies de Scapin* ou *Pourceaugnac*, de reparaître de temps en temps sur la scène, parce qu'elles étaient de Molière, et parce qu'après tout, ces farces charmantes ayant amusé Louis XIV et sa cour, on n'osait pas se déclarer plus difficile que le grand roi; mais il n'était pas permis aux auteurs vivants de marcher, même de loin, sur les traces du maître. Et comme le Théâtre-Français avait seul le droit de jouer la comédie proprement dite, il n'y avait presque pas de nuances intermédiaires entre les parades grossières du boulevard et le genre de comédie qui florissait alors; genre un peu froid, guindé et maniéré, sans être plus moral quant au fond des idées et des situations. On a vu avec quelle impétuosité déréglée Beaumarchais avait d'abord tenté d'abolir cette scrupuleuse limitation des genres par une comédie beaucoup trop chargée, dont les défauts avaient justement choqué le public, et comment, après l'avoir considérablement retouchée, il l'avait fait accepter et triompher, bien qu'elle offrît encore des nuances très-fortes. Cependant cela ne suffisait pas à l'auteur du *Barbier*; il ne lui suffisait pas de restaurer au Théâtre-Français un peu de la vive gaieté d'autrefois et de faire applaudir à outrance par le parterre les éternuements de Dugazon dans le rôle du vieux valet *La Jeunesse*. Il voulait plus encore : il voulait non-seulement qu'on rît à gorge déployée, mais qu'on chantât sur le théâtre de MM. les comédiens ordinaires du roi. Ceci était énorme et essentiellement contraire, disait-on, à la dignité de la Comédie-Française. Néanmoins, comme Beaumarchais avait une volontée très-obstinée, on avait essayé, pour lui plaire, de chanter à la première représentation les airs introduits par lui dans le *Barbier*; mais, soit que les acteurs s'acquittassent mal de ce labeur inaccoutumé, soit que le public ne goûtât pas cette innovation, tous ces airs avaient été impitoyablement sifflés [1], et il avait

[1] Excepté le couplet grotesque chanté par Bartholo au troisième acte, qui fut conservé.

fallu les supprimer à la reprise de la pièce. Il en était un cependant auquel l'auteur tenait beaucoup, c'était l'ariette de Rosine au troisième acte : *Quand dans la plaine*, etc. L'aimable actrice qui avait créé le rôle de Rosine, Mlle Doligny, peu habituée à chanter en public et encore moins habituée à être sifflée, refusait absolument de recommencer l'expérience, et Beaumarchais avait dû se résigner au sacrifice de ce morceau; mais en toutes choses il ne se résignait jamais que provisoirement. Aux approches de la représentation de clôture, il proposa aux comédiens de rédiger pour eux le compliment dont il s'agit, mais à une condition, c'est qu'on chanterait son fameux air intercalé dans ce compliment qui devait être joué par tous les acteurs du *Barbier*. Comme Mlle Doligny se refusait toujours à chanter le morceau en question, et comme Beaumarchais aurait craint de l'offenser en mettant en scène dans sa petite pièce une autre Rosine, il y supprima le rôle de Rosine et le remplaça par l'intervention en personne d'une autre actrice plus hardie et qui chantait très-agréablement, Mlle Luzzi [1].

Pour comprendre ce petit proverbe inédit qui fait suite au *Barbier*, il faut donc se figurer que nous sommes arrivés à la représentation de clôture du

---

[1] Mlle Luzzi était en 1775 une fort jolie soubrette, douée de talents très-variés, car en même temps qu'elle jouait la comédie avec distinction, elle chantait et dansait au besoin. Un jour même qu'on manquait de tragédiennes, elle joua avec Lekain dans *Tancrède* le rôle d'Aménaïde, s'en tira très-bien et eut beaucoup de succès.

29 mars 1775. On vient de jouer le *Barbier* pour la treizième fois. Au moment où le public s'attend à voir, suivant l'usage ordinaire, arriver sur la scène, en habit de ville, un des acteurs chargés de lui dire adieu en termes solennels au nom de la Comédie-Française, la toile se lève, et le gros Desessarts, avec le costume de Bartholo, apparaît dans l'attitude du désespoir.

SCÈNE PREMIÈRE.

BARTHOLO (*Desessarts*), seul, se promenant un papier à la main.
La toile se lève.—Il parle à la coulisse.

Rougeau ! Renard [1] ! ne levez pas la toile encore, mes amis, je ne suis pas prêt... Diable d'homme aussi, qui nous promet un compliment pour la clôture, qui nous tient le bec à l'eau jusqu'au dernier jour, et, quand on doit le prononcer, il faut que je le fasse, moi... « Messieurs, si votre indulgence ne rassurait pas un peu mon génie alarmé... » Je ne ferai jamais ce compliment-là... « Messieurs, votre critique et vos applaudissements nous sont également utiles, en ce que... » La peste soit de l'homme ! « Messieurs..... pour bien rendre ce que je sens, il faudrait... il faudrait... » Ah ! pour bien faire, il faudrait que ce compliment eût quelque rapport à l'habit dans lequel je dois le débiter ; voyons : « Messieurs, de même que les médecins entreprennent tous les malades, mais ne guérissent pas toutes les maladies... » Qu'une bonne fièvre putride eût pu te saisir au collet, auteur de chien, perfide auteur !... « entreprennent tous les malades, mais ne guérissent pas toutes les maladies... de même les comédiens hasardent toutes les pièces nouvelles, sans être sûrs que la réussite... » Ah ! je sue à grosses gouttes, et je ne fais rien qui vaille... « Messieurs... Messieurs... »

[1] Ce sont sans doute les deux machinistes du théâtre.

SCÈNE DEUXIÈME.

BARTHOLO (*Desessarts*), FIGARO (*Préville*), LE COMTE ALMAVIVA (*Bellecour*).

FIGARO, riant. — Ah! ah! ah! Messieurs... Eh bien! Messieurs?

BARTHOLO. — Ah çà! venez-vous encore m'impatienter, vous autres?

LE COMTE. — Nous venons vous offrir nos conseils, bon docteur.

BARTHOLO. — Je n'ai pas besoin de précepteurs aussi goguenards. Je vous connais à présent.

LE COMTE. — Nous ne plaisantons point, je vous jure, et nous sommes aussi intéressés que vous à ce que votre compliment soit agréable au public.

FIGARO. — Ou qu'il rie du complimenteur. En vérité, nous ne venons ici qu'à bonne intention.

BARTHOLO. — Oui!..... à la bonne heure..... C'est que j'ai une singularité fort singulière, moi! Quand je n'ai rien à faire, mon esprit va, va comme le diable, et dès que je veux me mettre à composer...

FIGARO. — Il prend ce temps-là pour se reposer. Je sais ce que c'est, docteur. Il ne faut pas que cela vous étonne; cet accident arrive à beaucoup d'honnêtes gens comme vous qui se mettent à l'œuvre sans idées. Mais savez-vous ce qu'il faut faire? Au lieu de rester en place en composant, ce qui engourdit la conception et rend l'accouchement pénible à une jeune personne de votre corpulence, il faut vous remuer, docteur, aller et venir, vous donner de grands mouvements.

BARTHOLO. — C'est ce que je fais aussi depuis une heure.

FIGARO. — Et prendre la plume dès que vous sentez que les esprits animaux vous montent à la tête.

BARTHOLO. — Comment! les esprits animaux...

LE COMTE. — Finis donc, Figaro, il est bien temps de plaisanter!

BARTHOLO. — Ingrat barbier, pour qui j'eus mille bontés, tu ris de mon embarras, au lieu de m'en tirer.

LE COMTE. — Où en êtes-vous, docteur?

BARTHOLO. — J'en suis à imaginer pour la clôture quelque chose qui me fasse au moins déployer un beau talent devant le public.

FIGARO. — Déployer un beau talent! Eh mais! ne cherchez pas, docteur; rappelez-vous seulement le plaisir extrême que vous lui avez fait quand vous avez déployé à ses yeux le très-beau talent de chanter en dansant comme un ours et claquant vos deux pouces :

> Veux-tu, ma Rosinette,
> Faire emplette
> Du roi des maris?

BARTHOLO. — Ce drôle se pendrait plutôt que de manquer de désobliger ceux à qui il peut faire plaisir.

LE COMTE. — Réellement, Figaro, tu le désoles, et le temps se passe. Ah çà! dites-moi, docteur, connaissez-vous les choses dont un compliment de clôture doit être composé?

BARTHOLO. — Ah! si je savais aussi bien le faire comme je sais le définir.

FIGARO. — Ah! si je savais courir comme je sais boire, je ferais soixante lieues par heure.

BARTHOLO. — Je sais qu'il faut invoquer l'indulgence du public, parler modestement de nous, et dire un mot obligeant de tous les ouvrages nouveaux représentés dans l'année.

FIGARO. — Voilà le plus difficile. Au gré des auteurs, on n'en dit jamais assez; au gré du public, on en dit souvent trop.

BARTHOLO. — Il faudrait trouver le juste milieu.

FIGARO. — Ou n'en point parler du tout. Ma foi, c'est le plus sûr.

LE COMTE. — N'en point parler serait dur; mais il suffit de rappeler les ouvrages sans les juger de nouveau. Ce n'est plus à nous à prononcer sur leur mérite. L'adoption que nous en avions faite est la preuve du bien que nous en pensions, et l'œil perçant du public nous dispense ici d'en scruter les défauts. Mais, sur les succès même les plus combattus, les plus douteux, nous devons aux auteurs le juste éloge d'un désir ardent de plaire au public que nous partageons avec eux.

BARTHOLO. — Eh morbleu! bachelier, que ne me disiez-vous que vous alliez dire cela! J'aurais pris la plume, et mon ouvrage serait bien avancé... Vous dites donc?

LE COMTE. — Ma foi, je ne m'en souviens plus.

BARTHOLO. — Quel dommage! Et toi, Figaro?

FIGARO. — Moi, cela m'a paru fort plat.

BARTHOLO. — Je le crois, dès qu'il n'y a pas de calembours.

FIGARO. — Il est vrai, je ne fais pas autre chose.

BARTHOLO. — Tâche au moins de te rendre utile une fois en nous rappelant quelles pièces on a données cette année.

FIGARO. — On a donné, on a donné...

Ici Figaro, Bartholo et le comte font à eux trois la revue des pièces données en 1775, avec des appréciations de Figaro d'une réserve diplomatique assez bouffonne.

BARTHOLO. — Cela fait pourtant sept nouveautés en dix mois! Et l'on prétend que nous sommes des paresseux.

FIGARO. — Nous en abattrions bien d'autres, si l'on pouvait allier des intérêts inconciliables; mais pendant que l'homme de lettres qui attend son tour dit sans cesse : Eh! va donc, la Comédie; finis-en une bonne fois; c'est à moi d'engréner, — l'auteur qui est sur le chantier nous crie de son côté : Piano! la Comédie, piano! fais-moi durer encore. Tout cela est assez difficile.

SCÈNE TROISIÈME.

LES ACTEURS PRÉCÉDENTS, MADEMOISELLE LUZZI.

Mlle LUZZI. — Eh bien! Messieurs, est-ce que le compliment n'est pas dit?

FIGARO. — C'est bien pis, il n'est pas fait.

Mlle LUZZI. — Ce compliment ?

BARTHOLO. — Un maudit auteur m'en avait promis un ; à l'instant de le prononcer, il nous fait dire de nous pourvoir ailleurs.

Mlle LUZZI. — Je suis dans le secret : il est piqué de ce qu'on a retranché de sa pièce l'air du *Printemps*.

BARTHOLO. — Quel air du *Printemps* ? quelle pièce ? Vous croyez tout deviner, tout savoir.

Mlle LUZZI. — L'ariette de Rosine dans le *Barbier de Séville*.

BARTHOLO. — On a bien fait, Mademoiselle ; le public n'aime pas qu'on chante à la Comédie-Française.

Mlle LUZZI. — Oui, docteur, dans les tragédies ; mais depuis quand ferait-il ôter d'un sujet gai ce qui peut en augmenter l'agrément ? Allez, Messieurs, monsieur le public aime tout ce qui l'amuse.

BARTHOLO. — D'ailleurs, est-ce notre faute à nous si Rosine a manqué de courage ?

Mlle LUZZI, minaudant. — Est-il joli, le morceau ?

LE COMTE. — Voulez-vous l'essayer ?

BARTHOLO. — N'allez-vous pas la faire chanter ? Comment veut-on que j'achève mon compliment ?

LE COMTE. — Allez toujours, docteur.

FIGARO, à Mlle Luzzi. — Dans un petit coin, à demi-voix.

Mlle LUZZI. — Mais je suis comme Rosine, moi, je vais trembler.

FIGARO. — Fi donc ! trembler ! Mauvais calcul, Mademoiselle...

Mlle LUZZI. — Eh bien ! vous n'achevez pas votre petit calembour : la peur du mal et le mal de la peur[1] ?

FIGARO. — Ah ! vous appelez cela un calembour ?

Mlle LUZZI. — Il est vrai que moi qui ai peur de mal

---

[1] Allusion à un jeu de mots du *Barbier de Séville* : « Quand on cède à la peur du mal, on ressent déjà le mal de la peur. »

chanter, je ressens déjà beaucoup le mal que me fait cette frayeur-là.

FIGARO, riant. — Oui, je le crois; mais vous ne chanterez pas moins pour cela. Vous êtes si bonne, Luzzi, qu'en toute affaire vous n'opposez jamais que des difficultés engageantes.

Mlle LUZZI. — Il ne tiendrait qu'à moi de prendre cela pour une épigramme.

LE COMTE. — Sur un talent qui lui est peu familier, Rosine est vraiment timide, elle; mais vous qui chantez souvent, avouez, friponne, que vous n'avez ici que l'hypocrisie de la timidité. (Mlle Luzzi prélude gaiement.)

FIGARO. — Elle ne changera jamais, cette Luzzi; chantant, jouant la comédie, toujours gaie, toujours belle : d'honneur, c'est un diamant dans la société.

BARTHOLO. — Maudit bavard!

Mlle LUZZI, riant. — Ah! ah! ah! laissez-le donc se tirer de là, docteur, et nous expliquer comment je suis un diamant.

FIGARO, gaiement. — Ainsi que toutes les jolies femmes. La nature, en se jouant, féconde la mine abondante où nous puisons ces diamants-là. La jeunesse est le lapidaire qui les développe et les taille; la parure élégante est l'alvéole qui les enchâsse; notre imagination, la feuille qui les brillante; enfin l'amour, belle Luzzi, n'est-il pas... le joaillier qui les met en œuvre?

Mlle LUZZI. — Hum! mauvais plaisant! Et l'hymen que vous oubliez?

FIGARO. — C'est, si vous voulez, le marchand qui les met dans le commerce.

BARTHOLO. — Que le diable emporte le metteur en œuvre, le marchand et le diamant; j'ai perdu la plus sublime idée!

LE COMTE, à Mlle Luzzi. — J'espère que son courroux ne nous privera pas du plaisir de vous entendre.

Mlle LUZZI. — Au moins, Messieurs, c'est vous qui voulez que je chante?

BARTHOLO. — Ah! point du tout.

FIGARO. — Certainement.

LE COMTE. — Nous jugerons si l'air eût fait plaisir.

Mlle LUZZI chante.

Quand dans la plaine
Ramène, etc. ¹

LE COMTE. — Fort joli, d'honneur !
FIGARO. — C'est un morceau charmant.
BARTHOLO. — Eh ! allez au diable avec votre morceau charmant. Je ne sais ce que je fais, moi ;. voilà que j'ai lardé mon compliment d'agneaux, de chiens et de chalumeaux... Don Basile, à cette heure...

La scène avec Basile n'est qu'une variante de la scène de mystification du *Barbier*. Basile est censé ignorer que c'est le jour de la clôture, et il veut annoncer au public la pièce qu'on jouera demain. Figaro le mystifie de son mieux, et chacun lui répète le fameux mot : *Allez vous coucher*². Après que Basile s'est retiré, Bartholo continue à se démener, mais son

---

¹ On doit supposer naturellement que Mlle Luzzi fut très-applaudie par le public.
² Cet *allez vous coucher* de la scène de mystification du *Barbier* avait eu un tel succès, que le bruit en était parvenu jusqu'à Voltaire et l'inquiétait. Voici pourquoi : le père d'*Irène*, dans la tragédie de ce nom, qu'il composait alors, se nommait d'abord Basile. Voltaire écrit à ce sujet à M. d'Argental : « M. de Villette prétend que le nom de Basile est très-dangereux depuis qu'il y a un Basile dans le *Barbier de Séville*. Il dit que le parterre crie quelquefois : *Basile, allez vous coucher,* et qu'il ne faut avec les welches qu'une pareille plaisanterie pour faire tomber la meilleure pièce du monde. Je crois que M. de Villette a raison ; il n'y aura qu'à faire mettre Léonce au lieu de Basile par le copiste de la Comédie. Heureusement le nom de Basile ne se trouve jamais à la fin d'un vers, et Léonce peut suppléer partout. Voilà, je crois, le seul embarras que cette pièce pourrait donner. »

compliment n'avance guère. Il s'adresse enfin à Figaro et au comte :

BARTHOLO. — Enfin, puisque vous voilà, si vous étiez que de moi tous les deux, qu'est-ce que vous diriez?

FIGARO. — Si nous étions que de vous, docteur, il est clair que nous ne saurions que dire.

BARTHOLO. — Eh! non, non, si vous étiez moi, c'est-à-dire chargés du compliment.

LE COMTE. — Je me recueillerais un moment, et il me semble que je dirais à peu près : — Est-il besoin, Messieurs, que je fasse ici l'apologie de notre empressement, quand je parle au nom de toute la Comédie ? et notre existence théâtrale n'appartient-elle pas à chacun de vous, quoique chacun de vous ne se prive, pour en jouir, que de la moindre partie d'un superflu qu'il destine à ses amusements? Pour être convaincus donc, Messieurs, qu'un motif plus noble que l'intérêt nous fait souhaiter constamment de vous plaire, considérez qu'il n'y a pour nous aucun rapport entre la faible utilité du produit de chaque place et l'extrême plaisir que nous cause le plus léger applaudissement de celui qui la remplit. A ce prix, qui nous est si cher, nous supportons les dégoûts de l'étude, la surcharge de la mémoire, l'incertitude du succès, les ennuis de la redite et toutes les fatigues du plus pénible état. Notre seule affaire est de vous donner du plaisir; toujours transportés quand nous y réussissons, nous ne changeons jamais à votre égard, quoique vous changiez quelquefois au nôtre. Et quand, malgré ses soins, quelqu'un de nous a le malheur de vous déplaire, voyez avec quel modeste silence il dévore le chagrin de vos reproches, et vous ne l'attribuerez pas à un défaut de sensibilité chez nous, dont l'unique étude est d'exercer la vôtre. En toute autre querelle, l'agresseur inquiet doit s'attendre au ressentiment qu'il provoque; ici, l'offensé baisse les yeux avec une timidité respectueuse, et la seule arme qu'il oppose au plus dur traitement est un nouvel effort pour vous plaire et reconquérir vos suffrages. Ah! Messieurs, pour notre gloire et pour vos plaisirs, croyez que nous désirons tous être des acteurs parfaits; mais, nous sommes forcés de l'avouer, la seule chose que nous voudrions ne jamais invoquer est malheureusement celle dont nous avons le plus souvent besoin, votre indulgence. (Il salue.)

BARTHOLO. — Bon, bon, bon, excellent.

FIGARO. — Fi donc! Gardez-vous bien, docteur, d'écrire tout ce qu'il vient de débiter.

BARTHOLO: — Et pourquoi?

FIGARO. — Cela ne vaut pas le diable.

Mlle LUZZI. — Quoi! son discours? Il m'a paru si bien.

BARTHOLO. — Je parie, moi, qu'il serait fort applaudi.

FIGARO. — Oui, parce que cela claque à l'oreille, et a l'air d'être un compliment... Pas une pensée qui ne soit fausse.

BARTHOLO. — Jalousie d'auteur.

LE COMTE. — Ah! voyons.

FIGARO. — Vous préférez les applaudissements du public au profit des places qu'il occupe au spectacle?

LE COMTE. — Certainement.

FIGARO. — Fort bien; mais si chacun s'abstenait de vous apporter ici le profit de sa place, où iriez-vous chercher le plaisir de ses applaudissements? Passe encore de déraisonner; mais ravaler à nos yeux la douce, l'utile recette, et faire ainsi le dédaigneux d'une chose aussi loyalement profitable! Examinez tous les états, depuis le grave ambassadeur qui chiffre le papier jusqu'à l'auteur badin qui le barbouille, depuis le ministre ingénieux qui invente un nouvel impôt jusqu'à l'obscur filou qui fouille aussi dans les poches, où se fait-il rien qui ne soit au profit de la tant bien-aimée recette? Et le général couvert de gloire qui demande un gouvernement, et l'héritier d'un nom illustre qui recherche une financière, et le pieux abbé qui court un bénéfice, et le grave magistrat qui pâlit sur les affaires, et le légataire assidu qui intrigue autour de son grand-oncle, et la mère honnête qui livre sa fille à l'inutilité nuptiale d'un vieillard amoureux, et celui qui navigue, et celui qui prêche, et celui qui danse, enfin tous jusqu'à moi dont je ne parle point, mais qui ne m'oublie pas plus qu'un autre, y a-t-il un seul homme au monde qui n'agisse pour augmenter la bonne, la douce, la trois, quatre, six, dix fois agréable recette ? Avec vos fades compliments, vous sollicitez le public comme un juge austère ; moi je l'aime comme ma bonne mère nourrice. Elle me donnait quelquefois sur l'oreille, mais ses caresses étaient douces, et son lait inépuisable. Logomachie, battologie, cliquetis de paroles que tous ces beaux discours! Et puis, qu'est-ce que l'offensé qui baisse les yeux timidement quand le public a de l'humeur ? Quand le public s'élève contre un comédien, n'est-ce pas celui-ci qui est l'agresseur ? C'est du plaisir que le public vient chercher, et il mérite bien d'en prendre : il l'a payé d'avance. Est-ce sa faute si on ne lui en donne pas ? Galimatias que tout votre compliment ! Que de sottises on fait passer dans le monde avec des tournures ! Enfin vous le ferez comme vous voudrez ; mais, pour moi, je n'emploierais pas toutes ces grandes phrases de respect et de dévouement dont on abuse à la journée et qui ne séduisent personne ; je dirais uniment : Messieurs, vous venez tous ici payer le plaisir d'entendre un bon ouvrage, et c'est, ma foi, bien fait à vous. Quand l'auteur tient parole et que l'acteur s'évertue, vous applaudissez par dessus le marché : bien généreux de votre part, assurément. La toile tombée, vous emportez le plaisir, nous l'éloge et l'argent; chacun s'en va souper gaiement, et tout le monde est satisfait. Charmant commerce, en vérité! Aussi je n'ai qu'un mot, notre intérêt vous répond de notre zèle ; pesez-le à cette balance, Messieurs, et vous verrez s'il peut jamais être équivoque. Hein, docteur, comment trouvez-vous mon petit calembour?

BARTHOLO. — Ce maraud-là fait si bien, qu'il a toujours raison.

UN ACTEUR DE LA PETITE PIÈCE [1]. — Avez-vous donc juré de nous faire coucher ici avec votre compliment, que vous ne

---

[1] C'est la pièce qu'on devait jouer pour terminer le spectacle.

ferez point, à force de le faire? Le public s'impatiente.

BARTHOLO. — Dame! un moment, c'est pour lui que nous travaillons.

L'ACTEUR. — Eh mais! allez travailler dans une loge, au foyer, où vous voudrez; pendant ce temps, nous commencerons la petite pièce.

BARTHOLO. — Quel homme! Laissez-nous donc tranquilles.

L'ACTEUR. — Vous ne voulez pas sortir? Jouez, jouez bien fort, Messieurs de l'orchestre; quand ils verront qu'on ne les écoute pas, je vous jure qu'il n'y en aura pas un qui soit tenté de rester à bavarder sur le théâtre.

FIGARO. — Il a, ma foi, dévoilé dans un seul mot tout le secret de la comédie.

(L'orchestre joue; ils sortent tous, et l'on baisse la toile.)

Cette bluette se rattachant au *Barbier de Séville* et étant restée jusqu'ici inconnue, nous a paru digne d'être publiée au moins en grande partie [1]. Le plan en est ingénieux, et il fallait de l'adresse pour conserver ainsi à chacun des personnages du *Barbier* le caractère qu'il a dans la pièce, tout en le faisant parler comme acteur. On vient de voir comment Beaumarchais a résolu cette difficulté. Il allait bientôt se trouver aux prises avec une difficulté plus grande, celle de mettre à la raison ces mêmes acteurs pour lesquels il écrivait des *compliments de clôture*. Sa destinée voulait qu'il ne sortît d'un procès que pour tomber dans un autre, et que tout, dans sa vie, jusqu'au *Barbier de Séville*, le plus gai des imbroglios, devînt matière à procès.

[1] Nous aurions pu la reproduire tout entière et la placer aux pièces justificatives, mais beaucoup de lecteurs n'auraient peut-être pas pris la peine de l'y chercher; nous avons préféré l'abréger un peu et l'intercaler dans notre travail.

FIN DU TOME PREMIER.

PIÈCES JUSTIFICATIVES

N° 1 (page 109).

L'OPTIMISME,

Poëme inédit de Beaumarchais, composé dans sa jeunesse, sur deux rimes redoublées.

Partout on cherche, on étudie
La cause des malheurs divers
Qui désolent cet univers,
Des humains la triste patrie.
Nul n'est d'accord, chacun varie :
J'entends les partisans diserts
Du système de bonhomie
Vanter l'immuable harmonie
Qu'ils remarquent dans l'univers,
D'après les calculs de génie
Et des Leibnitz et des Képlers,
Que tous ces fous, dans leur manie,
Ont nommés célestes concerts ;
Moi, je n'oppose à leur folie
Qu'une foule d'arguments clairs,
Et je dis : Sagesse infinie !
L'axe qui sous la terre plie
Semble exprès posé de travers
Par une puissance ennemie ;
De là naît l'horreur des hivers,

Où toute la terre engourdie,
Sans fleurs, sans fruits, sans arbres verts,
N'offre, la moitié de la vie,
Que des champs de frimas couverts.
Sur ce seul exposé, je nie
Que tout soit bien dans l'univers.

D'un point de ma sphère aplatie
Si je m'élance au haut des airs,
Je vois, dans sa marche étourdie,
Ce dieu qui fit pleurer Clytie,
Brûlant l'Afrique et ses déserts,
Et laissant glacer la Scythie.
Lorsque, dans la nue épaissie,
La foudre formée, endurcie,
S'allumant au feu des éclairs,
Tombe, éclate, écrase, incendie;
Lorsque la bienfaisante pluie,
Par son passage dans deux airs,
En grêle affreuse convertie,
Ravage les champs découverts,
Moissonne la plaine enrichie,
Et les change en tristes déserts,
Dites-moi, Sagesse infinie,
Tout est-il bien dans l'univers?

Lorsqu'Éole brise les fers
Du terrible amant d'Orithie,
Des cavernes de Livonie,
Des États glacés de Péters,
Il parcourt l'Europe et l'Asie,
Soulève, tourmente, charrie
L'Océan, l'Euxin, la Caspie;
Brise, au pays des calenders,
Les croissants de Sainte-Sophie;
Couche les pins, les chênes verts
De l'Espagne, de l'Arabie;
Fait mille tourbillons divers
Des sables brûlants de Lybie,
Les disperse, obscurcit les airs

De la Norwége en Nigritie.
Des hommes blancs, noirs, jaunes, verts,
De sa fougue ont l'âme transie ;
Mais son triomphe est sur les mers :
Là, ballottant avec furie
De frêles vaisseaux entr'ouverts,
Le pâle nautonier qui prie,
Après mille tourments soufferts,
Voit souvent sa nef engloutie,
Et dans le sein des flots amers
Finit sa déplorable vie.
Fauteurs d'une secte abrutie !
Si cette peinture est sentie,
Tout est-il bien ? Suivez ces vers.

L'homme, en entrant dans l'univers,
Reçoit la mort avec la vie ;
Enfant mutin, débile, iners,
Tout le blesse, le contrarie.
Il croît ; ses organes ouverts
A peine acquièrent l'énergie,
Que sa conduite calomnie
Les préceptes sacrés et chers
Dont sa jeunesse fut munie.
L'erreur, le vice, les travers
L'enchaînent sous leur tyrannie ;
Chaque âge il change de manie :
Je vois des casques, des hauberts ;
C'est à la mort qu'il sacrifie,
Il combat, il est dans les fers.
Ailleurs, il plaide, il négocie ;
Envieux, en butte à l'envie,
Il souffre, il vieillit, il s'ennuie.

La goutte, l'asthme, les cancers,
Les rhumatismes, l'ophthalmie,
L'humeur froide aux globules verts,
Les scrofules, la strangurie :
Voilà les dignes prix offerts
Aux vertus de toute sa vie.
Après une foule infinie

De maux mérités et soufferts,
Il meurt; son âme évanouie
N'a rien laissé qu'une momie,
L'horrible pâture des vers;
Il meurt; sa carrière accomplie
N'offre qu'un tissu de revers
Parsemé de grains de folie.
Quels sont donc ces biens qu'on envie?
Des bords du néant aux enfers
La pente rapide établie,
Serrant la chaîne qui les lie,
Entraîne tout, maîtres et serfs.
La race présente, assoupie,
Par la prochaine est engloutie;
Une autre naît, passe, est suivie
D'une qui vient, fuit et s'oublie.
Je les aperçois, je les perds,
Ainsi qu'une goutte de pluie,
Au vaste Océan réunie,
Ou comme des coureurs altiers,
Dans leur marche trop tôt finie,
Transmettant à d'autres, plus fiers,
Le triste flambeau de la vie :
Et tout est bien dans l'univers !

Si tout est bien, que signifie
Que, par un despote asservie,
Ma liberté me soit ravie?
Mille vœux au ciel sont offerts,
En tous lieux l'humanité crie;
Un homme est esclave en Syrie,
On le mutile en Italie;
Son sort est digne des enfers
Aux Antilles, en Barbarie.
Si votre âme en est attendrie,
Montrez-moi, raisonneurs très-chers,
Sur quelle loi *préétablie*
Mon existence est avilie,
Lorsque, par les documents clairs
D'une saine philosophie

Que le sentiment fortifie,
Je sais que l'auteur de ma vie
M'a créé libre, et que je sers.
Suis-je un méchant, suis-je un impie,
Lorsqu'avec douleur je m'écrie :
Tout est fort mal dans l'univers?

Lorsque je vois l'hypocrisie,
En robe noire ou cramoisie,
Ou sous l'humble froc d'un convers,
La face austère et repentie,
Montrer à l'un les cieux ouverts,
Menacer l'autre des enfers,
Et, sous le masque d'Uranie,
Que de la terre elle a bannie,
Abuser des secrets divers
Que la sottise lui confie;
Quand je vois qu'avec tyrannie
Elle absout, elle excommunie,
Et que sa fière hiérarchie
Obtient toujours pour juge un tiers,
Et tient, dans une monarchie,
En vertu d'une liturgie,
Sur ses intérêts les plus chers,
Le vrai pouvoir en léthargie :
Tout est-il bien dans l'univers?

Quand j'aperçois la jalousie,
A l'accueil sombre, aux yeux couverts,
Dont l'âme ne se rassasie
Que de pertes et de revers,
Traînant à sa suite l'envie,
La noirceur et la perfidie ;
Des gens d'opprobre tout couverts,
Des sots, des têtes à l'envers
Être la bonne compagnie ;
De petits grands seigneurs tout fiers
D'un nom qu'ils notent d'infamie,
Des femmes dont l'ignominie,
Perçant à travers leurs grands airs,

Par des fripons est applaudie :
Tout est donc bien dans l'univers !
. . . .
. . . .

Quand je vois l'Encyclopédie,
Cette œuvre immortelle, hardie,
Des Diderot, des d'Alembert
Et d'autres hommes de génie,
Livrée à la misanthropie,
A l'esprit louche et de travers
D'un convulsionnaire impie,
Puis dénoncée à l'ineptie
De ces juges, conseillers, clercs,
Qui font à la théologie
Décider si la maladie
Qui bouillonne au-dessus des chairs
Peut être insérée et guérie :
Tout est-il bien dans l'univers ?

Rameau, père de l'harmonie,
Quand j'entends traiter les beaux airs
De raboteuse mélodie
Par des histrions d'Italie
Dignes de nos derniers concerts ;
Et toi, l'honneur de ma patrie,
Auteur d'*Alzire* et d'*Olympie*,
Et de mille ouvrages divers,
Charmants, pleins de philosophie ;
Quand je vois tes sublimes vers
En butte au jugement pervers
D'un hebdomadaire en furie,
Faut-il qu'insensé je m'écrie :
Tout est au mieux dans l'univers ?

Si je regarde sur les mers,
Je vois un amiral Saunders
Dont l'audace trop impunie,
Avant la campagne finie,
Va mettre l'Amérique aux fers.

Si je m'arrête en Germanie,
Je vois un roi de Silésie
Qui, pour passer sa fantaisie
D'être premier entre ses pairs,
Ravage la Saxe asservie,
Étonne, arrête la Russie ;
Sans commerce, sans ports ouverts,
Par la force de son génie
Fixe la fortune ennemie,
Pendant le cours de sept hivers,
Brave la valeur réunie
Des généraux les plus experts,
Reprend Schwednitz, le fortifie,
Cueille des lauriers toujours verts.
Et comme l'humaine folie
Avec l'horreur se concilie
Dans la tête d'un roi pervers,
Écrit sur la philosophie,
Fait de la musique et des vers,
Cependant qu'on lui sacrifie,
Aux fossés, aux chemins couverts,
Les nourriciers de la patrie [1];
La source de leur sang tarie
Va fumant jusqu'aux *boulleverts*
Qui renferment cette furie,
Parfums bien dignes d'être offerts
Au Salomon de Bulgarie :
Et tout est bien dans l'univers ?

Plus près, j'admire en Franconie
Des généraux l'impéritie,
Des projets remplis d'ineptie,
Mal conçus, toujours découverts,
L'ignorance et la barbarie
Conduisant à la boucherie
Nos bataillons percés, ouverts
Par le feu de l'artillerie,

---

[1] Ce passage et le suivant s'appliquent au grand Frédéric et à la guerre de sept ans.

> Et notre milice affaiblie,
> Fuyant comme un troupeau de cerfs
> Devant une meute aguerrie ;
> Ce spectacle indigne humilie.
> Ainsi, quand tout va de travers,
> Aurai-je l'optimomanie
> De ce docteur de Westphalie
> Qui, malgré les plus grands revers,
> Prétend, en sa rare folie,
> Que tout est bien dans l'univers ?
> Au rebours il me prend envie
> D'aller loin des hommes pervers
> Passer le reste de ma vie.

On se souvient que ces trois derniers vers sont déjà dans une autre composition rédigée par Beaumarchais à 13 ans ; il paraît qu'il les trouvait assez bons pour les utiliser deux fois. L'esprit général de cette satire contre l'optimisme pourrait donner quelque apparence de fondement à l'opinion suivant nous très-mal fondée qui attribue à l'auteur du *Mariage de Figaro* un caractère *morose*; mais pour montrer que cette boutade pessimiste n'est qu'un caprice d'imagination, il nous suffira de citer encore quelques vers qui lui servent de conclusion et qui prouvent combien le *pessimisme* du jeune Beaumarchais est peu enraciné. Voici cette conclusion :

> Ami, si je revois Sophie,
> Si ses beaux bras me sont ouverts,
> Sans perdre ma philosophie,
> Permets qu'un instant je m'écrie :
> Ah ! tout est bien dans l'univers !

N° 2 (page 150).

Lettre de lord Rochford, ambassadeur d'Angleterre en Espagne, écrite en français à Beaumarchais, à Madrid, en 1764.

Monsieur,

J'ai mille remerciments à vous faire pour vos charmantes séguedilles ; mais qu'en ferai-je sans la musique ? Voudriez-vous me

faire le plaisir de me la procurer ? Si vous voulez aussi me faire le plaisir de venir dîner avec moi vendredi, nous essayerons le canon à trois voix ; nous serons seuls, et nous tâcherons de nous amuser le mieux qu'il nous sera possible. Si j'avais un peu de crédit *avec* la belle qui chante si bien, je la prierais de se trouver ici ; mais je ne veux pas m'exposer à un refus, quoiqu'elle se repentira de ne pas s'être trouvée où vous êtes [1]. Faites-moi savoir si je puis compter sur vous, et rendez-moi la justice de me croire très-sincèrement à vous.
ROCHFORD.

N° 3 (page 154).

Lettre inédite écrite au duc de La Vallière, par Beaumarchais, à Madrid, le 24 décembre 1764.

MONSIEUR LE DUC,

Je m'étais flatté vainement de l'espoir de vous présenter de vive voix mon très-humble respect au commencement de cette année ; mais je suis dans un pays où l'adage favori est *poco a poco*. Notre vivacité, qui dégénère fréquemment en impatience, est appelée *la furia francese;* on n'en tient compte, et rien ne va que le train ordinaire. J'emploie le loisir involontaire que cette lenteur me procure à étudier de mon mieux le pays où je vis et les hommes qui l'habitent, dont l'insouciance fait le fond du caractère ; mais on peut dire, à leur louange, qu'ils sont généralement bons, sobres et surtout très-patients. Dans le haut état, il n'y a d'autre considération que la personnelle ; je ne m'aperçois pas que le rang en donne à ceux qui n'ont ni crédit dans les affaires, ni ce qu'on appelle qualités transcendantes. Comme chacun vit chez soi, à l'exception des assemblées appelées *tertulias*, qui sont plutôt cohues que sociétés, où tout ce qui est connu entre et sort comme dans l'église, et comme l'on ne mange jamais chez autrui, les plus grands seigneurs

---

[1] C'était probablement cette même marquise de la C... dont il est souvent question dans la correspondance de Beaumarchais, à Madrid.

ne sont presque connus que de leurs familles ; le faste des valets est poussé ici à un excès dont le seul Lucullus fournit un exemple. Le duc d'Arcos, capitaine des gardes, paye au moins pour 100,000 écus de gages par an.

Le duc de Medina-Celi porte cela encore plus loin, et tout le reste va plus en raison de son rang que de ses moyens ; cette manie rend ces gens-ci fort pauvres au milieu d'assez grandes richesses. Un homme de votre rang, monsieur le Duc, qui est garçon, et n'a que 80,000 ducats de revenus, est toujours mal aisé.

Il n'y a pas de pays au monde où le gouvernement soit aussi puissant. Comme il n'y a nul ordre intermédiaire entre le ministère et le peuple qui tempère l'activité du pouvoir législatif et exécutif, il semble que l'abus doit être souvent à côté de la puissance. Cependant il n'y a pas de prince qui use plus sobrement d'un pouvoir sans bornes que le roi d'Espagne ; pouvant tout décider d'un seul mot, la crainte de commettre une injustice l'assujettit volontairement à des formes qui font rentrer les affaires dans le train ordinaire des affaires des autres pays, dont celui-ci même se distingue par la grave lenteur.

Le ciel est ici d'une pureté admirable, et c'est un avantage que je sens beaucoup plus que les gens du pays qui n'ont jamais vu les hivers gris et mouillés de chez nous. Depuis que l'obstination du prince régnant à nettoyer la ville de Madrid a vaincu l'obstination des Espagnols à rester dans l'ordure, cette ville est une des plus propres que j'aie vue, bien percée, parée de nombreuses places et de fontaines publiques, à la vérité plus utiles au peuple qu'agréables à l'homme de goût ; un air vif et appétissant circule partout avec facilité, il est même quelquefois d'une vivacité qui va jusqu'à tuer sur place un homme à l'entrée d'un carrefour ; mais cela n'arrive jamais qu'à quelque Espagnol épuisé de débauche et brûlé de vanille. Ce peuple allie une dévotion superstitieuse à une assez grande corruption de mœurs ; et l'on a chez nous une très-fausse opinion des Espagnols quand on les croit jaloux : cette frenésie est peut-être reléguée dans quelques villes de province ; mais aucunes femmes au monde ne jouissent d'une aussi grande liberté que celles de cette capitale, et l'on n'entend pas dire qu'elles négligent ordinairement les avantages de cette douce liberté.

J'ai visité avec beaucoup de soin la bibliothèque fameuse du palais de San Lorenzo, appelé par corruption l'*Escurial*. Je crois, monsieur le Duc, avoir entendu dire à M. de Grimaldi qu'il vous avait envoyé le catalogue des livres et manuscrits qui la composent. Comme il y a ici beaucoup plus d'esprit que d'acquit, ces beautés si précieuses pour nos savants ne sont en ce pays que l'objet d'une stérile curiosité. Le cellier des moines qui gardent ces livres m'a paru mieux tenu, plus visité et plus exactement étiqueté. Un de ces religieux fort honnête m'a fait présent d'un gros Pétrarque trèsancien, mais cela n'a pas assez de barbe pour mériter une place au château de Montrouge [1]. Une des choses qui m'a le plus frappé dans ce très-magnifique couvent, c'est la condamnation des livres de presque tous nos philosophes modernes qui est affichée publiquement auprès du chœur des moines. Les ouvrages proscrits y sont nommés ainsi que leurs auteurs, et par prédilection votre ami Voltaire, dont on condamne non-seulement tous les ouvrages qu'il a faits, mais encore tous ceux qu'il fera par la suite, ne pouvant sortir que du mal d'une plume aussi abominable. Je lui avais écrit de Bayonne pour lui envoyer la commission de M. le duc de Laval et la vôtre, monsieur le Duc. Il est resté trois mois sans me répondre, et m'a enfin écrit à mon adresse de Versailles, me comptant bien de retour, dit-il, et ne voulant pas me brouiller avec le saint Office en m'envoyant ici une lettre de lui; mais elle m'y est parvenue sans accident.

Cette terrible inquisition, sur laquelle on jette feu et flamme, loin d'être un tribunal despotique et injuste, est, au contraire, le plus modéré des tribunaux par les sages précautions que Charles III, à présent régnant, a prises contre les abus dont on pouvait avoir à se plaindre ; il est composé non-seulement de juges ecclésiastiques, mais aussi d'un conseil de séculiers dont le roi est le premier des officiers ; la plupart des grands de la première classe remplissent les autres places, et la plus grande modération résulte du combat perpétuel des opinions de tous ces juges, dont les intérêts sont diamétralement opposés. Cet arrangement fait un honneur infini à la fermeté et à la sagesse du roi, qui a eu besoin dans le temps (comme toute l'Europe l'a su) d'exiler le grand inquisiteur, chose inouïe jusqu'à lui. Les Espagnols nous reprochent avec raison nos lettres de cachet, dont l'abus leur paraît être la plus violente des inquisitions. Quand nous nous plaignons du délabrement de leurs grands chemins, ils nous reprochent nos corvées, fléau, disent-ils, bien plus terrible aux malheureux habitants de la campagne, que le mauvais

---

[1] Le duc de La Vallière était un grand bibliophile.

état des routes n'est incommode aux voyageurs. Tout se fait en Espagne aux dépens du roi, ce qui véritablement empêche que les choses n'aillent fort vite et les fait abandonner aussitôt qu'on est occupé de soins plus importants; mais la bonté du roi est si grande qu'il a soutenu, depuis plus d'un an, le pain dans sa capitale à un prix très-modéré, quoique le froment fût hors de prix et qu'il lui en ait coûté de sa poche plus de 100,000 écus par jour. En cet article, j'admire plus la charité du roi que la prévoyance du gouvernement ; mais on s'occupe sérieusement des moyens de prévenir ces sortes d'accidents par la suite.

La justice civile de ce pays est chargée de formes beaucoup plus embrouillées encore que les nôtres, ce qui la rend si difficile à obtenir, que ce n'est qu'à la dernière extrémité qu'on y a recours. La manière dont les affaires s'y traitent est proprement l'abomination de la désolation prédite par Daniel. En affaires civiles, les témoins sont emprisonnés pour être entendus, et tel honnête homme qui saura par hasard que monsieur un tel est débiteur réellement, ou légataire, ou fondé de procuration, etc., est arrêté et mis en prison dès le commencement de l'instance seulement, pour déclarer ce qu'il sait ou a entendu dire. J'ai vu dans un arrêté de comptes, où il s'agissait de savoir si tous les articles étaient en règle, tenir au cachot trois malheureux qui s'étaient, par hasard, trouvés chez l'homme qui arrêtait le compte, lorsque son créancier y vint. Le reste est en proportion. Cette partie sera encore longtemps mal administrée, trop de gens vivent de ce désordre ; et il est trop loin des yeux du roi.

La nuit prochaine, à Madrid, est l'image la plus vraie des saturnales romaines ; ce qui se consomme en aliments, la licence effrénée qui règne dans les églises sous le nom de joie est incroyable : il y a telle église de moines où ils dansent tous dans le chœur avec des castagnettes ; le peuple fait *paroli*, armé de chaudrons, de sifflets, de vessies, de claquettes, de tambours ; les cris, les injures, les chants, les sauts périlleux, tout est du ressort de la fête ; la bacchanale court les rues pour aller d'église en église toute la nuit, et de là va se livrer à tous les excès qu'on peut attendre d'une telle orgie. Depuis huit jours, il se célèbre une messe chantée et accompagnée par ce diabolique faux-bourdon dans une église tout à côté de chez moi, et le tout en l'honneur de la naissance de Notre-Sauveur, le plus sage et le plus tranquille des hommes. En général ici, toutes les coutumes populaires, dérivant en droite ligne des usages maures, ont une saillie de déraison et de cynisme qu'on ne rencontre point ailleurs ; il n'est pas rare de rencontrer tous les soirs des hommes et des femmes qui, plus occupés de leurs affaires que des regards des passants, ... sur les escaliers des églises, sur ceux de l'intérieur des maisons, avec une sécurité digne du philosophe grec.

La prévention contre les usages des étrangers est poussée à l'excès dans ce pays par le peuple, et beaucoup de gens distingués sont encore très-peuple à cet égard, nous sommes même les moins épargnés ; mais je ne puis disconvenir que le ton moqueur et tranchant de la plupart des Français qui viennent ici contribue beaucoup à entretenir cette espèce de haine : c'est l'aigreur qui paye la moquerie.

Les spectacles espagnols sont de deux siècles, au moins, plus jeunes que les nôtres, et pour la décence et pour le jeu ; ils peuvent très-bien figurer avec ceux de Hardy et de ses contemporains. La musique, en revanche, peut marcher immédiatement après la belle italienne et avant la nôtre ; la chaleur, la gaieté des intermèdes tout en musique, dont ils coupent les actes ennuyeux de leurs drames insipides, dédommagent très-souvent de l'ennui qu'on a essuyé en les entendant ; ils les appellent *tonadillas* ou *saïnetes*. La danse est absolument inconnue ici, je parle de la figurée, car je ne puis honorer de ce nom les mouvements grotesques et souvent indécents des danses grenadines et mauresques qui font les délices du peuple ; la plus estimée ici est celle qu'on appelle *fandango*, dont la musique est d'une vivacité extrême, et dont tout l'agrément consiste en quelques pas ou figures lascives, ... représentant assez bien . . . . pour que moi, qui ne suis pas le plus pudique des hommes, j'en aie rougi jusqu'aux yeux. Une jeune Espagnole, sans lever les yeux et avec la physionomie la plus modeste, se lève pour aller figurer devant un hardi sauteur ; elle débute par étendre les bras, faire claquer ses doigts ; ce qu'elle continue pendant tout le *fandango* pour en marquer la mesure : l'homme la tourne, il va, revient avec des mouvements violents auxquels elle répond par des gestes pareils, mais un peu plus doux, et toujours ce claquement de doigts qui semble dire : Je m'en moque, vas tant que tu pourras, je ne serai pas lasse la première. Lorsque l'homme est excédé, un autre arrive devant la femme qui, lorsqu'elle est souple danseuse, vous en met ainsi sur le grabat sept ou huit l'un après l'autre. Il y a aussi des duchesses et autres danseuses très-distinguées, dont la réputation est sans bornes sur le *fandango*.

Le goût de cette danse obscène, qu'on peut comparer au *calenda* de nos nègres en Amérique, est si bien enraciné chez ce peuple, que, pour lui plaire, un homme a composé une pièce de théâtre assez comique, où des religieux étrangers ayant voulu s'opposer au goût général et en faire un crime, l'affaire bien débattue est renvoyée au pape, auquel des députés de la nation vont porter les plaintes et les vœux des Espagnols. Le pape assemble le conclave, il lit le factum des religieux, et tout prêt à condamner l'usage du *fandango*, il s'avise de demander aux Espagnols ce qu'ils opposent à ce mémoire ; à quoi les députés ne manquent pas de solliciter la permission de faire voir à Sa Sainteté la noirceur de leurs adversaires, en dansant le *fandango* devant la célèbre assemblée. Le pape ne l'a pas plus tôt permis, que l'orchestre commence le *fandango* et que les députés se mettent en train, ce qui ébranle bientôt la gravité du pape et des cardinaux ; dans un moment ils ne tiendront plus sur leurs siéges, ils n'y tiennent plus, le pied leur glisse, la fureur du *fandango* les saisit, les mouvements vont leur train, ils se mettent tous hors d'haleine ; le pape tombe, on le relève, et Sa Sainteté est forcée de convenir que cette danse est une des meilleures choses qu'elle connaisse ; les députés s'en reviennent aux acclamations du peuple qui les couronne avec des cris de joie, des sifflements qui, dans ce pays, n'ont pas la même acception que chez nous, et un tapage horrible termine le spectacle.

Je terminerai ici cette trop longue lettre, dont vous pourrez vous faire rendre un compte très-succinct par l'aimable *Privé* [1], car elle ne manquera pas de vous effrayer par son étendue volumineuse ; je prie seulement M. Privé, dans les retranchements qu'il y fera, de ne pas passer sous silence les assurances du profond respect avec lequel je suis, monsieur le Duc, votre, etc.

Signé : DE BEAUMARCHAIS.

P. S. Depuis trois mois j'ai un pied dans la botte ; je compte pourtant prendre ma route par Valence et Barcelonne la semaine prochaine, pour me rendre au plus tôt à Paris.

[1] Le secrétaire du duc.

N° 4 (page 225).

A MM. les comédiens français à leur assemblée [1].

Ce 22 novembre 1779.

Messieurs,

De trois essais que la Comédie a bien voulu adopter, le plus fortement composé (celui des *Deux Amis*) est resté depuis huit ans accroché sans jeu ni reprise. On croira bientôt que vous voulez punir ce drame de ses succès sur tous les théâtres français de l'Europe en ne le représentant jamais sur le vôtre. La reine, qui se plaît quelquefois à le voir, n'a pu l'obtenir encore que des comédiens de la ville. On me demande pourquoi vous ne le jouez pas, et moi, qui n'en sais rien, je suis obligé de vous passer la parole.

Au reste, il n'y a pas d'instant plus favorable que celui-ci, Messieurs, pour tâter le goût de la capitale sur cet ouvrage, la tragédie étant un peu en désordre, attendu ce que vous savez [2]. En attendant que le ciel y mette la main, ne pourrait-on pas essayer ce que Paris pensera de la vertu dure et franche du bon Aurelly, de la noble et vive sensibilité du philosophe Mélac?

Il est bien vrai que cette pièce est du genre bâtard et misérable qu'on cherche à proscrire aujourd'hui sous le nom de drame; mais le vrai public, qui ne proscrit que ce qui l'ennuie, n'a pas encore prononcé l'anathème sur ce genre intéressant. Si l'état affreux des finances du royaume sous feu l'abbé Terray, d'écrasante mémoire, et surtout si l'époque de la banqueroute frauduleuse du janséniste Billard, empêchèrent alors les jansénistes du parterre, les mécontents de la Bourse et les perdants de la banqueroute de goûter, autant qu'on le devait, un intérêt dramatique fondé sur la faillite inopinée d'un honnête homme, c'est qu'on s'imagina que je tradui-

---

[1] Quoique cette lettre ait déjà été publiée dans un des volumes de la *Revue rétrospective*, nous avons cru devoir la reproduire, d'abord parce qu'elle est très peu connue et ensuite parce qu'elle motive les deux lettres *inédites* de Monvel et de Mlle Doligny que nous publions en même temps.

[2] L'éditeur de la *Revue rétrospective* s'est trompé complètement en expliquant ces mots de Beaumarchais *attendu ce que vous savez* par la mort de Lekain. Ce n'est pas cet évènement arrivé le 8 février 1778 qui mettait la *tragédie en désordre* en novembre 1779, c'est-à-dire deux ans après, mais bien la fameuse querelle de deux tragédiennes, Mlle Sainval et Mme Vestris, qui divisait les acteurs et le public précisément à l'époque où Beaumarchais écrivait sa lettre.

sais le malheur public au théâtre et que j'y jouais l'honnête pénitent de M. Grizel ¹.

Mais une situation opposée ayant amené des sentiments contraires, et le parterre, aujourd'hui, paraissant moins porté vers le rigorisme de Jansénius, depuis qu'il est régenté par des molinistes en soutanelle bleue galonnée d'argent, je crois qu'on peut essayer de remettre cette pièce à l'étude et de lui faire gagner à son tour les honneurs du répertoire.

M. Préville, pour qui le rôle d'Aurelly fut fait, voudra bien sans doute y déployer de nouveau le plus superbe talent.

On dit que M. Brizard a quitté les rôles nobles des pièces du siècle pour se resserrer absolument dans le haut tragique ; si cela est, il faut gémir de la paralysie qui attaque un grand acteur dans la plus belle moitié de ses succès, et plaindre le public et les auteurs de ce qu'une telle infirmité leur enlève un bon comédien pièce par pièce, et vient ainsi couper en deux la brillante carrière de M. Brizard. Dans ce cas malheureux, il faudrait prier M. Vanhove de remplacer la moitié de M. Brizard, qui ne vit plus, dans le rôle de Mélac père.

Il est possible aussi que le rôle de Mélac fils semble un peu jeunet à M. Molé, devenu premier tragique ; alors j'engagerais M. Monvel, qui n'a pas dédaigné le plus grand succès dans ce rôle en province, à sa dernière tournée, de vouloir bien s'en promettre un semblable à Paris dans cette reprise.

J'ignore aussi, Messieurs, à qui appartient le rôle de Saint-Alban que jouait M Bellecour ; s'il n'obtenait pas non plus l'adoption de M. Molé, son successeur naturel, M. Fleury, qui joue très-noblement tout ce qu'il joue, serait prié de vouloir bien l'étudier.

Pour ma petite Doligny, c'est toujours ma Pauline, ma Rosine, mon Eugénie, et quoique je sois, dit-elle, un vilain monstre qui n'aime point la Comédie-Française, et mille autres lamentables faussetés du même genre :

> Entre elle et moi, Messieurs, c'est dit ;
> Nous ne formons qu'une famille :
> Je suis son père, elle est ma fille,
> Et cela va jusqu'au dédit.

¹ Beaumarchais se fait illusion ici sur les causes de l'insuccès assez naturel d'un drame très-faible, attribuant cet insuccès au scandale produit par la banqueroute frauduleuse d'un certain Billard, caissier-général de la poste, qui eut lieu à peu près à la même époque que la 1ʳᵉ représentation de son drame des *Deux Amis*.

Quant à mon pauvre imbécile d'*André*, son souvenir me rappelle bien tristement celui du charmant comédien, de la douce créature, de l'aimable et honnête garçon de Feuilly, que j'aimais de cœur et d'esprit au théâtre et dans la société. Comme il y a peu d'apparence que M. Bourette, à qui Feuilly avait plaisamment dérobé ce petit rôle, qu'il aimait, disait-il, parce qu'il était rondement bête; comme il n'y a pas d'apparence, dis-je, que M. Bourette consente à rentrer dans une possession aussi mesquine que tardive, dans le cas de son refus, je suis bien certain que mon ami Dazincourt ne me refuserait pas ce petit remplissage.

Voilà tout, je crois. Hé! bon Dieu! j'oubliais le rôle de Dabins, qui fut joué, si vous vous le rappelez, Messieurs, par M. Pin avec une perruque si intolérablement ridicule que le public aheurté crut ne voir qu'un commis d'usurier dans le rôle sensible d'un très-honnête homme. Je voudrais bien l'offrir à un monsieur dont le nom ne m'est pas connu, mais que j'ai vu jouer dans le tragique avec autant de sens que de sensibilité; pourvu, toutefois, que l'offre d'un rôle en prose ne soit pas regardée à la Comédie comme une insulte faite à un acteur en vers, car je ne veux blesser personne. J'ai vu ce monsieur jouer Théramène avec grand plaisir, et je ne sais s'il ne se nomme pas Dorval ou Dorival.

Maintenant, Messieurs, que vous avez entendu ma requête, vous m'obligerez infiniment si vous daignez l'accueillir et me faire la grâce de me croire, avec toute la considération possible, Messieurs, votre, etc.   Beaumarchais.

Réponse de Mouvel à Beaumarchais au nom de la Comédie.

Monsieur,

Nous avons reçu votre charmante lettre, et l'on me charge de vous répondre que l'on n'épargnera rien pour remplir vos vues; c'est une commission que j'accepte avec autant d'empressement que de joie. La Comédie va remettre à l'étude votre pièce des *Deux Amis*. Elle désirerait avec ardeur que vous fussiez le sien, et fera tout pour mettre le tort de votre côté, si ses efforts sont infructueux.

L'espèce d'oubli (oubli local toutefois) où votre ouvrage est resté peut-être est moins sa faute que celle des circonstances. Vous-même (à ce qu'on dit) avez négligé de l'en tirer; on dit que vous n'avez jamais parlé de la reprise de ce drame attendrissant, joué partout avec un succès qui reproche à la capitale et ses jugements précipités, et cet esprit de parti armé souvent contre les productions les plus estimables.

S'il se trouve parmi nous, parmi les amateurs *du bon genre* quelques détracteurs de ce genre intéressant que l'on condamne en pleurant, quelques ennemis de ces pièces si fort dans la nature, si morales, si touchantes, aux représentations desquelles le public *maladroit* se porte ordinairement en foule, j'espère que la recette apaisera leur bile, désarmera leur colère, et qu'ils pardonneront à l'auteur du *Barbier de Séville* et d'*Eugénie* d'avoir le double talent, ce talent si rare, de faire rire et d'arracher des larmes.

Tous mes camarades souscrivent de grand cœur à la distribution que vous faites de vos rôles. Molé n'a point encore prononcé sur *Mélac* fils et sur *Saint-Alban*. Quoique je sache le premier, quoiqu'il m'ait fait quelque honneur, s'il en conserve la possession, l'honnête fermier général satisfera mon ambition ; je m'efforcerai de n'être point au-dessous de la noblesse de son âme. Puissé-je vous convaincre, Monsieur, par mon zèle et mon activité, que personne plus que moi ne rend justice aux talents variés et charmants dont vous avez donné tant de preuves, à cette touche originale et piquante qui vous caractérise, et au mérite réel des ouvrages divers dont vous avez enrichi notre littérature.

J'ai l'honneur d'être, avec toute la considération possible, Monsieur, votre très-humble et très-obéissant serviteur.

Signé : BOUTET DE MONVEL.

Ce 24 novembre 1779.

Mademoiselle Doligny à Beaumarchais.

MONSIEUR,

Je ne saurais trop vous remercier de tout ce que vous avez dit de moi dans la lettre que vous avez écrite à la Comédie au sujet des *Deux Amis*. Tous mes camarades ont été enchantés de la gaieté et de l'esprit qui brillent dans votre lettre. J'ai été plus enchantée qu'eux tous, mais c'est de votre amitié et de vos bontés pour moi,

M. de Grammont [1], dont vous connaissez les qualités et les talents, m'engage à vous demander une grâce, c'est de faire donner un ordre de début ou un engagement par les actionnaires de Bordeaux, à Mme Linguet, qui se trouve à présent à *Bordeaux*; elle a été deux ans à la Comédie-Italienne, et n'en est sortie que par rapport à son mari. M. de Grammont, qui vous donnera ma lettre, vous expliquera l'affaire plus en détail. Faites placer, je vous prie, *Mme Linguet*; c'est votre *Eugénie*, votre *Rosine*, votre Pauline, c'est la comtesse Almaviva [2] qui vous sollicitent : j'ose espérer que vous aurez quelque égard à leur recommandation.

Recevez les témoignages de l'estime, de l'attachement et de la reconnaissance avec lesquels je suis pour la vie, Monsieur, votre très-humble et très-obéissante servante.

Signé : Doligny.

N° 5 (page 277).

Cherbourg, le 12 septembre 1781.

Il y a longtemps, mon cher Beaumarchais, que je me propose la démarche que je n'accomplis qu'aujourd'hui : c'est de réparer l'indiscrétion des propos que j'ai tenus il y a huit ans sur votre affaire avec le duc de Chaulnes. Mon cœur me le reproche d'autant plus qu'outre que mon jugement était précipité, et par conséquent injuste sur votre conduite dans cette affaire bizarre, vous aviez été jusqu'alors mon ami, et vous étiez dans ce moment privé de votre liberté et attaqué dans vos biens et dans votre honneur. C'est pendant mon séjour à la Bastille, qui a suivi de quelques mois l'époque des jugements inconsidérés que j'ai prononcés contre vous, que j'ai lu les mémoires excellents que vous avez faits dans votre affaire Goëzman ; ils enflammaient mon cœur, ils amusaient mon esprit ;

---

[1] Ce M. *de* Grammont n'a rien de commun avec l'illustre famille de ce nom; c'était un acteur de la Comédie-Française, qui, après avoir montré quelque talent dans les rôles tragiques, se mit à pratiquer la tragédie sous la Terreur, devint un Jacobin farouche, et finit sur l'échafaud.

[2] Ce nom que prend ici Mlle Doligny en 1779 prouve que déjà à cette époque Beaumarchais avait écrit au moins le plan du *Mariage de Figaro*, qui ne fut joué qu'en 1784, et qu'il réservait à Mlle Doligny le rôle de la comtesse Almaviva.

votre gaieté, votre sensibilité, toutes vos affections s'emparaient de moi tour à tour ; dès lors, je me reprochai d'avoir flétri votre âme en vous jugeant mal. Ne cherchez, mon cher Beaumarchais, ni dans la politique, ni dans aucun intérêt personnel, les causes de ma démarche. Éloigné de vous et de Paris pour longtemps, rien ne me rapproche assez pour m'y engager, si mon cœur ne me le disait. Comme, cependant, il me fallait un prétexte pour vous écrire, je vous prie de me mander quand et où il faudrait souscrire pour l'édition des œuvres de Voltaire dont vous êtes l'éditeur. Cet ouvrage sera précieux, sortant de vos mains. Mandez-le moi, oubliez le passé, et comptez sur l'estime et l'amitié de votre serviteur

DUMOURIEZ,
Colonel de dragons, commandant de Cherbourg.

N° 6 (page 289).

Le duc de la Vrillière à M. de Sartines.

A Versailles, le 22 mars 1773.

Le sieur de Beaumarchais, Monsieur, m'ayant fait représenter que son procès était sur le point d'être jugé, et qu'il était pour lui de la plus grande importance de pouvoir instruire ses juges, vous pouvez lui donner la permission de sortir du For-l'Évêque, uniquement pour cet objet, et à condition qu'il y rentrera exactement pour y prendre ses repas et y coucher ; et, pour s'assurer qu'il se conforme à cet arrangement, vous voudrez bien lui donner quelqu'un de confiance pour l'accompagner dans les courses qu'il sera obligé de faire.

On ne peut être plus parfaitement que je le suis, Monsieur, votre très-humble et très-obéissant serviteur.

Le duc DE LA VRILLIÈRE.

N° 7 (page 371).

NOEL

SUR LE PROCÈS DE BEAUMARCHAIS CONTRE GOEZMAN.

Sur l'air *Des bourgeois de Chartres.*

D'une vierge féconde
L'enfantement, dit-on,
Attira bien du monde
A Jésus, à l'ânon.
— Nous étouffons ici, dit l'enfant à sa mère ;
Renvoyez-moi ce parlement.
— Non, dit Maupeou tout doucement,
A l'âne il pourra plaire.

— Oh ! dit l'âne, j'en doute,
Je renonce aux procès ;
Voulez-vous qu'il m'en coûte
Autant qu'à Beaumarchais?
Pour moi je ne prétends faire aucun sacrifice.
— Mais, dit La Blache, il le faut bien ;
Croyez-vous qu'il n'en coûte rien
Pour gagner la justice ?

— Nous avons peu de gages,
Répond l'auguste corps,
Et pour nos équipages
Il en faut de très-forts.
Nous pouvons exiger ces petits sacrifices ;
Au plus offrant nous accordons
Ce qu'à d'autres nous refusons :
Cela tient lieu d'épices.

— O ciel ! quelle impudence !
Dit Goëzman l'imposteur ;
J'en demande vengeance,
Je suis le rapporteur.
Parbleu ! je ne prends rien, ma femme peut le dire.
A ces mots, le bœuf et l'ânon
Lurent l'interrogation
En éclatant de rire.

La dame, un peu féroce,
D'abord avec esprit
Répond que c'est atroce
A tout ce que l'on dit ;
Mais bientôt, se coupant dans sa vive réplique,
Dit, à sa confrontation,
Que la perte de sa raison
Vient d'un état critique.

Lejay contre la porte
Restait comme un nigaud :
— Qu'est-ce donc qu'il apporte ?
Dit le bœuf un peu haut.
Goëzman lors répondit : —C'est un point qu'on discute
Pour ma justification ;
C'est une déclaration
Dont j'ai fait la minute.

Avec son humeur noire
Baculard approcha
Présentant un mémoire
Que l'âne fort glosa :
— Adieu, mes compagnons, j'ai peur de la gourmade,
J'aime mieux ne jamais parler
Que d'être le sot conseiller
D'une telle ambassade[1].

D'un grand air d'importance
Certain homme arriva,
Disant : — Ma bienfaisance
Jusqu'à vous s'étendra.
— Quesaco ? dit Jésus, quel est ce gentilhomme
On répond : — C'est un roturier,
Fripier d'écrits, vil usurier,
Une bête de somme.

— J'apporte ma gazette,
Dit Marin hautement.
— Ah ! bon Dieu ! qu'elle est bête !

[1] D'Arnaud-Baculard prenait dans son mémoire le titre de conseiller d'ambassade de la cour de Saxe.

Dit Joseph en bâillant.
Non, jamais je n'ai vu platitude pareille ;
Qu'il retourne à La Ciotat,
Sur l'orgue avec l'âne il pourra
Concerter à merveille.

— Pour le coup, j'en appelle,
Cria le Grand-Cousin[1] ;
En haut de mon libelle
Je vous parle latin.
— Sors, s'écria Jésus, au diable ta personne !
Laridon et le Sacristain
Ont un goût si fort de Marin
Que l'odeur m'empoisonne.

Pour assoupir l'affaire,
Don Goëzman, poliment,
Vient offrir à la mère
De tenir son enfant.
— Serait-ce sur les fonts ? ciel ! quelle audace extrême !
Fi ! Monsieur, vous changez de nom ;
J'aimerais mieux que le poupon
Se passât de baptême [2].

Le président suprême [3],
Avec ses yeux de bœuf
Et son esprit de même,
Porte un édit tout neuf.
— Donnez-le, dit l'ânon, j'en veux un exemplaire ;
Il suffit qu'il n'ait pas de sens,
Je le lirai de temps en temps
Pour m'exciter à braire.

Le Sauveur dans la presse
Beaumarchais reconnut.
— Cet homme m'intéresse,

---

[1] Bertrand d'Airolles.

[2] Allusion à la fausse signature apposée par le conseiller Goezman au bas d'un acte de baptême.

[3] Berthier de Sauvigny, premier président du parlement Maupeou.

Dit-il, dès qu'il parut.
En vain Châteaugiron contre lui se rebecque [1];.
Qu'il prenne place près de moi ;
Ses Mémoires seront, ma foi,
Dans ma bibliothèque.

Certain ex-militaire [2]
Dont on sait la valeur,
De Goëzman le faussaire
Digne solliciteur,
Voyant près du Sauveur Beaumarchais à sa place,
Dit en jurant comme un païen :
— Gens du guet, prenez ce coquin ;
Il me fait la grimace.

Jésus s'écrie : — Arrête !
Modère ton ardeur,
Capitaine Tempête,
Surtout, de la douceur ;
Pour tes concitoyens sois aussi débonnaire,
Aussi doux sur les fleurs de lis
Qu'on te vit pour les ennemis
Quand tu fus militaire.

Joseph avec colère
Dit à tous de sortir,
Et qu'après cette affaire
L'enfant voulait dormir.
— Ah ! c'est donc sur ce ton qu'on nous met à la porte !
Quoi ! Beaumarchais seul restera !
Mais son mémoire on brûlera.
L'auteur dit : — Peu m'importe.

O troupe incorruptible,
Retournez à Paris ;
Ce coup sera sensible
A tous les bons esprits.

---

[1] Un des conseillers du parlement Maupeou les plus hostiles à Beaumarchais.
[2] Le président de Nicolaï, ennemi déclaré de Beaumarchais et ancien colonel de cavalerie.

La bêtise chez vous a passé la mesure.
Peut-être que cet accident
Nous rendra l'ancien parlement;
On dit la chose sûre.

N° 8 (page 427).

Je, soussigné, reconnais que M. de Beaumarchais m'a remis pour le Roi tous les papiers contenus dans les deux inventaires qui y sont joints et sont relatés dans la transaction du 5 octobre dernier, passée entre mondit sieur de Beaumarchais et la demoiselle d'Éon de Beaumont; desquels inventaires je lui ferai donner un double pour servir à sa décharge; déclarant que le Roi a été très-satisfait du zèle qu'il a marqué dans cette occasion, ainsi que de l'intelligence et de la dextérité avec lesquelles il s'est acquitté de la commission que Sa Majesté lui avait confiée : de quoi elle m'a ordonné de lui délivrer la présente attestation pour lui servir en tout temps et partout où elle pourra lui être nécessaire.

Fait à Versailles, le 18 décembre 1775.

Signé : GRAVIER DE VERGENNES.

N° 9 (page 436).

Lettre inédite de Beaumarchais au chevalier d'Éon, qu'il prend pour une femme.

Paris, ce 18 août 1776.

Je voudrais, ma chère d'Éon, n'avoir jamais eu que des choses agréables à vous écrire. En ce moment même, oubliant tout ce que votre conduite a d'injuste et d'outrageant pour moi, je voudrais que

M. le comte de Vergennes eût choisi, pour vous répondre, quelqu'un dont le ministère vous fût moins odieux; je voudrais, surtout, avoir emporté sur ce ministre les points auxquels vous paraissez tant attachée; mais, indépendamment du poids que son caractère imprime à ses raisons, elles me paraissent en elles-mêmes inexpugnables et sans réplique.

« Le roi de France, me dit ce ministre, peut-il accorder à une fille un sauf-conduit qui se rapporte à l'état d'un officier ? Qui donc a servi le roi? est-ce Mlle ou M. d'Éon ? Si Sa Majesté, apprenant après coup la faute que ses parents ont commise en sa personne contre la décence des mœurs et le respect des lois, veut bien l'oublier et ne pas lui imputer comme un tort celle de l'avoir continuée sur elle-même en connaissance de cause; faut-il que l'indulgence du roi pour elle aille jusqu'à charger le feu roi du ridicule de son indécent travestissement, en employant cette phrase du modèle qu'elle a l'assurance de nous envoyer elle-même : *Ordre... de ne plus quitter les habits de son sexe, comme l'a ci-devant exigé le service du feu roi mon aïeul, etc., etc.?* Jamais, Monsieur, le service du roi n'a exigé qu'une fille usurpât le nom d'homme et l'habit d'officier ou l'état d'Envoyé. C'est en multipliant ainsi ses prétentions téméraires que cette femme est parvenue à lasser la patience du roi, la mienne, et la bonne volonté de tous ses partisans. Qu'elle reste en Angleterre ou qu'elle aille ailleurs, vous savez bien que nous ne mettons pas à cela le moindre intérêt. Sur son extrême désir de repasser en France, je lui ai fait dire, par vous, que l'intention du roi était qu'elle n'y rentrât que sous les habits de son sexe, et qu'elle y menât la vie silencieuse, modeste et réservée qu'elle n'eût jamais dû abandonner. Je n'ajouterai pas un mot à cela. »

De ma part, ma chère, j'y ai bien réfléchi. D'honneur, je ne conçois pas plus que le ministre de quelle utilité peut vous être le nouvel essai que vous tentez sur sa complaisance.

Si votre retour en France vous est indifférent, que ne vivez-vous tranquille où vous êtes, avec ce que le roi vous a donné, sans revenir incessamment sur des choses faites et sans renouveler toujours des demandes inaccordables ?

Si votre dessein est réellement d'y rentrer, que veut dire tout ce pointillage? Espérez-vous un temps plus convenable, un roi plus magnanime, un ministre plus équitable, un solliciteur plus empressé, des conditions meilleures? La vie s'use, et vous languissez expatriée.

Ma chère amie, je vous le dis à regret : j'ai bien travaillé, tenté bien des choses, et je n'espère plus rien obtenir pour vous à titre d'une justice dont on croit avoir de beaucoup passé la borne avec vous. Quant aux grâces, vous sentez comme moi qu'une conduite entièrement opposée à la vôtre peut seule vous les mériter.

Croyez-en un homme qui, malgré vos torts affreux envers lui, vous a servie, vous sert et vous servira de tout son cœur, si vous-même n'y mettez pas des obstacles éternels. Votre ton décidé, tranchant même, indispose le ministre. « Il semble voir, me dit-il, non une fille modeste et malheureuse qui demande des grâces, mais un le potentat qui traite avec son égal pour les intérêts du monde. Si le désir de lui faire du bien, Monsieur, vous fait oublier combien cela est ridicule et déplacé, je dois m'en souvenir, moi. » Voilà ses phrases.

Pensez-y bien, ma chère d'Éon : sans revêtir ici d'autre caractère que celui d'un homme qui vous veut du bien, je me hâte de vous en prévenir, si vous voulez que mon amitié ne vous soit pas absolument inutile, adoucissez votre ton, et surtout prenez une résolution sage.

M. votre beau-frère peut vous certifier que cet avis est le plus important que je puisse vous donner. Je compte faire un tour à Londres pendant les vacances du parlement de Paris ; je vous y verrai de tout mon cœur et m'estimerai fort heureux si je puis encore contribuer à votre bonheur futur.

Bonjour, ma chère. *Signé :* BEAUMARCHAIS.

FIN DU PREMIER VOLUME.

TABLE DES MATIÈRES

DU TOME I.

Avertissement.. Pages

    I. Introduction. — Une mansarde de la rue du Pas-de-la-Mule. — Etat des papiers laissés par Beaumarchais.. 1

   II. Naissance de Beaumarchais. — Sa famille. — Un intérieur de petite bourgeoisie au xviiie siècle... 19

  III. Enfance de Beaumarchais. — Son éducation. — Beaumarchais-Chérubin. — Beaumarchais horloger. — Premier procès.. 61

  IV. Entrée de Beaumarchais à la cour. — Son premier mariage. — Sa situation auprès de Mesdames de France.. 85

   V. Beaumarchais et Paris Du Verney. — La grande-maîtrise des eaux et forêts. — Beaumarchais lieutenant-général des chasses.. 111

  VI. Beaumarchais et Clavijo. — Un an de séjour à Madrid. 129

 VII. Beaumarchais au retour d'Espagne. — Un épisode de sa vie intime. — Ses amours avec Pauline..... 156

VIII. Du drame en France au xviiie siècle. — Les premiers drames de Beaumarchais. — Son second mariage. 189

  IX. Procès de Beaumarchais contre le comte de La Blache, maréchal de camp et légataire de Paris Du Verney.. 231

   X. Un épisode de la vie sociale au xviiie siècle. — Mlle Ménard, Beaumarchais et le duc de Chaulnes. 249

XI. Beaumarchais au For-l'Évêque........ 277
XII. Les parlements et la royauté au xviiie siècle.—Procès de Beaumarchais contre le conseiller Goëzman. 299
XIII. Les adversaires de Beaumarchais et leurs mémoires. — Mme Goëzman et son mari. — Bertrand. — D'Arnaud-Baculard. — Le gazetier Marin........ 327
XIV. Les amis et les collaborateurs de Beaumarchais.— Effet produit par les Mémoires contre Goëzman. — Beaumarchais condamné au blâme..... 351
XV. Les missions secrètes de Beaumarchais.—Le Gazetier cuirassé et le juif Angelucci.—Beaumarchais prisonnier de l'impératrice Marie-Thérèse....... 373
XVI. Beaumarchais et le chevalier d'Éon.............. 405
XVII. Réhabilitation de Beaumarchais................. 441
XVIII. Les trois textes du *Barbier de Séville*. — La représentation et le compliment de clôture.......... 451
PIÈCES JUSTIFICATIVES................................... 494

FIN DE LA TABLE DU PREMIER VOLUME.

LAGNY. — IMPRIMERIE DE VIALAT.

www.ingramcontent.com/pod-product-compliance
Lightning Source LLC
Chambersburg PA
CBHW051359230426
43669CB00011B/1693